広島経済大学研究双書 第40冊

# 中国対外経済貿易体制史【上】

片岡　幸雄　*KATAOKA Sachio*

溪水社

# まえがき

　本書『中国対外経済貿易体制史（上）』は、中華人民共和国建国から1978年の中国共産党第11期中央委員会第3回全体会議までの期間を中心とする、中国の対外経済（外国との資本交流）と貿易の計画・管理体制を系統的にまとめたものである。筆者は先に、建国以来2005年ぐらいまでの時期にわたる中国の対外経済貿易政策論争を中心とした『中国の対外経済論と戦略政策』（2006年、溪水社）を上梓したが、本書上篇は、前著の建国から第11期3中全会までの時期の対外経済論に対応させて、中国の対外経済貿易の計画・管理体制を立体的に整理したものである。

　この期に及んで、今さら改革・開放以前の中国の対外経済貿易計画・管理体制の整理もないだろうというご意見は承知の上で、本書の出版を試みる以上、敢えてこの作業を行うことの積極的意義を述べるのが普通ではあろうが、特段大見得を切っていうほどの積極的意義を強調するほどのことがあって出版するということでもないということを、先ずは以て率直に告白しなければならない。烏滸がましくも、強いて本書出版の意図を述べれば、以下のようなことを考えてからのことである。考えたのは、概ね3つのことである。

　先ず第一は、本書整理の対象となっている時期の、我国の中国の対外経済貿易に関する研究が、必ずしも十全のものではなかったことを考えてのことである。

　当該問題の研究に対して、先達は真摯に取り組まれ、注がれた心血が並大抵のものではなかったことに対して、心中深く敬服の念を抱くものであり、先達の研究から多くの視点と具体的内容を学んだわけでもあるが、遺憾ながら、当時の研究にはいくつかの面で制約条件が存

在していた。

　先ず、入手できる資料制約上の事情があった。建国当初入手される資料は断片的なものであった様子で、直接中央人民政府の発表した資料は多くなく（中央人民政府自体全国に及ぶ整った政府組織を具えていなかったから当然とも理解されるし、前著からご理解いただけるように、これまた当然のことともいえるが、当時の世界政治経済に対する基本認識、長期にわたる反帝反封建中国革命戦争の過程で醸成された情報秘守の体質から、中国共産党や政府自体積極的に内部事情をこと細かに外に知らそうとせず、むしろ目的の必要に絞って限られた必要情報のみを対外的に流すという姿勢）、場合によっては香港筋、台湾筋などの憶測や推測をも含む間接的な資料による部分もあった様子である。場合によっては、アメリカの研究による場合もあった。後になるが、筆者も学部、大学院の学生時代は、中国政府あるいは党の宣伝活動紙・誌、日中関連協会・団体紙・誌、わずかに中国自体から送られてくる学術雑誌（例えば、学部学生時代ゼミ担当の教授から読ませてもらっていた『経済研究』誌の論文の幾篇かとか、筆者の手許に今もある上海復旦大学の名で出されていた〈後になって復旦大学関係者に確認したところ、復旦大学とは無関係の代物だったことが分かった〉『学習与批判』誌等）や、香港の紙・誌あるいは他の国際的紙・誌類、アメリカの関連研究資料（例えば、CHINA：A REASSESSMENT OF THE ECONOMY － A COMPENDIUM OF PAPERS submitted to the JOINT ECONOMIC COMMITTEE CONGRESS OF THE UNITED STATES, 1975）などを参考にしていた。それにも拘わらず、今日の時点でみても、先達の研究はかなり正確な内容となっていることに、改めて敬意を表する次第である。

　このことから、今日でも十分資料がそろっているというわけにはいかないとしても、現段階で得られる資料（例えば、当時税関統計はなく、貿易統計といっても対外貿易部内部の業務統計しかなかったということも分かったが、今日ではこれは系統的に公開され、関連資料もある程度は分かるといったような状況で、他の資料についても同様の事情がある）

まえがき

で、当該問題に対して一応の系統だった第一次的整理をしてみるというのも、強ち無駄でもあるまいかと考えて、この作業を試みることにした次第である。残念なことながら、今日まで、系統的に整理された形で体裁を整えた関連書は存在していない。

筆者が当該問題の学習を始めたころの経験からみて、当時系統だって学習するのが極めて困難な事情にあったこと、特に各諸側面における内部の構造と内在する諸問題の解明は極めて困難であったことを考え、少し系統立てて整理しておくことは、あるいはご関心の向きは少数の方に限られるということになるかもしれないが、後に研究される方が参考資料等を探される場合の若干の手がかり程度のことにはなるかも知れないとも考えたのである。

第二は、当該問題に対する従来の研究の思想的立場、政治的立場から少し距離をもつ整理をしておく必要性があるのではないかと考えたからである。

上述のように、研究者にとって入手される資料は限られたものであったから、真摯に好意的に中国の意図を理解しようと努める研究者も、限られた情報から全体をとらえようとする場合、不足する部分は、政府声明とか、指導者の演説とか、経済計画の枠組の相互関連などから間隙を埋め、推測判断するほかはなくなる。しかし、これには二重の意味で危険な要素が孕まれる可能性がある。一つは、いうまでもなく、こういうようになっているにちがいないということで、事実確認されたものではないという点である。当時の中国の経済管理は特に政治が突出していたから、経済の論理で判断する範囲を超えることがありうる。通常の経済学研究者の注意しなければならない点である。今一つの点は、上述の間隙を埋めるために、中国政府あるいは党の思想的立場、政治的立場からしてこうなるにちがいないと論理的に判断する場合に入りこむ危険性である。上述した政治突出型経済管理の中には、場合によっては背後に、党あるいは政府要人の内部の意見対立も含まれうる。外から見れば、主流派の意見が正面で強く打ち出

されるのが当然である。反主流派の見解は、一般には外からは見えにくい。宣伝活動がここでは大きく作用する要素がある。下手をすると、主流派の立場べったりということになりかねない危険が存在する。

　反対に、中国に対して好意的でない研究者の場合、上述の問題点を指摘するまではよいのだが、過大に煽り立て、他の要素・条件なども上乗せして、政治的に非難するまでに到るような場合もありうる。

　経済問題、特に中国に関連する経済問題を取り扱う場合、所謂経済学的（屡々市場経済の予定調和とその秩序に全面的信頼を寄せ、計画経済とか、市場に対する何等かの制限・干渉にも反対する）観点から接近するか、政治そのものではないが政治経済学的（政治経済学的観点からの接近が必ずしも中国の全面支持になるとは限らないし、その必然性もない）観点から接近するかの問題に悩まされるが、筆者は後者の観点から当該問題の整理を試みた。それは、主として２つの理由による。

　一つの理由は、好むと好まざるとに拘わらず、またマルクス経済学、近代経済学といった立場を問わず、中国自体政治経済学の立場、しかも本篇で取り扱う時期には、所謂マルクス主義経済学と呼ばれる立場にたって経済運営を実行していたからである。中国の経済運営の実体を把握するためには、少なくともその内容を最低限彼らの論理で理解していなければならないと考えたからである。彼らの論理を理解した上での批判はありうるが、先ず以て内部に入ってその論理と具体的運営の実体を見なければならないと考えたからである。ミイラ取りがミイラになるということはありうるが、一応その観点から作業を進めたという次第である。上述の前著はその対外経済に関する議論版であり、本書がその具体的実体制版とお考えいただいてよい。前著で取り扱った部面では、世界政治経済に対する歴史認識構造も含めた論理と論理矛盾の面を見て、本書では経済発展段階を視野に入れた実体運営上の体制整合性とまた体制自体に含まれる自己矛盾、問題点を見てみるというわけである。

今一つの理由は、上段で所謂経済学的観点と述べた立場に賛同いたしかねるからである。筆者に特別自己主張するほどに積極的な立場があるわけではないから、ここでは、一つの観点として似た感覚で問題を取り扱われている水野和夫氏の意見を借用して提示に代えることをお許しいただきたい。

　水野氏の見解は以下のようである。「1989年のベルリンの壁崩壊で自由主義・資本主義が勝利したと皆が確信したのもつかの間」、先進金融資本の支配してきた世界は資本主義の必然ととらえられる超低金利の世界に突入、これら世界の資本蓄積が行き詰まり、「民主主義・資本主義が全体主義・社会主義に勝利したのか疑問をなげかけている」。氏は、資本主義の「例外」として理論上処理してきた（すなわち、資本主義の全般的に順調な資本蓄積の進展を確信してきた…括弧内筆者）正統派経済学の新古典派経済学に批判を投げかけ、この正統派経済学もまた「例外的状況」に立ちすくんでいるとみる。ここで氏は、長期歴史的観点から政治性をもった決断をしなければならないと問題提起する[1]。さりとて、かつての社会主義計画経済運営方式に戻るという客観的状況でもなく、中国自体その方向にもない。このことは、新たな政治経済学再構築という課題を我々に投げかけているということであろう。

　要するに、筆者は市場経済の予定調和に全幅の信頼をおく経済分析では、経済の全面を見るには不十分であると考えているということである。しかし、筆者は、脚の一方をおくマルクス経済学的認識にも全面的には賛同できかねる部分ももっており、他の一方の脚を G. ミュルダールの認識においてもいる。G. ミュルダール自身が自己の経済学認識の立場を「Against the Stream[2]」と呼び、正統派新古典派経済

---

[1] 『日本経済新聞』2012年2月17～3月2日にかけての水野和夫「やさしい経済学　危機・先人に学ぶ　カール・シュミット」。
[2] GUNNAR MYRDAL., AGAINST THE STREAM Critical Essays on Economics, *PANTHEON BOOKS A Division of Random House, New York*, 1973.

学と一線を画しているが、また、マルクス自身の認識、マルクス主義経済学と呼ばれるものに対しても批判を投げかけている。前著及び本書をよりよくご理解いただく一助として、一言付け加えることをお許し願いたい。

　第三は、建国以来の中国対外経済貿易体制史を整理するという作業は、無の存在の状態から有の存在としての、中華人民共和国の建国の大前提と理念を基礎にした国家機構を構築し、編成替えし、作り直していく過程をつぶさに見る過程であり、国家建設理念を下敷にした対外経済貿易面の具体的な遂行主体、その政策、遂行過程を見るということであるから、この観点から、これまで整理の行われていないこの作業は、まったく意味がないでもないかと考えたからである。この作業は一貫した整理作業が必要とされようから、片隅でひっそりとおこなう仕事で、愚鈍な筆者がやってみてもよいかなと考え、片手間に暇を見つけてやってきた次第である。このことからしても、上述第二のところで触れた筆者の方法論的立場がご理解いただければ、いささか救われる気持がする。

　本書の出版に際して、いささか個人的な研究の経緯について述べることをお許しいただきたい。筆者は1943年に中国で生まれたが、その6年後に中華人民共和国が成立している。大学に進んでからは「経済発展と外国貿易」という問題に関心があり、当時流行でもあった開発経済学を少しかじったが、いずれの開発経済学も体制内経済開発問題を主題にしていた。その理由は後に分かったのだが（それは開発経済学の生誕そのものとも関連する）、当時筆者は、中国は明らかに発展途上国であるにも拘わらず、開発経済学がなぜ中国の経済発展について正面から議論しないのかよく分からなかった（実は選択すべき価値前提として否定的なものとして議論されていたのだが）。体制問題も含めた経済開発が、筆者の念頭から離れなった。1972年日中は国交正常化し、同年筆者は大学院を終え、その後研究時間の一部を中国の対外経済問題に費やしてきた。本書は、中国の歩みを追いかけつつ、時に理

## まえがき

解できず、時に誤って理解してきたことを踏まえて、現時点で整理したものである。

さて、今回も広島経済大学より出版援助金の支援を受けた。本書のようないささか時代の喧噪から離れた感のある書が、出版の日の目を見るのは、偏にそのご支援の賜物であり、ここに特記し、厚くお礼申し上げる。常々ご高配をたまわり、今回の出版に際しても格段のご高配を賜った石田恒夫理事長、前川功一学長、安蘇幹夫学部長、具体的な出版に関する煩雑な作業を厭わずご協力、お手配いただいた松水征夫地域研究所所長に、改めて厚くお礼申し上げる。

こういった類の書籍の出版事情の困難な中を、快く出版にご賛同賜った溪水社の木村逸司社長に衷心厚くお礼申し上げる。

また、本稿の作成過程で、広田堅志本学准教授は本稿に目を通し適切な助言をくれたし、本学大学院経済学研究科博士課程後期課程の院生 胡 烜君、呉 力明君、馬 新芳嬢、蔡 漢傑君の諸君は、図表とか索引の作成とかなどで、筆者の仕事を助けてくれた。ここに記して謝意を表したい。

2012年　中秋節

片岡　幸雄

# 目　次

まえがき …………………………………………………………… i
序　章　本篇の構成 ……………………………………………… 3

## 第一部　対外経済貿易体制の構築過程

### 第一章　建国当初期の貿易体制とソ連を中心とした相互経済援助 …………………………………… 39

第一節　建国当初の貿易機構―新中国貿易機構の構築― …… 39
　　1　建国当初の貿易管理と貿易業務担当機構・主体 …… 39
　　2　為替管理と貿易金融機構 ……………………………… 50
　　3　税関機構・関税と商品検査機構 ……………………… 56
第二節　社会主義国との相互援助の形による外国資本 ……… 63

### 第二章　計画経済体制の確立と貿易計画・管理体制の形成 ―貿易の国家独占制の確立と計画・管理体制― ……… 67

第一節　貿易政策の基本構造―貿易計画の基礎前提― ……… 67
第二節　経済計画機構の確立―国家計画委員会の創設― …… 70
第三節　対外貿易部と系統機構 ………………………………… 73
　　1　対外貿易部 ……………………………………………… 73
　　2　国営対外貿易専業総公司 ……………………………… 76
　　3　対外貿易管理地方機構 ………………………………… 78
第四節　貿易の国家独占制の確立と税関任務の変化 ………… 86
第五節　商品検査機構 …………………………………………… 88
　　補論　対外貿易運輸機構 ………………………………… 90

第三章　貿易計画と管理 …………………………………… 95

　第一節　貿易計画の全体構成 ………………………………… 95
　　1　貿易計画の種別と階層構造 ……………………………… 95
　　2　貿易計画編成、実施、検査計画 ………………………… 96
　第二節　貿易計画 ……………………………………………… 98
　第三節　貿易計画の財務的基礎と財務計画 ………………101
　　1　財務制度の基礎 …………………………………………101
　　2　財務計画制度の創設と財務計画の編成・審定 ………105
　　補論　貿易営業活動に対する流動資金管理 ……………108
　第四節　協定計画貿易―ソ連との貿易を中心として― ……114
　　1　協定計画貿易展開の背景 ………………………………114
　　2　協定計画貿易 ……………………………………………116
　　3　中ソ貿易協定の取り決め内容と履行 …………………118
　　4　ソ連との協定計画貿易の推移 …………………………125

第四章　外国為替管理と社会主義国間
　　　　相互援助形態資本交流の断絶 ……………………131

　第一節　外国為替管理 ………………………………………131
　　1　外国為替管理機構と為替管理 …………………………131
　　2　貿易方式と貿易決済 ……………………………………139
　　3　輸出推進のための外貨留成 ……………………………144
　　4　為替レート ………………………………………………145
　第二節　社会主義国間の相互援助の形の資本交流と断絶 ………153

## 第二部　集権的計画経済体制の見直しと新たな発展戦略の展開の下における貿易計画と管理体制の変容

### 第五章　超計画経済発展戦略への傾斜と対外貿易計画の整備・改編 …………163

第一節　超計画経済発展戦略への傾斜 …………163
　1　第1次5ヵ年計画期末の計画管理体制の問題点 …………163
　2　超計画経済発展戦略への傾斜 …………164
第二節　計画管理の下放と計画体制の改編 …………173
第三節　貿易計画管理機構整備・改変と再編成 …………176
　1　貿易計画管理機構の整備・改変―貿易計画管理・業務実務担当機構の機能と組織関係の変化― …………176
　補論　対外貿易運輸機構 …………192
　2　統一対外貿易体制の再構築 …………195

### 第六章　輸出入商品計画管理体制の確立と管理権下放下の財務体制の改編 …………199

第一節　輸出入商品計画管理体制の確立 …………199
　1　商品・物資の配給・流通管理体制 …………199
　2　輸出入商品計画管理体制の確立 …………221
第二節　管理権下放と財務体制の改編 …………225
　1　中央と地方の利潤分配、対外貿易公司の利潤留成 …………225
　2　地方への外貨留成制度 …………227
　3　財務体制の改編 …………228

### 第七章　集権的外貿計画管理体制の回復と機構調整 …………239

第一節　"大躍進"政策の影響と対ソ関係の悪化 …………239

         1　1958〜62年の経済状況と対外貿易 ………………………239
         2　中ソ関係の悪化 …………………………………………241
         3　対外貿易の調整 …………………………………………242
    第二節　対外貿易計画管理体制の再集権化と機構調整 …………247
         1　計画管理体制の再集権化 ………………………………247
         2　対外貿易計画管理機構の調整 …………………………247
    第三節　輸出入商品国内流通体制の改革と再編 …………………256
         1　商品・物資の配給・流通管理体制の改革と再編 ……256
         2　物資分配・流通管理体制の改革と再編 ………………261
         3　輸出入商品国内流通体制の再編 ………………………266
    第四節　財務計画管理制度の改革と再編 …………………………268
    第五節　為替管理と内在する問題 …………………………………277
         1　人民元高構造のビルトインとその背景 ………………277
         2　内在する問題 …………………………………………281

# 第三部　プロレタリア文化大革命・"四人組"期の対外経済貿易関係

## 第八章　プロレタリア文化大革命・"四人組"期の対外経済貿易関係 …………………………287

    第一節　資本主義殲滅（掃滅）闘争と社会主義経済建設への
           狂奔・散華 ………………………………………………287
         1　社会主義建設の総路線・人民公社化・"大躍進"と
            経済調整問題をめぐる論争 ……………………………287
         2　プロレタリア文化大革命の位置づけ …………………292
    第二節　プロレタリア文化大革命・"四人組"期の
           経済計画管理体制 ………………………………………298
         1　第3次5ヵ年計画期（1966〜70年）の経済計画管理体制 …299
         2　第4次5ヵ年計画期（1971〜75年）の経済計画管理体制 …310

3　最終段階（1976年） ……………………………………………320
　第三節　プロレタリア文化大革命・"四人組"期の
　　　　　対外貿易管理体制 ……………………………………………322
　　1　貿易の概況 ………………………………………………………322
　　2　対外貿易面での抗争の核心 ……………………………………328
　第四節　貿易計画管理・実務担当機構 ……………………………330
　第五節　貿易決済と為替管理機構 ……………………………………343
　　1　社会主義諸国との貿易決済 ……………………………………343
　　2　資本主義諸国との貿易決済—1967年英ポンド切り下げ、変動
　　　　為替相場制移行の中における人民元— ……………………345
　第六節　貿易財務 ……………………………………………………347
　第七節　貿易金融機構と貿易金融 ……………………………………351
　　補論　貿易商品検査機構と対外貿易運輸機構 ……………………354

# 第四部　プロレタリア文化大革命・"四人組"期の混乱収束から改革・開放政策への転回過程における対外経済貿易体制の再編

第九章　プロレタリア文化大革命・"四人組"期の混乱収束
　　　　から改革・開放政策への転回過程における対外経
　　　　済貿易体制の再編 ……………………………………………361

　第一節　改革・開放政策探索の二つの源流 …………………………362
　　1　「戦争と革命」の時代認識の変容と訣別 ……………………362
　　2　対外経済関係に対する一面的評価のゆらぎ …………………366
　第二節　プロレタリア文化大革命・"四人組"期の混乱収束直後
　　　　　からの経済運営と党第11期3中全会後の新たな指向 …368
　　1　大混乱期収束直後から党第11期3中全会までの
　　　　経済運営と新たな指向 ………………………………………368
　　2　大混乱期収束後における経済計画管理機構調整 …………376

第三節　プロレタリア文化大革命・"四人組"期の混乱収束直後
　　　　　からの対外経済貿易体制と党第11期3中全会後の新たな
　　　　　指向 ……………………………………………………………385
　　　　1　大混乱期収束直後からの対外経済貿易計画管理体制と
　　　　　　党第11期3中全会までの動き …………………………385
　　　補論　輸出促進と価格体系、税制問題 ……………………………394
　　　　2　党第11期3中全会後の新たな動き
　　　　　　——外貨獲得と経済発展の結合へ—— ………………………396

巻末付表 ………………………………………………………………………411
初出一覧 ………………………………………………………………………416
索引 ……………………………………………………………………………419

広島経済大学研究双書　第40冊
中国対外経済貿易体制史（上）

# 序章　本篇の構成

　序章では、本書上篇叙述の前提となっている当時の中国の世界政治経済に対する認識と、これを基礎とした対外経済貿易体制の構築と調整についての内容構成を簡単に述べておきたい。本篇は 4 部構成から成る。詳しくは、拙前著をご覧いただくとして、先ずは、建国以来改革・開放政策に転ずるまでの時期の中国の世界政治経済に対する認識を概略的に述べておきたい。

　1949年10月 1 日の中華人民共和国建国は、レーニンのいう「社会主義革命の前夜」にあると位置づけられた資本主義、「死滅しつつある資本主義」との闘いの中で勝ち取った解放ではあったが、今なお中国と植民地・従属国を取り巻く世界は、帝国主義の支配する世界である。これが中国の基本認識であった。したがって、中国は、世界革命構想の中に、第三次世界大戦の勃発をおいていた。第三次世界大戦を通じて、世界は社会主義社会への移行を成し遂げると踏んでいたのである。この意味で、戦後世界政治経済は世界社会主義革命に向かう途上—両陣営の闘い—にあるとみていたわけである。

　経済面では、無政府性を本質とする資本主義の根本的矛盾から（過度な単純化）、社会主義計画経済の絶対的優位性の確信の上に立ち、資本主義的生産力の解放をはるかに超える経済発展構想の前に、資本主義的生産力の解放のあり方が全面的に否定され、この中で資本主義的国際分業も基本的には否定され、必要ないものとされた。このとらえ方は、スターリンの『ソ同盟における社会主義の経済的諸問題』の認識を基礎にしている。この視点に立ち、中国は遅れた国民経済の発展を社会主義的内向型計画経済開発方式によって推し進めようとは

かったのである。マルクス主義グローバリズムは、世界社会主義世界の構築という考え方をとるが、同時にこれはまた民族解放―民族自立―民族国家の建設―民族経済の構築という経路を通じて世界社会主義を構築していく道も用意した。マルクス主義グローバリズムは、この意味で自己の中に矛盾を抱え込んだと筆者はみている。

このような認識に立つ中国は、資本主義経済体制に絶対的に優位に立つ社会主義計画経済体制の構築に向け突き進んでいった。

第一部　対外経済貿易体制の構築過程
　　　（第一章、第二章、第三章、第四章）

第一章「建国当初期の貿易体制とソ連を中心とした相互経済援助」では、建国と同時に開始される中国の対外経済貿易体制及び機構構築の始動と初歩的な構築過程をたどる。

この過程は、中華人民共和国成立宣言に先行して成立していた解放区人民政府の中央人民政府への全般的統合と、積極的な集権化過程の中で推し進められ、対外経済貿易部面における中央人民政府への統合と積極的集権化過程として遂行される。

行政府としての政務院の下に、経済全般を取り仕切る財政経済委員会が設置され、この委員会の指導をうける形で政府16部門が組織される。この下に内外商業を合わせて行政管理する中央人民政府貿易部と同税関総署が設けられる。貿易部は、全国の国営貿易、合作社貿易、私営貿易の国家的総領導機関であり、従来の各解放区を新たに位置づけて統合した各大行政区及び中央直属市の人民政府貿易部門は、中央人民政府貿易部及び当該地の人民政府財政経済委員会の双方から領導をうけることになった。また、貿易部は、対外貿易全般を管轄する政務院の機関であったが、貿易に関係ある業務は、財政部、人民銀行、税関総署等の機関がそれぞれ分担するから、任意の管轄決定はできず、各部署と同様に中央人民政府委員会を通過した貿易部組織条例に制約されるという複雑な状況となっていた。

貿易部は直属の国営貿易公司を指揮・管理・監督するが、各公司は自立的な営業裁量権をもたず、行政的色彩が強く、財務も中央集権的であった。各解放区人民政府時代に私営貿易と公営貿易を管理していた対外貿易管理局は、新体制の下でも貿易部所属機関として、私営貿易と公私合営貿易の管理に当たった。対外貿易管理局の領導関係は、中央貿易部の直接領導関係から、中央政府と地方政府の二重領導関係に改められ、漸次地方政府の対外貿易管理行政機構に変えられ、後に各地の対外貿易管理局の活動の協調をはかっていくため、対外貿易部に対外貿易管理総局が設置された。

輸出入商品管理は輸出入許可品、輸出入専売品、輸入禁止品、特許輸入品に分けて管理された。貿易形態としては輸出入を営む工場、商社は原則として為替取組方式によって貿易を行うことになっているが、貿易部の指定した若干の品目についてはバーター方式またはリンク方式による貿易を行うことができることとされた。

外国為替の管理も、貿易管理体制に合わせる形で編成された。為替管理は、建国後も当分は解放区毎に行われてきた管理のやり方を引き継いだが、外国為替の公定レート、また外国為替の配分は中国人民銀行が統一して管理し、各公営経済部門および各機関の要する外国為替については、すべて政務院財政経済委員会が審査し、決定することが定められた。この時期の為替レートは、輸出を奨励し、輸入を押え、在外華僑からの送金へ配慮するということに置かれた。私人の外国為替請求については従来通りとされ、華僑送金についての考慮も払われた。外国為替取引所は消滅、当然ながら外国為替預金証書の相場もなくなった。人民元の対外為替相場は一本化され、公定相場が設けられた。外国為替の集中の方法は、従来通りで行われた。為替割当制が実施されるようになり、従来商品の輸出入については、許可を得たのち許可証に基づいて外国為替の売買を通じて決済処理してきたのであるが、新しい制度になってからは、輸出入許可過程（即ち輸出入商品管理）と為替管理過程が統一され、一本化された。

新中国建国とともに、税関は独立主権と税関事業の自主権の回復の上に立って、財政経済委員会の下におかれた。「中国人民政治協商会議共同綱領」の中では、貿易に対する統制と保護貿易政策（国家統制型保護貿易政策）をとる方針が打ち出され、「関于関税政策和海関工作的決定」においては、関税政策の根幹も保護関税政策ということになる。これを承けて、「中華人民共和国暫行海関法」が政務院によって公布された。また、帝国主義に牛耳られない独立自主の輸出入商品統一検査機構として、1949年10月19日一応貿易部国外貿易司の中に商検処が創設されたが、当時は商品検査局は直接には大行政区人民政府貿易部に属し、輸出入商品検査条例も各行政区別に制定せられていた。全国的に統一された輸出入商品検査の基本条例の制定と、直接中央に統一組織された検査機構の確立には、いささかの時間を要した。

　対外経済関係の中心は、建国と同時に、ソ連を中心とした社会主義諸国との相互経済援助という特殊な理念をもつ相互経済援助として推進された。中国共産党の基本認識は、中国革命を世界革命事業の一環と位置づけていたわけであるから、両国間の他の懸案小事はあったとしても、この歴史的事業をソ連と歩調を合わせて遂行することは最優先課題であった（反帝国主義の世界的な対抗網を打ち立て、民族自立の前提条件を確保することが必須の課題＝「向ソ一辺倒」政策）。また、中国自身、被抑圧人民たる自己の解放と同時に、被抑圧民族の生産力の解放が大きな課題であったから、今や生産力解放の桎梏となっている帝国主義に取って代わる新しい生産力の担い手としての位置に立つ社会主義国ソ連の経済援助を必要としていた。この事情を背景として、ソ連を中心とした社会主義諸国と間の相互援助の形による外国資本の交流がはかられた。

　第二章「計画経済体制の確立と貿易計画・管理体制の形成―貿易の国家独占制の確立と計画・管理体制―」では、本格的に全体的経済計画・管理機構が形成されていく過程の中で、貿易計画・管理体制が確

立していく過程をみる。

　全体的経済計画・管理機構としては、国家計画委員会が創設され、全国にこの系統の機構が打ち立てられた。第1次5ヵ年計画期の前半の時期、国民経済の運営は、国営企業と公私合営企業に対しては直接指令性計画を実行し、農業、手工業、私営企業に対しては間接的な手段、経済政策、立法、契約などの方法によって計画的管理を実行していた。1952年8月貿易部は対外貿易部と商業部に分かれ、対外貿易部は独立して対外貿易を専門に統轄する部としてその機構を整え、対外貿易部の中に計画機構を設け、対外貿易計画作業を主管すると同時に、対外貿易部は初めての整った1953年の対外貿易計画を制定した。その後、対外貿易計画の編成体制の整備と、部としての機構整備をはかった。

　対外貿易部は、取扱商品別に15の直属国営対外貿易専業公司をもち、地方機構として主要通商港に対外貿易部特派員弁事所を設置し、同時に輸出入量の多い省に対外貿易局を置いた。1954年大行政区が撤廃されてから、対外貿易局、特派員弁事所の設置は若干の紆余曲折を経ながらも、57年以後79年までは、中国各省・市・自治区級の対外貿易の行政管理機構は、対外貿易局に一本化されることとなった。

　政務院は対外貿易活動をより積極的に進めていくために、1953年1月通商港対外貿易管理局およびその分・支機構の税関との合併を実施し、全体機構を税関と総称することとした。これによって、対外貿易部の統一集中体制が打ち立てられた。従来対外貿易管理局が担当していた業務は当地の税関が引き受けることになり、1955年9月各通商港の対外貿易管理の業務は、各省・市の対外貿易局に調整、委譲されることになった。

　計画貿易への道は、私営輸出入商の公私連営、公私合営を通じて基本的に全業種で実行され、1956年のその全面的な達成をまって、対外貿易面での指令性計画体制は一応の完成をみる（社会主義改造）。1957年中国経済は単一の計画経済体制に入り、政府担当専門部門傘下に全

面的に掌握された国営対外貿易公司の集中経営が形作られ、国家が対外貿易公司に対する指令性計画・管理と統一損益計算を実行し、管理と経営が一体化された高度集中的貿易体制、即ち「全人民所有制の基礎にもとづき、すべての対外貿易が社会主義国家によって統一管理、経営される制度」と規定される貿易の国家独占制が形成されたのである。

　上述の通り、1953年1月以後税関は対外貿易部の領導のもとに入り、対外貿易部の組織部分として貿易部税関総署と改称し、これまで対外貿易管理局が行っていた業務も取り仕切ることになった。対外貿易部は、全国的な対外貿易管理を遂行、強化をしていく便宜から、税関系統に対外貿易管理業務を重ね合わせるようはかった。しかし、対外貿易の計画なり、管理なりは、元来税関業務とは本質的に異なった次元の業務であり、その後地方各省、市に対外貿易局がほぼ普遍的に設置された現段階においては、各通商港の対外貿易管理の業務は対外貿易局に統一掌握させるべきこととし、税関は経済、政治、防衛の工作を達成し、国境を出入する貨物、輸送手段、旅客の荷物に対する監察・管理工作の強化に努めるべきこととされ、税関は対外貿易管理業務の職責から手を退くことになった。

　輸出入商品の統一検査機構は、若干の試行を経て、1954年1月公布された全国的・統一的な「輸出入商品検験暫行条例」によって、真に名実を具えた全国的・統一的な輸出入商品検査体制として整えられた。

　第三章「貿易計画と管理」では、貿易の国家独占制の下における貿易計画と管理の内容を、全体的なシステムとしてみる。ここでは、先ず貿易計画の種別—長期計画と年度計画—と、それらの内的階層構造を概観した後、貿易計画の編成、実施、検査計画のそれぞれをみる。

　輸出計画の編成は、対外貿易の行政系統組織と対外貿易専業総公司系統組織の2つの系統組織の上下結合関係を通じて編成される、いわ

ゆる"双軌制"と呼ばれる方法でおこなわれる("両下一上"法)。対外貿易部は全国の輸出計画を取り纏めて編成し、全国対外貿易計画会議を招集して協議し、相互の関係に齟齬がないように調和をとり、国民経済計画に組み込む。政務院(国務院)がこれを批准、中国人民政治協商会議全体会議(1954年以降は全国人民代表大会)の審議、通過後実施を下達するという手順となる。輸入計画の編成は国家計画委員会が主となり、対外貿易部が参画して編成を行う。以下は上述と同様の手続きで運ばれる。

貿易計画は、対外貿易本体計画、実施計画(国家の対外貿易計画を任務遂行単位に具体化して下ろしていく計画)、検査計画(計画の主要指標に応じて計画がどの程度達成されたか、また対外貿易政策の貫徹・実行状況はどうかといった内容)から構成される。

対外貿易計画の中身には、以下のような内容が含まれる。

① 商品流通計画(輸出商品買付計画、国内販売計画、輸出計画、地域配分計画、加工計画、在庫計画、国家統一分配物資計画、輸入品発注計画、引取計画、引渡計画)、② 外国為替収支計画、③ 財務計画、④ 輸送計画、⑤ 流通費用計画、⑥ 基本建設計画、⑦ 生産企業計画、⑧ 労働・賃金計画、⑨ 流通網組織計画、⑩ 幹部養成計画等

概括的に述べるならば、1950年代末から80年代初期までの間に貿易計画の種類に若干の増減があったり、名称が変更されたりすることはあったが、計画自体の基本的内容に大きな変化はなかった。

本稿では、これまであまり触れられることがなかった計画経済における対外貿易系統の財務計画及び管理について、いささか踏み込んでみている。

1950年3月に出された「関于統一国家財政経済工作的決定」と「統一全国国営貿易実施弁法」によって、全国の国内商業と対外貿易を一体として統一的に集中管理するための作業が開始され、財政・物資・資金の3側面を、中央が統一的に掌握して集中管理する体制を構築する作業が推し進められた。国営の商業と対外貿易については金庫制度

が設けられ、資金の中央人民政府貿易部への全面的な集中体制—各対外貿易専業総公司系統、これら各総公司系統の固定資産資金及び流動資金はすべて中央人民政府貿易部から統一的に配分され、具体的に用途が定められた上で、使用されるというシステム—がとられたのである。各級の専業公司（分公司、支公司）は、専業総公司を通じて固定資産資金及び流動資金の配分をうけ、目的用途別にこれを使用する。各級専業公司（分公司、支公司）の現金収支は一律に貿易金庫制で運用される。対外貿易部が貿易部から国内商業部門と切り離され独立して、53年から対外貿易は独立経済計算されるようになった。

　国営対外貿易専業総公司系統の固定資産資金は、主として国が基本建設資金として配分したものから構成される。同系統の商品の買付を中心とする流動資金は、主として自己資金と借入資金に分かれる。自己資金はそのほとんどの部分が、国の予算から配分供給される。従来の貿易金庫制下の"資金大回籠"が"資金差額回籠投放"（資金差額回籠投放とは、各専業総公司系統の分公司、支公司が、自己の単位で財務上資金過不足が生じたとき、もし余剰が出れば総公司に上げ、不足が生じた場合総公司から再配分をうけるというシステム）に改められ、1954年からは貿易金庫制が漸次取り止められるようになり、計画の遂行のため、分公司や支公司に銀行借入権が与えられるようになり、各地方の分公司は上級から下達された計画に合わせて、当地の人民銀行から融資をうけ、業務を行うようになった。地方、県レベルの対外貿易部門では、上級が借りて下に回す（上貸下転）といったやり方などが行われた。この間に、財務計画制度の創設と財務計画の編成・審定と貿易営業活動に対する流動資金管理の整備がはかられた。

　本章の最後の部分では、上述の貿易の計画のやり方に合わせて、外国との具体的な計画貿易がどのように遂行されたかを、典型的な原型としてのソ連との貿易で見る作業を行う。

　第四章「外国為替管理と社会主義国間相互援助形態資本交流の断

絶」では、上述国内計画管理体制の構築に対応させて、前半で外国為替管理機構と為替管理、貿易方式と貿易決済、外貨留成、為替レートについて整理し、その後に社会主義国間相互援助形態資本交流の断絶をみる。

為替管理国内体制

建国当初為替管理は各大行政区毎に行われ、全体的には分散状態にあったが、その後の制度整備により、全国の外国為替収支はすべて、政務院財政経済委員会、その撤廃後は国家計画委員会によって統一的に掌握されるようになる。輸出代金としての手取り外国為替（関連諸収入も含む）は、すべて必ず国家銀行（すなわち中国銀行を通じて中国人民銀行へ）へ売り渡すか、引き渡さなければならない。輸入に要する外国為替は、計画あるいは規定にしたがって申請し、批准をえたのち、国家銀行を通して供給される。1956年私営金融業に対する社会主義改造が完成すると、国家の特別許可をうけた外国為替専門銀行としての中国銀行が、統一的に直接一手に外国為替業務を行うようになる。中国銀行は中国人民銀行の領導下の外国為替専門銀行であるが、中国銀行は対外的にのみその名儀を用い、国内的には中国人民銀行の国外局であり、組織機構上は中国人民銀行に帰属する。

1956年生産手段の社会主義的改造が完了してからは、中国の外国為替の管理は、高度に中央に集中された経済体制と国家による外国貿易の独占制に対応した管理体制がとられるようになった。外国為替収支に対して、全面的に指令性計画管理を実施し、外貨資金は国家計画委員会が全国の外国為替収支の総合バランスと分配に責任を負い、計画供給するという縦割の分配方法がとられる。外国為替管理とバランスは、主として行政的手段によって執り行われる。外国為替の収支に関連して必要とされる人民元資金と外貨資金の管理は、人民元資金は中国人民銀行が管理し、外国為替資金は中国銀行が管理する。人民元レートは基本的には行政管理体制の下におき、為替レートから経済的挺子としての機能を隔離する。為替レートは輸出入に対しては単なる

計算の標準たるにすぎず、貿易上発生した赤字は国が補填する。

　しかし、第1次5ヵ年計画における雁字搦め計画管理体制のあり方に対する反省から、1957年財政、工業、商業の各々にかかわる管理権を、地方及び企業に下放する動きがとられ、対外貿易についても、58年から地方への外貨留成の試みが実行された。この外貨留成は、国家の輸出計画を達成し、いくつかの工業品、農産物の計画超過輸出を鼓舞するために、中央は取得外貨の一定の比率額を控除の形で地方の支配の下に残し、生産の発展とか、国家の計画配分の不足を補うといったことの範囲内で、地方にその使用の裁量権を与えるというものであった（この外貨留成制度では、留成がみとめられるのは地方政府のみで、中央各部門や企業には外貨留成はみとめられなかった）。

### 社会主義諸国との為替決済システム

　1970年以前の朝鮮民主主義人民共和国、ルーマニア、ソ連、ブルガリア、ハンガリー、東ドイツ、ポーランド、チェコスロバキア、モンゴル等社会主義諸国との協定貿易（双務バーター貿易）の決済は、貿易関連費用も含めて清算ルーブルによる記帳清算方式で行われた。ベトナムについても1968年以前、アルバニアについても1967年以前は同様であった。

　中国と社会主義諸国との貿易の決済は、国家間のバーター・支払協定および貿易機関荷渡共通条件議定書にもとづく清算勘定方式による。双方が一年間に供給する商品の額を相ひとしくし、債権債務を相殺して、金や外貨でバランスを支払う必要がないようにしていた。期末に借越または貸越が生じたときは、次年度の商品追加で結末をつける。決済用通貨はルーブルであるが、ただ北ベトナムとの辺境小額貿易では、人民幣とベトナム通貨とが用いられた。決済の機関は国家銀行であり、中国側は中国人民銀行である。決済のために、双方の国家銀行は、互いに無利子、無手数料のルーブル勘定を開設する。

　双方の国営貿易機関の間で商品売買の契約が成立すると、売手は積送した商品のドキュメンツを自国の国家銀行に提出する。売手側の国

家銀行は、それらの書類を確認し、代金額を売手勘定に貸記し、同時に買手側国家銀行勘定に借記する。そして支払通知書と売手の提出したドキュメンツを、買手側の国家銀行に送付する。買手側国家銀行は、それらをうけとると、売手側の国家銀行の通知書にもとづいて、売手側国家銀行勘定に貸記し、同時に買手機関から通知書に書かれた全金額を取り立てるというシステムである。

貿易関連費用についてフランス・フラン建て、資本主義各国通貨建てのものなどが出てくる場合、金フランス・フラン建てや資本主義各国兌換可能通貨建ての場合には、金平価に基づくルーブル換算貿易清算口座に入れ処理される。そうでない各国通貨建ての場合には、ルーブルとの正式比価によってルーブルに換算したのち、貿易清算口座に入れ処理される。

なお、中国が資本主義諸国と協定貿易を行う場合にも、清算勘定を相互の国家銀行に設けて処理する。中国の国営貿易公司および公私合営貿易公司が、資本主義諸国の商社と実際取引をするにあたっては、清算勘定方式による場合もそうでない場合も、ほとんどすべて信用状を開設しておこなっていた。

社会主義諸国との為替レート

社会主義諸国との為替決済で使用されるルーブルと人民元とのレートは、1949年12月2日米ドル為替レートを通じて弾き出されたが、その後ソ連政府がルーブルの金平価を定め、米ドルに対する調整を行ったことから、対人民元ルーブル・レートもこれに合わせて調整された。貿易決済レートと非貿易支払決済レートは区別して取り扱われる点は注意を要する。

1961年1月1日ソ連は貨幣改革を行い、1ルーブル表示金量を従来の0.222168グラムから0.987412グラム（4.4444倍）に引き上げた。これにもとづき、両国は交換公文を交わし、100ルーブル＝222.22人民元（100人民元＝45ルーブル）と定めた。このソ連の貨幣改革は新1ルーブルと旧ルーブルを1対10の比率で交換回収するというものであった

から、新ルーブルの対内価値は10倍に引き上げられたが、対外価値は4.444倍とされたにすぎないので、世界市場的な意味からすれば、中国は不公平な価値関係と貿易関係を強いられることとなった。中ソ経済関係における一つの大きな問題点を構成するところとなった。

協定バーター貿易では、清算ルーブルによって直接価格計算し清算することになるから、為替レートの問題は表面的には固有には生じないが、問題は清算ルーブル建て価値表示のものを、国内の経済単位（例えば対外貿易専業公司）が、国民経済計算に結び付ける形で人民元に換算する場合に生ずる。具体的にいうと、この場合状況によっては、中国銀行は固有に赤字補填国内決済レートを設定して対応しなければならなくなるという複雑な問題が発生する。

|資本主義諸国との貿易決済|

1954年以後資本主義諸国との貿易決済は、特定の取り決めによる場合を除いては、原則的には為替取組によって行われた。建国から1950年3月頃までの人民元レートに対する基本方針は、輸出を奨励し、輸入を押え、在外華僑からの送金への配慮ということに置かれ、その後国内の金融、物価安定状況の下で、従来の輸出を奨励し、輸入を押えるという方針を輸出入双方に配慮するとの方針に改めた。人民元レートはだんだんと上昇していく。1952年輸出赤字問題を解決するために、英ポンドに対し人民元を10％切り下げた。この時期の為替レートは、輸出物資の理論上の比価、輸入物資の理論上の比価、華僑送金の購買力比価の3者の加重平均で計算して人民元レートが決められた。このレートは、基本的には当時の人民元の国際市場における購買力水準に符合していたとみられている。

なお、1952年1月1日から人民元の対米ドル為替相場を立てることは停止された。1952年12月6日から72年4月14日までの人民元の対米ドル為替レートは、中国が統計上使用する人民元の対米ドルクロス・レートである。

1953年から中国は社会主義建設期に入り、計画経済を実行したこと

から、物価は国家が決定するようになり、物価は安定していった。この事態と、世界市場の国際商品価格の下降、資本主義諸国の国内物価の上昇傾向を踏まえ、1953～58年の人民元の対ドル為替レートは1ドル＝2.604人民元、59～60年1ドル＝2.617人民元、61～71年1ドル＝2.4618人民元としていた。

為替レートと計画経済、計画による政策的国内価格設定の枠組、計画貿易という点から見れば、為替レートは必ずしも内外の消費者物価の対比上からは調整の必要がなかった。人民元価値の安定の保持、内部経済計算と計画編成に有利なように、従来の為替レートの基礎の上に、外国の状況に応じて人民元レートの調整を行いさえすればよかったからである。しかし、このことは国内経済と国際市場との関係を疎遠なものにしていき、為替レートと物価との関係をかけ離れたものにしていくこととなった。

|社会主義国間相互援助形態資本交流の断絶|

中華人民共和国建国からの社会主義国間との経済関係は、プロレタリア国際主義に基づく相互援助関係と認識されており、ソ連との経済・軍事協力も、当然ながらそのように認識されていた。1950年代前半まで中ソの関係は良好で、ソ連の協力は、アメリカを中心とする経済封鎖網の中で、中国の経済建設の基礎を築く上で貢献し、政治的にも中国の地位の確立に役立つところ大なるものがあったが、ルーブルに対して人民元価値を低く押さえたレート設定をするとか、資本協力問題で、ソ連は実際上の利益が絡むと大国ショービニズムと民族エゴイズムの傾向を露呈することもあった。1956年から始まったとされる中ソ対立は、60年以後両国の間ではイデオロギー上の対立、両党の対立、さらに進んでは国家間対立にまで発展していった。

ソ連から中国に供与された資本提供は、特殊な性格をもつ一種の中国の外国資本導入（利用）ということになるが、現時点までの研究によって総括すれば、ソ連から供与されたプラント設備プロジェクトと借款援助額は、合せて約34億7百万新ルーブルとみられる。プラント

設備プロジェクトは約18億新ルーブル、借款援助が約16億7百万新ルーブルとみられる。ドル換算では約17億9千万ドル規模にあたる。中国は1965年10月までにすべて清算したといわれている。

ソ連との関係が崩壊してから以降改革・開放前までの期間は、上述の国家間の一種の相互援助という特殊な協力の形をとった合弁形態の企業も含めて、外資直接投資を受け入れる形での所謂外資系企業は基本的にはなく、思想上からは、所謂外資直接投資は"禁区"とされ、60年代初めから70年代末の時期は外資利用といっても、一般的な輸出信用と輸出延払方式の信用の形を利用することによって、日本やヨーロッパのいくつかの国から冶金、石油化学、機械、電子、軽工業等のプラント、技術設備を導入したにすぎない。これらの契約はほぼ300プロジェクト、成約金額は100億ドル余りといわれる。

本章では、貿易方式や貿易決済のあり方が、計画貿易の特質とか中国を取り巻く国際環境の特殊条件によって影響を受ける面を一瞥しておいた。

第二部　集権的計画経済体制の見直しと新たな発展戦略の展開の下における貿易計画と管理体制の変容
　　　　（第五章、第六章、第七章）

ここでは、第一の部分でみた集権的計画経済体制の見直しと、これと絡んで新しく出てくる新たな発展戦略の展開の中における貿易計画と管理体制の変容をみる。

第五章「超計画経済発展戦略への傾斜と対外貿易計画の整備・改編」では、第1次5ヵ年計画の中で形成されてきた高度集中経済管理方式（直接計画あるいは指令性計画の行政手段による遂行）に対する問題点と新たな道の探索、この中で毛沢東路線—超計画経済発展戦略—への傾斜を辿りながら、その具体的な全体的編成替えと貿易面での展開をみる。

この段階での中国経済の課題は、解放前の半植民地・半封建的畸形性経済構造を、完全な形の自立的国民経済構造にもっていくべく、直接指令性計画経済方式による重工業優先開発政策を積極的に推し進めてはいくが、これまでの過程でみられた過度の重工業優先開発政策による他部門への重圧、圧死現象が国民経済全体の発展の足枷とならないような計画体制を構築していかなければならないということであった。毛沢東も農業・軽工業・重工業3者の関係を正しく処理し、農業と工業の同時発展を提起した（農業基礎論）。これは重工業優先発展原則を、その前提的潜在的基礎と構築プロセスの相互関係を立体構造として示し、デザインしたものであり、この中では重工業優先発展の教条的かつ機械的な暴進を戒めている。具体的には、社会主義的改造後、工業は国営と集団経営を主体とするも、ある程度の個人経営を加える。これは国営と集団経営を補充するものである。市場供給では、農工業産品の主要部分は、公有制に基づく計画生産によってこれを供給するが、同時に一部産品は市場の変化に応じて、国家計画の許す範囲内の自由生産によって計画生産を補充する。自由市場は国家領導下における国家市場（計画市場）を補うものであり、社会主義統一市場の構成部分であると位置づけされた。

　しかし、社会主義運動の高揚の中で、経済・文化建設における堅実な建設方式は、右よりの保守的思想として批判されるようになっていくが、同時に無謀な暴進にも歯止めがかけられた。然るに、1955年以来毛沢東が屡々提起してきた活動指導方針である社会主義建設の総路線が、57年改めて提起され、58年5月党第8期全国代表大会第2回会議は、この総路線とその骨子を正式に採択したから、上述の堅実な建設方式である党第8回全国代表大会での方針確認事項は無実体化され、「暴進反対」は社会主義建設の総路線に背くものとして指弾されてくるようになる。共産主義の要素を内に盛り込んだ農村における人民公社運動が推し進められる。

　世界社会主義革命の一環となっていると認識される中国の革命の特

殊性を背景としたこの戦略構想の能動的実践過程にあっては、存在する潜在的な社会的エネルギーを、人的要素の主体的能動性の発動を要として結集して社会の動態的展開をはかっていくべきという毛沢東思想では、人的要素の主体的能動性の発動を要としてエネルギーの総結集をはかっていくことこそが、社会主義建設の総路線に貢献するとされ、上述の穏健堅実な建設方式は、これに背くものだとされる。これ以降、過度の中央集権的計画管理体制を穏健堅実改良方式で進めることをベースにする路線と、そのような改良方式を真っ向から否定し、超計画経済開発戦略方式で進めることを主張する路線をめぐって、激烈な左右の闘争が展開されることになる。

　"大躍進"政策が打ち出されてから、適度に地方と企業の計画権限を拡大するという元の方針は放擲され、計画部門が綜合バランスをとるということに力を入れることは、各方面の積極性を軽視するものとして批判され、各方面の積極性を十二分に発揮させることができるよう、地方の権限を拡大するために、旧い従来の集権的計画方法が改められた。中央の集中領導の下で、地区綜合バランスを基礎とし、専門業務部門と地区の両者を結びつけた計画管理制度を打ち立てることになった。ここでは、中央の計画権限が大部分地方に下放され、計画立案の手順が下級から上級へと上げていく編成手順に改められた（生産計画は"二本立て（両本帳）"制度、一つは達成義務の課せられた計画―公表、今一つは期待計画―非公表）。

　この時期、国家計画委員会は全国年度計画、長期計画の編成、地区経済の合理的配置、全国計画の綜合バランスなどの任務に責任を負うが、全国統一計画のうち対外貿易関連では、輸出入総額と主要輸出入商品量のみを管理することとされており、その外は必要に応じて地方の計画管理の範囲のものに対して適切な調整を行うこととされた。1959年からは対外貿易計画は各省・市・自治区が主として編成し、報告することになり、下級から上級に上げていくという編成手順に改められた。貿易計画自体も生産計画と同様に"二本立て"の制度が採用

されることとなった。当時各級は期待計画に力を入れ、屋上屋を架して計画指標を高くしていった。この結果、全国の綜合バランスがとれなくなり、計画コントロール上困難が生じた。対外貿易を含む総体経済計画策定の総元締は国家計画委員会であるが、これとは別に1956年5月単年度総体経済計画策定任務を固有に担当する国家経済委員会が新設された。しかし、年度計画と中長期計画が別々の機構によって管理されることの不都合から、両者の任務調整をせざるを得なくなった。

対外貿易部の任務は、なお当該部門の全国的な計画を編成するとはいえ、従来の計画策定と執行の主導的な役割を担う地位から、調整的役割を担う地位に質的に転換させられてきた。上にみた国家計画委員会と対外貿易部の計画管理上における地位の変化が、地方の計画管理上における地位の変化と対照的に出てくる形となっている。地方の対外貿易局は、貿易計画の編成と地方貿易機構管理の任務が地方に下放されるにともない、地方の計画主管機構の下で、対外貿易の計画管理の任務を中心となって担当するようになり、対外貿易局は地方を中心として輸出入大躍進を推し進めていった。しかも、計画の"二本立て"制度の下で、従来の計画編成過程における対外貿易専業総公司の位置づけも変わり、それは地方から積み上げられてきた計画の単なる遂行者としての性格のものになっていき、遂行過程においても、計画自体に内蔵される不確実性要素に直面するところとなった。

53年から60年までの間は、税関総署は対外貿易部の一つの組織機構として、同部の領導の下に置かれたが、指令性計画貿易によってほとんどの部分が占められるような貿易管理体制の下においては、貿易計画によってほとんどの貿易の諸側面の活動が取り仕切られ、関税、税関のもつ固有の意味と活動も貿易計画による貿易遂行の枠組の中に組み込まれることになったから、1960年11月対外貿易部の領導下におくという原則の下で、税関総署は税関管理局と改められ、各地の税関は各省、自治区、直轄市の管理下に下放され、地方の領導を主とする地

方の党および政府と対外貿易部の二重領導体制とすることになった（但し、対外的には名称はそのままとした）。これにより、各地の税関は地方人民政府対外貿易局の組織機構となった。この体制は1979年末までつづけられることになる。その後の税関の任務の重点も変わる。

　輸出入商品検査制度も、従来の集権的商検体制から、各地の商検局を地方人民政府対外貿易局の組織機構とした（各地の商検機構の名称は、爾後も「中華人民共和国対外貿易部〇〇商品検験局」が使用された）体制に改められた。この下放によって、対外貿易部商検総局は対外貿易部商検局と改められ、国家の既定の商検管理の方針、政策、規定、制度、商検標準の範囲内で、各地の商検機構の日常業務の技術的活動に対して指導を行うにすぎなくなった。

　"大躍進"政策の下で、対外貿易部もこれに乗り、客観性を無視した輸出入大躍進のスローガンを打ち出し、盲目的な輸入の拡大と国力をこえた輸出の拡大に向けて走り出した。対外貿易部は財政権については、その権限を中央財政下にのこしたものの、地方の輸出入経営権の拡大をはかり、計画、機構、人員編成などの管理権は地方に下放した。この中で、通商港の分業経営の規定に違反した行動、輸出貨源の買い漁りによる仕入価格の高騰、低価格による輸出乱売、地方によっては対外貿易機構を通さない貿易活動の出現、輸入の大躍進を推し進めるに当たっては、輸出外貨獲得の可能性や輸入貨物の品質問題を無視した輸入、大量の輸出契約・盲目的な買付の横行・輸出不履行などが発生する事態となり、1958年8月党中央政治局拡大会議は、ついに対外貿易に対して統一して対外対応することを決定し、この乱れに歯止めをかけた。

　第六章「輸出入商品計画管理体制の確立と管理権下放下の財務体制の改編」では、全体経済計画としての商品・物資の配給・流通管理体制の中に組み込まれている輸出入商品計画管理体制と、管理権下放下の財務体制の改編をみる。

1953年以後の集中的商業管理体制では、各級専業公司の上下関係が強く、各地の積極性の発動が十分に引き出せなかったため、管理権限の地方への下放が行われた。計画管理のやり方も、従来の商業行政部門と専業公司の2つの系統で行われていたものが、行政部門一本の編成・下達方式となった。農村では1958年初めから供銷合作社、信用合作社、生産合作社の"三社合一"が展開されるようになり、人民公社化運動の中でこれに組み込まれていく。翌年9月からは全体的には全国供銷合作総社を合併する形で商業部が新たに編成替えされ（供銷合作社の名は残された）、政企合一体制がとられる。

　一連の管理権限の下放にともない、商品の計画管理にも、商品分類別分級管理制度が確立されていく。この過程は、1959年の三級分級管理といわれる商品分級管理制に結実した形をみる。これでは、第一類商品（国務院集中管理商品）、第二類商品（国務院が商品政策を定め、主管部に委託して管理する商品）、第三類商品（第一類、第二類の商品、統配物資、部管物資、また別の定めによる商品以外の商品）に分けて分級管理される。この分級管理法の形は、改革・開放後も一定の期間引き継がれる。

　中央による統一分配の生産手段は、その重要度に応じて国家統一分配物資＝第一類物資と中央主管部門分配物資＝第二類物資とに分けられ、その他の工業関連生産手段は地方管理物資＝第三類物資として管理される。

　建国以来、中央の財政経済委員会が物価に関する最高決定機関であった。中央の財政経済委員会の統一指導の下に、生産手段工業品価格は国家計画委員会が管理し、市場物価は商業部が管理するという二本立て体制がとられていた。1957年8月には各省、自治区、直轄市、県および県に相当する鎮に物価委員会が設立され、中央と省、自治区、直轄市は分業して物価の審査・批准活動を行うこととなったが、同年11月商業管理体制の改革の中で改めて分業体制が定められ、58年4月と10月にさらに若干の補充、細部の規定がなされた。

上述の枠組を踏まえた上で、この段階での輸出入商品管理体制を、輸出商品と輸入商品別に分けて整理する作業を行った。具体的には、輸出では輸出商品国内買付システムを、輸入では輸入商品の国内流通体制を整理するという作業を、ここで試みた次第である。

　なお、この段階で輸出入許可証管理が実質的には廃止されたことを一言付け加えておきたい。貿易はほとんどが指令性計画貿易の形で行われるようになり、許可証によって管理する内容が、すべて指令性計画の中に包摂される性格のものとなったからである。

　さて、上述のように、経済の計画管理権下放の必要性が主張され、それが実行されると、主張されるその必要性の根拠とシステム構築の意義に合わせて、財務体制を改める必要が生じてくる。具体的に貿易面でも、中央と地方との間での利潤分配と対外貿易公司系統の利潤留成（利潤の一部が直接対外貿易公司に配分される）、地方への外貨留成（国家の輸出計画の達成、いくつかの工業品、農産物の計画超過輸出の鼓舞のため、中央は取得外貨の一定の比率額を控除の形で地方の支配の下に残し、生産の発展とか、国家の計画配分の不足を補うといったことの範囲内で、地方にその使用の裁量権を与える）が実行された。

　対外貿易活動に携わる単位に必要とされる固定資産資金の源泉の基本構造は、従来とほぼ同一であるが、1958年から始められた対外貿易部面における利潤留成制度による公司の留成利潤が、固定資産資金の一源泉を構成するようになる。"大躍進"期に入り、固定資産の減価償却法は、従来の各々の項目毎に行う個別減価償却法から、すべての固定資産全体の総合減価償却率にもとづいて行う総合減価償却法に改められた。流動資金については、自己資金については従来と同様である。自己資金と同一のものとみなされる定額負債資金としては、支払予定未支払経費、仮受金、前受金などで、流動資金回転に恒常的に参加できるものがある。商品資金の管理は、銀行借入を基礎とした大別計画管理と定額管理の２つに分けられ、計画管理の部分は一般に県級以上の各級の対外貿易公司に対して採用され、批准された商品流通計

画と財務計画に合わせて、資金供給と使用が行われる流動資金の管理方法である。商品資金の定額管理は県級以下の基層経済単位、倉庫・運輸業務担当の企業に対して採用され、商品在庫の定額のものに対して行う資金供給の管理方法で、査定された定額商品資金が銀行から貸し付けられる。

　1958年から国家の経済管理体制が改革され、管理権限が下放され、59年からは銀行でも中央総行と地方分行の資金貸付管理権限が分けられ、中央財政の金庫と中央企業に対する貸付は、中国人民銀行総行が管理するが、その他の預金および貸付の管理権は、すべて地方分行に下放し、貸付が預金よりも大きい場合の差額は総行が補い、計画請負の差額の範囲内であれば、預金を多く吸収すれば、それだけ多く貸し出すことができるという地方運営型方法が採用されたのである。独立経済計算対外貿易公司単位の流動資金管理は、中国人民銀行が統一的に行うようになったといっても、銀行自体の管理権限も中央総行と地方分行に分けて行使されるようになっていたため、流動資金管理には混乱が発生した。

　第七章「集権的外貿計画管理体制の回復と機構調整」においては、"大躍進"政策の影響と対ソ関係の悪化の中で、貿易の計画管理権限が再び中央集権的体制に戻され、これに合わせて機構調整がはかられていく状況をみる。

　1958～59年の貿易の拡大は、"大躍進"政策による"大進大出"の方針の下で推進されたものであったから、国内の経済状況を反映したものではなく、輸出貨源上からも、輸出商品の品質上からも、外貨準備上からも問題が出てきた。さらにこの上に、中ソ関係の悪化が加わる。1960年からは総輸出入額は急激に下がり始め、62年の総輸出入額の水準は54年水準近くにまで下がり、63年になってやっと反転への動きをみる。

　1961年からは、貿易の輸出入商品構造、貿易相手国、地区別市場構

成に大幅な調整がはかられた。輸出では、特に注目すべきは、改革・開放政策への転換後の加工貿易展開の起点的原型をなす"輸入によって輸出をのばす（以進養出）"といったような商品の輸出の大幅増加、ここで輸出商品生産基地の建設が打ち出された。輸入では、大量の食糧の輸入、国内市場の安定と農業支援のための原料と化学肥料の輸入がはかられた。輸出入の重点がソ連・東欧5ヵ国から先進資本主義国、アジア・アフリカ・ラテンアメリカなどの発展途上国に転換された。輸出商品生産技術も改められ、商品の品質、規格、色柄、種類などの面でも、資本主義市場向けのものをつくるようになったり、逼迫した一部工業器材なども資本主義国から輸入するようになった。1958～59年の対外貿易の急速な拡大、その後3年間の大幅な下降、63年からの回復という、いわゆる"U字形軌跡"を達成した。

国民経済の"調整し、鞏固にし、充実させ、引き上げをはかる"という方針を貫徹するために、貿易計画管理体制において、中央への集中統一が強調され、総合バランスをとることが強化されることになる。1963年からは、貿易計画管理体制は中央集中化の形に戻され、対外貿易専業総公司も従来の対外貿易計画管理機構としての地位を復活することになる。

貿易上の割り振りを行うにあたって、"輸出を基礎として輸入を計画し、輸入によって輸出の促進をはかり、輸出入のバランスをとる"という原則に基づいて実際の処理が行われるようになった。貿易計画編成においては、"二本立て（両本帳）"制度が取り止められ、"双軌制"計画が復活され、"上から下へ、下から上へ"という両結合の計画編成手順が再びとられるようになった。

対外貿易部では混乱した、無秩序な貿易の状態を立て直すために、特に周恩来をトップとし、李富春、李先念の参加する3人指導小組がつくられ、対外貿易部にも指揮部が設立された。指揮部は全国の対外貿易に全権をもって指揮し、各省・市・自治区も党委員会第一書記が自ら指揮をとり、この活動を推し進めた。対外貿易部は1960年から輸

出商品基地、輸出専門工場および工場内部門の建設を開始し、61年からは、57年以来対外貿易部の実施してきた"以進養出"を拡大し、原料を輸入して加工製品の輸出の増進を推し進めた。さらに、1961年1月には、従来の各公司の取り扱い商品が拡大、相互錯綜した関係となっていたのを整理・統合化、輸出入商品の系統別再編・統合化、あるいは新たな必要から新分野を組み込んで統合化をはかるために、対外貿易専業総公司の整理、統合が行われた。

　対外貿易計画管理に関連する部分の調整としては、1964年11月国家計画委員会は物資分配にかんする任務を新設の物資管理部に移し、以後統一分配物資の分配任務は国家計画委員会の指導の下で、物資管理部が担当することとなった。1958年3月から物価の管理権限の下放が推し進められ、同年10月再度物価管理の分業関係が改められたが、中央の物価管理権限が各省・市・自治区へ下放され、さらにその一部が下級に下放され、元の物価管理制度が地方によっては執行停止にいたるといった事情が発生するといった事態にまで及んだため、1959年2月全国物価会議は下放したいくつかの権限を、適度に再び中央に集中した。

　商業部門で政企合一体制が成立してからは、対外貿易公司の輸出商品の貨源調達ルートも、直接分配されるものについては国家から直接分配されることになるが、輸出商品の買付を間接的に行うような場合には、従来とは異なって、商業系統の各級専業局から買い入れるとか、委託買付を行うことになったのである。商業部門の管理体制改革は、地方の商業部門の活性化を促したが、反面地方の自己中心的行動、地域封鎖傾向が顕著に現われるようになり、国民経済的にみた正常な経済関係が寸断されるといった状況が出てきて、対外貿易面でもその弊害が出てきた。このため、1962年5月国務院は上級業務部門と地方商業行政部門の二重指導体制をとり、国営商業専業公司の復活と調整を行った。また、供銷合作社も復活させた。

　これにより、対外貿易専業公司の輸出商品の調達、買付はほぼ1957

年の時期の状況に戻された。輸入商品・物資については、分配あるいは販売計画に基づいて、物資の使用単位あるいは販売総括単位から発注をうけて対外貿易専業公司が代理輸入することになる。輸入商品は、商業流通ルートを通じ販売される。また、主要物資については、直接に発注使用単位が輸入物資引取を行うか、あるいは総括発注単位が輸入物資引取の後、それぞれのルートを通じて分配されるという運びとなる。一部の輸入物資は総括発注単位から商業流通網を通じて販売されることになる。統一経営される食糧などについていえば、輸入食糧は糧食部が一手に自己の配給ルートを通じて配給することになる。

1959年1月から行われた国営企業の流動資金の全額貸付方式の目的は、従来財政と銀行の双方から供給されていた流動資金で、銀行の資金供給の積極性を発揮させようとすることにあったが、財政部門は資金の割り振りを行うにあたって、企業の増加した定額流動資金需要に対して、中国人民銀行に十分に資金を供給しえなかったために、中国人民銀行も全額貸付の重荷に耐えられなかった。銀行は資金貸付管理をきちんと行わず、資金供給を拡大していったため、流動資金の貸付は押えがきかなくなってしまった。かくて、2年後国営企業の流動資金の管理は、再び財政と銀行が共同で管理するというやり方を採らざるをえなくなり、貸付資金管理、貨幣発行の管理の厳格化がはかられ、1963年貿易企業の財務計画の補完と整備が行われる。

1958年から対外貿易公司系統に導入された利潤留成制度は、60年まで行われたが、1961年からは対外貿易公司系統に再び企業奨励金制度と計画超過達成利潤基金制度が復活された。国営企業全体にこの制度が復活されたのは1962年からである。また、1958年から始められた地方への外貨留成制度も68年になって取り止められ、地方の使用上の必要に応じて外貨の一定の枠を分配するという外貨額度分配制に改められることとなった。

1962年頃の時点の為替レートは、1米ドル＝2.4618人民元であっ

た。内外の消費者物価の対比で計算すれば、1米ドル＝1.43〜1.92人民元といったところであったから、消費者物価から見れば、人民元レートは切り上げられるべきであったが、輸出国内商品の国際価格からすれば、人民元レートは切り下げられるべきであった。対外貿易は対外貿易部所属の外貿専業公司が国家計画に基づいて統一経営し、対外貿易部系統で輸出入統一経済計算しており、輸入によって輸出の赤字を埋め合わせていた。このような計画経済上のシステムからすれば、為替レートによって輸出入を調整する必要はなくなっていた。価格は政策的計画価格として定められ、財貨の価格は価値を正確に反映した正常な構成関係となっておらず、国内物価は長期的に安定してほとんど固定されていた。人民元レートは購買力平価によって定められる性格を帯びていたから、人民元レートは自ずと過大評価のレートとなる面をもち、輸出入商品の内外の比価は隔絶して相互対応した関係性をもたず、貿易の国民経済への積極的役割が疎外されていた。

第三部　プロレタリア文化大革命・"四人組"期の対外経済貿易関係（第八章）

　冒頭に述べたような時代認識の下では、社会主義の勝利を実体化するためには、まだ闘争が必要であり、この闘争の中でこそ社会主義建設も立派に成し遂げられるのであり、社会主義陣営内部でも、まだ階級闘争重視の認識が底流の処々に潜在していた。この世界政治経済に対する歴史認識を、後進国中国に直接適用し、世界革命の先端に立とうとしたわけであるから、プロレタリア文化大革命・"四人組"期の経済の指導思想は、"階級闘争を要とする"、"戦争に備えて"、"理想的な"社会主義（商品経済の制限と排除、自然経済と物財経済を結合した閉鎖型経済）経済の建設の主要3つの理念を具えたものでなければならないとされた。前著で触れたが、この点では、後進国から先進国を包囲していく世界革命構想と、マルクスの描いていた世界革命の構想とは異なるように思われる。

革命に過激さが伴うのは避けがたいこととはいえ、反帝の条件的基盤と、国内からはじめて世界社会主義革命にまでもっていく国内の経済条件的基盤には大きな断層があるから、ここではとりわけ過激な政治性が突出して主張される理由があり、また、これに乗じた野心家の跳梁跋扈の余地を許す基盤がある。

　1966年の初頭から、"政治がすべてを決定する"との林彪の論に、中国は全面的に制圧されていく。各級の党および政府の指導機構は批判の矢面に立たされたから、業務組（政治と一応切り離した実務遂行機関）を組織して、国家計画委員会の管理の任務を担当させた。貿易面での業務も、これによって遂行された。1967年と68年の両年の年度経済計画は編成されず、69年、70年ようやく年度経済計画が編成され、主要指標が基本的には達成されるか、超過達成された。

　1967年5月中央軍事委員会も入る形で、文革派を中心とした党中央と中央軍事委員会に権力が集中され、1969～70年の時期は、奪権闘争の混乱おさえるために人民解放軍が投入され、革命委員会が成立するにいたって、一応相対的に政局が安定したため、69年度から経済計画策定作業が回復された。ここでは従来の方法が、下からの計画を基礎として上にあげていき（自下而上）、上下結合するというやり方に改められたのに応じ、中央の部や委員会の役割は縮小され、当然ながら企業の大々的下放が行われた。新国家計画委員会の規模は元の規模の11.6％の規模となり、とても本来の業務を遂行できるような状況にはなく、国務院各部、委員会、直属機構についても、大なり小なり同様の事情にあった。計画指標も極めて単純化され、地方を中心とした経済運営に転換したことから、統一的計画が困難、国家の重点的建設への配置がうまくいかず、全体計画と地方の物資分配との調整が難しいといった事態が生じた。1971年当初の極左戦略的高指標追求型計画は、同年9月の林彪クーデター未遂事件後、72～73年にかけて修正され、計画管理体制の再建がはかられる。1974～75年には再び"四人組"の反撃が起こるが、1976年1月周恩来がこの世を去り、同7月朱

徳、9月毛沢東も逝去する中で、正常化への道が敷かれ、77年8月党第11回全国代表大会における「第一次文化大革命」終結が宣言される。

対外経済面では、文革派は、帝国主義支配下の世界体制の下で、その秩序にしたがって輸出入を行うことは、資本主義体制の擁護であり、帝国主義に奉仕するものであるとし、第一次産品の輸出は資源の売り渡しであり、積極的な輸出外貨の獲得は外貨第一ということであり、技術導入は外国への詔いであると批判した。国外需要に合わせた輸出商品を作ることや、国際市場価格に合わせて価格取り決めを行うこと、また一般的な国際貿易方式に従って取引を行うことなどは"無原則な右傾"であり、"主権喪失国威失墜"であると批判された。

この極端な排外主義ともいえる主張の背後には、そもそも建国以来の社会主義経済建設思想の中に、対外貿易が有機的に組み込まれていなかったという背景がある。中国社会主義経済建設の枠組の中では、対外貿易の地位と役割は、対外的な商品交換を通じて、建設に必要な物資の種類と数量を調整、補充することにあり、対外貿易は、社会主義拡大再生産に不可欠の物資について調整の役割を果たす一つの調整器であり、緊急に必要とされる物資の輸入を通じて、社会主義拡大再生産の順調な発展を促進するものとされている。輸出について言えば、輸入の前提であり基礎でもあるから、輸出の重要性もこの限りでということにある。対外貿易は中国社会主義経済建設の動態の枠組の中に、有機的に組み込まれていなかったのである。それは有無相通じ、過不足を調整するという範囲にとどまっていたといえる。

プロレタリア文化大革命によって、対外貿易部の幹部は下放され、組織機構は破壊され、業務指導と実際の仕事の関係は分断され、計画管理の業務は弱体化していき、1968〜72年の間は、日常業務を処理する若干の業務小班があったにすぎなかった。しかし、周恩来など中央の指導者の正常化への努力によって、対外貿易計画は辛うじて策定され、対外貿易活動の完全な麻痺は免れた。

60年代に入ってから、対外貿易専業総公司及び関連公司の活動には積極的な展開が見られたが、対外貿易部傘下の各地の企業はすべて地方に下放され、対外貿易部と地方の二重指導となり、地方を主とした計画管理のやり方となり、対外貿易局の役割が大きくなっていく。このため、対外貿易の計画管理の業務活動の大部分は、地方政府が行うということになり、地方政府は傘下に地方貿易企業を押さえ、主として自己の意思決定で以て、必要の限りで、中央の専業総公司に上申、調整を仰ぐということになり、対外貿易部と専業総公司の上下関係を通じた計画管理の業務活動は弱くなり、各専業貿易公司固有の存在が薄れ、いくつかの中軸となる総公司への合併、統合が進められる動きとなる。これに合わせて、貿易財務も地方財政へ編入される。1970年の国務院機構大整理によって、71年から地方の分支公司が地方に下放されるのにともない、分支公司の国内業務部分の財務も4年間地方に下放されることとなった。これは地方の積極性の発動に一定の役割を果たしたが、財務管理と輸出業務管理上齟齬が生じ、貿易の財務を地方財政に組み込むことは、国家計画としての貿易の順調な遂行に必ずしも合致しない面があるということから、1975年から再び外貿企業の財務は、すべて中央財政に組み込まれることとなった。林彪クーデター未遂事件後、対外貿易の積極策が推し進められる中で、対外貿易専業公司の新設、内陸部活動の積極化の動きが出る。

　貿易金融の拡大は1960年代の初期から進められたが、67年以後の財政・金融体制の混乱、その後の体制整備への動きの中で、貿易面でも秩序ある積極的展開をはかる財政・金融策がとられはしたものの、文革派は、帝国主義支配の秩序にしたがって輸出入を行うことは資本主義体制の擁護であり、帝国主義に奉仕するものであるとの認識に立っていたので、対外貿易の発展に向けた人民元による積極的な金融的政策を期待できるような状況にはなかった。1973年下半期からの"右からの巻き返しに反対する"運動、"批林批孔"運動で、またその後の"批鄧、右からの巻き返しの風潮に反撃する運動"の中で、この動き

は頓挫し、75年から、貿易関連企業に対しいささかの貸付などによる貿易促進措置が取られるようになったに過ぎない。

外貨による貿易金融は、1950年代初期、また60年代に中国銀行は外貨による若干の貿易融資を行ってきたが、正式には1973年から外貨による融資を始めた。中国銀行は条件を具えた単位に対して、外貨による融資ができるようにした。1979年までに中国銀行は合わせて39億ドルの融資を行い、32億ドルを回収した。これは、中国の輸出商品生産と海運の発展に積極的役割を果たした。

社会主義諸国との貿易決済では、従来のルーブル中心の価格計算と決済システムから抜け出すために、多くの国とはスイス・フラン価格計算決済に、一部の国とは貿易人民元価格計算による決済に、また一部の国とは輸出国貨幣価格計算とした。1971年からは、中ソ貿易決済もスイス・フランに改められた。1975年からは、協定貿易の商品価格の建値のやり方も、従来伝統的固定不変のルーブル建て価格を取り消し、国際市場価格によって価格計算する方式に改め、さらに国際市場で変動するスイス・フラン価格建てに、また一部の国との間では従来の固定貿易人民元価格建てを国際市場での人民元価格建てに改めた。この経緯を経て、1976年から国内各単位が貿易為替決済を行う場合、内部補填を取り止め、各貿易決済通貨の国際市場価格によることとした。

資本主義国との貿易決済では、1967年11月18日の英ポンド14.3％の大幅に切り下げ（中国の輸出商品の大部分は英ポンド建で行っていたし、外貨準備も主として英ポンドで行っていた）に対して、1968年から人民元による価格計算と決済を試験的に始め、70年から漸次ヨーロッパ、日本、アメリカおよびその他の地区との貿易の決済にも、これを導入していったが、中国の輸出商品が低品質で国際競争力も弱かったことから、人民元建ての輸出は相手方になかなか受け入れられなかった。1971年には中国銀行は人民元の先物取引を開始したが、人民元の交換性には制約があり、やはり主要資本主義国の通貨の使用の方が選好さ

れた。

　1972年2月から資本主義諸国は変動相場制に入っていったが、輸入では中国は人民元を使用しなくなった。また、輸出の建値は輸出国通貨で当該地域の当地市場レートを主とするようになり、人民元による決済の比率は漸次下がっていった。以後輸出入における通貨の選択とリスク回避は、国際商品市場や国際金融市場の状況を全般的に考慮していくようになる。

　なお、プロレタリア文化大革命が発動される中で、"物質的刺激"や"賞金第一"といったことが批判されるようになり、地方への外貨留成制度は1968年からは外貨額度（枠）分配制度に切り替えられ、また、66年先ず計画超過達成利潤基金が取り消され、多くの企業で自発的に企業奨励金制度が取り止められるようになり、企業職員・労働者福祉基金一本に統合される。

　また、1957年から始められ、中断されていた輸出拡大のための機動性変則特殊貿易が70年から復活され、国家による資金投入・優遇貸付などの支援が行われるようになり、振興策による輸出拡大がはかられていく。1968年から中断されていた技術導入なども復活され、延べ払い方式による43億ドルにのぼるプラントおよび設備の導入も行われた。しかし、1976年に再度の妨害に遭う。

　この間、中国は対ソ戦略からアメリカに傾斜していき、1969年7月からアメリカの対中貿易姿勢に変化が現われるようになり、対中禁輸政策の緩和を経て、72年2月のニクソン訪中にいたる。1971年10月中国は国連の地位を回復、72年2月のニクソン訪中によって、アメリカの経済封鎖政策は基本的には終わり、同年9月には日中国交正常化への一歩が踏み出された。1970〜72年の間、多くの先進国並びに第三世界の国々との間で、中国は新しい外交関係を樹立していった。この動きは、社会主義陣営という認識の崩壊（世界社会主義に向けての陣営の消滅）と資本主義陣営に対する評価、位置づけの変更を含むものであったから、従来の基礎認識の変容を迫ることになる。

第四部　プロレタリア文化大革命・"四人組"期の混乱収束から改革・開放政策への転回過程における対外経済貿易体制の再編（第九章）

　ここでは、改革・開放政策への転換の2つの源流を探り、改革・開放政策への転換、特に本格的対外経済開放政策への転換が打ち出されるまでの模索の道程を辿る。

　従来の中国の対外経済貿易に対する認識は、生産力解放の桎梏となっている資本主義的対外経済貿易関係の否定であって、それは保護貿易主義か自由貿易主義かの選択ではなく、具体的には保護貿易政策をとったとはいえ、本来それは社会主義計画経済による経済建設が自由貿易政策よりもはるかに優れており、むしろ資本主義的貿易など不要だという考えだった。

　プロレタリア文化大革命・"四人組"期の混乱の中でも進行した1960年代後半からの対外関係面での動きは、狂信的な観念的世界社会主義革命の標榜と裏腹に、逆説的ともいえるが、死滅するはずだった資本主義の生命力が確認され、従来の路線の前提条件とこれを基礎としたその発動の在り方について、改めて反省と新たな模索への動きを醸成したといえる。1960年代に一部の指導者が新たな視角から提起して試みられた、輸出拡大のための特殊な形の機動性変則特殊貿易や輸出商品生産基地建設による成果は、一つの重要な検討材料を提供した。

　大混乱期収束直後から党第11期3中全会までの経済運営と指向は、かつての"大躍進"期以来の経済運営とその背後にあった経済建設思想に対する鎮火作業過程でもあり、余熱今なお冷めやらぬところもあったが、反省、再検討し、新たな道を模索す過程であった。

　1978年2月の全体認識としては、戦争の危険を意識しつつも、「反覇権国際統一戦線」の強化によって「戦争の勃発を遅らせることが可能である」との認識に立ち、このことを背景としたある一定期間の平和の期間を設定することの可能的準備がなされた。このことと国内の

条件を踏まえて、党第11期3中全会では、全党の活動の重点を直接的軍事対決を意識した"戦争に備えて"と"階級闘争を要とする"という基本戦略から、「1979年から全党の活動の重点を社会主義現代化の建設に移すべきであるむね決定した」。経済運営転換への動きが開始されたのである。

対外開放に独自の位置づけを与えるのはしばらく後のこととなるが、党第11期3中全会後の改革の動きとしては、"調整、改革、整頓、提高（向上）"方針の下、農村政策の調整（集団経済の所有権と自主権の擁護、農村では請負生産責任制の導入、市場化等）、工業内部の調整（軽工業の生産・流通条件の改善、企業の経営自主権拡大、集団企業と小商品生産の発展、国家の計画指導の下での市場調節の強化、一部製品の自己生産・自己販売、基本建設投資と固定資産の更新・改造資金に対する貸付、投資資金の有償使用等）、従来直接分配されていた生産手段の一部の市場商品化、単一の計画価格決定制度の緩和等がある。

また、大混乱期収束後経済計画管理機構の再建と新たな指向を反映した機構整備がはかられた。対外貿易部の内部には輸出振興のための部署が新設され、党第11期3中全会までの時期において、すでに対外貿易奨励策がとられ、その後拡大された（農・副産品輸出奨励政策、"以進養出"政策、輸出商品生産を支える銀行貸付、外貨留成、輸出商品生産基地・輸出商品専門工場建設支援外貨供給、輸出製品生産措置投資、輸出商品科学研究費の配分等）。

党第11期3中全会後の対外経済貿易の方向性をかなり明確な形で、しかもその内容を全般的に網羅した形で打ち出されたものとして注目すべきは、1979年4月中央工作会議にかけられ、同8月3日国務院が正式に下達した「関于大力発展対外貿易増加外匯収入若干問題的規定通知」（略称"十五条"と呼ばれる）である。この中では、貿易の発展によって外貨収入の増加をはかるために、一部貿易体制改革の内容を盛り込み、当面の緊急課題に対して、各方面の積極性を動員するための措置が打ち出されている。これまで、この「通知」の大要は他の文

献で間接的に知ることはあったが、その全文の内容は知ることができなかった。本篇では、最近入手されたこの全文によって、その後の動きとの関連をみてみた。今日もつ意味合いと重点は異なるが、すでにこの時点で、"走出去"の方針も打ち出されている。

第一部
対外経済貿易体制の構築過程

# 第一章　建国当初期の貿易体制とソ連を中心とした相互経済援助

## 第一節　建国当初の貿易機構―新中国貿易機構の構築―

### 1　建国当初の貿易管理と貿易業務担当機構・主体

(1)　中央人民政府の成立と財政経済委員会下の貿易部の創設

　1949年10月1日の中華人民共和国成立以前の対外貿易は、華北区、華南区、華東区などといった各解放区別に、地方的・分区的組織機構で行われていた。各解放区では、対外貿易管理局（華東区、華南区では「国外貿易管理局」と呼ばれた）とその所属機関が対外貿易の管理に当たり、税関と商品検査局も解放区別に管轄されていた。また、外国為替および金銀にかんする管理も分区的に執り行われていたのである[1]。

　当時各対外貿易管理局が共通して行っていた業務は、つぎのような内容のものであった。

① 　輸出入業者に対する営業許可証の発給
② 　輸出入の各取引に関する許可証の発給
③ 　私営輸出入業者の契約締結に対する容喙（管理）
④ 　輸入税率に対する補足的規定の改廃
⑤ 　自己の下部機構としてもっていた公営貿易機関に対する領導[2]

---

[1] 宮下忠雄著『中国の貿易組織』（アジア経済研究シリーズ17）、アジア経済研究所、1961年、16～17頁。
[2] 同上書、17頁。公営貿易とは、中華人民共和国成立以前には解放区、成立後は大行政区別に存在していた地方政府の行う貿易のことである。中華人民共和国国営貿易への統一過程でも存在する。

39

1949年9月29日中国人民政治協商会議第1回全体会議は「中国人民政治協商会議共同綱領」を採択し、人民民主主義統一戦線[3]の組織形態としての同会議が、全国人民の意志を代表して、中華人民共和国の成立を宣し、人民自らの中央政府を組織することを謳い[4]、「帝国主義、封建主義、官僚資本主義とたたかい」(第一章 総綱 第1条)、「中国にある帝国主義諸国のすべての特権を取り消し、官僚資本を没収して人民の国家の所有とし、段取りを追って封建・半封建的な土地所有制を農民による土地所有制に変え、国の公共財産と協同組合の財産を保護し、労働者、農民、小ブルジョアジーの経済的利益とその私有財産を保護し、新民主主義の人民経済を発展させ、一歩一歩着実に農業国を工業国に変えていかなければならない[5]」(同上 第3条)としている。外交政策としては、「自国の独立、自由と領土主権の保全を保障し、……帝国主義の侵略政策と戦争政策に反対することである[6]」(第七章 外交政策 第54条)としている。

　同9月27日同会議は「中華人民共和国中央人民政府組織法」を通過させた。これをうけて、同年10月1日中華人民共和国の成立とともに、中央人民政府が成立した。同年10月21日政務院が設けられ、この下に財政経済委員会が置かれた。財政部、貿易部、重工業部、人民銀行、税関総署など16部門が、この財政経済委員会の指導をうけるもの

---

(3)「中国の人民民主主義独裁は、中国の労働者階級、農民階級、小ブルジョアジー、民族ブルジョアジーおよびその他の愛国民主分子からなる人民民主統一戦線の政権であり、それは労農同盟を基礎とし、労働者階級によって指導されるものである」(「中国人民政治協商会議共同綱領」まえがき、編集主幹：柳随年・呉群敢『中国社会主義経済略史(1949-1984)』、北京周報社、1986年、主要文献(二)「中国人民政治協商会議共同綱領」、535頁)。
(4) 編集主幹：柳随年・呉群敢『中国社会主義経済略史(1949-1984)』、北京周報社、1986年、主要文献(二)「中国人民政治協商会議共同綱領」、536頁。
(5) 同上書、同上「綱領」、536頁。
(6) 同上書、同上「綱領」、548頁。なお、1954年9月第1期全国人民代表大会第1回会議で制定された「中華人民共和国憲法」が、「中国人民政治協商会議共同綱領」に取って替わった。

として組織されることとなった⁽⁷⁾。中央人民政府税関総署の設立が同年10月25日、同貿易部の設立が同年11月1日のことであった⁽⁸⁾。

国内商業と対外貿易両者の国家行政事務処理機関としての地位に立つ中央人民政府貿易部は、1950年3月に定められた「統一全国国営貿易実施弁法」によると、「全国の国営貿易、合作社貿易、私営貿易の国家的総領導機関⁽⁹⁾」であり、「各大行政区及び中央直属市の人民政府貿易部門は中央人民政府貿易部及び当該地の人民政府財政経済委員会の双方から領導をうける⁽¹⁰⁾」こととされている。貿易部は以下の6つの職権をもつ。

① 中央人民政府政務院財政経済総計画に基き、国営貿易及び合作社貿易の総計画を起草し、中央人民政府政務院の批准を得て後に実施する。
② 各全国専業総公司の業務計画及び財務計画を批准し、その実施を監督する。
③ 全国の一切の国営貿易資金及び保有商品を管理し調節する。
④ 全国の各大市場の国営貿易公司卸売商品価格を決定する。
⑤ 全国の私営商業を指導し、各級人民政府貿易部門の市場に対する管理工作を指導する。
⑥ 全国的貿易会計法規を頒布する⁽¹¹⁾。

貿易部は対外貿易全般を管轄する政務院の機関であったが、「関税、出入国、郵便物、外資、為替等の貿易に関係ある業務は財政部、

---

(7) 張雲倫編『中国機構的沿革』、中国経済出版社、1988年、36頁。
(8) 宮下忠雄著『中国の貿易組織』(アジア経済研究シリーズ17)、アジア経済研究所、1961年、16〜17頁。現実の進行は国共内戦過程の中で進行しているので、広州貿易の再開は中華人民共和国成立の1949年10月1日の後の同年12月(広州占領は新国家成立後15日目)で、実際の戦闘は1950年3月の雲南省平定まで続いた(同書、16〜17頁)。
(9) 1950年3月10日政務院第23回政務会議通過、同年3月14日発表、外務省調査局第一課編『中共の貿易(資料篇)』所収、昭和26年、134頁(「全国国営貿易統一実施弁法に関する決定」邦訳本文)。
(10) 同上書、134頁。
(11) 同上書、135頁。

人民銀行、税関総署等の機関があってそれぞれ分担するから、任意の管轄決定はできず、各部署と同様に中央人民政府委員会を通過した貿易部組織條例に制約される[12]」。

また、貿易部は貿易行政の指揮にあたっては、「直接に各大行政区下の貿易部、工商庁、工商局等に命令を発せず、それらの命令は政務院から大行政区以下の人民政府を経由して当該部局に伝達される[13]」。「貿易部は所管事項についての命令権をもっており、これは委任立法行為と考えられる（政府組織法19條）。ただし政務院はこれを廃棄、修正する権限をもっている（同上法第15條）[14]」。

(2) 貿易業務担当機構・主体と管理体制の編成

### A 貿易業務担当機構・主体と管理機構

当然ながら、貿易部は直属の全国国営貿易公司の組織を指揮・管理・監督する。ここで注意を払わなければならないことは、指揮・管理・監督といってもその範囲は広く、指揮・管理・監督方式の如何によって、経済組織論的な意味合いが異なってくるということである。指揮・管理・監督の方式は単一ではない。このことは、後篇でみる改革・開放後の貿易体制改革の中で採用されてきた指揮・管理・監督方式と比較してみると明確になろう。ともあれ、先ずは、上述の1950年3月体制下において、実際に貿易業務を担当した機関・主体とこれに対する指揮・管理・監督方式をみてみよう。

国営公司は以下の大枠の下に経営が行われることになっている。
① 総公司を頂点とする直属区公司、分公司、支公司の一大系統が独立採算単位とされる。他公司系統または財政部から赤字補塡をうけることはできない。

---

(12) 外務省調査第一課編『中共の貿易（沿革、政策篇）』、昭和26年、128頁。
(13) 同上書、同上頁。
(14) 同上書、同上頁。

②　公司はすべて財務計画に基づいて支出する。すべての支出は各単位別に年度計画、四半期計画、月別計画の3種の計画表にまとめられ、総公司を経て貿易部に提出される。貿易部はこれをまとめて人民政府の名において審査し、許可されたものに限り、貿易金庫を通じて支払う。

③　公司は現金を保有する権利をもたない。対私営企業取引については現金（中国人民元）が動くが、この場合一時的に保有する現金も同日中に処理しなければならない。貿易部は中国人民銀行に「貿易金庫」業務を委託し、現金はすべてこの「金庫」口座に払込ませるというシステムを組んでいる[15]。

このような貿易公司の性格は、「自律性はほとんど発見されず、寧ろ行政官庁に類似するものといえよう。しかも系統別、業種別に統率されている各下部機構は上層部の命令を執行するのみで、その裁量行為の範囲は限られている上、財務制度も完全に中央集権的であるからその活動は経済的であるよりは寧ろ行政的であり、また自律的というよりは他律的（全体目的へ関連させられた一部として）なものである[16]」。

解放区の各地区人民政府時代を経て、中央人民政府貿易部の下に公営公司が国営公司としてまとめていかれる過程をみると、各地区人民政府時代には、各人民政府の下に対外貿易管理局（華東、華南両区では国外貿易管理局と呼ばれた）が、すべての貿易を管理していた[17]。対外貿易管理局は私営貿易業者の管理と、公営貿易機構の元締としての地位と役割をもっていた[18]。しかし、貿易部は1950年12月「対外貿易管理暫行条例」を出すと同時に、通商港の対外貿易管理局の指導を強

---

[15] 同上書、164頁。金庫制度については、史紹紱著『国家金庫基礎知識』、中国財政経済出版社、1984年参照。
[16] 外務省調査第一課編同上書、164頁。
[17] 宮下忠雄著『中国の貿易組織』（アジア経済研究シリーズ17）、アジア経済研究所、1961年、16頁。
[18] 前掲書、138頁。

化し、対外貿易管理局の主要任務が、貿易部の命令と決定に基づき、対外貿易の管理と監督を行うことであることを明確にした。その主要な職責の範囲はつぎの通りである。

① 輸出入管理制度を実行に移し、輸出入許可証を審査・発給する。

② 輸出商品価格を審査・決定し、国外市況に照らして最低価格を定める。

③ 所管内国営輸出入専業公司の合同会議を招集し、相互の情況の交流を行う。

④ 国営輸出入専業公司の四半期および年度輸出計画、また任務の達成情況を検査・督促する。

⑤ 所在地の輸出入に携わる企業の登記申請を受け付け、審査・認可の後許可証を発給する[19]。

かくて、上述の「対外貿易管理暫行条例」の規定によって、対外貿易管理局は貿易部所属機関となり、直接的には私営貿易、公私合営貿易のみの管理を担当することとなった[20]。

1951年5月26日対外貿易管理局の領導関係は、中央貿易部の直接領導関係から中央政府と地方政府の二重領導関係に改められ、漸次地方政府の対外貿易管理行政機構に変えられていった。1952年9月3日各地の対外貿易管理局の活動の協調をはかつていくため、対外貿易部に対外貿易管理総局が設置された[21]。

中華人民共和国成立に先んじて、各解放区人民政府は、上述の通り、対外貿易管理局を置き貿易を統轄していたが、漸次管轄を目的専門別に整備するようになった。例えば華北人民政府の組織では、華北対外貿易公司と各専業公司は工商部が統轄する地位に立つようにな

---

(19) 《当代中国》叢書編輯部編輯『当代中国対外貿易（上）』、当代中国出版社、1992年、153頁。
(20) 前掲書、129頁。
(21) 前掲書、153頁。

り、それまで市政府、省政府、その他地方政府に属していた公司を傘下におさめた対外貿易公司が、各専業公司を間接指揮するという体制となった[22]。

1949年12月中央人民政府貿易部に対外貿易現業3公司（中国豚毛公司、中国油脂公司、中国畜産公司）が置かれ、各解放区人民政府が大行政区人民政府として中央政府の傘下に入るとともに、従来の解放区人民政府所属対外貿易公司は、大行政区の貿易公司としての地位になった。1950年3月体制に入るまでの期間は、中央と大行政区の現業貿易公司は暫時併存関係に立った状態となっていた[23]。

1950年3月体制では、中央人民政府貿易部指導の下に、(a)豚毛総公司、(b)土産輸出総公司、(c)油脂総公司、(d)輸入総公司、(e)茶業総公司、(f)鉱業総公司の6大総公司が設けられることになっていたが[24]、49年から51年の間に実際には図Ⅰ-1に掲げられる7つの専業公司が設立されている[25]。

(a) 中国進口（輸入）公司：ソ連及び東欧など社会主義諸国との貿易を主管
(b) 中国進出口（輸出入）公司：西側資本主義諸国との貿易を主管

---

(22) 同上書、144～148頁。
(23) 同上書、151頁、宮下忠雄著『中国の貿易組織』（アジア経済研究シリーズ17）、アジア経済研究所、1961年、162～163頁所収邦訳「対外貿易管理暫行条例第2条、第3条規定、史暁麗著『WTO 与中国外貿管理制度』、中国政法大学出版社、2002年、433頁。なお、1950年3月の「統一全国国営貿易実施弁法」、同年12月の「対外貿易管理暫行条例」を経て、各解放区別に制定、施行されてきた対外貿易管理暫行弁法およびその実施細則は、51年2月までに廃止され、この時点で対外貿易管理体制が中央政府に集中され一元化された（宮下忠雄著『中国の貿易組織』（アジア研究シリーズ17）、アジア経済研究所、1961年、17頁、20頁）。
(24)「全国国営貿易統一実施弁法に関する決定」（1950年3月3日政務院第23回政務会議通過、同年3月14日発表）邦訳、外務省調査局第一課編『中共の貿易（資料篇）』所収、昭和26年、134頁。
(25)《中国対外貿易概論》編写組編著『中国対外貿易概論』、対外貿易教育出版社、1986年、251～252頁、万典武著『商業体制改革的探討』、中国商業出版社、1983年、16頁。

(c) 中国畜産公司  
(d) 中国油脂公司  
(e) 中国茶葉公司 ⎬ 買付と輸出  
(f) 中国蚕絲公司  
(g) 中国鉱産公司  

　この他に1951年に設立された中ソ造船公司、中ソ有色金属公司、中ソ石油公司等の共同企業も貿易業務を営むことができることになっていた。

　中央人民政府貿易部直属の対外貿易専業総公司傘下の大行政区公司、分公司、支公司の系統組織と指導関係は図Ⅰ-1に示される通りであるが、華北大行政区では区公司が置かれず、総公司が直接に下部機関を指導する。これは当該地域を中央が直轄する関係からであり、この地区では北京市、天津市等の市公司のもつ意義が大きい[26]。

　なお、東北大行政区の貿易公司については、一言付しておかなければならない。中央政府貿易部に全国国営貿易組織ができている以上は、各大行政区の専業公司はすべからく中央の総公司に直接隷属すべきものであり、地方政府から業務上では何の制約もうけないことになっているはずであるが、1950年3月から51年にいたるまでの期間、東北大行政区における専業公司は東北大行政区貿易部を第一次的な上級機関として仰ぎ、中央政府貿易部からの指導をうけるという体制になっていた。これは東北大行政区が政治組織的にも経済組織的にも他行政区よりも先進的であった（例えば貿易は公営貿易に一本化、公司の内部管理も他行政区よりも先進的であった）上に、当該行政区は重工業基地として特殊な意義をもつ地域であったため、全国性の流通組織規格にあてはまらなかったためである[27]。

　すでに上にも触れたところであるが、1950年12月9日中央人民政府政務院は、国として一本化した「対外貿易管理暫行条例」を公布し、

(26) 外務省調査第一課編『中共の貿易（沿革、政策篇）』、昭和26年、165頁。  
(27) 同上書、174～177頁。

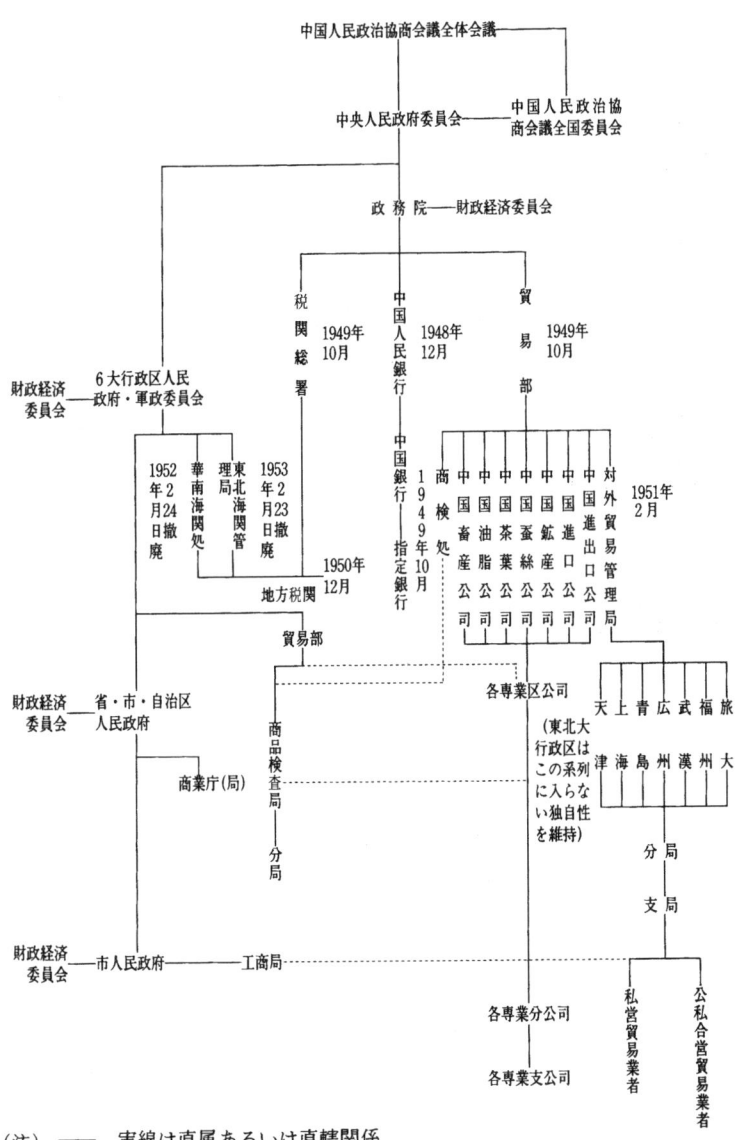

第一章　建国当初期の貿易体制とソ連を中心とした相互経済援助

図Ⅰ-1　建国初期（1951年当時）の貿易機構

（注）―――　実線は直属あるいは直轄関係
　　　……　点線は間接領導関係

出所：関連書から著者作成。

51年2月従来大行政区別に制定、施行されてきた対外貿易管理暫行弁法および実施細則の廃止に踏み切った。1952年2月までに、各大行政区その他地方的行政機関ないし軍政機関の直轄下にあった天津、上海、青島、広州、武漢、福州、旅大の7対外貿易管理局は、中央人民政府貿易部の直接指導下に入るとともに、私営貿易と公営貿易のみの管理を担当することになった。

「中華人民共和国対外貿易管理暫行条例」(1950年12月8日中央人民政府政務院第62回政務会議通過成立)では、「輸出入業務を営むこの国の公私営商社および輸出業務を営む工場はすべてその所在地区の対外貿易管理局に登録を申請しなければならない[28]」と規定されている。また、外国商人や外国商業機構の代表者は、「すべてその所在地区の人民政府外事処の審査と紹介を経てその地区の対外貿易管理局に登録を申請し、中央人民政府貿易部がこれを審査し許可した後、始めて指定の地点で営業することができる[29]」と規定されている。具体的な登録は「進出口廠商営業登記弁法」(1950年12月15日、財政経済委員会批准)による。

### B 輸出入商品管理と貿易形態

輸出入品は、それぞれ管理目的に合わせて4分類されている。

① 輸入品
　(a) 輸入許可品……すべて輸入を許可する品目がこれに属する。
　(b) 専売輸入品……国家が輸入を一手に扱う品目がこれに属する。
　(c) 輸入禁止品……政務院財政経済委員会の決定によらなければ輸入することのできない品目がこれに属する。

---

(28) 外務省調査局第一課編『中共の貿易 (資料篇)』、昭和26年、83頁(「條例」第3條)。
(29) 同上書、83頁(「條例」第4條)。

(d)　特許輸入品……中央人民政府貿易部の特許がなければ輸入で
　　　　　　　　　きない品目がこれに属する。
　②　輸出品
　　(a)　輸出許可品……すべて輸出を許可する品目がこれに属する。
　　(b)　専売輸出品……国家が輸出を一手に扱う品目がこれに属す
　　　　　　　　　る。
　　(c)　輸出禁止品……政務院財政経済委員会の決定によらなければ
　　　　　　　　　輸出することのできないものがこれに属す
　　　　　　　　　る。
　　(d)　特許輸出品……中央人民政府貿易部の特許がなければ輸出で
　　　　　　　　　きない品目がこれに属する[30]。
　バーター取引における専売輸出品は、豚毛、大豆、タングステン・
錫・鉄・アンチモニー鉱石、アンチモニー、鉄鋼、錫及びその製品、
錫合金製品である。また、バーター取引における専売輸入品には新品
の麻袋がある[31]。
　「輸出入を営む工場、商社がいかなる貨物を輸入または輸出するに
も、すべて事前にその所在地区の対外貿易管理局に対して輸入または
輸出許可証の受領を申請し、審査発行を得て後、始めてそれを証拠と
してその他の輸出手続を行うことできる[32]」。国営対外貿易の場合
と、その後の輸出入許可証制度については、他の事情と合わせて第二
章で触れる。
　輸出入を営む工場、商社は原則として為替取組方式によって貿易を

---

(30)　同上書、83～84頁(「條例」第5條、第6條)。
(31)　富山栄吉著『中国の対外貿易序論』、大東文化大学東洋研究所刊、昭和52年、121～123頁。同書には輸出入許可品目、特別許可品目も掲げてある。なお、宮下忠雄教授は輸出入禁止品目の参考として、輸出入郵送物品に対する税関の監督管理弁法の郵送による輸出入禁止品目表を挙げておられる(宮下忠雄著『中国の貿易組織』〈アジア経済研究シリーズ17〉、アジア経済研究所、1961年、100～101頁)。
(32)　外務省調査局第一課編『中共の貿易(資料篇)』、昭和26年、84頁(「條例」第7條)。

行うことになっているが、貿易部の指定した若干の品目については
バーター方式またはリンク方式による貿易を行うことができる。この
場合には、当該地区の対外貿易管理局にバーター許可証を申請し、審
査、許可を受けなければならない[33]。

また、輸出を営む工場、商社が委託販売または代金取立依頼の性質
をもつ貿易を行う場合にも、所在地区の対外貿易管理局の許可を得な
ければならない[34]。

なお、建国当初全国の通商港には合わせて4,600の私営輸出入企業
があり、従業員総数35,000人、資本金総額約1億3千万元で、資本金
10万元以上のものは少なく、中小の経営体が大多数を占めた。1950年
の私営輸出入企業の総取扱額は輸出入総額の33.12％を占めていた[35]。

## 2　為替管理と貿易金融機構

外国為替の管理は、建国後も当分は解放区毎に行われてきた管理の
やり方を引き継いだ。各解放区毎の外国為替管理の法定規定は異なっ
てはいたが、宮下忠雄教授によれば概ね以下のような共通点があっ

---

(33) 同上書、84頁（「條例」第9條）、94頁、「バーター貿易管理暫行弁法」及び
「同実施細則」は、1951年3月6日中央人民政府貿易部によって発布された様
子である（宮下忠雄著『中国の貿易組織』〈アジア経済研究シリーズ17〉、アジ
ア経済研究所、1961年所収邦訳「同弁法」及び「同実施細則」、165～170頁）
が、各地でのバーター貿易の実施期日は必ずしも一致しない模様である（邦訳
「バーター貿易管理暫行弁法」及び「同実施細則」、1951年3月14日、広州対外
貿易管理局施行のものなどにずれがみられる〈同書、93～94頁〉）。
(34) 同上書、84頁（「條例」第10條）。
(35) 陳英・王寿椿・許煜編著『中国社会主義対外貿易』、対外貿易教育出版社、
1984年、22頁。宮下忠雄教授によれば、「1950年において、私営輸出入商社が全
国輸出入総額中に占めた比重は31.7％であったが、1951年には16.3％、1952年
には8.2％」（宮下忠雄著『中国の貿易組織』〈アジア経済研究シリーズ17〉、アジ
ア経済研究所、1961年、69頁）であったとされているが、両数値の差は私営貿
易商社が国営商業のために代理して営業した部分が含まれるか否かであると思
われる。黄有土『中国対外貿易基礎知識』、福建人民出版社、1981年では、1950
年の国営貿易の割合は68.4％、私営貿易の割合は31.6％とされている（同書、29
頁）。

た。
① 中国人民銀行が中国銀行を指定して、外国為替管理の任務の執行と外国為替業務執行の機構たらしめること
② 中国人民銀行が従来信用のあった外国為替銀行（在華外国銀行をもふくむ）を指定して「指定銀行」となし、一面、中国銀行を代理して外国為替を売買させるとともに、他面、顧客を代理して外国為替を売買させること（「指定銀行」それ自体は、自己のために外国為替を売買することはできない）
③ 貨物の輸出およびその他の事由によって外国為替[36]を所有するもの[37]は、中国銀行に預け入れて外国為替預金（外匯存款）とし、これとひきかえに外国為替預金証書（外匯存単）を受領しなければならないこと
④ 中国銀行内に外国為替取引所（外匯取引所）が設けられ、各「指定銀行」がすべての取引員（交易員）となり、顧客に対し売買のあっせんまたは代理を行うこと（いっさいの場外取引は禁ぜられる）
⑤ 外国為替取引所に対しては、中国銀行がなんらかの意味において統制的に作用すること[38]

---

[36] 外国為替とは国外で収支されるいっさいの外貨建て金額であって、外国貨幣、外国紙幣、外国貨幣で支払われる手形、電信為替、即時払い為替、一覧払い為替、長期の為替、小切手、旅行者小切手、6ヵ月以内満期支払いの約束手形、銀行が通常経営する6ヵ月以内のいっさいの支払い証書、銀行および商業引受為替手形などをふくみ、輸出貨物の販売によって得た外国為替代金、海運保険業その他各業の商人が取引行為によって得た外国為替あるいは外国貨幣、華僑の送金およびその他国外から為替送金された金額、国内の中外の人民が所持する外国貨幣、外国紙幣はみなこれにふくまれる（宮下同上書、117～118頁）。

[37] 「指定銀行」を含む（外務省調査局第一課編『中共の貿易（沿革、政策篇）』、昭和26年、294頁）。

[38] 宮下忠雄著『中国の貿易組織』（アジア経済研究シリーズ17）、アジア経済研究所、1961年、113～114頁。なお、為替相場の決定法は、毎日公定相場が公示されこれによって売買が行われる地区、寄り付き相場が公示され取引員が自由に相場を議定する地区など一様ではない。また、預金証書に40日の期限が付さ

外国為替預金証書は上記の「指定銀行」に委託すると、外国為替取引所で人民元と交換してくれる(39)。輸入のために外国為替が必要な場合には、対外貿易管理局が発給した輸入許可証に基づいて、外国為替取引所を通じて外国為替預金証書を入手することができる。また、適当な証明書類に基づき、すでに中国銀行から輸出貨物の運賃、コミッションおよび保険料の先払にあてる外国為替買入の許可をえたものについても、同様の手続によって外国為替預金証書を入手することができる(40)。

　1950年3月に出された「関于統一国家財政経済工作的決定」の中で、外国為替の公定レート、また外国為替の配分は中国人民銀行が統一して管理し、各公営経済部門および各機関の要する外国為替については、すべて政務院財政経済委員会が審査し、決定することが定められた。私人の外国為替請求については従来通りとされた(41)。

　同年6月外国為替取引所は消滅、当然ながら外国為替預金証書の相場もなくなった。同年7月8日から、人民元の対外為替相場は一本化され公定相場が設けられた。また、外国為替預金証書に付されていた

---

れ、この期限をこえると中国銀行が当日の公定相場で買い上げる地区と、無期限の地区がある。一部の地区では必ずしも預金としないで、外国為替を直接中国銀行に売却し、人民元を受領することもできる。一部の地区では、外国為替預金とは別に外国貨幣預金にもできる。しかし、これは中国銀行で直接兌換されるのみで、取引所では取引されない。華僑の送金したものについては別の規定があるが、ここでは立ち入らない。地区によっては、必要に応じて期限前でも中国銀行が預金証書を買い上げ、売却して市場調節できる優先買上権が認められる（同書、114頁）、三木毅著『中国回復期の経済政策―新民主主義経済論―』、川島書店、昭和46年、433頁）。ついでながら、金銀の民間所有は許されたが、輸出は禁止され、輸入と国内移動に際しては携帯証の発給が必要とされた。ただし、一定量以下の金、銀の首飾品および銀質器皿などはこの限りでない。金銀の貨幣的使用、民間売買は禁止されている。中国人民銀行は公定比価によって金銀買上げを行っている。私営の金銀飾品店に対しては、廃止・転業の方策がとられた（宮下同書、117頁）。
(39) 外務省調査局第一課編『中共の貿易（沿革、政策編）』、昭和26年、294頁。
(40) 宮下前掲書、118頁。
(41) 《当代中国的経済管理》編輯部編『中華人民共和国経済管理大事記』、中国経済出版社、1987年、7頁、宮下同上書、120頁。

第一章　建国当初期の貿易体制とソ連を中心とした相互経済援助

40日期限も消滅した。しかし、外国為替の集中の方法は従来通りで、「指定銀行」を介して中国銀行に外国為替預金として集中され、輸入などに必要な外国為替は許可証に基づいて「指定銀行」を通じて買い入れ、中国銀行に外国為替預金として預け入れられ（外国為替預金証書が発行される）、「指定銀行」を経て中国銀行の為替預金を引き出すという方法がとられている。輸出の場合には、許可証と信用状に基づいて為替の予約をし[42]、所定の手続きと税関の通関証明をうけたのち、これを「指定銀行」に持参して預金証受領の手続をとる。「指定銀行」は中国銀行に為替を預金して外国為替預金証をうけ取り、輸出商に手渡す。輸出商はこれを「指定銀行」に委託して中国銀行に売却して人民元化する[43]。

1950年5月から、華東区で輸入為替割当制度が試験的に始められ、同年10月からは「外匯分配使用暫行弁法」によって、為替割当制度が全面的に実施された。貿易に関する部分は以下の通りである。

① 全国各地のすべての外国為替は中央人民政府政務院財政経済委員会が統一的に掌握、分配、使用する。いかなる部門も規定の申請に基づく許可なしに、これを運用することはできない。財政経済委員会は中国人民銀行に10日毎に全国各地のすべての外国為替収入を報告させ、四半期毎に外国為替の分配使用許可額を中国人民銀行に通知する。

② 外国為替はすべて割り当てられる。輸入のための外国為替は、保護貿易政策に基づいて、国家建設に必要な器材物資および国内生産物で代替できない器材物資に限って割り当てられる。

---

[42] 外務省調査局第一課編『中共の貿易（沿革、政策編）』、昭和26年、317～318頁。1950年前半までは元安の基調にあったため、この制度はなかったが、その後元レートが高く設定されたため、1950年8月広州でこの制度が導入され一般化された。この制度の下では為替レートは契約成立時のレートが適用される。《当代中国》叢書編輯部編輯『当代中国的金融事業』、中国社会科学出版社、1989年、406頁。

[43] 外務省調査局第一課編同上書、298～304頁。

③　中央人民政府の軍政機関、各事業機関、各国営企業が輸入のために要する外国為替は、申請書に輸入計画および必要外国為替額を添付し、上級主管機関に報告、審査をうける。

　主管機関はこれらを総計して財政委員会に報告、許可をうける。大行政区および所属省・市人民政府の軍政機関、国営企業の場合は、当該区財政経済委員会を経て政務院財政経済委員会の許可をうける。私営企業の場合は、当該省・市人民政府財政経済委員会あるいは商工庁（局）の審査をうけ、大行政区財政経済委員会を経て、政務院財政経済委員会の許可をうける[44]。

　上述の基本的枠組の外に、従来から自己で調達した為替で輸入を行うことが許されている自弁為替が存在したが、1950年6月の全国的な為替弁法の改正以後、自弁為替による輸入は漸次限定が付されるようになってきた。これまでは政府機関や軍隊も国営輸入公司によらないで自弁為替によって自由に輸入をする例もあったが、私営業者と同様許可制となり、1950年9月国家機関は自身が直接輸入することが禁止され、輸入はすべて国営輸入公司に委託（私営業者に委託することも禁止）しなければならなくなった。自弁為替輸入は私営業者のみに制限つきで許されることとなった[45]。

　また、華僑のための為替送金業者＝僑批業者は、1950年11月末厦門市政府貿易局の制定した弁法によって、貿易管理局に登録、許可を受ければ、地場消費用の輸入を行うことができるようになった。ただし、輸入用に華僑送金為替を使用、またはそのために送金期限を延ばしてはならない。1951年3月1日政務院財政経済委員会は「僑匯業管理暫行弁法」を公布した。これによって各地で別々に定められていた弁法は停止された。新しい弁法では僑匯、僑批についての規定や、僑

---

(44) 三木毅著『中国回復期の経済政策―新民主主義経済論―』、川島書店、昭和46年、434～435頁。
(45) 前掲書、309～311頁。

批業の自弁為替輸入についても規定している[46]。

　貿易決済をどのような形で行うかは貿易形態と関係するが、1949年秋以前はバーター貿易制を原則としていた。1949年秋以降の約1ヵ年は、外国為替取組による貿易方式が主とし採用されていた。1950年末頃からは再びバーター貿易制を主とした貿易方式が採用された[47]。1949年秋からの約1ヵ年の期間は、すでに述べたやり方で貿易決済が行われてきた。1950年10月からは上に述べた為替割当制が実施されてきた。従来商品の輸出入については、許可を得たのち許可証に基づいて外国為替の売買を通じて決済処理してきたのであるが、新しい制度になってからは、輸出入許可過程（即ち輸出入商品管理）と為替管理過程が統一され、一本化されたわけである。

　1950年末から、為替取組による貿易方式中心からバーター貿易方式中心に転換されたことにかんしては、朝鮮戦争の勃発に絡むアメリカの対中国資産凍結、アメリカを中心とする主要国の強固な"禁輸・封鎖"網の形成の中での対応である。バーター貿易で若干の輸出入差額が出るような場合は、甲・乙・丙といった商品分類別、輸出超過・輸入超過別に金額規制が設けられており、中国銀行に申請して許可をえたのち決済することになっている[48]。

　この時期、特別の貿易金融制度は設けられていない。国営・公営・私営貿易公司はいずれも、従来の伝統的な方法で資金調達を行わなければならなかった。外貨の調達にかんしてはすでに上述したが、国内資金の調達は、有担保・無担保信用、オーバー・ドラフト、国内手形割引、外国為替手形割引、手形引受などの方法によって行われた[49]。

---

(46) 宮下忠雄著『中国の貿易組織』（アジア経済研究シリーズ17）、アジア経済研究所、1961年、125～126頁。なお、華僑の国内向け送金の吸収のために特別の優遇措置と僑批業にかんする規定が設けられた（同書、115頁）。
(47) 同上書、104頁。
(48) 三木毅著『中国回復期の経済政策―新民主主義経済論―』、川島書店、昭和46年、435頁。
(49) 黄徳利・朱鳳慶編『我国社会主義銀行会計的歴史発展』、中央広播電視大学出版社、1985年、144頁、179～190頁、外務省調査局第一課編『中共の貿易（沿

## 3　税関機構・関税と商品検査機構

### (1)　税関

　1949年10月設立された税関(中国語としては海関と呼ばれる)総署は、政務院の下で財政経済委員会の指導をうける財政部、貿易部、中国人民銀行などと対等の地位にある機関として設けられた。税関総署の組織は、同年12月政務院第13回政務会議で試行が批准された「中央人民政府政務院海関総署試行組織条例」に規定されている。翌50年1月中央人民政府の「関于関税政策和海関工作的決定」において、関税政策と税関工作に関する基本方針が示された。この「決定」の中で、中国は税関政策上の独立主権と税関事業管理の自主権の回復の上に立って、以下の基本方針の下に、体制整備と政策遂行をはかっていくと述べている。

①　目下の条件下における税関工作と国家の対外貿易工作上の監督と管制は、中国人民経済の回復と発展に重要な役割を果たすべき任務を担っている。税関税則は必ず国家の生産を保護しなければならず、国内生産品の外国商品との競争を保護しなければならない。

②　税関総署は統一的に集中された独立自主の国家機関でなければならない。税関総署は各種の貨物および貨幣の輸出入に対して実際の監督・管理を執行し、関税の徴収、密輸との闘争を行い、以て資本主義国家の経済侵略を受けないよう保護しなければならない。

③　税関と直接関係のない職務(港湾の管理、河道の浚渫、助航設備の建築、国境・海岸の巡衛など)は、税関から他の関係機関に移管

---

革、政策編)』、昭和26年、296頁。後にみるように、中国銀行は為替手形割引業務を行わなくなる。

する(50)。

　この方針に沿って、旧来の税関組織が新しく編成替えされることになったが、先ず1950年2月税関総署は全国の税関の関名の変更に関する通達を発した。同年12月中央人民政府政務院は「関于設立海関原則和調整全国海関機構的指示」乙部において、第2図の26地方税関（あるいは関）、9分関、35支関の設立を決定した。

　上述したように、従来税関業務は解放区、それを引き継ぐ大行政区が別々に取り仕切っていたが、ここにほぼ統一的な税関機構が成立することになったわけである。しかし、税関人事、財務(51)が税関総署によって統一的に掌握されるようになったものの、地方税関は大行政区人民政府の指導をうけることになっている(52)。

　東北地区と華南地区では事情が異なり、旧機構が1～2年残された。東北地区においては、東北税関管理局が、1949年9月東北行政委員会によって東北貿易部の下に設置された。1950年3月8日政務院財政経済委員会は、東北税関管理局を税関総署の代表機関とする通知を発した。東北税関管理局はここに、税関総署と東北財政経済委員会の二重指導をうけることになったわけである。

　華南地区では1950年12月の「指示」の線に沿って、新しい税関機構が整えられたが、旧来の華南地区の税関管理機関としての華南税関処が52年2月24日まで残され、同25日撤廃された。税関総署は同2月15日駐華南特派員を派遣した(53)。

---

(50) 宮下忠雄著『中国の貿易組織』（アジア経済研究シリーズ17）、アジア経済研究所、1961年、20頁、34～35頁、中央人民政府海関総署編『新中国海関』、新華書店、1951年、69～71頁（同書所収「決定」本文）。なお、関税制度と関税そのものについては後に述べるので、ここでは立ち入らない。
(51) 「各区の関税は東北については、別段の規定があるが、その他はいずれも中央に引き渡している。しかも規定の期限どおりに国庫に納入せられ、定期に税収金額が報告せられている。1951年から東北をのぞいて、その他の各税関の経費は一律に税関総署が統一的に支給することとなった」（宮下同上書、42頁）。
(52) 中央人民政府海関総署編『新中国海関』、新華書店、1951年、78～79頁（同書所収「中華人民共和国暫行海関法」本文）。
(53) 関係筋に対する筆者の確認調査による。

図Ⅰ-2　全国の税関

- 満洲里関 ― 海拉爾支関を管轄する。
- 綏芬河関
- 図們関 ― 開山屯、三合村、南坪、琿春の四支関を管轄する。
- 輯安関 ― 長白、臨江、下解放の三支関を管轄する。
- 安東税関 ― 三道浪頭支関を管轄する。
- 大連税関
- 営口税関（東北税関管理局撤廃後に設立）― 哈爾浜、斉々哈爾の二支関を管轄する。
- 瀋陽関
- 天津税関 ― 秦皇島、塘沽の二分関を管轄する。
- 北京関
- 青島税関 ― 煙台分関、連雲港支関を管轄する。
- 上海税関 ― 呉淞、寧波、温州の三支関を管轄する。
- 福州税関 ― 涵江、三都澳の二支関を管轄する。
- 厦門税関 ― 晋江支関（泉州支関と改名※）を管轄する。
- 武漢関
- 汕頭税関 ― 汕尾支関※
- 広州税関 ― 黄埔支関を管轄する。
- 九竜税関（深圳に設ける）― 文錦渡支関を管轄する。
- 江門税関 ― 拱北分関（関閘砲台に設ける）、石岐支関※を管轄する。
- 南寧関※
- 北海税関 ― 東興支関を管轄する。
- 梧州関
- 湛江税関
- 海口税関
- 昆明関 ― 打洛、孟連、河口、馬関の四支関を管轄する。後騰衝関を分関として管轄、従来の騰衝関管轄下の分支関も管轄。
- 騰衝関 ― 畹町分関および猛卯、遮島、猴橋、鎮康の四支関を管轄する。
- 迪化関 ― 霍爾果斯分関（同分関には伊寧支関を設ける）、塔城分関（同分関には吉木乃支関を設ける）、承化分関（同分関には巴克図支関を設ける）、喀什分関（同分関には伊塘支関を設け、かつ哈密、烏蘇両支関を直轄する）、烏什分関※を管轄する。

注記：※のついた関、分関、支関は当初の決定後1951年10月までに増設、改名、管轄変更が行われたものを示す。

出所：中国人民政府海関総署編『新中国海関』、新華書店、1951年、129～131頁（同書所収「指示」本文）、宮下忠雄著『中国の貿易組織』（アジア経済研究シリーズ17）、アジア経済研究所、1961年、40～41頁。※のついた事項は同上『新中国海関』の注記による。

東北地区と華南地区で1～2年の遅れが出たのには、次のような事情があったといわれている。華南地区では、税関は密輸業者の上前をはねるのが常識となっていたといったようなかなり乱れた事情があり、機構整序に先んじてまずは質的向上をはかるため、地元行政区の強力な管理機構に頼らざるを得なかった。華南地区の事情と対照的に東北地区では税関機構はかなり整備されていたから、むしろ東北地区の税関機構整備は全国的な機構整備に先行していたといえる。したがって、この段階における全国的な税関機構に全体的に包摂してしまいにくい面があった。このことの背景には、東北地区解放の歴史的事情と、経済政策上の特殊戦略性があった[54]。

(2) 関税

上段で触れた「中国人民政治協商会議共同綱領」の中では、「対外貿易にたいする管制を実施するとともに保護貿易政策をとる[55]」(第四章 第37条)という方針が打ち出されている。上述の『関于関税政策和海関工作的決定』の中では、「中国の税関業務は自国経済の回復と発展の中で重要な役割を果たすべきであり、中国の関税税則は、国家の生産を保護し、国内の生産品を外国商品との競争から保護するものでなければならない[56]」とされている。貿易政策としては国家統制型保護貿易政策が基本に置かれ、関税政策の根幹も保護関税政策ということになる。

上記「決定」では、関税率を設定する際の基本的方針を以下のよう

---

(54) 外務省調査局第一課編『中共の貿易（沿革、政策篇）』、昭和26年、267頁、174～177頁。
(55) 編集主幹：柳随年・呉群敢『中国社会主義経済略史（1949-1984）』、北京周報社、1986年、主要文献（二）「中国人民政治協商会議共同綱領」、545頁。
(56) 中央人民政府政務院「関於関税政策和海関工作的決定」1950年1月27日政務院第17回政務会議通過）、中央人民政府海関総署編『新中国海関』、新華書店、1951年、70頁。

に定めている。
 ① 現在国内で大量に生産できる、あるいは将来大量に生産可能な工業製品などを輸入する時は、関税率を高く定めて、この輸入商品の価格と国内の同種商品の価格とのひらきをより大きくし、それによって国家・民族生産を保護する。
 ② 奢侈品と必需品とはいえない商品に対しては、さらに高い関税率を設定しなければならない。
 ③ 国内で大量生産できない、あるいは生産不可能な生産設備、機材、工業原料、農業機械、食糧の種、肥料などに対しては、関税率を低く設定するか、あるいは免税とする。
 ④ 必要な科学文献、農業の病虫害の予防・駆除に関する書籍、国内で生産不可能、あるいは国内に代替品がない薬品などに対しては、減税又は免税とする。
 ⑤ 中国の輸出貨物の生産を発展させるために、中央人民政府によって奨励されるすべての半製品及び加工原料の輸出に対しては、極めて低率の輸出関税を課するか免税とする[57]。

1951年4月18日『中華人民共和国暫行海関法』が政務院によって公布され、同年5月1日から施行された。同年5月16日から施行された『中華人民共和国海関進出口税則』と『中華人民共和国海関進出口税則暫行実施条例』によると、関税率の構造は次のようになっている。
 ① この関税法税則には3種類の関税率が設けられている。輸入関税率に関しては最低関税率と普通関税率の2区分、輸出関税率に関しては1区分の関税率を設けている。輸入関税率に関する最低関税率と普通関税率の適用の区別は、当該商品の生産国による区別ではなく、当該商品の輸出国による区別である。当時中国は帝国主義による"封鎖・禁輸"の状況下にあったが、経済建設上必要とするアメリカ等資本主義国の生産する機械・設備は、中国と

---

(57) 同上「決定」、同上書、72～73頁。

貿易関係のある国を通じて手に入れざるを得なかったため、輸入国に対して優遇税率を適用するという策に出たのである[58]。低輸入関税率は免税を除けば、最低5％、最高200％、普通税率は免税を除けば、最低7.5％、最高400％となっている[59]。

② 輸入関税の算術平均関税率は52.9％で、その内、農産物の算術平均関税率は92.3％で、工業製品の算術平均関税率は47.7％である[60]。輸出関税が課されるのは、6種類の商品（落花生油、落花生、薄荷油、薄荷脳、豚の硬毛、桐油、1953年に豚の硬毛、桐油に対する輸出関税は停止）のみで、関税率も比較的低い（例えば、落花生油と薄荷油の関税率はそれぞれ10％、15％、20％の3段階のみであった[61]）。

輸入商品は必需品、必要品、非必需品、奢侈品の4種に分けられる。

① 必需品

国内で生産不可能、あるいは生産量の少ない商品のことを指している。たとえば、天文、航海及びその他の科学機器、国内で生産量の少ない原材料などである。必需品の関税率は0～20％の間に定められており、免税、5％、7.5％、8％、10％、12％、12.5％、15％、17.5％、20％などの10段階に分けられている。

② 必要品

必需品ではないが、必要性の高い商品のことを指している。たとえば、コンピュータなどがその一例である。必要品の関税率は25～40％の間に定められており、25％、30％、35％、40％などの4段階に分けられている。

---

(58) 楊聖明主編『中国関税制度改革』、中国社会科学出版社、1997年、148～149頁。
(59) 《中国海関百科全書》編纂委員会『中国海関百科全書』、中国大百科全書出版社、2004年、533頁。
(60) 前掲書、149頁。
(61) 譚慶豊・姚学聡・李樹森編著『外貿扶持生産実践』、中国対外経済貿易出版社、1984年、60頁。

③ 非必需品

　国内で大量生産できる、あるいは、国の生産と国民の生活に必ずしも必要とはいえないもの、たとえば毛皮、陶磁器などを指している。非必需品の関税率は、50～100％の間に定められており、50％、60％、70％、80％、100％の5段階に分けられている。

④ 奢侈品

　贅沢品のことを指している、たとえば煙草、酒、化粧品などである。奢侈品の関税率が最も高く、120％、150％、200％の3段階に分けられている[62]。

　第1次関税法税則が制定された後も、中国の経済発展状況の変化にともなって、いくらかの調整が行われたが、税率調整幅はさして大きいものではなかった[63]。

(3) 輸出入商品検査機構

　輸出入商品の統一検査機構としては、1949年10月19日一応貿易部国外貿易司の中に商検処が創設された[64]。しかし、当時は商品検査局は直接には大行政府人民政府貿易部に属し、輸出入商品検査条例も各行政区別に制定せられていた[65]。輸出入商品の検査事項を全国的に統一規定した若干の法令も漸次制定されてはきたが[66]、全国的に統一された輸出入商品検査の基本条例の制定と、直接中央に統一組織された検査機構の確立は、さらに後の時期までまたなければならなかった。

---

(62) 前掲書、150頁。同書には最初の関税税則の関税率構造の一覧表が掲載されている。
(63) 同上書、151頁。
(64) 関係筋に対する筆者の確認調査による。
(65) 外務省調査局第一課編『中共の貿易（沿革、政策篇）』、昭和26年、246頁。形式的には商検処が検査事務を総覧する。各検査局は業務の面では商検処の指導に従うとともに、当該地方政府の行政的指導に服するということになる。
(66) 宮下忠雄著『中国の貿易組織』（アジア経済研究シリーズ17）、アジア経済研究所、1961年、29頁。

なお、1950年5月1日天津市人民政府が中外の私営検査・公証業務を禁止して以来、漸次中外の私営検査・公証公業務は禁止、停業の動きとなっていった[67]。

## 第二節　社会主義国との相互援助の形による外国資本

中国共産党は、反帝民族解放闘争を、世界的にみて「死滅しつつある資本主義」、「社会主義革命の前夜」という歴史認識にもとづいて推し進め、1949年10月1日建国に漕ぎ着けたわけであるから、当然ながらその基本認識にもとづいて、中国革命を世界革命の事業の一環と位置づけていた。したがって、偉大な歴史的事業を最初に成し遂げたソ連と歩調を合わせて、この事業を遂行することは、両国間の他の懸案小事はあったとしても最優先課題であった[68]。筆者は、ここで最優先

---

[67] 前掲書、249頁、同上書、31頁。
[68] 周知のように、中国革命はコミンテルンの指導の下、あるいはその影響を受けた指導者たちの教条的な戦略、戦術の中国への適用によって多くの犠牲を払ったが、遵義会議後の毛沢東の党内における指導的地位の確立によって成功に導かれたというのが通説的解釈である。徳田教之氏が「自己の指導権の独自的性格を強調するといういわば指導者自身の自己主張」と「当時の共産主義世界の政治的脈絡の中で考えると、中国共産主義の発展にとって意味深い可能性を秘めたとされる（徳田教之「延安時代と毛沢東路線の確立」、中嶋嶺雄編『中国現代史・壮大なる歴史のドラマ［新版］』所収、有斐閣、1996年、160頁）毛沢東の「論新段階・抗日民族戦争与抗日民族統一戦線発展的新段階—1938年10月12至14日在中共拡大的六中全会的報告」では、毛沢東は「マルクス主義は必ず民族形式を通じてでなければ実現できない。抽象的マルクス主義などない。あるのは具体的マルクス主義だけである。所謂具体的マルクス主義とは民族形式を通じたマルクス主義であり、マルクス主義を中国の具体的環境の具体的闘争の中に応用していくということである」（監修＝竹内実、編集＝毛沢東文献資料研究会『毛沢東集・6・1938・5・1939・8〔第二版〕』、蒼蒼社、1983年、261頁）と述べている。これは、「民族主義的響きの強いテーゼを提出しているのであるが……毛沢東の世界＝中国の問題に対する外部＝モスクワからの介入に抵抗する論理を提供するものであった」（徳田同上書160〜161頁）。いささか先走るが、党第11期3中全会以来の「中国の特色ある社会主義の建設」も、新しい条件下の「マルクス主義の中国化」という解釈である（範平・葉篤初主編

課題ということには、2つの側面があったと考えている。

一つは、「死滅しつつある資本主義」、「社会主義革命の前夜」という歴史的位置にあるとはいえ、現段階がまさに帝国主義段階にあり、反帝民族解放闘争の中で、帝国主義の強大な力を誰よりもよく知っていた中国共産党であれば、反帝国主義の世界的な対抗網を打ち立て、民族自立の前提条件を確保することが必須の課題であったため、「向ソ一辺倒」の方針を取らざるをえなかったことである[69]。国際的平和民主陣営と帝国主義侵略陣営の対立の中では、いかなる中間陣営もありえないから、選択はアメリカかソ連の二者択一しかなかった[70]。

今一つは、ソ連が支持した、マルクス主義グローバリズムにとってはいささか矛盾した[71]、民族（被抑圧民族……括弧内筆者注）解放闘争と民族独立（自決……括弧内筆者注）、民族国家の建設は、被抑圧人民の解放であるだけでなく、被抑圧民族の生産力の解放の強い要求であったから、今や生産力解放の桎梏となっている帝国主義に取って替わる新しい生産力の担い手としての位置に立つ社会主義国 ソ連の経済援助を必要としていたからである。

ソ連は新中国建国後二日目に中華人民共和国を承認し、中ソは1950年2月14日「中ソ友好同盟相互援助条約」を締結、同時に「中国長春鉄道、旅順口及び大連に関する協定」、「中華人民共和国に対する借款協定」も結ばれた。「中ソ友好同盟相互援助条約」は双方の政治、軍事、経済、文化の諸方面での協力を規定している。核心部分は、その

---

『党的建設辞典』、上海人民出版社、1989年、59～60頁）。
(69) 紀勝利・郝慶雲著『戦後国際関係史（1945-2000）』、黒龍江人民出版社、2000年、75頁。例えば、「中国人民政治協商会議共同綱領」第一章 総綱 第11条を見よ。
(70) 太田勝洪「中国対外政策の軌跡」、安藤正士・入江啓四郎編『現代中国の国際関係』、日本国際問題研究所、昭和50年、69～70頁。
(71) マルクス主義グローバリズム（国際主義）と民族主義とは、過渡的にはともかく元来理念的には相容れない。この点については、拙著『中国の対外経済論と戦略政策』、渓水社、2006年、第八章、拙稿「グローバリゼーションと中国の対外経済関係論（上）」、『広島経済大学経済研究論集』第27巻第3号、2004年、「同上（中）」、『同論集』第27巻第4号、2005年を参照されたい。

一方に反対するいかなる同盟、集団、行動措置にも参加せず、もし一方が第三国の侵略を受けたとき、同盟国他方は軍事及びその他の援助を行うというもので、条約期間は30年と定められている。「中国長春鉄道、旅順口及び大連に関する協定」は、従来管理・共同使用していた権利、財産の中国側への移譲等に関する協定である。「中華人民共和国に対する借款協定」（第一次借款協定）は、ソ連が1950〜54年の5ヵ年内に、ドル建てによる3億ドル（2億7千万新ルーブル）、年利1％で借款を供与し、1954年から63年末までの10年間に、原料、茶、金、米ドルで元利を償還するというものであった。これは、ソ連が中国に売り渡す機械・設備や機材の支払にあてるというものであった[72]。ソ連側の資料によれば、翌1951年ソ連は協議にもとづいて4億3千3百万新ルーブル[73]（このうち2億9百5十万新ルーブルは返済額から外された）の借款を供与した[74]。

中国とソ連の間では、1950年7月以降中ソ民用航空合弁公司（期限10年）、中ソ石油合弁公司（新疆ウイグル自治区ウルムチ、期限30年）、中ソ有色金属・レアメタル公司（同ウルムチ、期限30年）、中ソ造船合弁公司（大連、期限25年）の4公司が合弁で立ち上げられた。これらはいずれも双方50％の持ち分とされた。1951年中国はポーランドとの間で、合弁の形で海運会社中波輪船公司（中国・ポーランド海運合弁公司、総投資額8,000万旧ルーブル、双方の持ち分それぞれ50％）を立ち上げた[75]。

---

(72) 紀勝利・郝慶雲著『戦後国際関係史（1945－2000)』、黒龍江人民出版社、2000年、76頁。
(73) 石井明「1950年代の中ソ経済関係—人民幣とルーブルの交換レート・借款・貿易条件を中心に」、山極晃・毛利和子編『現代中国とソ連』、日本国際問題研究所、昭和62年、85頁。このうち2億9百5十万新ルーブルが返済額から外されたことについては、石井教授も触れられている。
(74) 潘志華主編『中蘇関係史綱（1917－1991年)』、新華出版社、2007年、294頁。石井教授の数値も潘志華氏等の数値も同じである。筆者はロシア語が読めないので、石井教授と潘志華氏等がソ連側の資料として使用されているところに全面的に依存している。
(75) 劉向東主編『中国対外経済貿易政策指南』、経済管理出版社、1993年、863

頁。今日いうところの外資導入が、このような形で推し進められた背景、またその後中ソ対立によるソ連の1960年7月時点での協力関係の全面的打ち切り通告、その後の中ソの敵対関係などについては、拙著『中国の対外経済論と戦略政策』、渓水社、2006年、第一章、第二章、拙稿「グローバリゼーションと中国の対外経済関係論（上）」、『広島経済大学経済研究論集』第27巻第3号、2004年、54～59頁、「同上（中）」、『同論集』第27巻第4号、2005年、29～35頁を参照されたい。

# 第二章　計画経済体制の確立と貿易計画・管理体制の形成
―貿易の国家独占制の確立と計画・管理体制―

## 第一節　貿易政策の基本構造―貿易計画の基礎前提―

　宮下忠雄教授の指摘されるように、中国共産党の指導部は、1953年の秋にいたるまでは、中華人民共和国が社会主義革命の段階に入っていること、現に社会主義社会の建設に向かって進みつつあることを口外しなかった。1954年の憲法制定までの期間、新国家の根本法としての存在であった「中国人民政治協商会議共同綱領」の中でも、このことについては言及されていなかった[1]。1953年秋党指導部によって過渡期の総路線が打ち出され、1949年10月1日の中華人民共和国の成立は、新民主主義革命の終りであり、社会主義革命の始まりであることが明言された。社会主義社会への過渡期の総路線の中で、社会主義工業化と社会主義改造（生産力体系と社会主義体制の構築であり、生産力と生産関係の間の新たな関係の構築である）が、このような目標達成の2つの道であることが示されたのであった[2]。
　国民経済復興期を経て、1953年から初めての5ヵ年計画である第1次5ヵ年計画による経済建設が開始された。第1次5ヵ年計画の重点は重工業の建設に置かれ、これに対応した形で軽工業、交通・運輸、農業を発展させるというものであった[3]。工業が遅れた発展段階にあ

---

(1) 宮下忠雄『中国の貿易組織』（アジア経済研究シリーズ17）、アジア経済研究所、1961年、68頁。
(2) 同上書、73頁。
(3) 反帝―独立自主政治主導型国民経済構築論理、社会主義計画経済の優越性を前提とした国民経済構築論理、国際市場経済関係捨象―封鎖型自己完結的国民経済構築論理（内向型経済発展戦略）と社会主義経済建設に対する基本認識構

るという状況から、重工業建設に必要なプラント、機械、機器、設備などは当然外国から輸入しなければならなかった。また、軽工業、交通・運輸、農業の発展に必要な設備、機械、物資なども外国から輸入しなければならなかった。これら物資の輸入なくしては、順調な社会主義建設はありえない。このためには、輸出をのばしていかなければならない。しかし一方で、国内向け生産の復興と発展をはかっていかなければならないという課題もあるわけであるから、伝統的な輸出物資、農産品、農業副業品、特産品なども、計画的に輸出を組織していく必要があった。

この時期の対外貿易の基本的任務は、輸入の必要をつかみ、輸出の可能性をさぐり、かつ外貨収支のバランスをとるという原則にもとづいて、計画的、積極的に貿易を組織し、国内工業、農業及び農業副業生産の発展をはかり、中国社会主義工業化に集中的に力を注ぐということにあった。この全体的目標の下で、軽工業、交通・運輸、農業および人民の生活に必要に配慮した輸入が配置された。

基本的政策の枠組は以下のように要約されよう。

① 輸入政策

輸入の重点は、国家の工業建設と工業、農業生産の必要を保証することに置かれる。国内市場向け及び人民の生活に必要とされる輸入が、適度にこれに按配される。輸入品目、輸入数量などは国家の経済状態、国内生産、建設、市場の需要などを考慮して決められるが、さらに国内の工業、農業生産保護という原則が守られなければならない。一般的には国内生産ができないものとか、生産量が不足するものとか、真に国内で必要な物資であるとかいうものに限って輸入が行われるという原則である。

② 輸出政策

輸出の主眼は、国家の必要とする輸入を保証し、国内生産を促進す

---

造については、拙著『中国の対外経済論と戦略政策』、渓水社、2006年第一章を参照されたい。

ることにある。輸出品目や輸出数量などは輸出の可能性、輸入の必要、輸出入バランスなどを勘案して決められるが、さらにあらゆる輸出物資は、その国内生産と人民の生産に与える影響を考慮して輸出計画が立てられる。人民の生活に重大な関連をもつ食糧、油脂、いくつかの重要な副食品などの輸出については、その数量に制限が設けられる。人民の生活にさほど大きな影響をもたないような農産品や農業副業品、軽工業品などは、できるだけ国内消費を抑えて輸出にまわすようにする。国内供給面からはあってもなくてもよいが、外国に販路があるような商品については率先輸出する。

③　貿易相手国・地域

ソ連及び人民民主主義諸国との貿易を計画的、積極的に拡大し、社会主義陣営諸国間の経済協力を強化していく。このことによって、社会主義陣営諸国の一体的な経済発展をはかり、中国の経済建設に必要な物資の輸入を確保する。

双方の可能性に応じて、アジア・アフリカ諸国との貿易と経済協力を積極的かつ安定的に推し進める。

西側諸国との貿易は、それぞれ個別的に継続発展させる。

アジア・アフリカ諸国との貿易、西側諸国との貿易は有無相通じるという原則に基づいて、中国側の必要とする物資の輸入を増大させ、中国と世界各国との貿易の発展をはかる。

④　貿易体制

すでにみてきたように、この時期には重工業建設が国民経済建設の中心軸に置かれ、これに合わせる形で輸出入計画が立てられた。したがって、輸入計画が定められ、輸出はこれに合わせる形で計画された。このやり方は計画貿易と呼ぶことができるが、また一面で、重点計画に合わせて輸入と輸出を計画的に統制、管理するから、これは保護貿易政策でもある。

貿易体制をどのような形に構築するかは、その目的性に大きく依存するが、上述の目的、また資本主義の経済的侵略から国民経済を守る

という目的からしても、この時期厳格な貿易統制の方法が採用されたことについては、大方の納得のいくところであろう。第一章でみてきたように、貿易統制をより徹底して行う方法として、貿易は国営対外貿易公司によって、これを掌握するということが基本的な考え方になっていた。

　第1次5ヵ年計画期に入り、経済建設の課題が大きく前面に出されてくるや、従来の貿易体制をより目的遂行に合致した体制に統合していかなければならないという課題が出てきた。国営対外貿易公司の整備と私営輸出入商の社会主義的改造によって、目的にそった貿易体制構築という政策課題の解決をはかろうとしていった[4]。

## 第二節　経済計画機構の確立―国家計画委員会の創設―

　「中国人民政治協商会議共同綱領」では、中央人民政府はできるだけ早く、全般的な国民経済計画を制定するよう任務が課されている。これをうけて、中央人民政府は経済計画担当機構の創設に着手した。経済計画任務を担当する独自の機構は、すでに東北人民政府内では設立されており、1949年から限られた制約条件の下で、年度生産大綱を作成していた。1950年3月東北人民政府の下に、正式に人民経済計画委員会が設けられ、組織条例と活動規定が定められた。建国後の翌1950年中央人民政府財政経済委員会の中に計画局が設けられ、全国にわたる年度計画の編成任務が、計画局によって担当されることとなった。同時に、中央各部および所属単位には各々計画司、計画処、計画科などの計画機構が設立され、大行政区、省・市・自治区人民政府財政経済委員会内に計画局、計画処などが設立され、初歩的な計画管理組織機構が形成された。

---

(4) 斉小思著『我国対外貿易基本知識』、財政経済出版社、1958年、47〜48頁。

1952年11月には中央人民政府国家計画委員会が設立され、全国の計画管理活動の任務を担当することとなった[5]。1953年に入り、政務院各部門は計画機構の整備を強化し（下部の基層単位にまで計画機構を設立するなど）、各大行政区では行政委員会が、また、省、市人民政府では、財政経済委員会が計画任務を引き受けることとなった[6]。1954年2月大行政区、省、市、省属市、県人民政府には計画委員会が設立され[7]、同6月「関于撤銷大区一級行政機構和合併若干省、市建制的決定」によって大行政区が廃止されてからは、省・市・自治区、省属市、専区、県の各級人民政府の計画委員会が計画任務を担うこととなった。各級計画委員会は上級計画機関と国家計画委員会の指導を受ける[8]。

この時期の国民経済の運営は、国営企業と公私合営企業に対しては、直接指令性計画を実行し、農業、手工業、私営企業に対しては間接的な手段、経済政策、立法、契約などの方法によって計画的管理を実行するというものであった[9]。

指令性計画といわれることの内容は、計画当局と主管部門が、いくつかに及ぶ指令指標を上下関係を通じて下達し、この下達指標に基づいて経済単位が業務を遂行するということである。建設投資、流動資金、原材料、技術装備費、開発費などすべてが中央によって配分、供給され、労働人員、賃金総額なども中央によって統制される。利潤、減価償却基金は中央に納め、国家予算に組み込まれる。したがってま

---

(5) 何建章・王積業主編『中国計画管理問題』、中国社会科学出版社、1984年、639頁。
(6) 前掲書、38〜39頁、同上書、48頁。
(7) 「関于建立与充実各級計画機構的指示」（1954年2月）による（《当代中国的経済管理》編輯部編『中華人民共和国経済管理大事記』、中国経済出版社、1987年、53頁）。
(8) 何建章・王積業主編『中国計画管理問題』、中国社会科学出版社、1984年、48〜49頁。
(9) 同上書、62〜63頁、《当代中国》叢書編輯部編輯『当代中国的経済管理』、中国社会科学出版社、1985年、45〜46頁。

た、上に述べたように投資、費用支出も、中央からの支給、貸出によってまかなわれ、中央が全体として収支に責任を負うという経済運営方式が実行されるというわけである。

設立当初は、国家計画委員会は、政務院と相並立した高い地位をもった機構としての存在であったが、1954年9月に公布された「中華人民共和国憲法」では、国家計画委員会は、国務院（憲法制定にともなって、従来の政務院は国務院と改められ、財政経済委員会は消滅した）の各部、委員会と対等の地位にある一つの委員会となった[10]。

1955年12月に制定された「中華人民共和国国家計画委員会暫行工作条例」によると、国家計画委員会は以下の任務を負う。

① 長期国民経済計画と年度国民経済計画を取り纏め編成する。
② 国務院各部・委員会、各省・市・自治区の国民経済計画草案を審査し、国務院に意見を提出する。
③ 各部門、各地区の計画の実施状況を検査し、国務院に対して計画達成を保証するための各種措置を建議する。
④ 主要生産手段の分配計画草案と国家物資備蓄計画草案を編成し、国務院の批准を求める。
⑤ 長期総合財政計画草案、年度総合財政計画案を編成し、財政部の年度国家予算、各部門の財務計画、国家銀行の四半期貸付・現金計画を編成し、国務院に対して審査意見を提出する。
⑥ 国民経済計画編成の方法、計画表の内容、審査、批准の手順、計画編成に関する規定などを作成する。
⑦ 国民経済計画の重要な問題について検討し、時宜を得て建議する。また、国務院が任せた国民経済計画活動に関する事項を処理する[11]。

---

(10) 宮下忠雄著『中国の貿易組織』（アジア経済研究シリーズ17）、アジア経済研究所、1961年、23頁。
(11) 《当代中国的計画工作》弁公室編「中華人民共和国国民経済和社会発展計画大事輯要」、紅旗出版社、1987年、75頁（同書く中華人民共和国国家計画委員会暫行工作条例〉要約による）。

第二章　計画経済体制の確立と貿易計画・管理体制の形成

## 第三節　対外貿易部と系統機構

### 1　対外貿易部

　1950～52年の国民経済復興期においては、中央人民政府貿易部経済計画司が、中央財政経済委員会の指導の下に、国内商業と対外貿易の双方の総合的な計画編成作業を担当した。1950年7月貿易部は「国営貿易計画暫行弁法（草案）」を公布し、対外貿易の計画にかんする初歩的な規定を与えた。しかし、当時の情況下にあって、この段階では、貿易計画は概要的なものに止まっていた。1950年、51年、52年の年度貿易計画は大雑把なもので、全面的なものでもなく、計画の編成も確固たる統計的数値を拠り所としたものでもなかった[12]。対外貿易計画の取り纏めは、中央貿易部成立後に設けられた大行政区人民政府貿易部（あるいは工商部[13]）が担当したものとみられる。

　1952年8月貿易部は対外貿易部と商業部に分かれ[14]、対外貿易部は、国内・国外商業をそれまで一体的に統轄していた貿易部から独立して、対外貿易を専門に統轄する部としてその機構を整え、対外貿易部の中に綜合計画局が設けられ、綜合計画局が全国的な各項目にわたる対外貿易計画作業を主管することとなった[15]。1952年12月対外貿易

---

[12] 《当代中国》叢書編輯部編輯『当代中国対外貿易（上）』、当代中国出版社、1992年、179頁、183頁。
[13] 同上書、88頁。
[14] 1952年9月に対外貿易部が成立したと記述されている文献もある。例えば、同上書は52年9月と述べている（同上書、179頁）。《当代中国的経済管理》編輯部編「中華人民共和国経済管理大事記」によると、1952年8月7日中央人民政府委員会第17回会議の決議に基づき、8月15日政務院は「関于成立対外貿易部、商業部、撤銷貿易部的命令」を発したとある。実際に成立したのは9月のことと推測される。
[15] 《当代中国》叢書編輯部編輯『当代中国対外貿易（上）』、当代中国出版社、1992年、179頁。

部は北京で第1回全国対外貿易計画会議を開き、「全国対外貿易計画工作程序弁法（草案）」を検討し、これまでではじめての整った53年の対外貿易計画を制定した。1953年6月には「編制国民経済年度計画暫行弁法（草案）」の精神に則り、対外貿易部は「編制対外貿易計画暫行弁法（草案）」を改めて公布した(16)。

1952年8月成立当初の対外貿易部の内部機構は、図Ⅱ－1のように

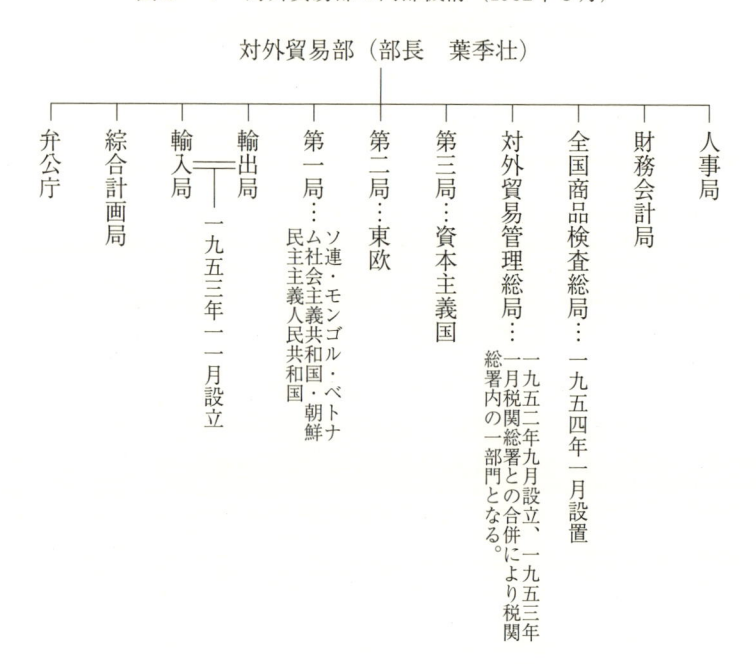

図Ⅱ－1　対外貿易部の内部機構（1952年8月）

対外貿易部（部長　葉季壮）

- 人事局
- 財務会計局
- 全国商品検査総局…一九五四年一月設置
- 対外貿易管理総局…一九五二年九月設立、一九五三年税関総署との合併により税関総署内の一部門となる。
- 第三局…資本主義国
- 第二局…東欧
- 第一局…ソ連・モンゴル人民共和国・ベトナム社会主義共和国・朝鮮民主主義人民共和国
- 輸出局
- 輸入局　一九五三年一一月設立
- 綜合計画局
- 弁公庁

注記：1954年9月に制定された「中華人民共和国憲法」の規定に基づく国務院成立前の対外貿易部の内部機構には、上図に示した部局のほかに、公安処、交際処（外国貴賓関連事項担当）、基本建設処、国際経済事務局（対外経済技術援助活動担当と思われる）などがあった（蘇尚堯主編『中華人民共和国中央政府機構・1949－1990年』、経済科学出版社、1993年、405頁）。

出所：《当代中国》叢書編輯部編輯『当代中国対外貿易（上）』、当代中国出版社、1992年、83頁。一部関係筋に対する筆者の確認調査による。

---

(16) 同上書、89頁。

なっていた[17]。

1955年国務院は「中華人民共和国対外貿易部組織簡則」を公布し、対外貿易部が国務院の対外貿易管理の行政機構であることを明確に規定し[18]、その基本任務を以下のように定めた。

① 国家の対外貿易統制と保護貿易政策を領導し、監督、執行する。
② 国家の輸出入政策の執行を貫徹させ、社会主義建設の順調な進行を保証する。
③ 平等互助協力に基づき、外国政府並びに人民と貿易関係、経済協力関係を回復、発展させる。
④ 国営対外貿易企業を領導し、国営対外貿易企業の対外貿易上における指導力を強固にし、私営輸出入商の社会主義改造を指導し完成させる。

対外貿易部の主要な職責は以下の通りである。

① 国家の輸出入貿易計画と外国為替収支計画を編成し、計画の執行を組織、検査する。
② 中国と外国の経済貿易、技術協力発展のための法案を起草し、相手国と交渉、協定並びに議定書等を締結し、その執行を監督する。
③ 対外貿易管理の基本法規、税関法[19]を起草し、その執行にあたる。
④ 税関工作を領導し、貨物の監視・管理、政治・経済面での祖国防衛をはかる。
⑤ 国営対外貿易企業の輸出入、再輸出、運輸業務のプログラムを

---

(17) 同上書、83頁。
(18) 1954年の新憲法の公布以後は、「中央人民政府対外貿易部」の名称は「中華人民共和国対外貿易部」という名称に改められた（宮下忠雄著『中国の貿易組織』（アジア経済研究シリーズ17）、アジア経済研究所、1961年、22頁）。
(19) 1953年1月税関は対外貿易部に併合され、対外貿易部の組織機構となった。この点については後述する。

作成し、監督、執行する。
⑥　輸出入及び通過貿易に対する許可証の発給
⑦　商品検査制度の検討とその立案[20]

　輸出入許可証の発給業務は、従来私営貿易、公私合営貿易に関しては、対外貿易管理局がその業務を担当し、国営対外貿易については国営対外貿易公司自体が事務と現業とをともに管掌していたのである[21]。しかし、1953年1月対外貿易管理総局系統が税関と合併し、従来対外貿易管理局が担当していた業務は、税関が執り行うこととなった。同年11月対外貿易部は「進出口貿易許可証制度実施弁法」を公布し、輸出局と輸入局を設けて、輸出入許可制度の取り仕切りと輸出入許可証の発給も執行することとした。輸出局と輸入局は政府の輸出入計画と決定にもとづき、国営対外貿易専業総公司の輸出入物資の許可証発給業務を担当、これと合わせて各主管単位の申請にもとづき、非貿易物資の輸出入許可証の発給業務をも担当することとなった[22]。

## 2　国営対外貿易専業総公司

　1952年8月対外貿易部が独立した後、元の対外貿易公司は輸出入商品の大分類別に調整され、改めて15の国営対外貿易専業総公司が設けられた。図Ⅱ-2最上段に列記した15公司の中、中国海運公司を除く14公司が、いわゆる輸出入専業総公司である。1953年、55年のものについても、対外貿易運輸にかかわる公司を除く公司が輸出入専業総公司である。国営対外貿易専業総公司は、業務の必要上から地方組織をもつことになるが、1954年6月（大行政区制度の廃止）以前は、第一章図Ⅰ-1の組織図に示された組織系統を骨子とした分・支公司機構

---

(20)　《当代中国》叢書編輯部編輯『当代中国対外貿易（上）』、当代中国出版社、1992年、83～84頁。
(21)　外務省調査局第一課編『中共の貿易（沿革、政策編）』、昭和26年、129頁。
(22)　前掲書、154頁。

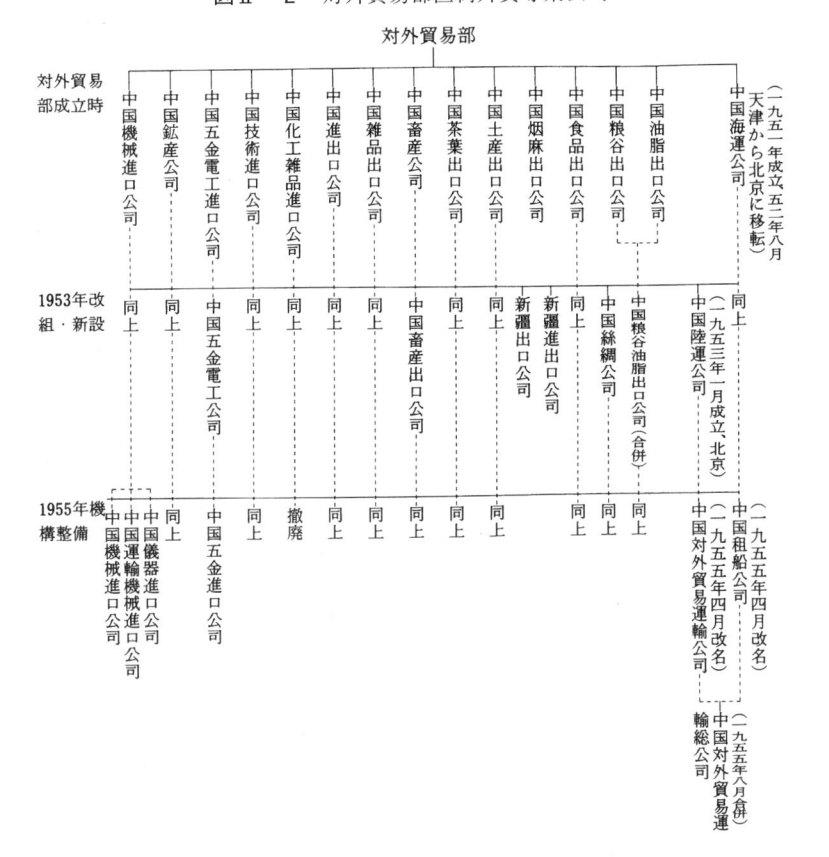

第二章　計画経済体制の確立と貿易計画・管理体制の形成

図Ⅱ－2　対外貿易部直属外貿専業公司

対外貿易部

| 対外貿易部成立時 | 中国機械進口公司 | 中国鉱産公司 | 中国五金電工進口公司 | 中国技術進口公司 | 中国化工雑品進口公司 | 中国進口公司 | 中国雑品出口公司 | 中国畜産公司 | 中国茶葉出口公司 | 中国土産出口公司 | 中国烟麻出口公司 | 中国食品出口公司 | 中国糧谷出口公司 | 中国油脂出口公司 | 中国海運公司（一九五一年成立、五二年八月天津から北京に移転） |
|---|---|---|---|---|---|---|---|---|---|---|---|---|---|---|---|
| 1953年改組・新設 | 同上 | 同上 | 中国五金電工公司 | 同上 | 同上 | 同上 | 同上 | 中国畜産出口公司 | 同上 | 同上 | 新疆進出口公司 | 中国絲綢公司 | 同上 | 中国糧谷油脂出口公司（合併） | 中国陸運公司（一九五三年一月成立（北京）） |
| 1955年機構整備 | 中国機械進口公司 | 中国運輸機械進口公司 | 中国儀器進口公司 | 中国五金進口公司 | 同上 | 撤廃 | 同上 | 同上 | 同上 | 同上 | 同上 | 同上 | 同上 | 同上 | 中国租船公司（一九五五年四月改名）／中国対外貿易運輸公司（一九五五年四月改名）／中国対外貿易運輸総公司（一九五五年八月合併） |

出所：《当代中国》叢書編輯部編輯『当代中国対外貿易（上）』、当代中国出版社、1992年、93頁、《中国対外貿易概論》編写組編著『中国対外貿易概論』、対外貿易教育出版社、1986年、252～253頁、顔奔銭編著『対外貿易運輸実務』、知識出版社、1986年、13～14頁より作成。これら著作では一部必ずしも一致していない記述がある。本図では、より詳細に記述されている著書の部分を採用している。宮下忠雄教授によれば、1955年春ごろには上掲輸出入専業総公司のほかに、中国工業品出口公司、中国電影器材進口公司、また中国陸運公司、中国海運公司、中国対外運輸公司、中国外輪代理公司の20の対外貿易専業公司があったとされている（宮下忠雄著『中国の貿易組織』〈アジア経済研究シリーズ17〉、アジア経済研究所、1961年、58～59頁）。宮下教授の論述は Cheng Cho-yuan., The China Mainland Market under Communist Control, 1956 によっておられ、当時の事情を考えれば、外国人の関連資料の整理は完全なものでなかった可能性が強い。

をもつ[23]。

　図Ⅱ-2の"進口（輸入）公司"、"出口（輸出）公司"という名のついた公司はそれぞれ輸入と輸出業務しか行わないというわけではなく、輸出入を相互に兼営する。また、中国畜産出口公司、中国鉱産公司、中国茶葉出口公司、中国絲綢公司は輸出入業務を行うほかに、買付、加工、国内販売（鉱産公司は加工業務は行わない）といった業務も兼営する[24]。対外貿易運輸のことについては後述するので、ここでは触れないことにする。

　言うまでもないことであるが、国営対外貿易専業総公司が系統別に数社に統合され、系統的に独占体制がとられるのは、計画貿易体制の下では、貿易が計画的に行われることから、系統別に複数の競合する公司を設ける意味も必要もないからである。

　1953年の全国輸出入貿易総額に占める国営貿易のウェイトは92.1％、54年は97％、55年は99.2％であった[25]。

## 3　対外貿易管理地方機構

　対外貿易部が独立した後、対外貿易部は大行政区と主要通商港に対外貿易部特派員弁事処を設置し、同時に輸出入量の大きい省に対外貿易局を置いたが、内陸部の大部分の省では省人民政府商業庁がその任務を兼ねていた[26]。対外貿易部成立直後の時期にあっては、これら機

---

[23] 従来も区公司は必ず設置しなければならないということではなかった（宮下忠雄著『中国の貿易組織』（アジア経済研究シリーズ17）、アジア経済研究所、1961年、54頁）。
[24] 《中国対外貿易概論》編写組編著『中国対外貿易概論』、対外貿易教育出版社、1986年、252〜253頁。
[25] 宮下忠雄著『中国の貿易組織』（アジア経済研究シリーズ17）、アジア経済研究所、1961年、59頁。
[26] 《当代》中国叢書編輯部編輯『当代中国対外貿易（上）』、当代中国出版社、1992年、88〜89頁。

関はほとんど整備されていなかったものと推測される[27]。

1954年6月大行政区が撤廃されてからは、各省・市・自治区に対外貿易局がつぎつぎに設立され、55年12月以降は内陸各省、自治区の対外貿易局は対外貿易部の特派員弁事処に組織替えされることとなった。1957年4月内陸各省、自治区の特派員弁事処は撤廃され、改めて対外貿易局が設けられた。これ以降1979年6月まで、中国各省・市・自治区級の対外貿易の行政管理機構は対外貿易局に一本化されることとなった[28]。

(1) 対外貿易部特派員弁事処

対外貿易部が独立したのち、大行政区と主要通商港には対外貿易部特派員弁事処が設置された。対外貿易部特派員弁事処の主要業務は、中央の対外貿易部の委託を受けて、大行政区あるいは通商港の対外貿易系統の行政単位および企業単位の活動を領導することにある。特派員弁事処は対外貿易部と当地政府の二重の領導を受ける。省の対外貿易局および省の商工庁の貿易活動は、省政府並びに大行政区特派員弁事処の領導を受ける。

特派員弁事処の職責の範囲は以下の通りである。

① 中央の対外貿易部の方針、法令、決定を、当該地区内の対外貿易管理機関および対外貿易経営機関が実際に実行するのを監督、指導する。

② 中央の対外貿易部の下した年度計画に基づいて、当該地区内の

---

[27] 例えば、天津市の場合でみれば、1953年3月華北特派員事務所が設けられ、1955年3月天津市対外貿易局が置かれた。したがって、1953年の対外貿易計画の策定には、これら機関は参画していない。天津市のような重要な通商港の場合の事情がこうであるから、他は推して知るべしというべきであろう（対外貿易部対外経済貿易管理局編『対外貿易管理』、中国対外経済貿易出版社、1985年、261頁）。

[28] 前掲書、89頁。

国営公司の輸出入計画並びに契約の執行を検査、督促する。
③　対外貿易管理部門並びに業務部門を指導して輸出を組織し、輸出商品の研究・開発を促進する。
④　対外貿易活動の検査工作を行い、経験を総括して誤りを正し、政治思想の領導の強化をはかる。
⑤　当該地区内の関連部門の業務並びにトラブルの処理・解決を行う[29]。

すでに述べたように、1954年6月大行政区が撤廃されると、各省・市・自治区に相次いで対外貿易局が設けられていった。しかし、1955年12月以降国務院の決定によって、内陸の各省、自治区の対外貿易局は対外貿易部特派員弁事処に改められた。1957年4月国務院の批准を経て、内陸の省、自治区の特派員弁事処は撤廃され、一律に対外貿易局として改めて設けられることとなった。以後1979年中葉までの時期、省級（即ち省、直轄市、自治区）の対外貿易の行政管理機構は対外貿易局となる[30]。

(2)　対外貿易局

対外貿易局のことについてはすでに前段で触れたが、対外貿易局は対外貿易部が独立した後、輸出入量が比較的大きい省に設けられた。大部分の内陸の省の対外貿易活動は、省人民政府商業庁が担当し、同時に管理の任務も兼ねることになっていた[31]。

その後全省にわたって対外貿易局が置かれるようになった経緯については、上述した通りである。

当時の対外貿易局は、主要任務として、すでに述べた当該地区の対外貿易計画の取り纏め、各計画の執行の監督・検査の任務のほかに、

---

(29)　同上書、88〜89頁。
(30)　同上書、89頁。
(31)　同上書、88〜89頁。

次のような任務を担当していた。
① 当該各省・市・自治区対外貿易行政管理単位および企業単位が、国家の対外貿易の方針・政策、法令・指示などを執行するのを領導し、督促する。
② 国営対外貿易企業の経営の改善、コスト低減、輸出商品の品質・規格の向上を指導する。
③ 輸出入商品の内外における生産と販売状況の調査・研究
④ 新しい輸出商品を組織、発展させる。
⑤ 国営対外貿易企業を指導して、私営輸出入商の社会主義的改造を推し進める[32]。

なお、後にもみるように、1953年1月以後税関が私営貿易、公私合営貿易に対して輸出入許可証を発給していたが、55年9月税関の任務と領導関係を調整する「通知」が出されてから、この税関の許可証発給業務は対外貿易局の業務に移されていった[33]。

(3) 対外貿易管理局

既に述べたように、対外貿易管理局は1951年2月中央人民政府貿易部の直接指導下に入ることとなった。1951年対外貿易管理局は貿易部の直接指導から、貿易部と地方政府の二重の指導に改められ、52年9月各地の対外貿易管理局の活動の協調を強めるために、対外貿易部内に対外貿易管理総局が設けられた[34]。1953年1月政務院は「関于海関与対外貿易管理機関実行合併的決定（草案）」を発し、通商港対外貿

---

[32] 斉小思著『我国対外貿易基本知識』、財政経済出版社、1958年、65頁、宮下忠雄著『中国の貿易組織』（アジア経済研究シリーズ17）、アジア経済研究所、1961年、26～27頁。
[33] 宮下忠雄著『中国の貿易組織』（アジア経済研究シリーズ17）、アジア経済研究所、1961年、42～43頁。
[34] 《当代中国》叢書編輯部編輯『当代中国対外貿易（上）』、当代中国出版社、1992年、153頁。

易管理局およびその分・支機構の税関との合併を実施し、全体機構を税関と総称することとした[35]。これは第1次5ヵ年計画で、大規模建設と対外貿易の拡大を積極的に推し進めていき、対外貿易政策を徹底貫徹していくために、また全国の対外貿易の管理・監督工作を強化していくために、指導・組織上から対外貿易部への集中と統一を一層はかっていくという目的から行われたものであった[36]。この決定によって、各通商港における対外貿易管理局の名は消滅したわけである。

これによって、従来対外貿易管理局が担当していた業務は当地の税関が引き受けることになったわけであるが、1955年9月各通商港の対外貿易管理の業務は、各省・市の対外貿易局に調整、委譲されることになった[37]。

(4) 私営輸出入商の利用・制限・改造

すでにみたように、新中国建国後国家は国営貿易と私営貿易の範囲を明確に区別し、"公私兼顧"の方針をとり、別々に対応してきた。私営輸出入商に対しては行政管理と経済調節を通じて、利用・制限・改造の政策を推し進めてきた[38]。1953年から重要な産品に対しては統一買付（統購）、統一販売（統銷）、計画供給を実行し、輸出商品の統制を強化し、小私営商の経営範囲を縮小していった。輸入商に対して

---

(35) 同上書、153頁、《当代中国的経済管理》編輯部編『中華人民共和国経済管理大事記』、中国経済出版社、1987年、38頁。
(36) 同「決定」は、中央人民政府税関総署が中央人民政府対外貿易部の領導下に入り、その組織機構の一部として組織されることを定めている。対外貿易管理局の税関への合併もその一環である。
(37) 宮下忠雄著『中国の貿易組織』（アジア経済研究シリーズ17）、アジア経済研究所、1961年、27頁。
(38) 内藤昭教授によれば、私営輸出入商に対する利用・制限・改造への動きは全般的な社会主義的改造への要請の下で、「とくに1950年12月にうちだされたバーター貿易の方針にもとづく、輸出入のリンクおよび輸出入額の均衡化などの必要から、私営輸出入商の組織化が促進され……」た（内藤昭著『現代中国貿易論』、所書店、昭和54年、72頁）。

第二章　計画経済体制の確立と貿易計画・管理体制の形成

### 図Ⅱ-3　私営輸出入商の組織化と社会主義的改造

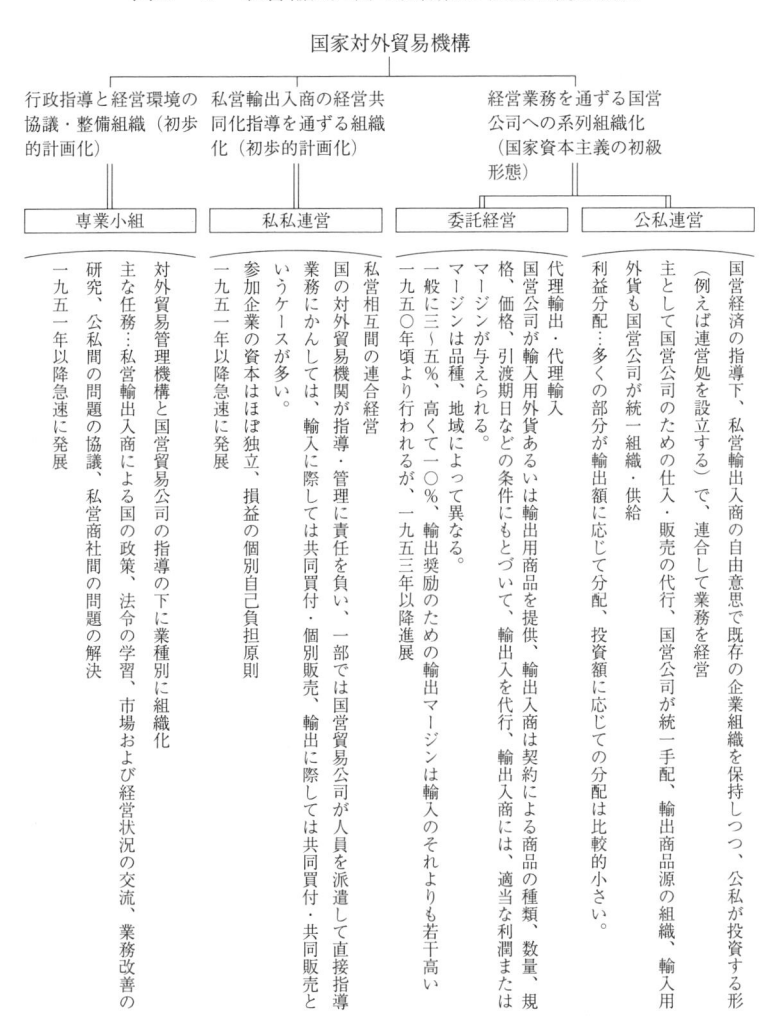

```
                        国家対外貿易機構
     ┌──────────────┬──────────────┬──────────────┐
行政指導と経営環境の   私営輸出入商の経営共    経営業務を通ずる国営
協議・整備組織（初歩   同化指導を通ずる組織    公司への系列組織化
的計画化）             化（初歩的計画化）      （国家資本主義の初級
                                              形態）
     │              │              │              │
 ┌───────┐   ┌───────┐   ┌───────┐   ┌───────┐
 │ 専業小組 │   │ 私私連営 │   │ 委託経営 │   │ 公私連営 │
 └───────┘   └───────┘   └───────┘   └───────┘
```

**専業小組**
主な任務：私営輸出入商による国の政策、法令の学習、市場および経営状況の交流、業務改善の研究、公私間の問題の協議、私営商社間の問題の解決
一九五一年以降急速に発展

**私私連営**
対外貿易管理機構と国営貿易公司の指導の下に業種別に組織化
一九五一年以降急速に発展

**委託経営**
私営相互間の連合経営
国の対外貿易機関が指導・管理に責任を負い、一部では国営貿易公司が人員を派遣して直接指導
業務にかんしては、輸入に際しては共同買付・個別販売、輸出に際しては共同買付・共同販売というケースが多い。
参加企業の資本はほぼ独立、損益の個別自己負担原則
一九五〇年頃より行われるが、一九五三年以降進展

代理輸出・代理輸入
国営公司が輸出用商品を提供、輸出入商は契約による商品の種類、数量、規格、価格、引渡期日などの条件にもとづいて、輸出入を代行、輸出入商には、適当な利潤またはマージンが与えられる。
マージンは品種、地域によって異なる。
一般に三〜五％、高くて一〇％、輸出奨励のための輸出マージンは輸入のそれよりも若干高い

**公私連営**
国営経済の指導下、私営輸出入商の自由意思で既存の企業組織を保持しつつ、公私が投資する形（例えば連営処を設立する）で、連合して業務を経営
主として国営公司のための仕入・販売の代行、国営公司が統一手配、輸出商品源の組織、輸入用外貨も国営公司が統一組織・供給
利益分配：多くの部分が輸出額に応じて分配、投資額に応じての分配は比較的小さい。

出所：内藤昭著『現代中国貿易論』、所書店、昭和54年、72〜73頁、対外経済貿易部対外経済貿易管理局編『対外貿易管理』、中国対外経済貿易出版社、1985年、257〜258頁、宮下忠雄著『中国の貿易組織』（アジア経済研究シリーズ17）、アジア経済研究所、1961年、70〜75頁などより作成。専業小組の各地の具体的な事情については、富山栄吉著『中国の対外貿易序論』、大東文化大学東洋研究所、昭和52年、136〜137頁に詳しく事例が掲げられている。

は、ほぼ全面的に外国為替の供与を停止した。また、信用の供与、税収、価格の面で制限を強化していった。

これと並行して、国営対外貿易公司は私営輸出入商に対して"業種毎に調整し、統一的に配分する（按行帰口、統一安排）"ことを実施し、物資の共同購入、連合輸出、委託代理などの公私の連合経営方式を推し進めた。これによって、私営輸出入商の輸出貨源などの問題の解決をはかるとともに、私営輸出入商の業務に対する領導を進めていった[39]。

「1954年に私営輸出入商が業種別に各国営公司の系列下に入って管理されるようになってからは、公私連営がしだいに定型化され、かつ大いに発展した。当時の公私連営の多くは系列化された商品経営の範囲内で組織され、同一種類の商品を経営する私営輸出入商が同じ連営に組織されたため、専門別連営ともいわれた[40]」。

しかし当時の公私連営には搾取・被搾取の問題、労資間の問題、参加企業相互間の問題（例えば規模の差異）、国家政策完遂上の問題などがあり、国家資本主義の高級形態である公私合営への動きが急速に推し進められることになる[41]。1955年以後私営輸出入商の公私合営が基本的に全業種で実行され、56年のその全面的な達成をまって、対外貿易面での指令性計画体制は一応の完成をみるが、この時期まで私営輸出入商に対しては間接計画あるいは見積計画を実行し、経済手段を区別して調節をはかってきた[42]。

この間1950年から55年までに、私営輸出入企業数は4,600社から1,083社になり、従業者数も35,000人から9,994人に下がり、資本も1

---

(39) 《当代中国》叢書編輯部編輯『当代中国対外貿易（上）』、当代中国出版社、1992年、10頁、63頁。
(40) 内藤昭著『現代中国貿易論』、所書店、昭和54年、73頁。
(41) 同上書、73頁。
(42) 同上書、74頁、斉小思著『我国対外貿易基本知識』、財政経済出版社、1958年、69頁、《当代中国》叢書編輯部編輯『当代中国対外貿易（上）』、当代中国出版社、1992年、63頁。

億3千万元から4,993万元に減少した。1950年のその輸出入総額の全国総輸出入額に占めるウェイトは31.6％から、1953年に7.3％に、1955年には0.8％にまでなっている。

　1956年資本主義工商業の社会主義的改造が行われる中で[43]、私営輸出入企業は急速に公私合営化され、全国で合わせて54社の公私合営専業輸出入公司に編成され、少数の商社は国営貿易公司に直接編入された。

　ここに到って、中国の対外貿易における生産手段私有制に対する社会主義改造がほぼ完成され、社会主義対外貿易体制が全面的に確立されるところとなった[44]。1957年中国経済は単一の計画経済体制に入り、政府担当専門部門傘下に全面的に掌握された国営対外貿易公司の集中経営が形作られ、国家が対外貿易公司に対する指令性計画・管理と統一損益計算を実行し、管理と経営が一体化された高度集中的貿易体制が形成された[45]。

　上述のような過程を経て確立された体制は、「全人民所有制の基礎にもとづき、すべての対外貿易が社会主義国家によって統一管理、経営される制度[46]」として規定される貿易の国家独占制である。

---

(43) 資本主義工商業の社会主義的改造の過程では、改造に先行して公私合（連）営がとられていたが、この過程では査定された私的持分に対して固定した配当金（利息）が支払われていた。所謂定息と呼ばれるものである。1956年全業種にわたって公私合営が実行され、その後は、資本家の生産手段に対しては国家の買い戻しの形で社会主義化がはかられた。1956年7月の規定では、全国の公私合営参加株主に対して支払われる定息は一律に年5％と定められた。定息は7年を限度とするとされたが、後3年延長され、1966年完全に取り消された（于光遠主編『経済学大辞典（下）』、上海辞書出版社、1992年、1,557頁）。
(44) 《当代中国》叢書編輯部編輯『当代中国対外貿易（上）』、当代中国出版社、1992年、10頁、第一章で述べた数字と若干の差異があるが、この点については第一章注（35）を参照されたい。
(45) 同上書、63頁。
(46) 許滌新主編『政治経済学辞典（下）』、人民出版社、1981年、479頁。

## 第四節　貿易の国家独占制の確立と税関任務の変化

　1953年1月税関は「関于海関与対外貿易管理機関実行合併的決定（草案）」にもとづいて、対外貿易部の対外貿易管理総局と合併し、各通商港の対外貿易管理局及びその分支機構も当地の税関に合併された。したがって、税関の業務の中に、従来対外貿易管理局が行っていた業務が加わることとなった[47]。この時から、「中央人民政府海関総署は中央人民政府対外貿易部の領導のもとに帰し、対外貿易部の組織部分となり、中央人民政府対外貿易部海関総署と改称した[48]」。これ以後税関は、従来の税関の業務のほかに、輸出入許可制度を執行する業務をも担当することとなり、輸出入許可証の発給、価格審査、私営輸出入商・公私合営対外貿易公司及び輸出を経営する工場の登記管理、それぞれの通商港の輸出入計画の中央への批准上申及び計画実施の組織なども業務として取り仕切ることになった[49]。

　思うに、対外貿易管理局が置かれていたのは天津、上海、青島、広州、武漢、福州、旅大といった主要通商港であり、それらはまた主要税関設置通商港でもあったから、対外貿易部は税関系統に対外貿易管理業務を重ね合わせることによって、全国的な対外貿易管理を遂行、強化していくことの便宜を考えたのであろう。しかし、対外貿易の計画なり、管理なりは、元来税関業務とは本質的に異なった次元のものであり、国営対外貿易の全体計画と管理の機構が整えば、私営輸出入商・公私合営対外貿易公司及び輸出を経営する工場の貿易管理は、その系統の機構が担うべきものであろう。

---

(47)《当代中国叢書》編輯部編輯『当代中国対外貿易（上）』、当代中国出版社、1992年、153頁。
(48) 宮下忠雄著『中国の貿易組織』（アジア経済研究シリーズ17）、アジア経済研究所、1961年、42頁。
(49) 同上書、43頁、前掲書、153頁。

宮下忠雄教授によれば、1954年6月地方輸出入計画の起草および価格審査の2つの任務は、各地の税関の任務からはずされた[50]。

また、1955年9月国務院の発した「通知」によれば、地方各省、市に対外貿易局がほぼ普遍的に設置された現段階においては、各通商港の対外貿易管理の業務は対外貿易局に統一掌握させるべきこと、税関は経済、政治、保衛の工作を達成し、国境を出入する貨物、輸送手段、旅客の荷物に対する監察・管理工作の強化に努めるべきことが謳われた。地方税関は、対外貿易部と所在地の省あるいは直轄市人民委員会の二重の指導を受け（省人民委員会から比較的遠い税関については、省人民委員会は税関に比較的近い高い級の人民委員会に委託して領導する）、さらに当該省、市対外貿易局の指導をうける。税関機構が設けられている地方にあっては、省、市人民委員会は主なる領導幹部1名を指定して、責任をもって税関工作を領導させ、税関工作に対する監督・検査を強化し、税関工作における若干の困難な問題の解決を援助する。

各通商港税関及びその分支機構が現に執行している許可証の発給、私営輸出入商・輸出を経営する工場などに対する登記管理、零細な小土産・特産品の価格の審査などの業務は、対外貿易局（処）に引き渡し、その職責とするべきこと、また対外貿易局が設けられていない通商港にあっては、関係省の対外貿易局が当該地に工作組を設けるか、あるいは対外貿易局が当該地の人民委員会に請うて、その財経または商業管理部門内に対外貿易科（組）を設けて、この工作を処理すべきこととする[51]。

この「通知」の線に沿う形で、税関は対外貿易管理業務の職責から手を退くことになり、本来の税関業務に勤しむこととなった[52]。

---

(50) 宮下前掲書、43頁。
(51) 同上書、43頁。
(52) この時期までの税関の監督・管理および関税制度に関する主な法令は、以下のとおりである。
　「中央人民政府海関総署試行組織条例」（1949年12月30日政務院批准）、「関于関

## 第五節　商品検査機構

　輸出入商品の統一検査機構としては、1949年10月19日一応貿易部国外貿易司の中に商検処が創設された。しかし、当時は商品検験局は直接には大行政区人民政府貿易部に属し、商品検験条例も各行政区別に制定せられていた。この点については、すでに述べたところである。1951年11月中央人民政府政務院財政経済委員会は「商品検験暫行条例」を公布したが、この「暫行条例」の実施経験と教訓の総括の上に、1954年1月先の「暫行条例」に替えて、全国的・統一的な「輸出輸入商品検験暫行条例」を公布した。この1954年「暫行条例」の公布によって、真に名実を具えた全国的・統一的な輸出入商品検査体制が整ったわけである。

　「輸出輸入商品検験暫行条例」の規定によれば、以下のものは法定検査をうけなければならない。

　①　現行検査実施商品種類表の商品

---

税政策和海関工作的決定」（1950年1月27日政務院公布）、「関于設立海関的原則和調整全国海関機構的指示」（1950年12月14日発布）、「中華人民共和国暫行海関法」（1951年4月18日政務院公布）、「中華人民共和国海関進出口税則」（1951年5月10日政務院公布）、「中華人民共和国海関進出口税則暫行実施条例」（同上）、「関于進出口貨物税則帰類弁法的指示」（1952年）、「海関代征商品流動税和貨物税的指示」（1953年）、「海関監管航運進出口貨物倉庫弁法」（1953年）、「国営対蘇聯及東欧人民民主国家出口国家合同貨物輸納関税暫行弁法」（1954年）、「国営由蘇聯及東欧人民民主国家進口国家合同貨物納税暫行弁法」（1954年）、「海関対進出口貨物的監督検験職責的実施弁法」（1955年）《当代中国》叢書編輯部編輯『当代中国対外貿易（上）』、当代中国出版社、1992年、122〜123頁）。なお、その他郵送物品、輸出入信書、印刷物、携帯品、貨幣、金銀、旅客手荷物、帰国華僑の携帯手荷物、香港・澳門（マカオ）に往来する旅客手荷物、輸出入見本・広告品、輸出入贈答品、香港・澳門を往来する小型船舶、国際航行船舶船員の携帯物品、鉄路で国境を出入する列車および所載貨物・手荷物・小荷物などにかんする特殊法令については、宮下同上書が詳しく掲げている（同書、47〜48頁）。

②　国営企業の対外貿易契約に商品検験局の検査を要することが規定されているもの
③　動植物及びその製品で検査を要するもの
④　損傷・真偽の状況につき検査を要するもの

　法定検査商品目表は中央の対外貿易部が定める。対外貿易部の中に商品検験総局が設置され、輸出入貨物出入主要地点、貨物集散地、重点産地などに商品検験局またはその分支機構を設置して業務を執行する。法定検査商品は対外貿易部が特に許可した者のほかは、商品検験局の検査を経て、かつ検査証明書または鑑定証明書の発給を受けないかぎり、輸出入することはできない。その監督は税関がこれを行う。法定検査が義務づけられている商品は、対外貿易部の規定する品質、等級、包装の標準、サンプル抽出法、検査の方法にしたがって商品検査を行う。国営企業の対外貿易契約に別の検査の定めのある場合には、契約規定によってこれを執り行う。商品検査証明書あるいは鑑定証明書の発給は、すべて商品検験局が行うことになっているが、商品検験局は売り方、買い方、その他関係者の申請により、公正な立場で検査・鑑定業務を行い、荷受け、積み込みなどの実際の状況を確定し証書を発給する。商品検験局は検査・鑑定を行うに、料金を徴収することができる。発給された証書の有効期限は品目により異なるが、期限内に輸出できなかった場合、再検査を申請して新証書にひきかえてもらうことができる。再検査は無料であるが、一回限りとされている[53]。

---

(53)《当代中国》叢書編輯部編緯『当代中国対外貿易（上）』、当代中国出版社、1992年、121〜122頁、宮下忠雄著『中国の貿易組織』（アジア経済研究シリーズ17）、アジア経済研究所、1961年、29〜31頁。宮下同書には、検査実施商品種類表輸出入品目内訳が掲載されている。また、輸出入商品検査暫行標準、公証・鑑定手数料、発給された証書の有効期限についても、同書は詳細に言及している（同書、30〜31頁参照）。1956年時点で各地に設けられている商品検査機関は50余り、人員数千人に及ぶという（同書、30頁）。斉小思著『我国対外貿易基本知識』、財政経済出版社、1958年の附録には、検査実施商品種類表の個別品目一覧、植物検疫植物及び製品種類及び検疫対象害虫及び病原菌表が掲載されて

輸出入商品検査暫行標準は、最初1950年に制定されたが、53年に第一回目の改定があり、55年に再度改定せられた。

　なお、1950～54年の期間中に、私営及び外国人経営の公証業者の商品検査及び公証業務はすべて停業した[54]。

### 補論　対外貿易運輸機構

　解放直後中央人民政府貿易部の中に海外運輸処という行政管理機構が創設されたのをもって、新中国の統一的対外貿易運輸機構の構築事業は開始される。これは後に、貿易部直属の儲運処と合併し、儲運司に改組される。

　1949年4月にはすでに天津の華北対外貿易公司内に儲運部が設けられ、対外貿易関連運輸業務を統一的に取り仕切っていた。華北対外貿易公司儲運部は、塘沽新港、満洲里、綏芬河、丹東、図門、集安などの海陸運輸上の通商要地に事務所を設けて、対外貿易の運輸関連の業務を行っていた。

　1950年8月儲運部は天津国外運輸公司に改組され、貿易部の直属領

---

いる（同書、204～208頁参照）。

[54] 宮下忠雄著『中国の貿易組織』（アジア経済研究シリーズ17）、アジア経済研究所、1961年、31頁。なお、上記以外の商品検査に関する法令整備は、以下のとおりである。「商品検験局接受委託検験通則」（1951年）、「商品検験局駐倉揀様及監視搾包弁法（抜き取り検査にかかわる検査方法）」（1951年）、「商品検験局弁理封識工作弁法（検査後の封印にかかわるもの）」（1953年）、転口及易地輸出商品検験弁法（中継貿易、通過貿易輸出品にかかわるもの）」（1953年）、「商品検験局簽発証単弁法」（1954年）、「輸出商品包装検験工作暫行規定」（1955年）、「商品検験局公証鑑定実施細則」（1954年）、「輸出輸入商品重量鑑定工作暫行規定」（1954年）、「船艙検験申請問題処理弁法」（1954年）、「輸入商品残損鑑定及品質鑑定工作暫行規定」（1954年）、「商品検験局進出口商品目噸位衡量工作規定」（1954年）、「輸出輸入商品法定検験実施細則」（1955年）、「輸出輸入植物検疫暫行弁法」（1954年）、「関于畜産品検疫及収費問題的規定」（1955年）《当代中国》叢書編輯部編輯『当代中国対外貿易（上）』、当代中国出版社、1992年、121～122頁）。

導下に入った。1951年には交通部直属の中国人民輪船公司の対外貿易関連運輸業務を引き継ぎ、中国海外運輸公司と名を改めて、輸出入貨物の運輸関連業務の実行の設定・処理を統一的に行うようになった。業務は友好国の当該関連業務にまで及ぶ。1952年8月中国海外運輸公司は本社を北京に移し、対外貿易部と交通部の二重の領導をうけることとなった(55)。

1951年にはポーランドとの合弁遠洋海運会社 中波輪船公司が設立され、クディニア港を拠点として欧州各国と海運でつなげることが可能となった(56)。

1953年1月北京に中国陸運公司が設立され、輸出入貨物の国境駅及び通商港における受け渡し業務を、同公司が統一して取り扱うこととなった。

対外貿易の発展につれて対外貿易関連の運輸業務の量も増大していき、新しい情況に対応するために、1955年対外貿易部は全国の対外貿易の関連運輸業務を統一管理する運輸局を設立した。同年4月中国海外運輸公司は中国租船公司（China National Chartering Co）と名を改め、中国陸運公司も中国対外貿易運輸公司（China National Foreign Trade Transportation Co）と改名し、同年8月には両公司は合併して中国対外貿易運輸総公司として対外貿易の関連運輸業務全般を取り仕切る機構となった(57)。この間の事情は、すでに簡略に図Ⅱ-2に示しておいた。中国対外貿易運輸総公司はいわゆる輸送手段の経営を主たる業務とする企業ではなく、対外貿易公司あるいは輸出入単位との委託関係によって、輸出入商品の運輸業務の計画の設定、引き取り、引き渡しといった事務処理代行などを主たる業務とする企業であることを特記

---

(55) 顧弈鎮編著『対外貿易運輸実務』、知識出版社、1986年、13～14頁。
(56) 《対外貿易運輸》編写組編『対外貿易運輸』、対外貿易教育出版社、1988年、6頁、王垂芳・呉紹中主編『中国対外経済貿易実用大辞典』、上海社会科学院出版社、1990年、587頁。
(57) 顧弈鎮編著『対外貿易運輸実務』、知識出版社、1986年、14頁。しかし、対外的には中国租船公司の名をのこしていた。

しておく。

　対外貿易の運輸計画は貿易商品流通計画と有機的に結びついたものであり、輸出入契約の確実な履行ということのほかに、輸出入商品の流通速度を高めることによって、輸出入物資をできるだけ速やかに生産に結びつけること、輸出代金の速やかな回収と必要輸入物資の調達を容易にすること、国家の資金回転の向上をはかること、運送費の軽減をはかること、こういった任務が対外貿易の運輸計画には課されている。

　運輸計画は、国営対外貿易の部分については、対外貿易専業総公司と中国対外貿易運輸総公司と中国租船公司が直接編成し、対外貿易部がこれを取り纏めて対外貿易計画に組み込む。これ以外の運輸計画は、地方が編成し取り仕切る[58]。

　1956年には対外貿易の関連運輸・通関私営業者も公私合営を行い、前後して全国の通商要地に対外貿易運輸分支機構を設けていった。公私合営の運輸公司は、業務上における中国対外貿易運輸総公司の領導を主とする総公司と、省・市・自治区対外貿易局の二種の領導を受けることとなった[59]。

　船舶代理業は、建国以前には外国の船会社によって支配されていた。建国後当初の時期には、船舶代理業務は海運部門がこれを兼ねて管轄していたが、1953年船舶代理業務機構が独立に設けられ、交通部所属の中国外輪代理公司（China Ocean Shipping Agency）がその任に当たることになった[60]。中国外輪代理公司の主要業務は、①船舶の出入港手続の代理、②船舶用燃料その他の物資の代理供給、③貨物処理上の代理折衝、④船舶処理、検査の代理折衝などである[61]。同公司1953

---

(58) 斉小思著『我国対外貿易基本知識』、財政経済出版社、1958年、140頁。
(59) 前掲書、14頁。
(60) 中国大百科全書総編輯委員会《交通》編輯委員会・中国大百科全書出版社編輯部編『中国大百科全書・交通』、中国大百科全書出版社、1988年、38頁。
(61) 宮下忠雄著『中国の貿易組織』（アジア経済研究シリーズ17）、アジア経済研究所、1961年、96頁。

年7月までは中国と外国との合弁会社の船舶、ソ連及び東欧諸国の船舶、国の傭船、華僑の商船などの船舶代理業務のみを担当したが、同年8月からは、資本主義国の定期船の代理業務も行うようになった。上海、天津の外国船会社と代理業者は1954年から相次いで営業を停止するようになり、62年に到って最後まで営業を続けていた唯一のスウェーデンの代理業者も営業を停止するに及び、ここに中国の船舶代理業務は中国外輪代理公司の統一経営体制が確立することになる[62]。

当時中国が用いた輸送方式には、海上輸送、鉄道輸送、航空輸送、河川輸送、トラック輸送、複合輸送などの方式があった。各々の輸送手段別輸送を実際に引き受ける中国の部門は、鉄道部、交通部、郵電部、民用航空局などの部門である。建国初期の貿易はソ連及び東欧諸国との貿易が多くの部分を占めていたから、当時の輸出入貨物は主として鉄道によって輸送された。また、いわゆる"禁輸・封鎖"網の中で、輸出入貨物の輸送は鉄道輸送にシフトさせていかざるをえない事情もあった。1951年4月「中ソ貨物輸送協定」が結ばれ、これにもとづく中ソ間の鉄道貨物輸送が開始された。同年11月ソ連と大部分の東欧諸国が「鉄道貨物輸送条約」を結び、54年から中国もこの「条約」に参加（朝鮮民主主義人民共和国、モンゴル人民共和国も同時参加、「中ソ貨物輸送協定」の廃止、56年からベトナム民主共和国も参加）したので、中国がこの便益を享受できるようになったことも、鉄道輸送方式の利用という面からすれば、中国にとっては有利な条件であった[63]。

1954年当時の輸出入貨物貿易の中に占める鉄道輸送量の割合は約40％～50％を占めており[64]、50～60年の期間は、同輸入貨物輸送量は中国全体の輸入貨物輸送量の50％前後を占めていたというのが実情で

---

(62) 前掲書、38頁。
(63) 《国際貿易運輸》編写組『国際貿易運輸』、同済大学出版社、1990年、326頁、中国対外貿易運輸総公司・対外経済貿易大学《外貿運輸基礎知識与実務》編写組編『外貿運輸基礎知識与実務』、対外貿易教育出版社、1993年、5頁。
(64) 中国対外貿易運輸総公司・対外経済貿易大学《外貿運輸基礎知識与実務》編写組編『外貿運輸基礎知識与実務』、対外貿易教育出版社、1993年、5頁。

あった[65]。

　上述のような事情もあって、建国初期には中国は自前の遠洋海運事業部門をもっていなかったし、中国自身が経営する定期船便も開設していなかった。この時期海上輸送された輸出入貨物は、主として外国船によって輸送されたのである。1956年中国はようやく傭船による定期船航路の開設にこぎつけるにいたった[66]。

　なお、中国の対外貿易公司が貿易を行う場合にかける貨物運輸保険は、上述の対外貿易運輸公司に委託し、中国人民保険公司[67]を利用する。中国人民保険公司は中国の対外貿易の運輸保険業務を管理し、集中的に経営の任に当たる。当時は中国人民保険公司の傘下に公司合営の中国保険公司が置かれていた。保険公司の再保険業務は当時は主としてソ連及びソ連圏諸国の保険会社に対して行われていたが、屡々資本主義諸国の保険会社にも行ったケースがあるようである[68]。

---

(65)《国際貿易運輸》編写組『国際貿易運輸』、同済大学出版社、1990年、313頁。
(66)《対外貿易運輸》編写組編『対外貿易運輸』、対外貿易教育出版社、1988年、6頁。
(67) 1945年10月設立された国営保険公司である。全国に支店・出張所網をもち、銀行やその他の工商企業も代理店としている（宮下忠雄著『中国の貿易組織』（アジア経済研究シリーズ17)、アジア経済研究所、1961年、94～95頁)。
(68) 宮下忠雄著『中国の貿易組織』（アジア経済研究シリーズ17）、アジア経済研究所、1961年、94～95頁。

## 第三章　貿易計画と管理

　第二章でみてきたように、貿易の国家独占制が形成されていったが、本章では、貿易の国家独占制の下における貿易計画と管理の内容についてみる。

### 第一節　貿易計画の全体構成

#### 1　貿易計画の種別と階層構造

　貿易計画は大別すると、長期計画と年度計画に分けられる。長期計画のほとんどは5ヵ年計画であるが、その期間を超える長期計画が立てられることもある。貿易の5ヵ年計画は、言うまでもなく国全体の中央の5ヵ年計画（例えば、第1次5ヵ年計画〈1953～57年〉）にリンクされる計画である。これは全体の発展計画をうけて計画される。したがって、国全体の中央の5ヵ年計画の戦略重点内容によって大きく左右される。全体の中央計画は国家計画委員会が策定の任務を担当するが、この過程で貿易計画の策定には対外貿易部が参画することになる。
　年度計画は5ヵ年計画をベースに、これを睨みつつ、年度ごとに策定される。
　計画の階層別構造からみれば、対外貿易計画は中央計画、地方計画、企業計画という三層構造の有機的内的統合の仕組となっている。中央計画が主導的地位に立ち、地方計画と企業計画策定の主たる拠り所となっている。地方計画は中央計画の各地区における具体化であり、中央計画と企業計画の間に位置するものである。企業計画は中央

計画と地方計画の具体的な執行計画の位置に立ち、中央計画と地方計画完遂の基礎となるものである[1]。

## 2 貿易計画編成、実施、検査計画

広義の貿易計画には、上述の狭義の貿易計画の編成計画、実施計画、検査計画が含まれる。それぞれの概要は以下の通りである。

(1) 貿易計画の編成計画

1950年から始められた貿易計画のうち輸出計画は、対外貿易の行政系統組織と対外貿易専業総公司系統組織の2つの系統組織の上下結合関係を通じて編成された。いわゆる"双軌制"と呼ばれる方法である。第1次5ヵ年計画期には、専業総公司を主とする計画編成の方法がとられた。組織上の上級と下級を結びつけて計画を編成していくプロセスは、"両下一上"法と呼ばれる。この方法は先ず上級から下級に輸出計画を編成するための統制数値を下達し、下級はこれをうけてから輸出計画草案を作成、上級に提出し、最後の段階で批准された輸出計画がまた上級から下達されるという編成の方法である。対外貿易部は全国の輸出計画を取り纏めて編成し、全国対外貿易計画会議を招集して協議し、相互の関係に齟齬がないように調和をとり、国民経済計画に組み込む。政務院（国務院）がこれを批准、中国人民政治協商会議全体会議（1954年以降は全国人民代表大会）の審議、通過後実施を下達するという手順となる。

輸入計画は国家計画委員会が主となり、対外貿易部が参画して編成を行う。このようにして編成された計画は政務院（国務院）の批准を経て、中国人民政治協商会議全体会議（1954年以降は全国人民代表大

---

[1] 《当代中国》叢書編輯部編輯『当代中国対外貿易（上）』、当代中国出版社、1992年、182～183頁。

会）の審議、通過の後、国家計画委員会によって下達され、対外貿易部がこれを実施する。国内生産、建設に必要とされる原材料、市場向けに供給しなければならない物資を遅滞なく輸入するために、輸入計画が下達される凡そ半年前ぐらいに、国家計画委員会と対外貿易部は一部のものの予約を行うのが通常である。

　対外貿易計画編成の基本方針は、国民経済の全局から出発して、各方面のバランスをとっていくということに置かれる。計画の編成過程では、関連部面の計画指標と齟齬がないように調和をとり、貨源と輸出のバランス、輸出と輸入のバランス、地区あるいは部門間のバランス、主要輸入商品と国内の使用のバランス、主要輸出商品買付と移出入・在庫のバランス、国別貿易バランス、輸出入と損益・交通運輸・倉庫・包装・基本建設・人員配置のバランスなどの相互連関計画が立てられる。具体的にはバランス表が作成され、経済計算上のバランスがとられるほかに、毎年1回全国対外貿易計画会議が開催され、各方面の協議が行われる[2]。

(2)　実施計画

　実施計画は概ね4つに分けられる。
　先ず第一段階としては、国家の対外貿易計画を任務遂行単位に具体化して下ろしていく過程である。各大行政区・省・市・自治区、専業総公司は、国家の下達した貿易計画を受けた後、主要計画指標任務を分解し、任務遂行単位に下ろしていく。
　第二段階は、計画を達成する具体的措置の計画を定める過程である。計画が上から下ろされてくると同時に、計画任務遂行単位は一連の業務会議を開き検討した後、計画達成の保証に見合った措置を定める。

---

(2)　同上書、183～184頁、186頁。

第三段階は、関係方面が協議し、細部にわたる契約を締結し、計画を具体化し、その順調かつ確実な達成の手立てを取る過程である。
　第四段階は、計画内輸出に何等かの理由で埋め合わせの必要が生じた場合、計画外輸出を適当に組織してその埋め合わせを行うという過程である[3]。

(3)　検査計画

　検査計画の内容には、計画の主要指標に応じて計画がどの程度達成されたか、また対外貿易政策の貫徹・実行状況はどうかといった内容が含まれる。検査の方法は定期検査と不定期検査の2通りがある。定期検査は定期的な統計によって行われ、不定期検査は会議とか、検査工作組を派遣して、実地検査を行うなどの方法がとられる。
　対外貿易計画の実施の過程で内外に予期せざる事情が発生し、計画の達成に重大な支障が生じた場合、元の計画批准機関に報告、批准を経て、必要な計画の調整が行われる。再批准後の計画が計画達成検査対象としての計画となる[4]。

## 第二節　貿易計画

　対外貿易計画というのは、商品流通を中心とする関連各方面の対外貿易業務活動計画の総称であり、それは対外貿易業務活動の各種客観現象の内的関連を反映したものといえる。国民経済復興期においては、輸出計画、輸入計画、運輸計画が固有に編成されただけというに止まり、その他の業務計画はいずれも国内商業と対外貿易が一体的に

---

(3)　同上書、184頁。
(4)　同上書、184〜185頁。

編成されていた[5]。中央の貿易部は専業総公司を通じて、貿易活動の集中計画管理を行った。各地の国営外貿公司の業務計画、商品配分などは貿易部が統一的に掌握しており、地方が干与することは許されなかった[6]。

　第１次５ヵ年計画期になると、全体として一応体系的な対外貿易計画が編成されるようになった。その内容は以下のようなものとなっている。

・商品流通計画：輸出商品買付計画、国内販売計画、輸出計画、地域配分計画、加工計画、在庫計画、国家統一分配物資計画、輸入品発注計画、引取計画、引渡計画
・外国為替収支計画
・財務計画
・輸送計画
・流通費用計画
・基本建設計画
・生産企業計画
・労働・賃金計画
・流通網組織計画
・幹部養成計画

　概括的に述べるならば、1950年代末から80年代初期までの間に貿易計画の種類に若干の増減があったり、名称が変更されたりすることはあったが、計画自体の基本的内容に大きな変化はなかった[7]。

　今このうち、後に別に述べる財務計画を除く主要なものについて少しばかりの解説を加えれば、以下の通りとなっている。

① 輸出商品買付計画

計画期間内に外貿部門が、生産部門あるいは輸出商品供給単位から

---

(5) 同上書、180頁。
(6) 同上書、185頁。
(7) 同上書、180頁。

輸出商品を買い付ける貨源計画で、輸出計画を編成していく上での重要な柱の一つとなる計画である。計画には買付総額、部門別、大行政区別、省・市・自治区別、外貿専業総公司別買付額などが盛り込まれる。対外貿易部と専業総公司の買付計画は全国的なものである。大行政区、省・市・自治区の買付計画は"属地概念"、すなわち大行政区、省・市・自治区の範囲内で買い付ける輸出商品買付として編成される。計画編成の基層単位と取り纏めに当たる単位は、輸出商品生産単位あるいは供給単位と協議し、計画の実現の保証をはかる。各地の上級への計画報告（草案）には、当地の主管領導部門の同意が必要とされる。計画報告（草案）の作成に先立っては、生産単位あるいは供給単位と予め協議する。1950～68年の期間中は四半期計画も編成された[8]。

② 輸出計画

輸出計画とは、計画期間内に中国の通商港あるいは国境から積み出す輸出商品の数量並びに金額に関する計画である。輸出計画は、専業総公司が、対外貿易部が与えた統制数値に基づいて編成、対外貿易部に報告の後、政務院（国務院）の審査、批准を経て下達される。編成に当たっては、専業総公司の分公司が上級の精神をうけて、年度買付・買付外配分調整計画に基づいて、過去の実績、国際市況予測、成約、輸送契約の消化状況などを踏まえて、輸出計画編成に必要な参考資料を総公司に提供するという形で作業が進められる。1950～68年の期間中は四半期計画も編成された[9]。

③ 輸出商品配分計画

輸出商品配分計画は、対外貿易系統内部（各大行政区・省・市・自治区の間、内地と通商港の公司の間）における輸出商品あるいは原材料配

---

(8) 同上書、180頁、183頁、《中国対外貿易経済概論》編写組編『中国対外貿易経済概論』、中国財政経済出版社、1980年、102～103頁。
(9) 《中国対外貿易経済概論》編写組編『中国対外貿易経済概論』、中国財政経済出版社、1980年、103頁、《当代中国》叢書編輯部編輯『当代中国対外貿易（上）』、当代中国出版社、1992年、183頁。

分計画である。この計画は主として専業総公司が買付計画と輸出計画に基づいて編成し、対外貿易部の批准を経て下達、執行される。これは、輸出商品を計画に合わせて通商港に回したり、通商港から輸出商品を生産するために必要な原材料などを内陸各地に回したりするために編成される計画である。編成に当たっては、各地区の分公司が専業総公司に転出入配分の参考数値を上げる形で編成される[10]。

④　輸入計画

輸入計画とは、計画期間内に輸入商品が中国国境内に入ってくる具体的な数量並びに金額に関する計画である。輸入計画は対外貿易部が国家計画委員会の確定した輸入項目に合わせて取り纏め、編成して下達する[11]。

⑤　外国為替収支計画

外国為替収支計画とは、計画期間内の国家全体の外国為替収入と支出に関する計画で、内容的には主として貿易収支、貿易外収支、資本収支の３つの部分から成る。外国為替収支計画は対外貿易部が関連機関と諮って編成する。1953年からは四半期計画も編成された[12]。

## 第三節　貿易計画の財務的基礎と財務計画

### 1　財務制度の基礎

1949年11月１日元の中央商業処の基礎の上に中央人民政府貿易部が

---

[10]《中国対外貿易経済概論》編写組編『中国対外貿易経済概論』、中国財政経済出版社、1980年、103頁。
[11] 同上書、同上頁。
[12]《当代中国》叢書編輯部編輯『当代中国対外貿易（上）』、当代中国出版社、1992年、181頁、183頁、斉小思著『我国対外貿易基本知識』、財政経済出版社、1958年、63頁、富山栄吉著『中国の対外貿易序論』、大東文化大学東洋研究所、昭和52年、125頁。

設立され、50年3月「関于統一国家財政経済工作的決定」と「統一全国国営貿易実施弁法」が発布されたことについては、すでに述べた通りである。この機構の設立と具体的な法的根拠に基づいて、全国の国内商業と対外貿易を一体として統一的に集中管理するための作業が開始された。すなわち、財政・物資・資金の3側面を、中央が統一的に掌握して、集中管理する体制を構築する作業が推し進められたのである。

このことをうけて、国営の商業と対外貿易については金庫制度が設けられ、資金の中央人民政府貿易部への全面的な集中体制がとられるところとなった（資金大回籠）。具体的に各対外貿易専業総公司系統についていえば、これら各総公司系統の固定資産資金及び流動資金はすべて中央人民政府貿易部から統一的に配分され、具体的に用途が定められた上で、使用されるというシステムがとられたのである。各級の専業公司（分公司、支公司）は、専業総公司を通じて固定資産資金及び流動資金の配分をうけ、目的用途別にこれを使用する。各級専業公司（分公司、支公司）の現金収支は一律に貿易金庫制を採用する（この点についてはすでに第一章で述べた）。

これら単位で実現した利潤、その他すべての現金収入は、各々の専業系統を通じて逐次上級に上げていき、中央の貿易部が取り纏めて金庫に入れる。各単位の財産の損失及びすべての費用支出は漏れなく計画に上げ、中央の貿易部の批准を得たのち、専業総公司の支払通知書に基づいて貿易金庫から支払を行うことが通知される。かくて、全国の国営対外貿易の財務は、中央人民政府政務院貿易部支配の完全な全人民所有制のものとして打ち立てられ、すべての資金の収支もまた中央人民政府貿易部の掌握する体制（統収統支制度）となった[13]。

1952年8月対外貿易部は従来の貿易部から独立し、53年からは対外貿易は独立に経済計算されるようになった。

---

(13) 《当代中国》叢書編輯部編輯『当代中国的経済体制改革』、中国社会科学出版社、1984年、471～472頁。

① 固定資産資金

国営対外貿易専業総公司系統の固定資産資金の源泉は、主として3つに分けられる。第一は、解放時官僚買弁ブルジョアジーの財産を没収したものである。第二は、私営輸出入商を社会主義改造していく中で私的資本として組み込んでいったものである。第三は、国が基本建設資金として配分したものである。第三の部分が主要な構成をなす。

この外に、計画の超過達成利潤分配制度による利潤分配分の内、固定資産の形成にかかわる資金として使用される部分が、わずかながら固定資産資金の一つの源泉をなす。また、企業奨励金制度による報奨金の内、職員・労働者の共通の福祉のために使用される資金のうちの一部が固定資産資金の一つの源泉を構成するが、ここでは本来の業務にかかわる部分を主な問題とすることから、これ以上は立ち入らないこととする。

固定資産の減価償却は、1958年以前は各々の項目毎の個別的減価償却法が採用されていた。固定資産の更新と改造資金は、主として規定によって受け取り、企業内に留保される固定資産減価償却基金による。倉庫、事務所、機械設備などの更新や改造を時宜に適って行うために、固定資産減価償却基金は一貫して企業および主管部門に留保され、使用されることになっており、財政には繰り入れない[14]。対外貿易公司は一般的には大修理基金の引き当てを行うことはできなく、修理費は商品流通費から出すようになっている[15]。

② 流動資金

国営対外貿易公司の流動資金は、商品の買付、包装用関連物資の費

---

[14] 財政には繰り入れないが、1950年4月7日公布された「関于実行国家機関現金管理的決定」によって、特別に規定された一定の日常支出現金外は、すべて中国人民銀行に預け入れなければならないことになっており、固有の運用、目的外の転用はできない（同上書、55頁。《当代中国的経済管理》編輯部編『中華人民共和国経済管理大事記』、中国経済出版社、1987年、9頁、劉鴻儒主編『経済大辞典』、上海辞書出版社、1987年、40頁）。

[15] 《当代中国》叢書編輯部編輯『当代中国財政（下）』、中国社会科学出版社、1988年、52～55頁。

用、材料用品の費用、備品購入などをまかなうための資金である。資金の源泉は主として自己資金と借入資金に分かれる。

　(a)　自己資金

　自己資金は、そのほとんどの部分が、国の予算から配分供給される。基本原則としては、包装用関連物資の費用、高額でない消耗品費用、臨時的な労働経費、簡単な什器などの非商品資金は、自己資金によってまかなわれる。また、自己資金の一定の金額を商品流動資金として使用することもできる。その外は借入によってまかなわれる。したがって、概括的にみれば、非商品資金は財政によってまかなわれ、商品流動資金は銀行からの貸付によるという原則にしたがって、自己資金が配分供給されることになっている[16]。

　(b)　借入資金

　1952年8月対外貿易部が従来の貿易部から独立し、53年から対外貿易は独立に経済計算されるようになり、財務計画も単独に編成されるようになった。第1次5ヵ年計画期に入り、より経済計算を強化していくために、対外貿易では従来の"資金大回籠"が"資金差額回籠投放"に改められた。

　"資金差額回籠投放"とは、各専業総公司系統の分公司、支公司が、自己の単位で財務上資金過不足が生じたとき、もし余剰が出れば総公司に上げ、不足が生じた場合総公司から再配分をうけるというシステムである。

　1954年からは貿易金庫制が漸次取り止められるようになり、分公司や支公司に銀行借入権が与えられるようになった。各地方の分公司は上級から下達された計画に合わせて、当地の人民銀行から融資をうけ、業務を行うようになった。地方、県レベルの対外貿易部門では、上級が借りて下に回す（上貸下転）といったやり方などが行われ

---

(16)《当代中国》叢書編輯部編輯『当代中国的金融事業』、中国社会科学出版社、1989年、275頁。

た[17]。

　(c)　その他の流動資金

　1953年から国営対外貿易公司では、企業奨励金と計画の超過達成利潤に対する利潤分配制度が実施された。このうち、計画の超過達成利潤に対する利潤分配分の一部は、流動資金に組み込むことができることになっていた。計画の超過達成利潤に対する利潤分配制度の主要な内容は、この計画超過達成利潤の40％は生産の発展なり、基本建設資金の補填なり、流動資金として、また技術系統整備費、試作用費用などの資金として使用が認められるというものであった[18]。かくて、この計画の超過達成利潤の40％は各主管部門に残され、流動資金の一源泉を形成した[19]。

## 2　財務計画制度の創設と財務計画の編成・審定

### (1)　財務計画制度の創設

　建国初期においては、国内商業と外国貿易は貿易部によって一体的

---

[17] 《当代中国》叢書編輯部編輯『当代中国対外貿易（上）』、当代中国出版社、1992年、214〜215頁。
[18] 企業奨励金制度の主要な内容はつぎの通りである。
　　商品流通計画、利潤計画、利潤上納計画を完全達成した公司は、その公司全体として賃金総額の５％の企業奨励金を受け取ることができる。客観的原因によって計画の完全達成ができなかった公司は、計画完全達成単位と同様の奨励金を受け取ることができる。計画の完全達成ができなかった公司にあっては、この中の先進的グループあるいは個人の労働の報奨金として、賃金の総額の２〜３％をこえない範囲内で先進的グループあるいは個人が報奨金を受け取ることができる。奨励金は、労働競争、労働に対する積極性、計画進行遅滞の挽回などの要素を組み合わせた原則にしたがって分配する。奨励金の45％は職員・労働者共同の福祉に用い、45％は職員・労働者の報奨金として分配し、のこり10％は対外貿易部が部として全体的な奨励金として使用する（同上書、204〜205頁）。
[19] すでに固定資産資金のところで触れたように、各々の性格に応じて固定資産資金、流動資金として、また特別基金として繰り込まれる。

に管理・経営されていたから、国内商業の財務計画と外国貿易の財務計画も、截然と区別されないで編成されていた。対外貿易部が貿易部から独立した翌1953年、対外貿易は独立して経済計算されるようになり、財務計画も独自に編成されるようになった。

1953年1月対外貿易部は「1953年国営対外貿易財務収支計画表格及編制説明」を制定し、元の国営貿易の財務収支計画表の構成、計画内容を援用しつつ、当時の貿易金庫制及び中央政府の統収統支のやり方にそった形で、対外貿易と関連生産企業の利潤、流動資金、基本建設資金、固定資産減価償却基金、大修理基金、企業奨励金、外国為替収支、住宅並びに共用事業にかんする収支など、これらすべてを財務収支計画に組み込んでいった。商品の流通費にかんしては、特にその支出を厳重にチェックする目的から、商品流通費計画が別個に編成されることになった。受動的な財務管理から、対外貿易の商品流通に対する積極的な計画管理に向かつて一歩踏み出したといえよう。

同年財政部が全国の財務管理制度を統一的に定めたのにともない、対外貿易部も利潤の配分、減価償却基金、資産変動処理、低額消耗性物品管理、現金管理、短期借入れ、企業奨励金などの一連の財務管理の実施方法を定めた。以後、国の統一的財務管理制度の改定に合わせて、対外貿易の財務管理も補充、修正されることになる。

1954年5月対外貿易部は「国営対外貿易財務収支計画編審実施弁法（草案）」を制定し、初めて対外貿易の財務収支計画の任務、原則、内容および編成と審定の手順について、正式に規定を与えた。これによると、財務計画は主要な内容として利潤計画、納税計画、減価償却計画、流動資金計画、外国為替計画の5つの計画部分からなる。基本建設計画と住宅及び共用事業にかんする財務計画は別個に編成し、上部にあげることになった。対外貿易の営業業務と直結しない部分の財務計画が、ここで分離されるとともに、本来の営業業務の財務の計画管理に漸次焦点がしぼられる過程が進められたわけである。

第1次5ヵ年計画の最後の年である1957年、対外貿易部は財務計画

表の大幅改正を行った。この改正の主要な内容は利潤計画の中身をより具体的なものにするというものであった。従来の内容は具体的には総収入、コスト総額、利潤総額を表わすものにすぎなかったが、この改正では、全体計画とともに、輸出、輸入、国内販売、地域間あるいは通商港間にまたがって割り振られる輸出、主要商品別利潤計画を具体的に示されなければならないようにされた。経済計算の要求をより細かく下ろしていったのある。

これと同時に管理系統も改められ、外国為替収支計画と納税計画は別立てとされ、財務計画から外されることとなった。固定資産の減価償却計画も財務計画から外され、財務計画からは取り消されることとなった。しかし、対外貿易の営業活動業務に焦点をしぼった財務計画制度の確立は、1963年の「対外貿易企業財務計画制度（試行草案）」の制定をまたなければならなかった[20]。

(2) 財務計画の編成と審定

対外貿易の財務計画は、一本の系統を通じて計画、管理される（単軌制）。財務の上下管轄関係に基づく「統一計画、分級管理」が原則とされ、専業総公司系統で各級毎に計画を編成して上にあげ、各級毎の審査と批准をうけ、各級が各々計画に責任を負うという制度となっている。

財務計画は年度流通計画を枠組とし、さらに輸出、輸入、国内販売、地域間あるいは通商港間にまたがって割り振られる輸出等の流通計画に基づいて、価格、諸項目金額に財務予測調整を加え、流通計画が下達された後、各級にしたがって財務計画を立て上級に報告、批准を得るという過程を経て確定される。財務計画を編成するに際しては、指導部と財務、会計、計画、業務は十分に連携をとり、当地の行

---

(20) 同上書、210～211頁。

政部門の審査、同意を経たのち、各級を逐って上にあげる[21]。

## 補論　貿易営業活動に対する流動資金管理

　国営対外貿易専業総公司系統の固定資産資金と流動資金の供給の枠組については、すでにのべたように、固定資産資金は大枠としては国から計画供給され、流動資金も1953年まではやはり大金庫制にもとづく"資金大回籠"、"資金差額回籠投放"のやり方にしたがって、原則的には対外貿易部から供給されていた。しかし、1954年から貿易金庫制が漸次取り止められるようになり、流動資金に銀行借入が認められるようになった。ここでは、直接的に対外貿易営業活動に関連する流動資金の管理機構と管理実務の内容についてみてみることにしよう。

　1951年7月政務院財政経済委員会によって公布された「国営企業資金核定暫行弁法」では、商業活動に従事する企業の商品取引活動上必要とされる流動資金の定額（正常な流通業務活動を行っていくうえで必要とされる最低限度の恒常的な手元流動資金）は、販売条件や品目毎の平均回転期間に基づいて、必要最低限度の備蓄在庫量を計算して定める。平均回転期間は仕入し代金を支払った日から、輸送、検収、保管等のプロセスを経て当該商品を出荷し、代金の受取完了までに要する平均日数と規定されている。

　季節的または特殊な要因によって必要とされる正常な形のほかの流動資金は、国家の銀行から短期の融資をうけて解決する[22]。

　また、1952年12月財政部によって公布された「関于国営企業財務収支計画編審弁法」によれば、流動資金定額の増加なり、定額負債（定額のうち財政が供給しえなかった部分の銀行からの借入）の減少なりは、

---

(21) 同上書、212～213頁。
(22) 《当代中国財政》編輯部『中国社会主義財政史参考資料 1949-1985』、中国財政経済出版社、1990年、64頁。

前年度の計画超過達成利潤、流動資金余剰額、定額負債の増加および利潤の項目の順にしたがって、これから充てていくと定められている。流動資金の不足額の補充は、定額や利潤を減らすことによって行う[23]。

1954年以前も国営対外貿易公司に対しては、このように流動資金の管理は定額を設定することによって行われてきたが、上述のように54年からは、流動資金の管理は定額によるものの外に、銀行貸付によるものが加わった。具体的には、1954年の対外貿易公司の流動資金は、53年末に定額設定の計画が立つものについては、定額管理によって国家財政から資金が供給され、不足部分については、銀行貸付によって資金供給がなされることとなった[24]。

1955年5月中国人民銀行と商業部は連合して、「関于実行中国人民銀行弁理国営商業短期放款暫行弁法的聯合通知」を発し、商業性企業の貸付について規定を与えた。これによると、商業貸付は計画商業備蓄在庫のための貸付、計画を超える商品備蓄在庫のための貸付、仕入用前払金貸付、決算のための貸付、大修理用貸付、特殊貸付の6種類の貸付とされており、返還期日を遵守すること、それに違反する場合には当該企業の清算口座から差し引くこと、借入単位は定期的に財務報告をしなければならないこと、銀行は資金の運用情況について検査、分析を行い、意見を提出して企業管理の改善をはからなければならないことなどが定められている。

対外貿易公司に対する流動資金の貸付も、これが基準とされたが、実際の貸付の過程で、対外貿易と直結した食糧、棉花、油料などの統

---

[23] 同上書、87頁。
[24] 同上書、109頁、1954年対外貿易公司に対する対外貿易貸付制度が創設され、輸出用貨源の買付のみならず、計画内輸入に対しても必要資金貸付が行われるようになった。また、1950年代初期中国銀行は対外貿易と交通部門に輸出促進と船舶の買入のために外貨貸付を若干行ったことがある（《当代中国》叢書編輯部編輯『当代中国的金融事業』、中国社会科学出版社、1989年、354頁、346頁）。これらの業務はいずれも、中国人民銀行の統一指導の下で、中国銀行が担当する。

一買付統一販売(統購統銷)の農産品および主要工業品については、実際の需要に応じて十分に資金を貸し付ける方策がとられた。また、正常な仕入、備蓄在庫、販売用のもので、裏付のきちんとしたものであれば、銀行は積極的に貸付を与えてもよいこととされた[25]。

1955年3月従来与えられていた定額負債貸付は全体としては廃止され、対外貿易公司の非商品資金と一部商品資金は財政から供給され、大部分の商品資金と繋ぎ資金のみが銀行から貸付されるというようになった[26]。

1952年末統一的な公私合営銀行が成立し、私営金融業の社会主義改造が完成した。また、1954年6月大行政区が撤廃されるにともない、中国人民銀行大行政区行も撤廃され、中国人民銀行総行の金融活動に対する統一指導と集中管理の体制が強化され、銀行部門の垂直管理体制が形成された。1956年公私合営銀行は中国人民銀行の体系に組み込まれ、1955年3月設立された中国農業銀行も57年8月撤廃されるに及び、中国人民銀行は完全な統一的金融組織となった[27]。

このような高度に集中された銀行体制の下に、中国人民銀行は縦型の貸付資金管理体制を打ち立てた。すなわち、預金を統一的に集中管理し、貸付も統一的に集中管理する(統存統貸)方式を打ち立てたのである。1952年中国人民銀行大行政区行長会議と銀行計画工作会議で合意をみた「中国人民銀行綜合信貸計画編制弁法(草案)」にもとづいて行われるこの貸付方法は、全国各級の銀行の吸収するすべての預金は一律に総行にあげ、総行が統一的に使用する。各行が自己で手をつけてはならない。各級銀行のおこなう貸付は、総行が別々に計画指標を査定し、級を逐って下達し、各級銀行は指標の範囲内で貸付を行うというやり方である[28]。

---

(25) 《当代中国》叢書編輯部編輯『当代中国的金融事業』、中国社会科学出版社、1989年、93～96頁。
(26) 同上書、95～96頁。
(27) 同上書、112～113頁。
(28) 同上書、112～114頁。

第三章　貿易計画と管理

　第１次５ヵ年計画期に入るや、資金に対する高度に集中管理された計画分配が要求されるようになった。1953～54年における社会主義企業間における商業信用は、企業の流動資金の10～20％を占めていた。商業信用は企業の流動資金の使用を拡大し、国家の流動資金の集中管理と資金分配計画に不利に作用し、銀行の商品流通計画の実行状況の監督にも不利に作用した。したがって、銀行経由の決済方式によらない商業信用の取消と信用の国家銀行への集中の必要が、ここに提起されるところとなった。

　1954年３月から国営商業系統内部の商業信用の整理が行われるようになり、国営商業の取引の決済及び資金移動は、一律に中国人民銀行によって決済処理されることとなった。1952年末中国人民銀行は、信用管理と商工企業の振替決済の便利のために８種の決済方式を定め[29]、53年３月から国営商業系統からこれを試行し、漸次広げていった。1955年には「国営企業、供銷合作社、国家機関、部隊、団体間非現金決算暫行弁法」が制定され、同年９月全国的にこれが実施された。商業信用の撤廃と上記決済方式の普及によって、第１次５ヵ年計画後期には、すべての信用が国家銀行に集中され、中国人民銀行の資金に対する集中統一管理が基本的に完成をみた[30]。

---

(29) 同一都市内決済方式には次の５種がある。①小切手、②支払保証小切手、③計画支払（分割支払）、④支払単位の支払同意を必要としない代金取立、⑤支払単位の支払同意を必要とする代金取立の５種である。異地決済方式は次の４種である。①為替、②信用状（貨物購入単位が予め代金を銀行に引渡して保証金とし、銀行の発行した信用状に基づいて貨物引渡し決済が行われる）、③上記⑤の方式、④特殊口座（支払単位が事前に自己の口座から一部を引き出し、異地の銀行に特殊口座を開設する。支払単位の営業担当社は、当地の決済方式に応じてこの口座から貨物購入代金の処理を行う）の４種である。なお、試行後1954年より９種に改められ、55年10種に、57年にも改められて10種に定められた（趙海寛著『貨幣銀行概論』、経済科学出版社、1987年、186～187頁、黄徳釗・朱鳳屡編『我国社会主義銀行会計的歴史発展』、中国広播電視大学出版社、1985年、145～147頁）。

(30) 《当代中国》叢書編輯部編輯『当代中国的金融事業』、中国社会科学出版社、1989年、114～115頁、黄徳釗・朱鳳屡編「我国社会主義銀行会計的歴史発展」、中央広播電視大学出版社、1985年、190頁。

私営輸出入商の利用・制限・改造についてはすでに触れたが、私営輸出入商の経営資金貸付についても、国家は局面に応じた対応策を講じた。

　1950～56年の期間中、中国人民銀行は私営工業に対する貸付を私営商業に対する貸付よりも重視する政策をとった。この時期私営商工業に対する貸付の中50～80％以上は、工業に対する貸付であった。貸付利率には差がつけられていた（1953～55年の期間でみれば、私営工業に対する貸付利率は月利9～16％、私営商業に対するそれは13.5～19.5％といった状況であった）。私営工業に対しても生産に要する流動資金の不足にのみ貸付を行ったが、私営商業の場合も商品流通資金の不足に対してのみ貸付を行い、目的外の使用に対しては厳格な監視を行った[31]。

　私営商工業に対する貸付は、貸付総額が預金総額以内（以存定貸）という原則に基づいて行われた。

　私営商工業の経営資金は自己資本と銀行借入によるの外、国営企業から委託加工とか、取次販売とか、代理販売とかに対して支払われる加工賃、手数料収入による資金がある。具体的には、私営輸出入商は国営公司の代理輸入や代理輸出を行い、適当な利潤またはマージンを得る。これが私営輸出入商の経営資金の一源泉を構成した。これは全体としてみれば、国営対外貿易公司の資金（国営対外貿易公司に対する銀行貸付も含む）回転の流れの中に、私営輸出入商の資金回転が組み込まれていく一つの側面を示すということができよう。一方でまた、この過程で、国営経済と関係をもつ私営商工業者にすべて中国人民銀行に口座を開設させることによって、資金の流れを全般的に掌握し、

---

(31) 同じ私営工業企業でも委託加工をうけた企業とそうでない企業、生産手段生産企業、緊急に必要とされる生活用品生産企業、輸送企業などと一般の私営企業とでは、貸付の優先度に差がある。国営化が推進されるような場合には、当然ながら、貸付は停止される。1953年下期からの私営卸売業に対する対応はその例である（《当代中国》編輯部編輯『当代中国的金融事業』、中国社会科学出版社、1989年、103頁）。

表Ⅲ－1　第1次5ヵ年計画期間中の国営商業流動資金貸付状況

| 年度<br>項目 | 1952年 | 1953年 | 1954年 | 1955年 | 1956年 | 1957年 |
|---|---|---|---|---|---|---|
| 商業貸付年度末残高(億元) | 93.8 | 114.3 | 161.8 | 175.3 | 172.6 | 216.4 |
| 成長指数(1952年＝100) | 100 | 121.9 | 172.5 | 186.9 | 184.0 | 230.7 |
| 銀行貸付総額に占める比率％ | 86.9 | 84.9 | 87.6 | 85.8 | 73.8 | 78.0 |

注記：商業貸付は商業部、糧食部、対外貿易部及び生産販売合作社系統の流動資金貸付によって構成される。
出所：《当代中国》叢書編輯部編輯『当代中国的金融事業』、中国社会科学出版社、1989年、90頁。

表Ⅲ－2　国営商業公司、糧食公司、対外貿易公司の流動資金回転状況

単位：日

| 年度 | 部門 | 商　業 | 糧　食 | 対外貿易 |
|---|---|---|---|---|
| 1952年 | | 268 | 283 | － |
| 1957年 | | 163 | 249 | 63 |

出所：《当代中国》叢書編輯部編輯『当代中国財政（下）』、中国社会科学出版社、1988年、57頁。

管理・監督を徹底し、国家プロジェクトに対する資金の集中的動員をはかっていく工作を推し進めたともいえる。

　1956年には資本主義商工業の公私合営が全般的に実現をみるが、公私合営企業に対しては、流動資金の供給が積極的に拡大されていく。1956年の公私合営企業に対する中国人民銀行の貸付は、1955年末に比べて5.4倍に達した。

　公私合営以前に私営企業が抱えていた銀行借入に対しては、以下のような方法で処理することとなった。

　①　返済期日がまだきていない銀行借入については、期日通りの公

私合営企業の借入とする。
② すでに返済期日のきているもの、あるいは返済期日のすぎているものについては、先ず、合営を行うに際して私営側が返済する。私営側の返済が暫し困難な場合には、私営側の資産の中から差し引く形で、合営企業が返済に責任を負う。合営企業が短期内に返済することが困難な場合、当該部分の借入を合営の政府側持分とし、地方財政の中から返済を行う。地方財政が困難な場合、財政部と中国人民銀行の間で協議して解決の方法を見出す[32]。

 私営輸出入商に対する金融、私営輸出入商の社会主義改造の過程での金融政策の調整、公私合営に際しての従来の借入金の処理などは、上述のとおりであるが、社会主義改造を経てから後は、社会主義的性格を具備した国家計画に完全に組み込まれた対外貿易公司としての存在となる。

## 第四節　協定計画貿易―ソ連との貿易を中心として―

### 1　協定計画貿易展開の背景

 中国は建国以来さまざまなやり方で貿易を行ってきたが、1950年代には、中国の総貿易額のうち中ソ貿易額が常に首位を占めていた。この貿易方式は協定計画貿易方式である。その後60年代に入ってからは、その地位は低くなっていき、中国を取り巻く客観的条件と中国自体の主体的条件によって、協定計画貿易の地位も変化していった。50年代に中国貿易の中で協定計画貿易が中心となっていた理由については、以下のような事情が考えられる。

 協定計画貿易の主軸部分はいずれの時期にあっても、ソ連を中心と

---

(32)《当代中国》叢書編輯部編輯『当代中国的金融事業』、中国社会科学出版社、1989年、104～107頁。

するいわゆる社会主義計画経済体制の国々との間の貿易によって占められているが、1950年代協定計画貿易を中国貿易の主要な地位ならしめた第一の要因は、何といっても東西対決という国際政治経済上の基本構造要因である。中華人民共和国の建国自体反帝闘争、アメリカ帝国主義との闘争の過程で成し遂げられたものであるが、当時の認識[33]としては、このことは資本主義の否定＝社会主義建設ということとして認識されていたから、社会主義陣営の強固な結束・相互協力の理念の下で貿易が推進されることとなった。これら諸国の経済建設は計画経済方式によっていたし、すでに見たように、中国も建国以来経済を社会主義的に改造し、指令性方式による計画経済体制を構築していった。この中央がすべてを計画し、遂行過程まで中央が指令するという経済運営方式の下では、貿易においても個別的な貿易取引もすべて中央が計画し、指令するから、相手国が同意するなら、計画的な協定貿易を行うと、資金面からしても、物資計画からしても、その方が合理的であるということになる。対社会主義諸国との貿易が協定計画貿易の形で行われてきたのは、貿易相手国が中国とほぼ同様の計画経済体制をとっていたから、相互に同意が得られやすかったからである。言うまでもなく、建国当初の時期においては、指令性計画体制は完全な形で構築されてはいなかったが、中央はやはり行政的方法によって貿易計画を立てたから、内容的には同じことになろう。東側陣営の中でソ連が中心国であったことから、中国の貿易相手国もソ連が最も重要な貿易相手となった。

　第二に、後に第四章で見るが、1950年代から60年代初期にかけて、ソ連は中国に対して相当額の貿易信用と借款援助を供与したため、中国貿易の中で対ソ貿易が中心的位置に立つようになってきた[34]。

　第三に、上述のことの反面であるが、建国当初から、また朝鮮戦争期を通じて強固に形成された西側諸国の"封鎖・禁輸"といった中国

---

(33)　拙著『中国の対外経済論と戦略政策』、渓水社、2006年を参照されたい。
(34)　内藤昭著『現代中国貿易論』、所書店、昭和54年、92～93頁参照。

封じ込め政策によって、中国は西側諸国との貿易が著しく制約されたため、ソ連・東欧諸国との貿易を主軸とせざるをえなかった事情がある。このため、協定計画貿易の地位が高まっていった。中ソの国際政治経済に対する認識と戦略スタンスに離齬が目立つようになり、政治的関係が悪化するにつれて、両国間の貿易は規模が小さくなっていった。これと対照的に、中国の西側諸国との貿易が拡大していくにしたがって、協定計画貿易の地位は下がっていくのである。

　第四に、発展途上国との経済協力、いわゆる"南南協力"関係を背景として展開される協定計画貿易がある。中国自体南の側の国であり、可能なかぎり協定計画貿易を行っていくことは、相互に外貨計画上からしても、開発計画上からしでも、一定の合理的な根拠が存在した[35]。

## 2　協定計画貿易

　ここでいう協定計画貿易は、当然ながら一般的な政府間貿易協定に基づいて行われる貿易ではあるが、その協定の内容が細部の品目、支払様式などまでにも及び、しかも当事国（地域）政府がその協定内容について履行の義務を負うという、極めて拘束性の強い形の貿易をいう。先進資本主義国間でも貿易協定は締結されているという意味では広義の協定貿易であるが、この場合には最恵国待遇など、当事国の企業間の取引（貿易）に適用される一般的な原則的取り決めや関係法との関連などが規定されているのみというのが普通であり、具体的な取

---

(35)　植民地体制から脱して独立したアジア諸国との間で協定貿易形態の貿易が行われた。例えば、1952年中国はスリランカとの間にゴムと米のバーター5ヵ年長期貿易協定を締結した（内藤昭著『現代中国貿易論』、所書店、昭和54年、112～113頁、平井博二著『日中貿易の基礎知識』、田畑書店、1971年、253頁）。また、1953年にはパキスタンとの間で綿花協定、石炭協定が締結された（平井博二著『日中貿易の基礎知識』、田畑書店、1971年、253～254頁）。1954年にはビルマとの間に米と中国産品の貿易協定が締結された（内藤昭著『現代中国貿易論』、所書店、昭和54年、113～114頁）。

引内容については、貿易当事者が協議の上取り決め履行するということになっている。しかし、貿易協定の取り決め内容がこの範囲をこえて、具体的な年度毎の交換商品、数量、価格の設定方法、価額、清算の方法などにわたっているような場合には、協定締結の当事者である政府が、その履行に責任を負わなければならないのは当然であるから、この狭義の意味の貿易協定は、相互に協定締結国（地域）政府を拘束する。

　このような狭義の協定貿易は上述のような意味合いをもっているから、概していえば政府が何らかの形で当該国（地域）経済に直接干与しているような情況下で行われるのが一般的といえよう。社会主義計画経済といわれる経済運営方式下の諸国間で、この種の貿易が主要形態をなすのはこのためである[36]。ある特定国との貿易がすべて狭義の協定貿易であることもあるし、一部のみがそうであることもある。場合によっては、単一品目についてのみ狭義の協定貿易ということもある。ソ連・東欧諸国との貿易でみれば、狭義の協定貿易の外に、協定外補充バーター貿易、特定項目のバーター貿易、中継バーター貿易、非伝統協定貿易品目バーター貿易、輸出信用供与貿易、通常の決済方式による貿易、地方のバーター貿易、国境貿易など様々な形の貿易方式が並行して行われていた。また、狭義の協定貿易は、必ずしも２国間のみの貿易協定によるとはかぎらない[37]。1952年中国・ソ連・フィ

---

(36) 協定貿易は、一般的には非協定貿易に対して使用される概念である。非協定貿易というのは、貿易当事国（地域）の間に貿易協定が締結されていない情況下において行われる貿易のことである。このような貿易は、関係当事国（地域）間に正式の国交（正常な関係）がないとか、正式には国交が存在していても、まだ貿易協定が締結されるまでにいたっていないとかいった場合に行われる貿易である。したがって広義には、協定貿易というのは政府間貿易協定に基づいて行われる貿易のことをいう（徐景霖編著『国際貿易実務』、東北財経大学出版社、1989年、318頁）。場合によっては、民間団体との間で結ばれた"貿易取り決め"も貿易協定と呼ばれ、これに基づく貿易も協定貿易と呼ばれることもあるが、一般的には政府間貿易協定に基づくものを協定貿易という（羅来儀主編『対外貿易業務問題集解』、対外貿易教育出版社、1989年、320～321頁）。
(37) 上海対外貿易協会編『対外経済貿易実用大全』、復旦大学出版社、1989年、

ンランドの3国間で固有の協定貿易の取り決めが行われ実行された[38]。ここでは、改革・開放後80年代中期頃の時期のソ連との協定計画貿易の基本的骨組についてみておきたい。

## 3 中ソ貿易協定の取り決め内容と履行

### A 貿易協定の取り決め

協定貿易は、関係両国政府が締結した貿易協定に基づいて行われる貿易である。中国とソ連との間では、毎年年度毎の貿易・支払協定が取り交わされてきた[39]。長期貿易協定が締結されている場合でも、毎年年度毎の貿易・支払協定が取り交わされる。協定の締結は従来モス

---

172～175頁。
(38) 中国は社会主義諸国と協定貿易を行うほか、一部の資本主義諸国、第三世界の国々と政府間の協定貿易を行ってきた。これらの諸国との協定貿易は、社会主義諸国とこれまで行ってきた協定貿易とかなりの差異がある。
　① 輸出入貿易額と協定項目
　　一部の資本主義諸国、第三世界の国々（地域）との協定貿易は、社会主義諸国とこれまで行ってきた協定貿易と異なり、特定の数品目に限り協定貿易を行うというものである。すなわち、当事国（地域）政府は、特定の数品目の商品・数量と金額を協定・履行を保証するという形の協定貿易である。貿易協定には他の品目名称が列挙される場合もあるが、これらについては、数量や金額についての特定の定めのない場合には、双方の国（地域）の個別的な貿易機関が独自に成約し、取引を行うということになる。
　② 決済および清算方法
　　貿易協定の中には、相互に国家銀行に清算勘定を開設し、輸出商品借款および諸掛りなど記帳相殺し、スウィング勘定として一定期間の後差額を通貨決済するか、一部差額を通貨清算すると取り決めたものもある（徐景霖編著『国際貿易実務』、東北財経大学出版社、1989年、322～324頁）。しかし、上述のような事情から、これら諸国との貿易が漸次通貨決済になってきているため、この種の支払協定は減少してきた（薛栄久著『国際貿易政策与措施概論』、求実出版社、1989年、292頁）。
　③ 有効期限協定は単年度から3～5年の期限で結ばれる。
(39) 1967年までは貿易協定とバーター・支払議定書は別に定められていたが、70年以降貿易協定の中にバーター・支払に関する付属文書が含められるようになってきて、バーター・支払協定、あるいは同取り決めと呼ばれるようになってきた（徐景霖編著『国際貿易実務』、東北財経大学出版社、1989年、318頁、夏林根・于喜元主編『中蘇関係辞典』、大連出版社、1990年、212～216頁）。

クワで行われることもあったし、北京で行われることもあった。協定が締結されると、協定に定められた商品を取り扱う両国の専業外貿機関（中国の場合外貿専業総公司、ソ連の場合全ソ対外経済合同体）が、協定と引き渡し条件に基づいてさらに具体的事項について詰め、その年度の具体的な輸出入契約を行う。

### B 協定内容

中ソ間の貿易・支払協定には、概ね以下のような内容が盛り込まれている。

① 商品の種類と数量

協定の中の輸出入貨物明細書の中に、相互に交換する商品種類と数量が明確に記載されている。

② 価格

交換される商品貨物の価格は、契約が行われる時点の国際市場価格を基礎とし、スイス・フラン建てとされる。価格の最終確定は両国の貿易機関の協議による。

③ 貨物引き渡しの方法

下述の貨物引き渡し実務取り決め規定による[40]。

④ 決済方法

スイス・フラン建て記帳決済方式による。相互の年度取引額が相殺できず帳尻が生ずるような場合はいわゆる振り子勘定（Swing Account）とし、一定の額までは無利子で信用供与し、一定の額を超える部分については、取り決め規定による利子支払を行う。しかし、決済それ自体には金あるいは通貨を用いず、一定期間中に輸出入を調整して相互の均衡をとるというやり方がとられる。中国銀行とソ連対外経済銀行（1988年ソ連対外貿易銀行が改編され名称が改められた）に

---

(40) 徐景霖編著『国際貿易実務』、東北財経大学出版社、1989年、319～320頁、上海対外貿易協会編『対外経済貿易実用大全』、復旦大学出版社、1989年、169頁。

オープン勘定が設けられ、両行がこのオープン勘定で記帳計算処理する[41]。

### C　実務取り決め

実務遂行上の一般共通条件に関する取り決めである。

① 貨物引き渡し地点と輸送方式

(a) 鉄道輸送

引き渡し貨物が鉄道輸送される場合には、貨物引き渡しは輸出国の国境鉄道駅で行われる。満洲里駅↔ザバイカル駅、綏分河駅↔グロデコボ駅などで行われる。貨物に関する責任と保険は、車両積荷引き渡し後は輸出国側から輸入国側に移る。

(b) 自動車輸送

自動車輸送の場合も、貨物引き渡しは一般的には国境のステーションで行われるが、中ソ間の自動車輸送貨物引き渡し地点は、新疆ウイグル自治区の霍爾果斯と吐爾戈特間の国境地域↔ソ連のチャルゴスとトルゴッド間の国境地域とされている（1983年11月再開）。貨物に関する責任と保険は、引き渡し地点で関連貨物引き渡し書類にサインした時点から、輸出国側から輸入国側に移る。

(c) 河川輸送

河川輸送される場合の中国側の貨物引き渡し通商港は、黒龍江省黒河と同江である（1983年再開）。通常は輸出国側の港で船積し、貨物引き渡しを行う。船積費用などの関連費用は、特定の契約がある場合を除いては、通常輸入国側が負担する。貨物に関する責任と保険は貨物引き渡し港で関連文書にサインした時点から、輸出国側から輸入国側

---

(41) 姚昌・徐子栄編著『対外貿易業務知識』、知識出版社、1985年、174頁、薛栄久著『国際貿易政策与措施概論』、求実出版社、1989年、284～285頁、徐景霖編著『国際貿易実務』、東北財経大学出版社、1989年、320頁、上海対外貿易協会編『対外経済貿易実用大全』、復旦大学出版社、1989年、169頁、叶彩文・呉百福編『国際貿易結算』、上海科学技術文献出版社、1989年、285頁、夏林根・于喜元主編『中蘇関係辞典』、大連出版社、1990年、212～215頁。

に移る。

　(d)　航空輸送

　輸出国の飛行場で積荷し、機内で貨物引き渡しを行う場合には、それ以後の費用および責任、保険は輸入国側の負担。輸出国が飛行場で航空運輸会社に貨物を引き渡す場合、航空運輸会社に運び込むまでの費用は輸出国側が負担、それ以後の責任と保険は輸入国側に移る。輸出飛行場は北京、ハルピン、ウルムチなどである。

　(e)　郵送

　郵送による場合は、郵便局で貨物を発送した時点から、貨物の責任と保険は輸出国側から輸入国側に移る。輸送費用は輸出国側負担の場合もあるし、輸入国側負担の場合もある。場合によっては、各国領土内の輸送費用を各々で負担するというケースもある。

② 　引き渡し期日

　引き渡し期日は通常契約書の中に明記されているのが普通であるが、鉄道輸送、河川輸送、自動車輸送いずれの場合にも、国境での貨物引き渡しのサインあるいは捺印がなされた期日がとられる。

③　数量・品質・規格

　貨物数量については、運輸手段の如何をとわず納品書による。郵送の場合には郵便小包送り状による。品質・規格については、輸出国の基準あるいは契約に定められた技術条件、さらに輸出国の商品検査機関あるいは生産単位の証明書に合致していなければならない。

④　包装・標示

　契約に規定された条件に合わせて処理されなければならない。鉄道輸送に関しては第二章で述べた「鉄道貨物輸送条約」（1954年1月ソ連、朝鮮民主主義人民共和国、モンゴル、東独、ルーマニア、ポーランド、ブルガリア、ハンガリー、アルバニア、ベトナム民主共和国、中国などがモスクワで締結した協定）による。

⑤　貨物引き渡しの延期、繰り上げと罰則

　貨物引き渡しの延期あるいは繰り上げについては、事前の一定期間

内に相互に通知、新たな引き渡し日について協議しなければならない。貨物引き渡し期日の変更については、貨物の性格によって特別に罰金を科するとかいったことをしない一定期間が定められている。機械・設備については通常60日、その他の貨物については通常30日とされている。この期間を過ぎた引き渡しの遅延については、規定に従って罰金が科される。不可抗力による場合はこれに及ばないし、契約自体解消されることがある。

⑥　貨物発送通知

貨物の発送については、輸出国側が輸入国側に事前あるいは事後の一定期間内にこれを通知しなければならない。F.O.B原則による場合には、輸入国側は通知を受けてから、手配した引き取り運輸手段、予定期日、引き取り地点などを、輸出国側に通知しなければならない。

⑦　支払手続

輸出国側は貨物発送後、実務取り決めと契約に定められた文書及び為替決済申請書を本国為替銀行に持参する。当該銀行は確認の後、送り状に記載された金額を輸入国為替銀行（中国側は中国銀行、ソ連側はソ連対外経済銀行）の借方勘定に記帳し、同時に当該銀行の貸方勘定に記帳する。また、関連文書と支払通知書を輸入国為替銀行に送付する。輸入国為替銀行は支払通知書と関連文書を受け取った後、支払金額を輸出国為替銀行の貸方勘定に記帳し、直接の輸入単位から輸入代金を受け取る。

⑧　クレーム

受け取った貨物の数量が、納品書に記載されている数量よりも少ないような場合には、一定の期間内に異議申し立てをし、貨物の補充なり、代金払い戻しを要求することができる。異議申し立て期限は一般に3カ月以内とされ、書面によって申し立てを行うこととなっている。また、契約に定めあるときにはこれによる。

輸入国側で貨物を受け取った場合に、品質が契約条件の品質に合致していなかったような場合、その原因が輸送中に生じたとき以外は、

保険の対象とはならない。このような場合には、輸出国は値引きなり、修理、取り替えに応じなければならない。品質にかんする異議は、貨物引き渡しの日から6ヵ月以内に書面で行われることとなっている。

⑨　仲裁

契約執行の過程で生じた紛争は、原則として話し合いによって解決するものとする。話し合いで解決がつかなかった場合には、仲裁の方式で問題を解決する。仲裁は原則として、被告国側の国際商事仲裁機関によって行われる[42]。

### D　輸出入契約

直接貿易に当たる対外貿易機関の間で交わされる契約は、年度貿易協定と実務取り決めに基づいて締結される。以下のような内容が含まれる。

(a) 契約序文：輸出入単位名称、契約締結の依拠
(b) 商品に関する事項
　　商品名、数量、品質・規格、価格、金額、引き渡しする具体的期日、引き渡し地点、輸送方式、包装・標示、関連必要規定文書、クレーム期限など
(c) 契約に包括しきれなかったか、実務取り決めによって処理しきれなかった事項
(d) 形式用件：契約書文字数、部数
(e) 付属文書[43]

---

[42] 上海対外貿易協会編『対外経済貿易実用大全』、復旦大学出版社、1989年、170〜171頁、徐景霖編著『国際貿易実務』、東北財経大学出版社、1989年、320〜321頁、呉百福・藩祖揖主編『進出口貿易実務』、知識出版社、1988年、206〜207頁。
[43] 上海対外貿易協会編『対外経済貿易実用大全』、復旦大学出版社、1989年、171頁。

E　契約の履行

契約履行過程には、輸出では、傘下公司への契約履行下達、生産・買付の手配、輸送手段の手配、商品検査、通関、貨物積み込み、文書作成、為替決済などの業務が含まれる。輸入では、貨物引き渡し交渉、輸送手段の手配および通知、貨物受け取り、保険、文書管理、代金支払、通関および貨物引き取り、商品検査、為替記帳および決済などの業務が含まれる[44]。

以下、実務遂行上における若干の特殊性について付記しておきたい。

① 契約遂行主体

協定貿易としての輸出入は、中国では対外貿易専業総公司あるいは工貿総公司が担当し、遂行する。地方の外貿公司あるいは分公司は、総公司からの指令の下達をうけ、実務を遂行し、貨物の引き渡しなどを行う。相手方との直接交渉、問題が発生した場合の処理は、総公司が行う。地方外貿公司あるいは分公司は、通常相手方と直接交渉しない[45]。なお、輸出については対外貿易専業総公司あるいは工貿総公司が一手に責任主体となるから、請負もこれら総公司が行うものとみられる。地方外貿公司あるいは分公司は、規定に応じて外貨分配をうけるものとみられる。輸入についても、専業総公司あるいは工貿総公司の統一計算とみられ。

② 鉄道輸送上の特殊性

鉄道輸送する場合は、送り状は先述した「鉄道貨物輸送条約」に基づく送り状としての効力をもつ証票として発行される。送り状は正副２通、貨物引き渡しと輸送費支払の後発行され、正本は貨物とともに送られ、輸送費および関連費用分担に合わせて、貨物引き取り側の代金支払が完了したのち、貨物とともに貨物引き取り側に渡される。副本は、輸出単位の代金決済に使用される。

---

(44) 同上書、171頁。
(45) 同上書、171頁。

③　代金決済

すでに述べたように、為替手形を取り組まない[46]。

## 4　ソ連との協定計画貿易[47]の推移

(1)　中ソ貿易の推移

中国とソ連との間では、1950年4月最初の貿易協定と商品交換協定が結ばれた。以後特定の年を除いて、毎年貿易協定の更新・改定を経つつ、商品交換議定書が取り結ばれる形で協定貿易が行われることとなった[48]。爾来中ソ貿易はそのほとんどが協定貿易の形で行われてきているが、50年代には中国の総貿易額のうち対ソ貿易額は常に首位を占め、1951～59年の期間中は一貫して40％以上のウェイトを占めていた。中国の協定計画貿易総額は正確には掴み難いが、総貿易額に占める協定計画貿易総額のウェイトは、1959年にはほぼ7割を占めていたと推測される[49]。しかし、その後協定計画貿易の地位は著しく下がり、協定計画貿易総額自体絶対額としても小さくなった時期もある

---

(46) 同上書、172頁。
(47) 本篇で取り扱う時期にも、若干の非協定計画貿易がある。例えば、1958～60年にかけて中ソ間ではいくつかの地域で国境貿易が開かれたが、62～67年にかけて閉鎖されていった。これは国境周辺居住民の生産と生活必需品を満たすための商品交換で、国家間貿易を一部補充するものとして行われた《当代中国》叢書編輯部編輯『当代中国対外貿易（上）』、当代中国出版社、1992年、260～261頁、263頁）。ほとんどは狭義の協定計画貿易である。
(48) 夏林根・于喜元主編『中蘇関係辞典』、大連出版社、1990年、200～216頁、王和英・武心娟・舒玉敏・許明月『中華人民共和国対外経済貿易関係大事記（1949～1985）』、対外貿易教育出版社、1987年、393～408頁。
(49)《中国対外経済貿易年鑑》編輯委員会編『中国対外経済貿易年鑑・1984』、中国対外経済貿易出版社、1984年の貿易業務統計の数値では、1959年の中ソ貿易額は21億ドル、『同年鑑・90/91』、中国広告有限公司、1990年では、1959年の東欧8ヵ国と中国との貿易額は7億2,000万ドルと報告されており、発展途上国との協定貿易額を若干含めて、同年の総貿易額44億ドルの65～70％ぐらいが協定貿易額ではないかとの筆者の推計。

が、1959年の中ソ貿易額約21億ドルの水準は、その実績が26億ドルに達した86年以前の中ソ貿易額の最高水準を示すものとして歴史的重要性をもつ[50]。

1960年代に入ると、中ソ両国の政治的関係の悪化、対立を反映して、中ソ貿易額は極端に減少していく。1968年と69年には政府間貿易協定も締結されないといった情況であった[51]。1960年の中ソ貿易額は約17億ドルであったが、60年代には一貫して減少をつづけ、70年にはわずかほぼ5,000万ドル程度の貿易額にまで下がっていった。

協定計画貿易の中で大きな割合を占めていたのはソ連との貿易であったから、中ソ関係が悪化するにともない、協定計画貿易の地位も下がっていった。この過程で、中国は西側諸国との貿易に比重を移していった。1961年には中ソ貿易は激減するが、それ以降だんだんと貿易額は小さくなっていく。一方で、西側先進諸国との貿易が拡大していき、1967年には貿易総額のほぼ50％を西側諸国との貿易が占めるにいたるのである。しかし、この時点でも、中国の総貿易額のうち協定計画貿易額はおよそ2割を占めていた。1970年代の中葉の時点では、協定計画貿易額は16〜17％程度と推測される[52]。

1970年の中ソ貿易額は、当年の中国の総貿易額のわずか1％を占めているにすぎない[53]。

70年代には中ソ貿易は上昇基調に転ずるが、中国が対外開放政策に転じた1978年には、中国全体の協定計画貿易総額は約30億ドル前後と

---

(50) 李康華・王寿椿編『中国社会主義初級階段的対外貿易』、対外貿易教育出版社、1989年、143頁によれば、1987年以前の中ソ貿易の最高額と述べられているが、《中国対外経済貿易年鑑》編輯委員会編『中国対外経済貿易年鑑・1987』中国広告有限公司、1987年、327頁によると1986年の中ソ貿易額は約26億ドルに達しており、少なくとも記録的には、86年の中ソ貿易額が従来の最高水準の59年水準を凌駕した。
(51) 《当代中国》叢書編輯部編輯『当代中国対外貿易（上）』、当代中国出版社、1992年、262〜263頁。
(52) 内藤昭著『現代中国貿易論』、所書店、昭和54年、154頁。
(53) 《中国対外経済貿易年鑑》編輯委員会編『中国対外経済貿易年鑑・1984』、中国対外経済貿易出版社、1984年、Ⅳ-68頁。

みられ、中国の貿易総額の14～15％程度のウェイトをもっていたのではないかと推測される[54]。70年代では79年に中ソ貿易額が約5億ドルに達したのが最高額で、中国の総貿易額の1.7％程度のウェイトを占めているにすぎない。1971年からは、従来の協定計画貿易で行われてきたルーブル表示のバーター記帳決済方式は、スイス・フラン建てによるバーター記帳決済方式に改められた。また1975年からは、従来の1958年価格を基礎とした取引価格設定方式が、国際市場価格を基礎とした価格設定方式に改められた[55]。これらのことは、中ソ貿易関係上における大きな変化といわなければならない。

改革・開放後80年代に入ってからは、中ソ貿易は急速に拡大するが[56]、これについては後篇で触れる。

(2) 輸出入商品構成

1950年代において、中ソ協定計画貿易が中国貿易にとっていかに大きなウェイトを占めていたかについてはすでに指摘したが、50年代の中ソ協定計画貿易の輸出入商品構成をみると、この時期の中国の経済建設にとって、中ソ協定計画貿易がいかに重要な位置に立っていたかが一層明確になる。

---

(54) 同上『年鑑』、Ⅳ-11頁。東欧社会主義圏の貿易体制改革は、60年代から始まる。ユーゴスラビア（1952から始まり、65年に貿易の国家独占制が廃止される）、ハンガリー（1962年から開始、68年以降本格化）、ポーランド（1965年から開始）などが先行し、ソ連の貿易体制改革は1967年から始まる。しかし、これらの諸国の貿易体制改革による中国貿易への影響よりも、中国は国内事情（特に1966～76年にかけてのプロレタリア文化大革命・"四人組"期に代表される）による影響の方がずっと大きい。
(55) 王紹照編著『中国対外貿易理論和政策』、中国対外経済貿易出版社、1989年、211頁、《当代中国》叢書編纂部編輯『当代中国対外貿易（上）』、当代中国出版社、1992年、264頁。
(56) 両国関係が不正常な状態にあった1960年代と70年代を措き、改革・開放後一応新たな経済関係が復活した1985年の協定計画貿易額も、中国の総貿易額のわずか3％ぐらいを占めているにすぎない。

内藤昭教授は、この間の事情を次のように述べておられる。「アメリカを先頭とする資本主義諸国の中国封じ込め政策、とりわけ50年6月に始まった朝鮮戦争以後における対中国『禁輸』政策の強化は、中国と社会主義国との貿易の発展にいっそう拍車をかけた[57]」。国民経済復興期（1949～52年）を経て第1次5ヵ年計画（1953～57年）を推進していった中国にとって、経済建設に必要な設備や機械は、その多くの部分をソ連に仰がざるをえなかった。「1950～57年におけるソ連の対中国輸出商品構成のなかにみられるもっとも大きな特徴は、〈設備および機械〉の占める比重が年をおって急速に増大し、57年におけるその比率は50％に達していることである。……しかも、そのうちプラントの輸出額はいっそう急激に増大しており、……このようなプラント輸出の急増は、第1次5ヵ年計画期におけるソ連の対中国企業建設援助にともなって発生したものである。……〈石油および石油製品〉の対ソ輸入も急速に増大し、ソ連の対中国輸出商品構成に占めるその比重は、1950年の2.9％から57年には16.6％へ上昇した。……〈鉄鋼〉も中国の対ソ輸入商品構成のなかでは、比較的大きな比重を占めていた。ただ、……第1次5ヵ年計画の末期には中国の鋼材自給率は86％に達しており、したがって、対ソ輸入も若干減少している。……1950年に中国の対ソ輸入商品構成のなかで76％を占めていた綿花、綿布、砂糖など消費資料を中心とする〈その他〉の品目の輸入は、軽工業および食料品工業の発展にともなってしだいに減少し、57年の比重は24％にまで低下している[58]」。

　同期の対ソ輸出商品構成をみると「原料品関係の〈食料品製造用原料〉、〈繊維原料および半製品〉、〈動物性原料〉など3つのグループの合計額が、中国の対ソ連輸出商品構成に占める比重は、50年の49.2％からしだいに低下し、57年には24.5％になっている。〈非鉄金属、合金および精選鉱〉のグループは、同じ期間に一貫して比較的大きな比

---

(57) 内藤昭著『現代中国貿易論』、所書店、昭和54年、92頁。
(58) 同上書、93～95頁。

重を占めていた。加工工業関係の〈加工および半加工食料品〉と〈繊維製品〉など2つのグループの合計額が、中国の対ソ連輸出商品構成に占める比重は、51年の8％からしだいに上昇し、57年には33.2％に達している。このような中国の対ソ連輸出商品構成における原料品輸出の相対的低下と工業品輸出の相対的増大は、中国における社会主義工業化の進展を反映している[59]」。

1960年代の中ソ貿易商品の様相は大きく変化し、対ソ輸出品のうち米、大豆、食用油用種子・油、リチウム鉱砂、ベリリウム鉱砂、ピエゾ電気石英等は基本的には輸出されなくなり、タングステン鉱砂、錫、水銀の輸出が減り、紡績・紡織品と軽工業品輸出が増加した。この時期の輸出額のうち鉱工業品20.7％、農・副産品18.3％、軽工業・紡績・紡織品60％以上となっている。60年代前半には、ソ連からの輸入品の中で、軍用物資とプラントは26％にまで下がり、60年代後半には両者の輸入はなくなり、中国向け新技術の輸出もなくなった。この時期、ソ連からの輸入額のうち一般商品が60％以上を占め、工業原料38.5％、一般機械21.8％であった。ソ連が輸出停止したり、輸出を減らした一般商品はダイアモンド、ニッケル、白金、鋼材である。1960年代中期までに、中国は大慶油田が生産に入ったことによって、ソ連からの石油製品の輸入は基本的にはなくなり、木材や航空機の輸入が増加した[60]。

1970～79年の中ソ貿易累計額はほぼ30億ドルで、同期間の中国の総貿易額の2.2％、同期のソ連の総貿易額の0.4％を占めるに過ぎない。中国からの輸出品の内訳では、農・副産品（肉類、卵・同製品、果物、毛・皮革・羽毛・同製品等）が36％を占め、鉱工業品（タングステン鉱砂、モリブデン鉱砂、錫、アンチモン、水銀、ホタル石、化学工業原料）19.6％、軽工業・紡績・紡織品（綿・毛メリヤス製品、アパレル製品、

---

(59) 同上書、95頁。
(60) 《当代中国》叢書編輯部編輯『当代中国対外貿易（上）』、当代中国出版社、1992年、262～263頁。

毛織物、毛布、バスタオル、魔法瓶、スポーツシューズ等）44.4％となっている。ソ連からの輸入品の内訳では、機械・設備（発電設備、航空機、自動車、採炭機械等）が67.6％を占め、工業原料（鋼材、非鉄金属、木材、化学工業原料等）が32％を占める[61]。

　この間の貿易決済に関する事情については、第四章、第八章で述べることにする。

---

(61)《中国対外経済貿易年鑑》編輯委員会編『中国対外経済貿易年鑑・1984』、中国対外経済貿易出版社、1984年、Ⅳ－68頁、同上書、263〜264頁。

# 第四章　外国為替管理と社会主義国間相互援助形態資本交流の断絶

## 第一節　外国為替管理

### 1　外国為替管理機構と為替管理

(1) 社会主義的改造以前の時期の外国為替管理

すでに第一章において、国民経済復興期の対外貿易に関する外国為替管理について触れてきたが、外国為替管理の具体的措置はいずれも「中国人民政治協商会議共同綱領」第39条の精神に沿うものであった。1951年3日政務院は「中華人民共和国禁止国家貨幣出入国境弁法」を公布、52年10月中国人民銀行は「中華人民共和国禁止国家貨幣、票据及証券出入国境暫行弁法」を制定した。しかし、為替管理は各大行政区毎の「外匯管理暫行弁法」に拠っていたので、全体的には分散状態にあり、体系的に整った為替管理の法規は存在しなかったのである[1]。

貿易に必要とされる外国為替は、すでに述べた通り、1950年10月に定められた「外匯分配使用暫行弁法」によって処理される。これに先立って、1950年5月国営の対外貿易公司に対しては「国営対外貿易公司外匯管理暫行弁法」が制定され、同12月私営貿易に対しては「私営工廠及進口商申請外匯暫行弁法」が制定された[2]。いずれにしても、

---

[1] 呉巍・宋公平編著『中国外匯管理』、中国金融出版社、1991年、24頁、程建林・邢華編著『外匯基礎知識』、機械工業出版社、1992年、132〜133頁。両者はいずれも、建国初期から1956年まではこの状態にあったと述べている。したがって、1954年6月の大行政区撤廃後も、この状態であったと判断される。
[2] 《当代中国》叢書編輯部編輯『当代中国対外貿易（上）』、当代中国出版社、

全国の外国為替収入はすべて、1954年9月新憲法公布をうけて、国務院（政務院は新憲法下で国務院に編成替えされる）の機構が11月に整備され、政務院財政経済委員会が撤廃されるまでは、財政経済委員会が統一的に掌握し、分配して使用させていた[3]。計画規定によって申請し、批准をうけなければ、外国為替を使用することはできない。国内で生産可能で需要に応じられるもの、相互に分配調整可能なもの、国内産でまかなえるもの、国内にストックのあるものについては、外国為替は供給されない。中国人民銀行に委託し、10日毎に外国為替収入を報告させ、四半期計画で外国為替を許可、供給する点については、すでに第一章でのべたと同様である[4]。

　財政経済委員会が撤廃された後は、外国為替の統一分配は、国家計画委員会によって行われるところとなった[5]。

　輸出代金としての手取り外国為替（関連諸収入も含む）は、すべて必ず国家銀行（すなわち中国銀行を通じて中国人民銀行へ）へ売り渡すか、引き渡さなければならない。輸入に要する外国為替は、計画あるいは規定にしたがって申請し、批准をえたのち国家銀行を通して供給される。

　国営対外貿易専業総公司（系統）は、すでに述べたように独立採算の単位であり、国家財政から固定資産資金、流動資金ともに配分され、一部流通資金は銀行から借り入れて運営していくというシステムになっていることから、上述の外国為替の配分は自己の流動資金による買取りという方式で実行される。反対に、輸出外国為替収入も売却

---

　　1992年、121頁。宮下忠雄教授は「私営工廠及進口商申請外匯暫行弁法」の制定
　　は1951年1月とされている（宮下忠雄著『中国の貿易組織』（アジア経済研究シ
　　リーズ17）、アジア経済研究所、1961年、122頁）。
(3) 呉巍・宋公平編著『中国外匯管理』、中国金融出版社、1991年、25頁、張雲倫
　　編『中国機構的沿革』、中国経済出版社、1988年、54頁。
(4) 呉巍・宋公平編著『中国外匯管理』、中国金融出版社、1991年、25頁。
(5) 《当代中国》叢書編輯部編輯『当代中国的金融事業』、中国社会科学出版社、
　　1989年、411頁。

第四章　外国為替管理と社会主義国間相互援助形態資本交流の断絶

するということになる[6]。

---

(6) 国営対外貿易専業総公司の財務管理の方法なり、会計処理の方法なりの内容について論ずることは、ここでの課題ではないが、若干ここで触れておく必要があろう。

　国営対外貿易専業総公司は言うまでもなく全人民所有制の企業であるが、法律、規定、行政管理の枠内で、独立して業務計画や財務計画を起草し、対外貿易部の批准を経てこれを実施に移す。また、独立の法人として固定資金および流動資金をもち、それぞれの専業総公司系統の資金、現金の管理や配分に責任を負う。各行政区、省の公司の資金は総公司からの配分による。行政機構はいずれのレベルにあっても、公司関連の資金の配分に干与する権限がない。対外貿易部は専業総公司を通じて資金を下ろしていくシステムになっている（関係が重大なものについては各レベルの行政機構に通知することがある）。したがって、専業総公司は独立に輸出入業務を営むから、対外的に輸出入契約を締結し、これに責任を負う（賀名侖・周明星主編『商業経済学』、北京科学技術出版社、1983年、129頁、斉小思著『我国対外貿易基本知識』、財政経済出版社、1958年、66頁）。

　要約的に言うならば、全人民所有制の下でも、全体的な国家の政治的、社会的機構の枠組の中で、固有に経済的成果を達成する目的から、目的に沿った経済過程の合理的効率追求のため、独自に企業単位を設け、自己管理による経済計算を追求させるシステムとして、企業に一般的行政機構と区別された独立の経営権が与えられているということである（こういった企業の独立自主権と経済計算制については、小嶋正巳「計画経済と企業」、游仲勲編著『現代中国の計画経済』、ミネルヴァ書房、1982年所収、153～177頁、西村明「経済改革と企業計画」、同書所収、178～209頁、西村明「経済効果と経済計算制」、同書所収、210～235頁、王紹飛・何振一・陳令淑・易宏仁著『社会主義経済核算理論』、中国社会科学出版社、1979年、葛家樹・李儒訓主編『社会主義経済核算与経済効果』、上海人民出版社、1985年などが詳しい）。

　国営対外貿易専業総公司は系統毎に統一的に財務管理し、対外貿易部がさらにこれを統一して中央政府の財政に対して統一決算し、損益は政府予算に組み込むというシステムになっている（《当代中国》編輯部編輯『当代中国財政（下）』、中国社会科学出版社、1988年、49頁）。

　国営対外貿易専業総公司系統の固定資産資金は、解放時没収した官僚買弁ブルジョア階級の資産と私営貿易業者の社会主義的改造時の私営業者の一部の資本以外は、国家から基本建設資金として配分される。流動資金はやはり国家財政から配分される自己流動資金と銀行からの借入れから成る（《当代中国》編輯部編輯『当代中国財政（下）』、中国社会科学出版社、1988年、52～56頁）。なお、国営対外貿易専業総公司の財務上は、賃金用の資金は国家財政から与えられることになるから、総公司が商業としての固有の対外貿易活動を展開する上での流動資金運動上の主要対象から外れるという点は注意を要しよう（賃金も建国当初は全国的に統一されていたわけではなく、解放区時代の供給制や包干制〈請負制〉が踏襲されていたし、旧い形態の賃金制度がそのまま引き継がれていたが、漸次新たな賃金制度に改編せられていった。1956年から全人民所有

私営輸出入業者に対する為替管理は、第一章で述べた方式で行われる。
　私営金融業に対する社会主義改造は、金融の経済活動の運行に対するその重要性から、また、その故にもつ積極的政策手段としての役割の意味からも、私営商工業の社会主義改造に一歩先行して実行された[7]。この作業は建国と同時に開始され、当初外国為替業務に従事することを許された私営指定銀行は53（このうち華商銀行35、華僑系銀行3、外国銀行15）存在したが、約3年の社会主義改造の過程を経て、私営金融業の社会主義改造が完了した1952年12月以降も私営指定銀行として外国為替業務に携わることが許されたのは5行にすぎなかった。香港上海銀行、チャータード銀行（以上イギリス系外国銀行）、華僑銀行、東亜銀行、集友銀行（以上華僑系銀行、集友銀行はのちに指定銀行から外される）等がそれらである[8]。
　一方で、解放戦争の過程で没収した官僚資本の銀行は、公私合営の形で銀行業務を営んできたが、建国後これら公私合営銀行と新たに公

---

制の国営企業、集団所有制企業、国家機関、事業単位に、一応整った形の賃金制が採用された。しかし、いずれにしても上記の基本的内容の原則であることに変わりはない（董克用・陳暁梅著『激励・調整・公平―工資制度改革』、中国青年出版社、1987年、16～20頁、許滌新主編『政治経済学辞典（下）』、人民出版社、1981年、170～171頁、176～177頁、中国研究所訳『中華人民共和国国民経済発展第1次五箇年計画　1953-1957』、東洋経済新報社、昭和31年、188～189頁、小嶋正巳著『現代中国の労働制度』、（平井泰太郎編　経営学モノグラフ7）、評論社、昭和38年、90～111頁、柳随年・呉群敢主編『中国社会主義経済簡史（1949-1983）』、黒龍江人民出版社、1985年、165～167頁）。
(7)《当代中国》叢書編輯部編輯『当代中国的金融事業』、中国社会科学出版社、1989年、73頁、劉光第著『中国的銀行』、北京出版社、1984年、31～32頁。
(8)　これら指定銀行の外国為替業務の範囲は以下の通りである。
　　① 輸出入荷為替業務および外国為替回収業務
　　② 輸出入用各種外貨の貸付業務
　　③ 国外向け為替業務
　　④ 外国為替売買業務
　　《当代中国》叢書編輯部編輯『当代中国的金融事業』、中国社会科学出版社、1989年、407頁、呉巍・宋公平編著『中国外匯管理』、中国金融出版社、1991年、26頁。

私合営化した銀行で外国為替業務を営む銀行がある[9]。

輸出入業者は、中国銀行とこれら銀行を通じて、いわゆる対外貿易にかかわる外国為替業務を行うことができるわけである。

宮下忠雄教授によれば、「外国銀行の外国為替業務が全体の外国為替業務において占める地位は、1950年においてすでにわずかに５％（国家銀行は90％以上を占めた）であり、1951年には１％弱となり、

---

[9] 中国銀行およびこれら公私合営銀行も当然ながら指定銀行であるが、これらと私営指定銀行とは性格を異にする。私営指定銀行は政府の経済政策に対して受動的な立場に立つものである。中国銀行は公私合営銀行であるが、国策銀行としての存在である。他の公私合営銀行は国策銀行とはいえないが、公私合営の形で主導権が国家資本あるいは人事によって掌握されており、国家政策推進あるいは協力銀行である。したがって、公私合営銀行はある意味では内部の意思決定自体に国家政策が具現される。社会主義的性格を具現していると言われる所以である。ここから、公私合営銀行はある意味で積極的政策推進主体としての指定銀行である。これに対して、私営指定銀行は内的意思決定からではなく、外的に当該単位を管理する形で、為替管理目的の達成を自ざす意味の指定銀行である。したがって、固有の管理対象としての一過程が介在しなければならない。指定銀行の管理制度上からみて、指定銀行として取り上げられるのが私営指定銀行のみであるのはこのためであろう。同上両書でも私営指定銀行のみが指定銀行として掲げられている（《当代中国》叢書編輯部編輯『当代中国的金融事業』、中国社会科学出版社、1989年、406～407頁、呉巍・宋公平編著『中国外匯管理』、中国金融出版社、1991年、26頁、趙海寛著『貨幣銀行概論』、経済科学出版社、1985年、７頁、黄達・劉鴻儒・張肖主編『中国金融百科全書（上）』、経済管理出版社、1990年、213頁）。なお、中国銀行は1966年９月以降国務院の規定によって個人持株への定息支払が停止され、全人民所有制企業となった。また、公私合営銀行は1953年以後財産を整理して資本金を査定し、業務の整理を行ったのち貯蓄業務に主たる重点をおき専業化するようになった。1955年になって、公私合営銀行の系統機構は部門別に中国人民銀行、中国銀行、不動産関連部門などに合併され組み込まれるところとなった。外国為替業務は中国銀行に合併された（劉鴻儒主編『経済大辞典・金融巻』、上海辞書出版社、1987年、160～161頁、黄達・劉鴻儒・張肖主編『中国金融百科全集（上）』、経済管理出版社、1990年、213頁）。宮下忠雄教授が富山栄吉氏の研究に依って言及されている所によれば、「ちなみに最近における（具体的時点は明らかでない……富山栄吉氏の論文はアジア政経学会編『中国政治経済綜覧』、昭和35年版所収のものである……片岡注）外国為替の指定銀行は公私合営銀行10、私営銀行３、外国銀行２、計15行である。上のうち私営銀行は華僑銀行、東亜銀行、集友銀行などの華僑系銀行である。外国銀行は香港上海銀行とチャータード銀行である」（宮下忠雄著『中国の貿易組織』〈アジア経済研究シリーズ17〉、アジア経済研究所、1961年、124頁、同『新中国の通貨政策』、清明会叢書、昭和42年、249頁）。

1955年以後は外国銀行の業務は基本的に停頓してしまい、その占める比重もいうにたりないものとなった[10]」。

第一章で触れた僑批業者並営の地場消費用輸入や自弁為替による物資の輸入などについては、輸入業者としての僑批業者の活動は、すでに述べた私営輸出入業者の社会主義的改造の過程で公私合営に組織化されるなり、営業を取り止めるなりの道を辿ることになる[11]。僑批業者としての自弁為替輸入業者以外の私営自弁輸入業者も、私営輸出入業者の社会主義改造の過程の中で、公私合営の対外貿易公司に組織されていく。

貿易為替の主要な内容は、以下のように纏めることができょう。

① 貿易にかかわる為替の収支は必ず為替決済契約に基づいて、銀行から買い入れるか、銀行に売却しなければならない。
② 貿易為替の収支計画は銀行によって監督、実施される。
③ 貿易決済は必ず銀行を通じて行わなければならない[12]。

---

[10] 宮下忠雄著『中国の貿易組織』(アジア経済研究シリーズ17)、アジア経済研究所、1961年、124頁。
[11] ついでながら言及すると、僑批業も1956年社会主義改造を経て特殊な形の国家資本主義に編成され、58年9月各地の僑批業は銀行と同一の事務所で業務を行うようになり、派送処として拡大設立され、中国人民銀行─中国銀行の附属機構となった(《当代中国》叢書編輯部編輯『当代中国的金融事業』、中国社会科学出版社、1989年、87頁、361～362頁、劉鴻儒主編『経済大辞典・金融巻』、上海辞書出版社、1987年、343頁)。なお、宮下忠雄教授は許滌新著『我国過度時期国民経済分析』、1957年に依拠され、当時の状況についてつぎのように言及されている。「1957年ごろの事情かと思われるが、……全国には私営の華僑銀行3家、僑批局400余家があり、国家銀行の管理と領導のもとで、華僑の国内向け送金吸収に対し積極的作用を果たしていた」(宮下忠雄著『中国の貿易組織』〈アジア経済研究シリーズ17〉、アジア経済研究所、1961年、126～127頁)。
[12]《当代中国》叢書編輯部編輯『当代中国的金融事業』、中国社会科学出版社、1989年、408頁。

(2) 社会主義的改造後の時期の外国為替管理

　1956年私営金融業の社会主義改造が完成する[13]と、1953年政務院公布の「中国銀行条例」に定められた、国家の特別許可をうけた外国為替専門銀行としての中国銀行が、統一的に直接一手に外国為替業務を行うようになる。中国銀行は同上「条例」に定められているように、中国人民銀行の領導下の外国為替専門銀行である。中国銀行は対外的にのみその名儀を用い、国内的には中国人民銀行の国外局であり、組織機構上は中国人民銀行に帰属する[14]。

　既述のように、1956年までは、為替管理は、従来の各行政区毎の「外匯管理暫行弁法」に拠っていたので、全体的には分散的であり、体系的に整った為替管理の法規は存在しなかった。1957年以降為替管理は集中化され、外国為替管理の中で出てきた問題の解決のために、中国人民銀行は管理上の依拠すべき基礎として内部規定を制定していったが、完備したものでもなかったし、系統的にもなっていなかった。また、それは立法手続を経ていなかったので、法律としての性格を具備したものでもなかった[15]。

　1956年生産手段の社会主義的改造が完了してからは、中国の外国為替の管理は、高度に中央に集中された経済体制と国家による外国貿易の独占制に対応した管理体制がとられるようになった[16]。

　① 外国為替収支に対して、全面的に指令性計画管理を実施する。
　　外貨はすべて国家計画委員会が統一的に分配使用する。すなわ

---

[13] 冀厳主編『外匯業務実用手冊』、中国発展出版社、1993年、178頁。すでに述べた私営指定銀行として外国為替業務に携わっていたものの外国為替業務も、中国銀行に一本化された。
[14] 劉鴻儒・鄭家亨主編『金融市場操作全書』、中国統計出版社、1994年、303頁、于光遠主編『経済大辞典（上）』、上海辞書出版社、1992年、244頁。
[15] 劉光第著『中国的銀行』、北京出版社、1984年、106頁。
[16] 趙錫琤主編『外匯交易指南』、四川人民出版社、1994年、384頁。

ち、国家計画委員会に統一的に集中し、統一的に支出し、外貨収入によって支出を定める（統収統支、以収定支）。すべての外国為替は必ず国家に売り渡さなければならない。必要な外国為替は国家が計画に応じて分配、あるいは批准の後これを供給する。
② 外国為替管理は、対外貿易部、財政部、中国人民銀行が共同でこれを行う。管理の分担は、対外貿易に属するものについては、対外貿易部がこれを担当し、中央部門所属の非貿易外国為替収支については、財政部がこれを管理する。地方機関と地方企業の外国為替収支および私人の外国為替収支は、中国人民銀行がこれを管理する。中国人民銀行は、この外に以下の任務を行う。ⓐ人民元レートの制定と公布、ⓑ外国為替収支の監督ならびに業務執行、ⓒ外国為替準備の管理、ⓓ外国為替指定銀行の管理、ⓔ外国為替管理に対する違反行為の検査と処理
③ 外貨資金は縦割の分配方法による。国家計画委員会は全国の外国為替収支の総合バランスと分配に責任を負い、計画供給する。外貨収入のあった部門、地区、企業、当該単位自身の外貨収入使用権のない外国為替は、相互の間での売買を禁ずる。
④ 外国為替管理とバランスは、主として行政的手段によって執り行われる。外貨資金の管理については、指令性計画と各項目の外国為替収支管理の方法に従って執り行われる。人民元レートは国によって定められる。
⑤ 外国為替の収支に関連して必要とされる人民元資金と外貨資金は、両者を分けて管理する。人民元資金は中国人民銀行が管理し、外国為替資金は中国銀行が管理する[17]。
⑥ 人民元レートは基本的には行政管理体制の下におき、為替レートから経済的挺子としての機能を隔離する。為替レートは輸出入に対しては、単なる計算の標準たるにすぎず、貿易上発生した赤

---

(17) 《当代中国》叢書編輯部編輯『当代中国的金融事業』、中国社会科学出版社、1989年、411〜412頁。

字は国が補填する[18]。

　この時期に入り、対外貿易は国営対外貿易専業公司が統一的に経営するようになり、国営貿易の外国為替管理による輸出入は、いずれも国家の批准した計画によって直接に執行されるところとなった[19]。

　貿易為替の収支の中で、ソ連と東欧諸国との国家協定記帳外国為替の占める比重は、この時期極めて高いものとなり、1960年にはこの比率は70％にも達している。第１次５ヵ年計画期間中の輸出外国為替収入（一覧払外国為替）は毎年５億ドル、第２次５ヵ年計画期間中は毎年６億５千万ドルであった[20]。

## 2　貿易方式と貿易決済

### (1)　バーター貿易[21]と決済

　1950年12月朝鮮戦争の勃発に絡むアメリカの対中国資産凍結、アメリカを中心とする主要国の強固な"禁輸・封鎖"網の形成の中で、1949年秋以降の約１ヵ年間主として為替取組方式で行ってきた貿易は、再びバーター貿易方式を主とするやり方に転換されていった[22]。1951年３月６日中央人民政府貿易部は「易貨貿易管理暫行弁法」及び「同実施細則」を公布し、バーター貿易による対外貿易の局面打開に

---

(18) 前掲書、385頁。
(19) 呉巍・宋公平編著『中国外匯管理』、中国金融出版社、1991年、28頁、同上書、385頁。
(20) 呉巍・宋公平編著『中国外匯管理』、中国金融出版社、1991年、202頁。
(21) バーター貿易は機動性変則特殊貿易の一種である。このタイプの貿易は対外開放政策転換後いくつかの形で積極的に展開されているが、また後篇で論ずる。この時期の機動性変則特殊貿易には、この他に、香港、マカオを通ずる中継貿易があった（趙徳馨主編『中華人民共和国経済史 1949－1966』、河南人民出版社、1989年、329頁）。
(22) 1950年12月９日公布の「対外貿易管理暫行条例」でも、対外貿易は必要な場合を除き、すべて為替取組で行われなければならないことが明記されている（同９条）。

策を講じた。アメリカ及びその追随国は、中国銀行の信用状の受理を拒否し、これら諸国の銀行が中国銀行に代わって信用状を発行するという条件を要求したし、信用状の買い取りにはかなりの保証金を要求するという情況であった。この情況の中で、中国は支払方式を改め、発着清算方式（すなわち輸入では貨物到着時点で支払、輸出では貨物発送と同時に電信為替による代金受領）を採用するようになり、同時にバーター貿易、協定貿易に傾斜していった[23]。

バーター貿易は、上にのべたような特殊事情から、輸入先行の原則に基づき、バーター清算制とバーター取引所の機構を通じて行われる。

当時バーター貿易は、中国の貿易の50％以上のウェイトをもっていた。

バーター貿易は次の４つの方式で行われる。

① 直接バーター

内外の輸出入商が輸出入商品の品種、数量、価格、輸送条件、輸出額と輸入額を確定し、一回の許可で期限内に輸出入を直接交換の形で行うことを保証する方式である。

② 記帳バーター

中国側輸出入商が先ず輸入して対価を申請し、輸入金額に基づいて輸出の認可をうけ、一定期限内に輸出入を行うことを保証する方式である。

③ 信用状同時開設バーター（Back to Back L/C 方式）

輸出入商双方が輸出入商品の品種、数量、価格、期限を同時に確定し、双方の銀行を通じて相互に信用状を開設し、期限内に輸出入を実行することを保証する方式である。

④ リンク・バーター

リンク・バーターは、先に中国側輸出入商が輸出したのち、輸出金

---

[23]《当代中国》叢書編輯部編輯『当代中国的金融事業』、中国社会科学出版社、1989年、340～341頁。

額に基づいて輸入の認可をうけ、一定期限内に輸入を行うことを保証する方式である。これは国内滞貨の輸出促進戦略上からとられた方式である[24]。

バーター貿易といえども、これら4つの方式による取引はいずれも、必ず銀行を通して清算しなければならないことになっている[25]。輸出入商がバーター貿易の輸出入を申請する場合は、すべて同一の指定銀行で取り扱わなければならない。

バーター貿易の対象となる輸出入対象品目はそれぞれ甲、乙、丙の3つの種類に区分されていて、バーター方式とこの区分の組み合わせなり、輸出品目甲、乙、丙区分と輸入品目甲、乙、丙区分の対応なりが定められている[26]。バーター貿易の清算単位は原輸入品の外国通貨で計算することになっているが、その他の外国通貨建ての価値で原輸入品代金を支払う場合には、取引成立日公定外国為替市場の売値によるクロス・レートで換算する。リンク・バーター取引の場合には、清算の記帳単位は原輸出品の外国通貨によって計算する。輸入商がその他の外国通貨建ての価値で輸出品の代金を支払う場合は、輸入品の取引成立日公定為替相場の売値によるクロス・レートで換算する。

同一のバーター貿易は2軒以上の輸出入商が共同で申請して実行す

---

[24] 同上書、409頁、呉巍・宋公平編著『中国外匯管理』、中国金融出版社、1991年、29頁、宮下忠雄著『中国の貿易組織』（アジア経済研究シリーズ17）、アジア経済研究所、1961年、107頁、富山栄吉著『中国の対外貿易序論』、大東文化大学東洋研究所刊、昭和52年．115～116頁。

[25] 《当代中国》叢書編輯部編輯『当代中国的金融事業』、中国社会科学出版社、1989年、409頁、呉巍・宋公平編著『中国外匯管理』、中国金融出版社、1991年、29頁。
　なお、これらの方式の取引は必ずしもすんなりと進むわけではない。こういった事情の例としては、平岡健大郎著『日中貿易論』、日本評論新社、昭和31年、林連徳編著『当代中日貿易関係史』、中国対外経済貿易出版社、1990年が詳しい。

[26] これら詳細については、富山栄吉著『中国の対外貿易序論』、大東文化大学東洋研究所刊、昭和52年、115～124頁、宮下忠雄著『中国の貿易組織』（アジア経済研究シリーズ17）、アジア経済研究所、1961年、107～109頁、同書付録「暫行弁法」、「暫行弁法実施細則」（いずれも邦訳）参照。

ることができるが、先にのべた輸入商がバーターによって輸入して得た輸出権、輸出商がバーターにより輸出して得た輸入権を売買するバーター取引所を通じて実行しなければならない。

　バーター貿易を行わんとする私営及び公私合営輸出入商は、その地区の対外貿易管理局にバーター許可証の申請を行い、証可を得てからバーター貿易取引を行うことができる[27]。対外貿易管理局は1953年1月税関と合併することになったということについては、すでに述べた通りであり、それ以後は税関業務に移管されることになる。

　1951年10月中国人民銀行と貿易部は「易貨貿易清算規則」および「易貨交易所規程」を発し、バーター貿易推進の活動を積極的に展開していった。しかし、宮下忠雄教授が指摘されているように、「1953年秋以来、中国は場合によっては貿易の決済を直接に外国為替をもってすることが散見されるようになった[28]」。1954年になってからは、国際情勢が変化してきたために、中国は再び為替取組による貿易決済のやり方を採るようになり、バーター貿易のやり方を取り止めにした[29]。

(2) 協定貿易と決済

　協定貿易と決済については、当該問題につき簡潔にまとめられている先達 米沢秀夫氏の解説に拠ることにしよう。
「中国と社会主義諸国との輸出入商品代金、貿易の決済は、国家間のバーター・支払協定および貿易機関荷渡共通条件議定書にもとづいておこない、清算勘定方式を採用している。双方が一年間に供給する商

---

(27) 宮下忠雄著『中国の貿易組織』（アジア経済研究シリーズ17）、アジア経済研究所、1961年、109頁、同書付録「暫行弁法」、「暫行弁法実施細則」（いずれも邦訳）。
(28) 同上書、104頁。
(29) 《当代中国》叢書編輯部編輯『当代中国的金融事業』、中国社会科学出版社、1989年、409頁。

品の額を相ひとしくし、債権債務を相殺して、金や外貨で、バランスを支払う必要がないようにしている。期末に借越または貸越が生じたときは、次年度の商品追加で結末をつけるのである。

　決済用通貨はルーブルであり、ただ北ベトナムとの辺境小額貿易では、人民券とベトナム通貨とが用いられている。

　決済の機関は国家銀行であり、中国側は中国人民銀行である。決済のために、双方の国家銀行は、互いに無利子、無手数料のルーブル勘定を開設し[30]」、たとえば「一九××年貿易清算勘定」という具合に名づける。「相手方の国家銀行に貸越残高があるなしにかかわらず、支払代金は即時清算勘定に借記するのである。

　双方の国営貿易機関のあいだで商品売買の契約が成立すると、売手は積送した商品のドキュメントを自国の国家銀行に提出する。売手側の国家銀行は、それらの書類をたしかめ、直ちに代金額を売手勘定に貸記し、同時に買手側国家銀行勘定に借記する。そして支払通知書と売手の提出したドキュメントを、買手側の国家銀行に送付する。買手側国家銀行は、それらをうけとると、売手側の国家銀行の通知書にもとづいて、売手側国家銀行勘定に貸記し、同時に買手機関から通知書に書かれた全金額を取立てる[31]」。

　中国が資本主義諸国と協定貿易を行う場合にも、清算勘定を相互の国家銀行に設けて処理する。オープン・アカウント方式の場合スウィング幅を規定していることもある[32]。「中国の国営貿易公司および公私共営貿易公司が、資本主義諸国の商社と実際取引をするにあたっては、清算勘定方式による場合もそうでない場合も、ほとんどすべて信用状を開設しておこなっている[33]」。

---

(30) 米沢秀夫「国際決済制度」、金融制度研究会著『中国の金融制度』、日本評論新社、昭和35年、296頁。
(31) 同上書、同上論文、296〜297頁。
(32) 同上書、同上論文、301〜302頁、拙稿「中国の協定貿易―その盛衰と残光―」『広島経済大学経済研究論集』第15巻第 2 号参照。
(33) 米沢秀夫「国際決済制度」、金融制度研究会著『中国の金融制度』、日本評論

## 3　輸出推進のための外貨留成[34]

　上段で見たように、1956年生産手段の社会主義的改造が完了してからは、対外貿易管理では、許可証管理制度が廃止され、銀行の承認制度も取り消されることになり、これらは税関申告書によって済まされることになった。国営貿易の外国為替管理による輸出入は、いずれも国家の批准した計画によって直接に執行されるところとなった[35]。中国の外国為替の管理は、高度に中央に集中された計画経済体制と外国貿易の国家独占制に対応した管理体制となり、すべての外国為替は必ず国家に売り渡され、外貨はすべて国家計画委員会に統一的に集められ、統一的に使用支出され、外貨収入によって支出を定める（統収統支、以収定支）体制となった。必要な外国為替は国家が計画に応じて分配、あるいは批准の後これを供給することとなった。

　1957年11月14日第1期全国人民代表大会常務委員会第84回会議は、財政、工業、商業の各々にかかわる管理権を地方及び企業に下放し、地方と企業の自発性と積極性を発揮させ、国家統一計画の首尾よい達成をはかるため、「関于改進財政管理体制的規定」、「関于改進工業管理体制的規定」、「関于改進商業管理体制的規定」の3規定を批准した。対外貿易に直接係わる「関于改進商業管理体制的規定」の中では、外貨管理面での新しい改革が試みられた。この中では、地方への外貨留成が謳われており、上述の大枠の中で、1958年から初めての地方への外貨留成の試みが実行された。

　この外貨留成は、国家の輸出計画を達成し、いくつかの工業品、農

---

新社、昭和35年、302頁。さらに詳細な内容と、協定貿易の盛衰については、拙稿「中国の協定貿易—その盛衰と残光—」、『広島経済大学経済研究論集』第15巻第2号を参照されたい。

(34) 当時は外匯分成と呼ばれた。
(35) 呉巍・宋公平編著『中国外匯管理』、中国金融出版社、1991年、28頁、趙錫琤主編『外匯交易指南』、四川人民出版社、1994年、385頁。

産物の計画超過輸出を鼓舞するために、中央は取得外貨の一定の比率額を控除の形で地方の支配の下に残し、生産の発展とか、国家の計画配分の不足を補うといったことの範囲内で、地方にその使用の裁量権を与えるというものであった[36]。

1958年に始められた外貨留成制度では、留成がみとめられるのは地方政府のみで、中央各部門や企業には外貨留成はみとめられなかった。したがって、地方政府は輸出外貨の一定比率の額を外貨留成として利用することができた[37]。この地方に対する外貨留成の枠組の具体的内容は、以下の通りであった。

輸出計画の達成：10%
輸出計画未達成：5%
新輸出品の輸出：全額
計画超過輸出：全額[38]

## 4　為替レート

### (1)　社会主義諸国との貿易決済

#### A　記帳清算貿易システムと清算ルーブル・レート

1970年以前の朝鮮民主主義人民共和国、ルーマニア、ソ連、ブルガリア、ハンガリー、東ドイツ、ポーランド、チェコスロバキア、モン

---

(36) 国務院法制局・中華人民共和国法規匯編編輯委員会編『中華人民共和国法規匯編（1957年7月〜12月）』、法律出版社、1981年、357頁。
(37) 呉巍・宋公平編著『外国外匯管理』、中国金融出版社、1991年、245〜246頁。
　外貨留成がみとめられるのは輸出外貨収入に限らない。国外華僑の送金や非貿易外貨収入（外国船関連外貨収入、観光外貨収入、兌換による外貨収入、その他個人外貨収入など）も、地方政府の外貨留成の対象となる。銀行、保険、郵便、電信・電話、海運等の国家機関、企業の外貨収入と外貨税収は外貨留成の対象とならない。
(38)《当代中国的経済管理》編輯部編『中華人民共和国経済管理大事記』、中国経済出版社、1987年、112頁。

ゴル等社会主義諸国との協定貿易（双務バーター貿易）の決済は、貿易関連費用も含めて清算ルーブルによる記帳清算方式で行われた。ベトナムについても1968年以前、アルバニアについても1967年以前は同様であった。

貿易商品代金については、直接に清算ルーブルによる記帳清算が行われる。貿易関連費用については、ルーブル建てのもの、フランス・フラン建てのもの、資本主義各国通貨建てのものなども出てくる。ルーブル建てのものは直接貿易清算口座に入れて処理される。金フランス・フラン建てや資本主義各国兌換可能通貨建ての場合には、金平価に基づくルーブル換算貿易清算口座に入れ処理される。そうでない各国通貨建ての場合には、ルーブルとの正式比価によってルーブルに換算したのち、貿易清算口座に入れ処理される[39]。

1949年12月2日米ドル為替レートを通じて弾き出された人民元とルーブルとの為替レートは1ルーブル＝3,962人民元というものであった。1950年3月1日ソ連政府はルーブルの金平価を定め、米ドルに対する調整が行われたことから、対人民元ルーブル・レートもこれに合わせて調整され、1951年5月23日のレートでは1ルーブル＝5,600人民元となっていた。

1951年6月からは、中ソ両国は協定を結び、従来の米ドルを介してのルーブル対人民元の為替レートを、両国の金量表示に基づく直接の比率に改めた。すなわち1ルーブル＝6,754人民元としたのである。

内容からみると、当時金価値は低く押えられた状況の下にあったから、人民元は金価値に対して高い評価となっていた。この点だけからすると、中国にとっては有利な状態となっていた。しかし、ルーブルがそれ以上に高い評価となっていたから、ルーブル対人民元の価値関係からみれば、ソ連にとって有利であったといえる。

1ルーブル＝6,754人民元というこのレートは、元来外交上の費用

---

(39) 呉念魯・陳全庚『人民幣匯率研究』、中国金融出版社、1992年、134～135頁。

と個人用交換に限って使用されるということになっていたが、このレートは貿易および貿易関連費用にも用いられた。

その後、1953年9月人民元の購買力の状況に鑑み、1ルーブル＝5,000元に改められた。1955年新人民幣の発行にともない、旧人民幣と新人民幣を1：10,000の比率で切り換えた。このことをうけて、ルーブル対人民幣のレートは100ルーブル＝50人民元となった[40]。

1958年からは、ソ連、東欧各国との非貿易支払決済については別途の決済方法が採用されたが[41]、上記レートは法定レート（正式レート）とされ、非貿易レート協議に含まれない項目に適用されることとなった。

1961年1月1日ソ連は貨幣改革を行い、1ルーブル表示金量を従来の0.222168グラムから0.987412グラム（4.4444倍）に引き上げた。これにもとづき、両国は交換公文を交わし、100ルーブル＝222.22人民元（100人民元＝45ルーブル）と定めた[42]。

しかし、このソ連の貨幣改革は新ルーブルと旧ルーブルを1対10の比率で交換回収するというものであったから、新ルーブルの対内価値は10倍に引き上げられたが、対外価値は4.444倍とされたにすぎないので、世界市場的な意味からすれば、中国は不公平な価値関係と貿易関係を強いられることとなった。

1957年以前は、ルーブルと人民元との間では正式レートは一本であったから、貿易決済にも非貿易決済にもこれが使用された。1958年

---

(40) 同上書、141～143頁。
(41) 1958年から、ルーブルと人民元の非貿易レートと非貿易ルーブルの貿易ルーブルへの換算率が定められた。前者は1人民元＝6ルーブル、後者は8.6非貿易ルーブル＝1貿易ルーブルとされた。1961年からは、非貿易ルーブルの貿易ルーブルへの換算率は調整され、3.81非貿易ルーブル＝1貿易ルーブルに、63年4月1日からは3.4非貿易ルーブル＝1貿易ルーブルに改められた（同上書、135～136頁）。
(42) 呉念魯・陳全庚『人民幣匯率研究』、中国金融出版社、1992年、143頁、国家外匯管理局編『匯価手冊』、中国金融出版社、1986年、240頁によれば、これは1961年4月1日と記されているが、専書である『人民幣匯率研究』によった。若干の点でこういったことが散見されるが、以下主として専書によっている。

からは、中ソ間で正式レートが定められた非貿易項目以外の項目（例えば、鉄道・航空貨物運賃、郵便・電信・電話料金、港湾関連費用、書籍代金、映画フィルム代金等）に適用された。また、時を同じくして、正式レートは朝鮮民主主義人民共和国および東欧各国の非貿易項目以外の項目にも適用された[43]。

### B 国内決済レートの設定

上に見てきたような協定バーター貿易の場合、例えば、清算ルーブルによって直接価格計算し清算することになるから、この場合一応は為替レートの問題は表面的には固有には生じない。問題は清算ルーブル建て価値表示のものを、国内の経済単位（例えば対外貿易専業公司）が、国民経済計算に結び付ける形で人民元に換算する場合に生ずる。具体的にいうと、この場合、状況によっては、中国銀行は国内決済レートを設定しなければならなくなる[44]。

1952年11月1日以前には、ソ連、東欧との貿易、非貿易に関する決済業務は東北地区、新疆地区、内モンゴル・山海関以南地区の3地区に分けて処理した。東北地区と新疆地区は、対ソ貿易、非貿易の決済を行ったのみであった。内モンゴルと山海関以南地区は、対ソ、チェコスロバキア、ルーマニア、東ドイツ、ポーランド、ハンガリー等の国々との貿易、非貿易の決済を行った。3地区の人民元対ルーブル公定レートは別々であったが、対ルーブル国内決済レートは同一で補填もなかった。

1952年10月18日政務院財政経済委員会は正式に命令を発し、52年11月1日から、上述3地区は統一的に対外的には1ルーブル＝6,754人民元と定めた。国内決済レートは、国別地区別に異なった補填レートを適用する。東北地区の対ソ貿易国内決済レートは統一対外レートの11.05％補填、1ルーブル＝7,500人民元、新疆地区の対ソ貿易につい

---

(43) 国家外匯管理局編『匯価手冊』、中国金融出版社、1986年、「説明」、4頁。
(44) 呉念魯・陳全庚『人民幣匯率研究』、中国金融出版社、1992年、140頁。

ては統一対外レートの40.60％補填、1ルーブル＝9,500人民元、内モンゴル・山海関以南地区の対ソ連、チェコスロバキア、ルーマニア、東ドイツ等の国々との貿易の国内決済レートは統一対外レートの40.60％補填、1ルーブル＝9,500人民元とされた。対ポーランド、ハンガリー貿易の国内決済レートは統一対外レートの18.45％補填、1ルーブル＝8,000人民元とされた。

1954年11月1日から人民元の統一正式レートは、1ルーブル＝5,000人民元に改定され、国内決済レートは全国一律のものに改められた。対ソ連、チェコスロバキア、ルーマニア、東ドイツとは正式レートの90％補填、1ルーブル＝9,500人民元、対ポーランド、ハンガリー、ブルガリアとは正式レートの60％補填、1ルーブル＝8,000人民元とされた。1955年3月1日からは、貨幣改革によって対外レートは1ルーブル＝0.50人民元に調整され、これに合わせて上記国内決済レートは、各々1ルーブル＝0.95人民元、1ルーブル＝0.80人民元に変更された。

1961年1月1日ソ連は貨幣改革を実施し、ルーブルの対外価値を4.444倍引き上げたから、人民元もこれに合わせて1ルーブル＝2.222人民元に調整した。この際国内決済レートには国別差異をなくし、人民元対ルーブル統一対外正式レート（1ルーブル＝2.222人民元）に補填90％を加えたレート（1ルーブル＝4.20人民元）で処理することとした[45]。

(2) 資本主義諸国との貿易決済—対外貿易の統一経営と為替レート

1954年以後資本主義諸国との貿易決済は、特定の取り決めによる場合を除いては、原則的には為替取組によって行われている。

建国後1950年7月8日統一的な外国為替レートが立てられるまで

---

(45) 同上書、148～150頁。

は、為替レートは統一為替レートではなく、天津、上海、広州で各々為替レートが立てられていた[46]。

1949年から50年3月の全国統一財政経済工作会議までの間は、国内物価はずっと上昇を続け、これに応じて人民元は下がる一方の傾向を示した。この時期中国の主要貿易対象国はアメリカで、私営輸出入商を通じて貿易を行っていたので、米ドルを基礎として、その他のものはクロス・レートによっていた。

対外貿易を統制の下におき、国民経済の回復と発展をはかり、輸出を伸ばし、外貨資金の蓄積をすすめ、主要輸入物資を確保し、人民元価値を安定させるため、輸出を奨励し、輸入を押え、在外華僑からの送金に配慮するというのが当時の基本方針であった。輸出を奨励するために、75～80％の大宗輸出品については私営輸出商に5～15％の利潤を保証し、奢侈的な消費財の輸入を制限する、また、華僑の送金外貨購買力を通常の外国での購買力価値よりも5％程度高くするなど、こういったことを行っていた[47]。

1949年1月18日先ず天津で外国為替に対するレートが公布された。公布レートは1米ドル＝80人民元（1955年3月1日から新人民元に切り替えられるまでの旧人民元、以下同じ）とされた。翌19日から公示されるようになった天津での為替レートは、19日当日は1米ドル＝600人民元であった[48]。爾来1950年3月の全国財政経済工作会議が開かれるまでに、人民元レートは米ドルを基礎に、合わせて52回改定、調整された。1950年3月15日のレートは1米ドル＝42,000人民元であった。1949年4月6日の1英ポンドは1,800人民元（旧人民元）、1950年3月13日のレートは1英ポンド＝98,708人民元であった。

1950年3月の全国財政経済工作会議後は、金融、物価が安定してく

---

(46) 同上書、14頁、趙錫玪主編『外匯交易指南』、四川人民出版社、1994年、350頁、国家外匯管理局編『匯価手冊』、中国金融出版社、1986年、244～246頁。
(47) 呉念魯・陳全庚『人民幣匯率研究』、中国金融出版社、1992年、15頁。
(48) 呉念魯・陳全庚『人民幣匯率研究』（修訂本）、中国金融出版社、2002年、6～7頁、国家外匯管理局編『匯価手冊』、中国金融出版社、1986年、244頁。

る状況の下で、国外の物価、特にアメリカの物価が上昇してきたので、外貨資金の価値保全と輸入を積極的に推し進めるために、また、対資本主義諸国との貿易で、中国の大宗輸出品の条件が有利になってきたために、従来の輸出を奨励し、輸入を押えるという方針を、輸出入双方に配慮するとの方針に改めた。この時期人民元レートはだんだんと上昇し、1951年5月23日には1米ドル＝22,380人民元にまで上昇した。1950年3月から51年5月までに、人民元レートは15回切り上げられた。英ポンドについては、1950年3月13日1英ポンド＝98,708人民元であったが、51年1月20日には1英ポンド＝62,660人民元に上昇した。

1952年対外貿易部は輸出赤字問題を解決するために、為替レートの調整を提起し、同年12月6日中央財政経済委員会はこれに同意し、英ポンドに対し人民元を10％切り下げ、1英ポンド＝68,930人民元とした。これは、国内外物価の状況変化（国内的には、財政経済工作が正常な軌道に乗ったことで、国内物価が下降傾向に転じたこと、アメリカを中心とした資本主義国の物価が上昇傾向にあったこと）、人民元レートの設定方針が専ら輸出奨励から輸出入両面への配慮に転換されたこと（国際市場の状況から、資本主義国の貨幣価値の低下による輸出獲得外貨の減価から）、華僑送金価値保全などを考慮してのことであった[49]。この時期の為替レートは、輸出商品の理論上の比価、輸入商品の理論上の比価、華僑送金の購買力比価の3者の加重平均で計算して人民元レートが決められた。このレートは、基本的には当時の人民元の国際市場における購買力水準に符合していた[50]。

なお、1952年1月1日から人民元の対米ドル為替相場を立てることは停止された。

1952年12月6日から72年4月14日までの人民元の対米ドル為替レー

---

(49) 前掲書、14〜17頁。
(50) 趙錫琤主編『外匯交易指南』、四川人民出版社、1994年、350頁、姚邁編著『外匯業務指南』、科学技術文献出版社、1992年、51〜52頁。

トは、中国が統計上使用する人民元の対米ドル クロス・レートである[51]。中国とアメリカは貿易関係が復活した後、1972年4月15日から新たに人民元の対米ドル為替レートを立てることとした[52]。

　1953年から中国は社会主義建設期に入り、計画経済を実行したことから、物価は国家が決定するようになり、物価は安定していった。国内小売物価は年に1％前後上昇したにすぎない。一方で資本主義世界市場の国際商品価格は下降傾向にあった。しかし、資本主義諸国の国内物価は上昇傾向にあった[53]。1952年12月6日のレートは1ドル＝26,170元であった。1955年3月1日新人民元の発行が始まり、1新人民元対10,000旧人民元の比率で旧人民元が回収されることとなった。

　1953〜58年の人民元の対ドル為替レートは1ドル＝2.604人民元、59〜60年1ドル＝2.617人民元、61〜71年1ドル＝2.4618人民元としていた[54]。

　この時期、実際には為替レートは、機能的にそれ独自には、主として非貿易為替決済上で用いられるものが問題になるのみで、内外の消費者物価との対比では、華僑外貨送金や非貿易外貨所得については前以て適当に配慮していたし、計画による政策的国内価格設定の枠組からすれば、必ずしも内外の消費者物価の対比上からは調整の必要がなかった。人民元価値の安定の保持、内部経済計算と計画編成に有利なように、従来の為替レートの基礎の上に、各国政府の公布した為替レートを考慮して、資本主義国のレート切り上げ、切り下げがあった時のみ、それに応じた調整を行うということにしていた。米ドルは1955〜81年12月までの期間に7.89％下がったが、為替レートはずっと

---

(51) 1972年9月14日以前の時期において、中国で為替レートといわれるものには2種類ある。一つは対外的に公布されるもの、今一つは内部用のものである。79年9月14日からはいずれも対外公布されている（国家外匯管理局編『匯価手冊』、中国金融出版社、1986年、「説明」、2頁）。
(52) 国家外匯管理局編『匯価手冊』、中国金融出版社、1986年、「説明」、3頁。
(53) 呉念魯・陳全庚『人民幣匯率研究』、中国金融出版社、1992年、17〜18頁。
(54) 林九江著・陳南生・王錫民審『外貿価格与匯率実務』、山東人民出版社、1993年、158頁。

1米ドル＝2.4618人民元に維持された。英ポンドは1967年11月14.3％切り下げられたので、この時従来の1英ポンド＝6.893人民元から1英ポンド＝5.908人民元に調整が行われた。かくて、為替レートは物価とかけ離れていくこととなった[55]。

内在する潜在的な問題については、第七章で若干触れることにする。

## 第二節　社会主義国間の相互援助の形の資本交流[56]と断絶

中華人民共和国建国以来本節で述べる断絶までの間は、社会主義国間の経済関係は、プロレタリア国際主義に基づく相互援助関係と認識されており、ソ連との経済・軍事協力も、当然ながらそのように認識されていた。こういった性格をもつ外国資本の建国当初期の導入については、すでに第一章で言及したが、本節ではその後の状況についてみてみることにしよう。

ソ連側の資料によれば、その後協議にもとづいて実際に行った中国向け借款額は、1952年に2億4千百5十万新ルーブル、53年1億3千5百2十万新ルーブル、54年1億8千8百万新ルーブル（第2次借款協定としては一般には1億1千7百万新ルーブルといわれている[57]）、55年2億1千8百2十万新ルーブルとされる[58]。

---

(55) 呉念魯・陳全庚『人民幣匯率研究』、中国金融出版社、1992年、18頁、国家外匯管理局編『匯価手冊』、中国金融出版社、1986年、246頁、347頁。
(56) 社会主義国間の相互援助は、中国からソ連向けにも行われ、中国政府は1953〜57年の期間に1億5千6百万ドルの外貨を提供した《《当代中国》叢書編輯部編輯『当代中国対外貿易（上）』、当代中国出版社、1992年、260頁》。
(57) 内藤昭著『現代中国貿易論』、所書店、昭和54年、96〜97頁。
(58) 潘志華主編『中蘇関係史綱（1917-1991）』、新華出版社、2007年、294頁、石井明「1950年代の中ソ経済関係—人民幣とルーブルの交換レート・借款・貿易条件を中心に」、山極晃・毛利和子編『現代中国とソ連』、日本国際問題研究所、昭和62年、85頁。

所謂304プラント設備プロジェクトと64の単独工場装備契約といわれるものである[59]。これらの借款によって、中国の156の工業企業の新設と拡張が行われた[60]。これらは、冶金、機械、自動車、石炭、石油、電力、通信、化学等の工業分野にわたる[61]。

　ソ連との間での合弁4公司は、1954年10月両国の協議によって、これらいずれの公司のソ連側持分も中国に移譲されることになり、対中借款として処理されることとなり、合弁経営事業は同年年末繰り上げ終了するにいたった。1959年にはチェコスロバキアとの間で、合弁の形で海運会社　中捷国際海運公司（中国・チェコスロバキア国際海運合弁公司）を立ち上げたが、中ソ関係悪化を背景とした影響により、67年に中止された。また、1962年にはアルバニアとの間で、合弁の形で海運会社　中阿輪船公司（中国・アルバニア海運合弁公司）を立ち上げたが、両国関係の悪化にともない、78年経営を中止した[62]。

　中国とポーランドとの間での合弁海運会社中波輪船公司（中国・ポーランド海運合弁公司）は、その後も続けられ、改革・開放後も発展をみる[63]。

　1950年代前半まで中ソの関係は良好であった。ソ連は156の工業企業の新設と拡充を援助し、多くの専門家を派遣し、多くのプラントも提供した。これらの協力は、アメリカを中心とする経済封鎖網の中

---

(59)《当代中国》叢書編輯委員会『当代中国的経済管理』、中国社会科学出版社、1985年、427頁。
(60) 紀勝利・郝慶雲著『戦後国際関係史（1945－2000）』、黒龍江人民出版社、2000年、76頁、王紹熙・王寿椿・許煜主編『中国対外貿易概論』、対外貿易教育出版社、1990年、208頁。
(61) 王紹熙・王寿椿・許煜主編『中国対外貿易概論』、対外貿易教育出版社、1990年、208頁。
(62) 劉向東・盧永寛・劉嘉林・田力維『我国利用外資概況』、人民出版社、1984年、2頁。1967年に中国はタンザニアとの間で、合弁で海運会社　中坦聯合海運公司（中国・タンザニア聯合海運公司）を立ち上げたが、外資利用という性格よりも、中国側からの援助的性格が強い。
(63) 劉向東主編『中国対外経済貿易政策指南』、経済管理出版社、1993年、863頁。

で、中国の経済建設の基礎を築く上で貢献し、政治的にも中国の地位の確立に役立つところ大なるものがあった。しかし、ルーブルに対して人民元価値を低く押さえたレート設定をするとか[64]、中ソ合弁新疆石油公司の投資問題で、ソ連は対等投資の立場にありながら、油田の権利の拡大を要求し、尚且つ設備増設の意向をもたなかったことなど、両国の実際上の利益が絡むと、大国ショービニズムと民族エゴイズムの傾向を露呈した[65]。

中ソ対立は1956年から始まったとされるが、表面的には60年までは中ソはイデオロギー論争を公然と行うことはなかった。しかし、60年以後、両国の間ではイデオロギー上の対立、両党の対立、さらに進んでは国家間対立にまで発展していった。1960年7月初旬からすでに動きは出ていたが、1960年7月16日ソ連は援助活動をおこなっていたソ連の専門家の召還を決定し、同25日に一ヵ月の内にすべての専門家1,390名の引き揚げ、同時に専門家の派遣の終止、専門家派遣契約及び契約補充書343件の破棄、257科学技術協力プロジェクトの廃棄、逼迫している重要設備の供給停止を通告した[66]。これによって、1950年以来の両国間の相互援助関係は崩壊の危機に瀕した[67]が、60年11〜12月にかけて開催された「世界八十一ヵ国共産党・労働者党代表者会議」(通常「モスクワ会議」と呼ばれる)を転機として、翌61年後半ま

---

[64] 拙稿「中国対外貿易機構の変遷〈V-4〉」、『広島経済大学経済研究論集』第23巻第1号、2000年、70〜71頁、田海波「中国の全面的指令計画期(1953-1972)における為替管理と内在的矛盾」、同上『論集』第27巻第1号、2004年、52〜53頁参照。
[65] 紀勝利・郝慶雲著『戦後国際関係史(1945-2000)』、黒龍江人民出版社、2000年、76頁。
[66] 新華月報社編『中華人民共和国(1949-2004)大事記(上)』、人民出版社、2005年、223頁。
[67] その後中ソの間では武力衝突が生じたりするなどして武力対峙の形となり、1950年に締結された「中ソ友好同盟相互援助条約」は相互に触れないままになっていたが、1979年中国側が全国人民代表大会でこの満期延長をしないことを決定し、その後両国は協議を重ね、89年50年来の同志式の関係から平和五原則にもとづく関係に入った(楊公素著『当代中国外交理論与実践(1949〜2001)』、励志出版社、2002年、192頁、244〜246頁)。

での期間中ソ関係の激しい対立は緩和の兆しを見せ[68]、折から国内経済の極めて困難に遭遇していた中国は、この間にソ連から50万トンの甘蔗糖の借款を受け、さらにソ連から小麦10万トン、小麦粉10万トン、ライ麦10万トンの借款を受けるという協定を結んだ。これによって、ソ連は1961年に3億2千9百6十万新ルーブルの借款を供与したことになる[69]。

筆者の今日の認識からすると、上述のソ連から中国に供与された資本提供は、特殊な性格をもつ一種の中国の外国資本導入（利用）ということになるが、現時点までの研究によって総括すれば、ソ連から供与されたプラント設備プロジェクトと借款援助額は、合せて約34億7百万新ルーブルとみられる。プラント設備プロジェクトは約18億新ルーブル[70]、借款援助が約16億7百万新ルーブルとみられる[71]。ドル

(68) 潘志華主編『中蘇関係史綱（1917-1991）』、新華出版社、2007年、293頁。
(69) 同上書、294頁。後者の穀物借款は1962年米で償還した様子である（同書294頁）。石井明教授は、1961年の借款を砂糖借款のみの借款全額ととらえられ、ソ連のいう3億2千9百6十万新ルーブルのうち4,160万新ルーブルのみが61年の借款であるとされているが、事実は穀物借款が入っているようである（石井明「1950年代の中ソ経済関係―人民幣とルーブルの交換レート・借款・貿易条件を中心に」、山極晃・毛利和子編『現代中国とソ連』、日本国際問題研究所、昭和62年、83〜86頁）。
(70) 《当代中国》叢書編輯部編輯『当代中国対外貿易（上）』、当代中国出版社、1992年、260頁。
(71) 奇妙なことに、諸著作に挙げられている借款金額数字に一致がみられない。陳英・王寿椿・許煜編著『中国社会主義対外貿易』、対外貿易教育出版社、1984年、160頁に挙げられている金額は74億旧ルーブル、19億ルーブルとされているが、王紹熙・王寿椿・許煜主編『中国対外貿易概論』、対外貿易教育出版社、1990年、111頁に挙げられている金額は74億旧ルーブル、15億新ルーブルとされている。同書208頁に挙げられている額は、ソ連側の資料の総額18億1千5百7十万新ルーブルである。また、王紹熙・王寿椿編著『中国対外貿易概論』、対外貿易大学出版社、1998年、126頁に挙げられている金額は74旧ルーブル、18億新ルーブルとされている。ソ連の対中借款額がどれだけの規模であったかについては、基礎とする外交文書文献によって差が出てくるようで、潘志華主編『中蘇関係史綱（1917-1991）』、新華出版社、2007年の第3章で、この問題が詳細に検討され、比較的正確な推計作業が行われている。これによると、50年代の協議金額は68億7千7百3十万旧ルーブル、実際に使用された金額は66億1千6百3十万旧ルーブルと推計されている（同書、137頁）。この50年代に実際に使用された金額を1ルーブル＝4.45旧ルーブルで換算すれば14億8千6百8十万

換算では約17億9千万ドル規模にあたる[72]。前者は記帳外貨（ルーブル）貿易信用を含む貿易であり[73]、後者は借款であるから、有利子で、その支払は等価の物資でもって支払われた[74]。1964年中国は50年代のソ連からの借款と利息を、一年繰り上げすべて返済し、1961年にソ連から供与された借款と協定貿易上の未履行部分[75]を、65年10月

　　新ルーブルになる。これから、棒引きされた2億9百5十万新ルーブルを差し引くと12億7千7百3十万新ルーブルになる。これに1961年の借款額3億2千9百6十万新ルーブルを加えると、総額は16億6百9十万新ルーブルとなる。
　　ソ連側の資料にもとづいて、実際に供与された借款総額18億1千5百7十万新ルーブルから、上述の返済を棒引きされた2億9百5十万新ルーブルを差し引くと、借款総額は16億6百2万新ルーブルになる。
　　《当代中国》叢書編輯部編輯『当代中国対外貿易（上）』、当代中国出版社、1992年、260頁には借款総額として14億新ルーブルという数字が挙げられているが、ここでは瀋志華氏等の研究の成果を採用する。
　　瀋志華氏等の研究によれば、借款の使途からみれば、50年代実際に使用された金額66億1千6百3十万旧ルーブルの内、軍事用が62億8千8百万旧ルーブル（朝鮮戦争用約32億旧ルーブル）、純粋の経済目的用が3億2千8百3十万旧ルーブルとされている（瀋志華主編『中蘇関係史綱（1917-1991）』、新華出版社、2007年、137頁）。
(72) 周知のように、1961年ソ連は1961年6月1日貨幣改革をおこない、新ルーブルと旧ルーブルを1対10の比率で交換回収することとしたから、新ルーブルの価値は10倍に引き上げられたが、対外価値は4.444倍とされたにすぎなかった。したがって、旧ルーブル価値は対外的には4.444倍引き上げられた表示になり、旧ルーブルでは1ドル＝4旧ルーブルとされていたから、1新ルーブル＝0.9ドルの公定レートで計算している（内藤昭著『現代中国貿易論』、所書店、昭和54年、99頁注〈3〉参照）。詳細な事情については、拙稿「中国対外貿易機構の変遷〈V-4〉」、『広島経済大学経済研究論集』第23巻第1号、200年、70～71頁、田海波「中国の全面的指令計画期（1953-1972）における為替管理と内在的矛盾」、同上『論集』、第27巻第1号、2004年、52～53頁参照。
(73) 《当代中国》叢書編輯委員会『当代中国的経済管理』、中国社会科学出版社、1985年、427頁。
(74) 《当代中国》叢書編輯部編輯『当代中国対外貿易（上）』、当代中国出版社、1992年、260頁。
(75) 中国は1960年厳しい自然災害の影響などで、ソ連との貿易で2億8千8百万新ルーブルの協定貿易上の商品引き渡しが履行できなかった。このため1961年4月協定を結び、この未履行部分について、61～65年の間に分割して引き渡し支払することとした。実際には、64年に履行するとされた1億7千万新ルーブル、65年に履行するとされた1億1千8百万新ルーブルを、62年と63年の貿易によって64年1月1日繰り上げ清算した。中ソ関係の悪化によって、中ソ商業部門間の消費材交換は1960年中止され、国境貿易も62～67年の間は中断するに

までにすべて清算したといわれている[76]。

　改革・開放前には、今日いうところの中国の外資利用という観点からすれば、ソ連との関係が崩壊してから以降、上述の国家間の一種の相互援助という特殊な協力の形をとった合弁形態の企業も含めて、外資直接投資を受け入れる形での所謂外資系企業は基本的にはなく、60年代初めから70年代末の時期は外資利用といっても、一般的な輸出信用と輸出延払方式の信用の形を利用することによって、日本やヨーロッパのいくつかの国から冶金、石油化学、機械、電子、軽工業等のプラント、技術設備を導入したにすぎない。これらの契約は300プロジェクトに及び、成約金額は100億ドル余りといわれている[77]。

　上述の合弁形態の企業は合弁形態とはいっても、元来それは国家間の一種の相互援助という協力の形をとったものであり、思想上からは、所謂外資直接投資は"禁区"とされていた。これは以下のような事情を背景としているといわれる。

① 建国後、資本主義諸国による経済封鎖の条件下で、経済建設上相当な成果を上げたこと、また、時期によっては、「左」傾思想の影響で、自己過信に陥り、一面的に自力更生が強調され、「外

---

　　いたった（《当代中国》叢書編輯部編輯『当代中国対外貿易（上）』、当代中国出版社、1992年、263頁）。
(76) 瀋志華主編『中蘇関係史綱（1917－1991）』、新華出版社、2007年、143～144頁、《当代中国》叢書編輯部編輯『当代中国対外貿易（上）』、当代中国出版社、1992年、260頁。
(77) 《当代中国》叢書編輯委員会『当代中国的経済管理』、中国社会科学出版社、1985年、427頁。60年代には輸出信用によって、日本からビニロンプラント設備、四川瀘州化学肥料工場、大原製鉄所、蘭州化学肥料工場等の一部設備を輸入した。70年代にも輸出信用によって、大口のプラント設備と技術導入をはかった。この中には、13化学肥料工場設備、4化学繊維設備、1.7m圧延設備等が含まれる。これらは延払方式を利用した。1973年～77年までの輸入設備契約額の40％は延払方式であった。同時に、中国銀行は香港やマカオの銀行の外貨預金から外貨を取り入れ、遠洋海運用船舶購入の融金や、国内の外貨貸付を行った（王紹熙・王寿椿・許煜主編『中国対外貿易概論』、対外貿易教育出版社、1990年、111頁、劉向東・盧永寛・劉嘉林・田力維『我国利用外資概況』、人民出版社、1984年、3頁）。

資利用無用」論が跋扈した。
② プロレタリア文化大革命の中で、「左」傾思想によって煽動され、「独立自主、自力更生」の方針が曲げて利用され、外資利用と技術導入を「外国の事物を崇め、外国に媚びる」ことだとする過度の排外主義によって、多くの人々の思想を制約し、外資利用活動が妨げられた。
③ 鎖国閉鎖政策によって、国際的な相互交流や合作が無視され、資本主義的なものが入ってくることを恐れて、遮断してしまった[78]。

外資の利用に関しては、中国と日本の関連学者・研究者の多くは、新中国建国前の帝国主義下の半植民地・半封建的条件下における外資利用（むしろ侵略的ととらえられている）に対しては否定的である。しかし、論者の多くが、理論的な観点からして、中国が独立国家として主体的条件を具備し、主体的な方針と政策をもち、自己の管理体制下で外資導入をすることに、必ずしも否定的だということではなかった。建国以来、この観点は体内に奥深く孕まれていた[79]が、前提条件の判断や上述の事情から、外資利用が国家政策上取り上げられるようになるのは、1978年の党第11期3中全会の方針転換の中でということになる。

---

(78) 劉向東主編『中国対外経済貿易政策指南』、経済管理出版社、1993年、863～864頁。
(79) この点については、拙著『中国の対外経済論と戦略政策』、渓水社、2006年第五章を参照されたい。

第二部
集権的計画経済体制の見直しと新たな発展戦略の
展開の下における貿易計画と管理体制の変容

# 第五章　超計画経済発展戦略への傾斜と対外貿易計画の整備・改編

## 第一節　超計画経済発展戦略への傾斜

### 1　第1次5ヵ年計画期末の計画管理体制の問題点

　第1次5ヵ年計画期の初期の段階では、資本主義経済と小私有経済を含む多様な経済構成が併存していた。このような条件の下では、国営経済と公私合営企業に対して直接計画を実行し、高度な集中経済管理方式を採用していくことは、"三大改造"（農業、手工業、資本主義商工業の社会主義的改造）を推し進めていく上で必要なことであった。しかし、"三大改造"が完了して以後も、計画管理は引き続きこのようなやり方で行われてきたため、国民経済全体の中で直接計画のウェイトがだんだんと大きくなっていき、問題が露呈されてくるようになってきた。要約的に総括するならば、以下のような点で問題が出てきたといわれる。

① 直接計画あるいは指令性計画が、計画経済を行っていく唯一の方式となった。

② 指令性計画が専ら行政手段によって調整、実行されるようになった。

③ 価値法則と市場メカニズムを自覚的に利用することを軽視するようになった。

④ 経済運営が物財の流れを中心としたものとなり、価値補填や価値増殖に対する認識が弱くなり、価格が経済計画の物財計算の単なる符号に成り下がっていった。この結果、社会的必要労働と製品との等価交換の客観的基礎が見失われ、価格設定に恣意性がも

たらされることになった。
⑤　使用価値と価値との関係が切り離されたものとなり、経済効率、またそのことによって得られる利益に対する認識が弱くなっていった。
⑥　企業に対する統制が益々多くなり、管理も益々程度が増し、企業の積極性と自主性が抑圧されるようになり、企業の活力が失われ、経済全体にも生気が失われてくるようになった[1]。

## 2　超計画経済発展戦略への傾斜

(1)　新たな道の模索

　第1次5ヵ年計画期の後期、党中央はこれまでの方式では、今後の社会主義経済建設と発展の必要に十分に応えられないことを察知し、1956年問題の解決に着手した。
　1956年4月毛沢東は党中央政治局拡大会議で、かの有名な「十大関係について」の報告を行った。中央政治局はこれに先んじて、工業、農業、運輸、商業、財政などの34部門の活動報告を聴取した。この報告はソ連の経験を訓戒としつつ、過去数年の経済建設の経験を総括したものであった。本稿の課題に直接関連する部分を要約的に述べれば、以下のような点が、この中で指摘されている。
　①　重工業と軽工業、農業との関係
　重工業を建設の重点におかなければならないとするも、農業と軽工業の発展にも力を注ぐ。重工業と農業、軽工業への投資の比率を適切に調整し、農業と軽工業の一層の発展をはかる。
　②　沿海工業と内陸工業との関係
　歴史的な事情から、従来沿海地方（遼寧、河北、北京、天津、河南東

---

(1)《当代中国》叢書編輯部編輯『当代中国的経済管理』、中国社会科学出版社、1985年、47頁。

部、山東、安徽、江蘇、上海、浙江、福建、広東、広西）に工業が集中していたことを考慮し、工業分布のバランスをとるため、内陸工業を大いに発展させなければならないが、沿海地方の工業の発展が重視されなくなってきている点は反省さるべきことである。新たな中国侵略戦争と新たな世界大戦が当面起こらないと予想される条件の下にあっては、沿海地方の工業発展をはかるべきである。新しい工業の大部分は内陸に配置し、工業分布バランスをとり、戦争の備えにも役立たせるべきであるが、沿海地方にもとからあった軽工業、重工業の拡張や改造を今後もひきつづき行うべきである。沿海工業、とくにその軽工業をもっとよく利用し発展させなければならない。

③ 経済建設と国防建設との関係

敵があり、敵の侮りと包囲の中にある以上、国防は強化していかなければならないが、そのためには直接的に軍事・行政費を増やすのではなく、軍事・行政費を適切な比率に下げて経済建設費を増やしていき、経済建設の急速な発展を推進していく過程を通じて、国防建設のより大なる進歩を成し遂げていくことが必要である。

④ 国家、生産単位、生産者個人の関係

労働者、農民に対しては、物質利益至上主義は排するが、適切な配分関係を構築していくことが必要である。国家と工場との関係については、対立面の統一としての地位にある統一性と自主性の両面をにらみ、すべてを中央または省・市に集中して、工場に全く権限を与えず、すこしの融通の余地も与えないで、わずかの利益さえも与えないというやり方をとるべきではない。中央、省・市、工場にそれぞれどれだけの権限を与え、利益を与えたらよいか、よく研究してみる必要がある。

⑤ 中央と地方との関係

中央と地方との関係では、中央の統一的指導を強固にするという前提の下に、地方の権限を少し拡大し、地方にもっと多くの自主性を与え、地方にもっと多くの事をやらせるべきである。中央の工業を発展

させなければならないが、また地方の工業も発展させなければならないし、地方の協力を得て、地方の積極性を発揮させる必要がある。

特に、農業や商業ではなおのこと地方に依拠する必要がある。中央各部は革命的という名の下に、地方と相談することなしに妄りに命令を出すというやり方を改めていかなければならない。省・市と地区、県、区、郷との関係においても、省・市はそれぞれの地元の積極性の発揚に十分な意を注ぐ必要がある[2]。

「十大関係について」の中の本稿と直接関連する部分を、全体的に総括するとすれば、解放前の半植民地・半封建的畸形性経済構造を、完全な形の自立的国民経済構造にもっていくべく、直接指令性計画経済方式による重工業優先開発政策を積極的に推し進めてはいくが、これまでの過程でみられた過度の重工業優先開発政策による他部門への重圧、圧死現象が国民経済全体の発展の足枷とならないような計画体制を構築していかなければならないということである。農業と軽工業の適切な発展をはかり、食糧、原材料、消費財の生産効率を高めて、安定的供給を確保して、より高速度の経済発展を推進していく。また、こういった全体的観点からも、経済性の比較的高い沿海地方の工業発展を促すべきであるというのである。国防建設と経済建設との関連においても、経済建設を積極的にはかっていく中で、国防建設の強化をはかるべきだとの考え方である。しかし、この時期国防建設は最重要関心事であり、むしろ国防建設を強力に推し進めていくためにこそ、経済建設が強調されているという関連には注目すべきであろう。中央と地方、生産単位に対しても一定の自主権を認め、全体としてすべての積極的な要素を総動員するという体制の中にこれも組み込んでいく方向を模索していったといえよう。

---

(2)「十大関係について」では、この他に⑥漢族と少数民族との関係、⑦党と党外との関係、⑧革命と反革命との関係、⑨是と非との関係、⑩中国と外国との関係が論じられている（『毛沢東選集・新生中国建設の時期 1949年－1957年』第5巻、外文出版社、1977年、411～444頁）。

第五章　超計画経済発展戦略への傾斜と対外貿易計画の整備・改編

　1957年2月毛沢東は最高国務会議第11回拡大会議において「人民内部の矛盾を正しく処理する問題について」の講話を行い、農業・軽工業・重工業3者の関係を正しく処理しなければならないことを指摘し、農業と工業の同時発展を提起した[3]。後にこれは農業基礎論としての形をみる[4]。これは課題としての重工業優先発展原則を、その前提的潜在的基礎と構築プロセスの相互関係を立体構造として示し、デザインしたものであり、重工業優先発展の教条的かつ機械的な暴進を戒めている[5]。

　1956年9月に開催された党第8回全国代表大会において、陳雲は、商工業の経営と市場関係について次のように述べている。社会主義的改造が行われた後は、工業の経営は国営と集団経営を主体とするも、ある程度の個人経営を加えることとする。これは国営と集団経営を補

---

(3) 同上『選集』、同上巻、617～618頁。
(4) 上述の「十大関係について」、「人民内部の矛盾を正しく処理する問題について」で打ち出し、1958年の党第8期全国代表大会第2回大会で「社会主義建設の総路線」の基本点の一つとされた。国民経済における農業の役割については、以下の6点が指摘される。①食糧供給、②工業に対する原料供給、③他部門に対する労働力供給、④工業に対する市場、⑤工業建設資金供給、⑥輸出物資の供給、これら6点である。要するに、農業生産力を基礎として、農業部門の余剰労働力を工業建設に動員する基本デザインで、1962年党第8期十中全会の「農業基礎、工業主導」の国民経済発展の総方針である（範平・葉篤初主編『党的建設辞典』、上海人民出版社、1989年、623頁、625頁、山岸猛「農業と計画経済」、游仲勲編著『現代中国の計画経済』所収、ミネルヴァ書房、1982年、117～122頁）。
(5) しかし、山岸猛氏の指摘するように、「このような〈農業基礎・工業主導〉の総方針は実際には骨抜きにされ、一面的に〈鋼をカナメとする〉重工業偏重策が展開されていた」のである（同上山岸稿、122頁）。また、農業を基礎とするといっても、農業のあり方自体が急進的であると問題は混乱する。山岸氏は同論文において、また中国の論者の総括として、次のような言及を引用されている。「中国の農業計画体制は、第1次5ヵ年計画以来、基本的にはソ連のやり方を踏襲してきたものであるという。それは、一口でいえば、指令性の計画であり、行政手段で農業生産を組織するというもので、実際から離脱し、多くの弊害をもたらした」（山岸同稿、143頁）。また、権威ある経済学者 薛暮橋氏の総括として、「集団所有制経済にたいしては原則として間接計画を実行してきた。だが、実際には、後者（集団所有制……片岡注）も実行の過程で直接計画に変わることが多かった」との言及を引用、提示されている（山岸同稿、143～144頁）。

167

充するものである。市場供給の側面からは、農工業産品の主要部分は、公有制に基づく計画生産によってこれを供給するが、同時に一部産品は市場の変化に応じて、国家計画の許す範囲内の自由生産によって計画生産を補充する。自由市場は国家領導下における国家市場（計画市場）を補うものであり、社会主義統一市場の構成部分である[6]。

　1956年の経済建設の成果は目覚ましいものであったが、建設のテンポがはやすぎ、処々にアンバランスが露呈されるようになってきた。このような情況下にあって、諸々の軋轢は、前年以来の社会主義運動の高まりの波に乗る形で、経済・文化建設における右よりの保守的思想に対する批判を強めて、克服すべきだとの動きを醸し出すことになる。

　1956年6月の第1期全国人民代表大会第3回会議はこういった動きに警告を発し、「生産の発展と他のすべての事業の発展は、妥当かつ確実な基礎のうえに置かなければならない、保守主義に反対するさいは、同時にせっかちな暴進という傾向にも反対しなければならない、だがこのような傾向が過去数ヶ月に、多くの部門と地区で発生した、その結果は、社会主義事業の発展を促進するのではなく、損失をもたらすだけである[7]」と、これに歯止めをかけたのであった。

(2)　毛沢東路線―超計画経済発展戦略論への傾斜

　しかし、1955年以来毛沢東が屢々提起してきた活動指導方針、"より多く"、"よりはやく"、"より良く"というやり方が57年改めて提起され[8]、58年3月党中央が招集した成都会議で毛沢東は、"大いに意気

---

(6)　『陳雲文選（1956-1985年）』、人民出版社、1986年、13頁。
(7)　柳随年・呉群敢主編『中国社会主義経済簡史』、黒龍江人民出版社、1985年、160頁、同邦訳書、北京周報社、1986年、188頁、《当代中国的経済管理》編輯部編『中華人民共和国経済管理大事記』、中国経済出版社、1987年、84頁。
(8)　『毛沢東選集・新生中国建設の時期 1949年-1957年』第5巻、外文出版社、1977年、733～734頁。

第五章　超計画経済発展戦略への傾斜と対外貿易計画の整備・改編

込み、つねに高い目標をめざし、より多く、よりはやく、よりよく、よりむだなく社会主義を建設する総路線"を打ち出した。58年5月党第8期全国代表大会第2回会議は、この総路線とその骨子を正式に採択した[9]。党第8回全国代表大会での方針確認事項は無実体化され、「暴進反対」は社会主義建設の総路線に背くものとして指弾されてくるようになる[10]。

　毛沢東の社会主義建設にかんする構想と問題点を筆者なりに纏めると、以下のようなことになろう。

　世界社会主義革命の一環となっているところの中国の社会主義革命は、先ず中国のプロレタリア階級を指導階級とする革命諸階級の連合独裁の新民主主義革命を経て、次の段階へ発展させられるべきものとして措定される（中国革命の特殊性）[11]。プロレタリア階級が新民主主義社会から社会主義社会移行への担い手である。第1次5ヵ年計画期、過渡期の総路線期を経て、社会主義改造が実行されてきた過程が、この間の具体的経緯である。

　この戦略構想の能動的実践過程にあっては、発展段階に応じた主要な敵は、その対象をかえる[12]。

　社会主義建設の総路線の展開には2つの側面—社会関係の側面と生産力の関係の側面—が含まれる。

　前者にかんして毛沢東は、「プロレタリア階級とブルジョア階級との矛盾、社会主義の道と資本主義の道との矛盾、これは疑いもなく、当面（1957年10月……筆者注）のわが国社会の主要な矛盾である」と

---

(9) 柳随年・呉群敢主編『中国社会主義経済簡史』、黒龍江人民出版社、1985年、219頁、同邦訳書、北京周報社、1986年、246頁。
(10) 同上書、221書、同邦訳書、249頁。
(11) 『毛沢東選集』第2巻、外文出版社、1968年、475〜476頁。
(12) 1952年毛沢東は、「地主階級と官僚ブルジョア階級をうち倒したのち、中国国内の主要な矛盾は、労働者階級と民族ブルジョア階級との矛盾である。したがって、今後は民族ブルジョア階級を中間階級といってはならない」（『毛沢東選集・新生中国建設の時期 1949年－1957年』第5巻、外文出版社、1977年、97頁）と述べている。

提起し、「第8回党大会の決議には、この問題が提起されていなかった。この大会の決議には、主要な矛盾は先進的な社会主義制度と立ちおくれた社会的生産力との矛盾であるというくだりがあった。このような提起のしかたは間違っている[13]」と批判した。したがって、ブルジョア思想反対の反右派闘争、整頓・改革のための主観主義、官僚主義、セクト主義というブルジョア階級のしろものに対する批判闘争が、整風運動として展開されなければならないという[14]。

ブルジョア思想反対の反右派闘争は当然のことということになるが、マルクス主義的認識の客観的条件に基づく社会主義建設の総路線に沿う（従う……筆者注）ことこそが、あるべき正しい道であるとの理念からすれば、これに離反するいかなる主観主義も、社会主義建設の総路線に向けてのエネルギー結集を分裂させるものであるという意味において、正面から闘うべき対象のものということになる。「あせって暴走するとか保守的であるとかいうのは、実際の状況に即して仕事をしていないことであって、ともに主観主義である[15]」ということになる。

社会関係の中に個の定在を正確に位置づけることこそが、個を客観的に認識するということになるが、しかし、この客観主義的の内容なるものは傍観者的客観主義であることは許されない。それは、明確な主体的能動性に裏打ちされた客観主義でなければならない。一旦位置づけを得た個が、それを単なる固定された与件としてのみ受け止めるならば、個からは主体的能動性が失われ、専ら内向的克己の側面のみが残されることになろう。主体は飽くまでも社会全体を能動化する主体でなければならない。

社会関係の変革には大別2つの側面が関連する。一つは主体自体の変革から社会変革に上向していく側面である。今一つは物的客観条件

---

(13) 同上『選集』、同上巻、735～736頁。
(14) 同上『選集』、同上巻、736～737頁。
(15) 同上『選集』、同上巻、142頁。

第五章　超計画経済発展戦略への傾斜と対外貿易計画の整備・改編

である。経済的側面に関していえば、資本蓄積、技術、資源などがそうである。これらの変化は、動学的段階の構造的変革対象に該当するものと、静学（相対動学）構造段階に該当する部分に分けられるが、動学的な構造的変革条件という観点からみれば、相対的な静学的微視的変化の一定の段階までの変化は一応固定的なものと見做されよう。一定の段階に達した生産力発動の重大な桎梏となった条件を背景にした動学的な構造的変革条件に照応しない、主体的変革から社会変革への道の過度の強調は、場合によっては主観主義に陥るということになる。当然ながら、逆もありうる。問題は、ブルジョア性といわれるものの存在の起点を主体の主観性に求めるか、あるいは一定の生産力段階における必然的な客観的生産関係として捉えるかで、認識は大きく分かれる。ブルジョア性を、一定の生産力の発展段階における社会的な客観的基礎に基づくものだとする認識に立てば、一部のブルジョア的性格のものも、この場合は必ずしも主要な敵とならなければならないという必然性はない。

　毛沢東の社会変革の戦略思想の根底には、存在する潜在的な社会的エネルギーを結集し、静態的社会均衡を突き破って動態化し、社会変革の道を切り開くという動学的社会工学構想がある。眠っている社会変革の潜在的主体の覚醒、分散したエネルギーの結集、さらなる主体の自己変革を通じて、不断に社会変革を推し進めていくというものである。したがって、中心は人の要素にかかわるものであり、分散主義、セクト主義、主観主義との闘いの中で団結をはかっていくということが中心課題となる。主体自体の自己変革に基づく社会変革へのエネルギーの組織化が実現されれば、それは客観的な確たる変革の一つの基本要素としての存在ではある。

　しかし、社会の動態化過程は、常に全般的な社会変革という矛盾克服のための方法によってのみ推し進められるわけでもない。上述したように、段階に応じて相対的動態化の過程が主要な部分として進められるなだらかな斜面の部分が存在する。ここに、所謂歴史的に画され

た社会発展段階という概念の出番があるのであろう。労働がまだ自己要求とまでなっていない社会発展段階（高度の社会主義経済発展段階あるいはこれを経た共産主義段階にまで達していない段階）にあっては、労働者自体が労働の発動過程において、主体の動態的自己変革の中に、労働の成果と分配の間の関係を労働者主体に直接的に体感できる社会システムを介在させることを余儀なくさせる（ブルジョア的要素も含む）客観的必然性が存在する場がありうる。

　毛沢東の社会変革の戦略思想の根底にある人的要素の社会変革に向けての発動も、そのエネルギーを結集していくためには制度的機構を確立しなければならない。分配を含む制度的枠組が一旦形成されると、労働者主体はこれに対応して自己の労働を発動することになる。主体的能動性発揮の前提条件（例えば固定設備とか投入物資など）なり、分配関係が適切であれば、この制度的枠組によるエネルギー結集工程は確実にダイナミックな成果を生み出していくが、組み合わせが適切性を欠けば、主体的能動性は十二分にダイナミックな過程に結集されたその成果に結実し難いばかりか、逆に能動性そのものも疲弊、枯渇させてしまうことになる。後者のような場合のありうる一つのケースの下では、主体的能動性発動の一部にブルショア的性格のものも許容した制度的枠組を形づくる必要性が存在するといえる。

　存在する潜在的な社会的エネルギーを、人的要素の主体的能動性の発動を要として結集して社会の動態的展開をはかっていくという毛沢東思想は、左右の主観主義に反対し、実事求是の原則を唱えながらも、人的要素の主体的能動性の発動を要としてエネルギーの総結集をはかっていくことこそが、"大いに意気込み、つねに高い目標をめざし、より多く、よりはやく、よりよく、よりむだなく社会主義を建設する総路線"の邁進に貢献するものだとの暴進論に、また「暴進反対」は社会主義建設の総路線に背くものだとの謬論に陥る危険性を蔵していたといえる。これ以降、この点が深くかかわる激烈な左右の闘

争が展開されることになる[16]。

## 第二節　計画管理の下放と計画体制の改編

　1957年12月第2次5ヵ年計画の任務に基づいて、かなり積極的ではあるがバランスのとれた58年度の年度計画が編成された。しかし、"大躍進"政策が打ち出されてから、適度に地方と企業の計画権限を拡大するという元の方針は放擲され、計画部門が綜合バランスをとるということに力を入れることは、各方面の積極性を軽視するものとして、批判の対象とされるようになってきた。旧い従来の計画方法を改め、全国的なバランスは、国家経済委員会と主管部門がこれを執り行うこととなった。改革の中心は各方面の積極性を十二分に発揮させることができるように、地方の権限を拡大するということにあった。1958年9月党中央と国務院は「関于改進計画管理体制的規定」を定め、中央の集中領導の下で、地区綜合バランスを基礎とし、専門業務部門と地区の両者を結びつけた計画管理制度を打ち立てることを要求した。

　この時期の計画管理体制の主たる特徴は以下の通りである。

　①　中央の計画権限を大部分地方に下放する。

　工業企業の一部の重要なもの、特殊試験的なものを除くその他の企

---

(16) 1957年の反右派闘争の拡大以後、党第8期中央委員会第3回拡大総会、成都会議、党第8期全国代表大会第2回会議などで、「暴進反対」に対する糾弾が展開され、「左」傾思想がふくれあがってきた。「こうした〈左〉傾思想の主な理論は、人間の主観的能動性の役割を強調し、6億の人口こそ決定的要素であり、貧しければ変革を望み、人の世のいかなる奇跡をも創造することができると考えた。8全大会第2回会議の報告は、〈わが国は6億余りの人口を擁しているので、わが党が6億余りの人びとと血と肉のように密接に結びつき、この偉大な力に頼るなら、人間がやりとげうる事であるかぎり、なんでもできるか、すぐにやりとげることができ、われわれがやりとげられないことはない〉とのべている」（柳随年・呉群敢主編『中国社会主義経済簡史』、黒龍江人民出版社、1985年、221頁、同邦訳書、北京周報社、1986年、249〜250頁）。

業は、原則的に一律に地方管理とする。基本建設の審査・批准権を下放し、地方の行う大中型建設項目は、簡単な設計任務書を提出し、中央に批准を求めることを要するが、その他の設計と予算にかんする文書は、一律に地方が審査・批准する。中央の企業と協力関係がなく、製品の全国バランスを考慮する必要のない大中型項目については、設計任務書も先ず地方が批准し、然る後に中央の関連部門に報告する。小型項目についてはすべて地方が決定する。物資配分権を下放する。この結果、計画分配物資は4分の3減ることになり、綜合バランス上の困難が生じるところとなった。人員計画権も下放する。当然ながら地方の貿易計画権が拡大されることとなった。

② 計画立案の手順を下級から上級へと上げていく編成手順に改める。

当時の計画編成の手順は、区・郷・社―専区・県―省・市・自治区―協作区―全国という具合になっていた。各地で編成された計画は盲目的なものが多かった。また、生産計画は"二本立て"（両本帳）制度となっており、一つは達成義務の課せられた計画であり、今一つは期待計画である。前者は明示的に公表されるが、後者は公表されない。1959年からは、対外貿易計画は各省・市・自治区が主として編成し報告することとされ、下級から上級に上げていくという編成手順に改められることとなった。貿易計画自体も生産計画と同様に"二本立て"の制度が採用されることとなった。当時各級は期待計画に力を入れ、屋上屋を架して計画指標を高くしていった。この結果、全国の綜合バランスがとれなくなり、計画コントロールができなくなってしまった。

③ 協作区をつくり、三級計画管理体制を実施する。

1958年6月から協作区活動が開始され、全国が東北、華北、華東、華南、華中、西南、西北の7つの協作区に分けられ、資源等の条件に基づいて、全国の統一計画に合わせて各々に大型の基幹工業と経営センターを構築し、比較的整った工業体系の経済地域が形成されること

になった。協作区の主要任務は区内の省・市・自治区が積極的な措置をとるようはかり、国家計画の達成と超過達成を保証し、第2次5ヵ年計画期間中具体的情況に基づき、協作区内に比較的整った工業体系を打ち立てることにある。しかし、この方針に基づいて実際の活動が行われた結果、従来の部署の管理体制は大幅に乱れ、国民経済は半無政府状態に陥ってしまった。

④　複線制計画体制の実施

複線制（双軌制）計画体制とは、中央が自己が所管する企業と地方が所管する同一関連部門企業に対して全面的に長期計画を行い、一方で各省・市・自治区も当該地区内の中央管理企業と地方管理企業に全面的長期計画を行うというものである。国家計画委員会と経済委員会は両サイドからの計画に基づき、国全体の綜合バランスを考え、全国計画を策定するということになる。1958年4月にこの複線制計画体制を実施することが決定されたが、この主要な目的は、各省・市・自治区の積極性を引き出し、中央からの命令系統を通ずる計画遂行方式（条条）と実際に計画を実行する地方の側からする計画、またその遂行方式（塊塊）との間に横たわる矛盾を解決し、"大躍進"政策の強力な推進をはかろうとするものであった。

この時期の計画管理体制は、地方の積極性を全面的に発動するために、地方に計画権限を大幅に下放して計画管理にあたらせたということに特徴があるが、元の計画管理体制に対して十分な分析を行わず、従来の計画管理体制をすべて制約的枠組ととらえて、一気に過度に地方に計画管理権限を下放してしまうという誤りを犯してしまったといえる。計画方法では大衆路線が強調され、綜合バランスがくずされ、計画の手順も大混乱してしまった。従来の計画方式である"自上而下"は"自下而上"に改められ、計画編成は部門を主とする方式から地方を主とする方式となった。これは国民経済の綜合バランスをくずす結果となり、暴進主義を蔓延らせ、大混乱を招来する結果となっ

た[17]。

## 第三節　貿易計画管理機構整備・改変と再編成

### 1　貿易計画管理機構の整備・改変
―貿易計画管理・業務実務担当機構の機能と組織関係の変化―

　貿易計画にかかわる計画項目については、すでにその概要を述べたが、1950年代末から80年代初めの期間中、これら項目、種類に若干の増減なり、名称の変化はあったものの、基本的には大きな変化はなかった[18]。しかし、第2次5ヵ年計画期（1958～62年）に入り、貿易計画の編成権や計画自体の基本構造が大きく改められた。また、輸出入商品の分級管理が実施されるようになった。

　1956年以降対外貿易はすべて国営対外貿易公司によって経営されるようになり、全国的に単一の直接計画管理方式が実行されるところとなった。

　"大躍進"政策が打ち出されてから、従来の集権型計画体制は保守的な性格のものと批判されるようになり、"実際の状況に即して仕事をしていないこと"とされるようになってきた。地方と実務業務担当の直接の現場における即事的観察と対応が、発展の動学的基礎として重視されるようになると、当然ながら地方と実務業務担当の現場に、計画管理と営業実務の即時的遂行の権限が与えられるべきであるとの認識が出てくることになる。"大躍進"運動の中で、このような指向は、場合によっては制度的整備をまつことなく実行に移されることな

---

(17)《当代中国》叢書編輯部編輯『当代中国的経済体制改革』、中国社会科学出版社、1984年、223～225頁、《当代中国》叢書編輯部編輯『当代中国対外貿易（上）』、当代中国出版社、1992年、186頁。
(18)《当代中国》叢書編輯部編輯『当代中国対外貿易（上）』、当代中国出版社、1992年、180頁。

どもあった。各方面の権限が下放されていく過程は、同時に従来の計画管理体制に対する批判の展開過程でもあるから、従来の体制の打破はある意味では正義でもある。ここに混乱の出てくる一つの根拠がある。この時期の計画管理・営業実務担当機構の組織体系は、形態的には従来のものを残しつつ、地方機構を中軸とする組織原則によって組織された貿易計画管理・営業実務担当機構組織体系（計画、機構、人員編成などの計画管理権の下放）といえよう。この意味からすると、この時期の貿易計画の策定と遂行体系は内的統合性に乏しかったといえる。

(1) 国家計画委員会

　1955年の「中華人民共和国国家計画委員会暫行工作条例」では、国家計画委員会は23の内部部局を擁しているが、このうち対外貿易計画は対外貿易計画局が担当することになっている[19]。1956年国家経済委員会が創設され、国家計画委員会と業務を分担することになった。1958年国家経済委員会は工業生産と交通運輸部面についての任務を専管することとなり、同委員会の対外貿易局は国家計画委員会に併合された[20]。

　1958年9月に発布された「中国共産党、国務院関于改進計画管理体制的規定」によれば、国家計画委員会は全国年度計画、長期計画の編成、地区経済の合理的配置、全国計画の綜合バランスなどの任務に責任を負うが、全国統一計画のうち対外貿易関連では、輸出入総額と主要輸出入商品量のみを管理することとされており、その外は必要に応じて地方の計画管理の範囲のものに対して適切な調整を行うこととさ

---

[19] 蘇尚堯主編『中華人民共和国中央政府機構・1949-1990年』、経済科学出版社、1993年、161頁。
[20] 同上書、162頁。

れている[21]。先に触れた通り、1959年からは、対外貿易計画は各省・市・自治区が主として編成し、報告することになり、下級から上級に上げていくという編成手順に改められた。

(2) 国家経済委員会の新設

対外貿易を含む総体経済計画策定の総元締は国家計画委員会であるが、これとは別に1956年5月単年度総体経済計画策定任務を固有に担当する国家経済委員会が新設された。1956年5月12日の全国人民代表大会常務委員会第40回会議における、「関于調整国務院所属財経部門組織機構的議案」の通過に基づいて設立されたものである。国家経済委員会の主要な任務は以下のようなものである。

① 5ヵ年計画及び長期計画に基づく単年度計画の策定を担当し、年度計画執行の督促と検査を行い、かつ国民経済の弱体な部分を改善する措置を提出する。

② 年度計画の範囲内において、各工業部門間の協力関係を組織し、中央各部門間また中央と地方の間の計画と物資のバランス調整をはかる。

これによって、国家計画委員会は5ヵ年計画と長期計画の策定及び検査を専管することとなった。また同時に国家技術委員会も新設されたが、国際間の技術交流と合作にかんする対外的な交渉は対外貿易部が引き続き担当した[22]。

しかし、年度計画と中長期計画が別々の機構によって管理されることの不都合から、国家経済委員会は1958年9月から主として工業及び交通運輸部面の管理を担当するようになり、中長期計画及び年度計画

---

[21] 国務院法制局・国務院法規編纂委員会編『中華人民共和国法規匯編（1958年7月-12月）』、法律出版社、1982年、96〜99頁。
[22] 《当代中国的経済管理》編輯部編『中華人民共和国経済管理大事記』、中国経済出版社、1987年、82〜83頁、87頁。

の任務は、いずれも国家計画委員会が担当することに改められることになった[23]。

(3) 対外貿易部

対外貿易部創設当時の同部の内部機構については第二章で示したが、対外貿易が全面的に国営輸出入公司によって掌握されるようになった1956年の対外貿易部の内部機構は、下の図Ｖ－１の通りである。

1958年３月党中央と国務院は通知を発し、国際活動の専門化と、国務院および党中央外事小組の関連方針、政策上の重要問題の処理を集中的に行うために、財政部、人民銀行、商業部、国際貿易促進会、供銷合作総社、手工業生産合作社、工商業連合会などの国際活動の管理の取り纏めは、対外貿易部が窓口となってこれを行うことを決定し、このうち国務院に報告、指示を仰ぐことを要する案件については、対外貿易部が国務院外事弁公室に報告すること、また対外貿易部が対外貿易に関する方針、政策の指示を仰ぐ場合には、国務院外事弁公室を通じてこれを行うこと、対外貿易業務のうち国内市場と生産に関する問題ついては、国務院第五弁公室を通じてこれを行うこととした[24]。

先に述べた1958年９月に出された「中国共産党、国務院関于改進計画管理体制的規定」では、中央各部の計画活動の主要な任務は、各

---

[23] 何建章・王積業主編『中国計画管理問題』、中国社会科学出版社、1984年、49頁。なお、文化大革命の期間中は国家経済委員会は国務院の機構としては存在していたが、機能は停止していた。この期間中一部の業務は国家計画委員会の生産組によって行われていた（主編劉国光『経済大辞典・計画巻』、上海辞書出版社、1990年、174頁）。1970年６月22日党中央は国家経済委員会、科学技術委員会などの廃止を決定した（寿孝鶴・季雄藩・孫庶玉主編『中華人民共和国資料手冊・1949－1985』、社会科学文献出版社、1987年、149頁）。1979年国家経済委員会は復活され、活動を再開した（上掲『経済大辞典』、同上頁）。

[24] 蘇尚堯主編『中華人民共和国中央政府機構・1949－1990年』、経済科学出版社、1993年、406頁。

図Ⅴ-1 対外貿易部の内部機構（1956年当時）

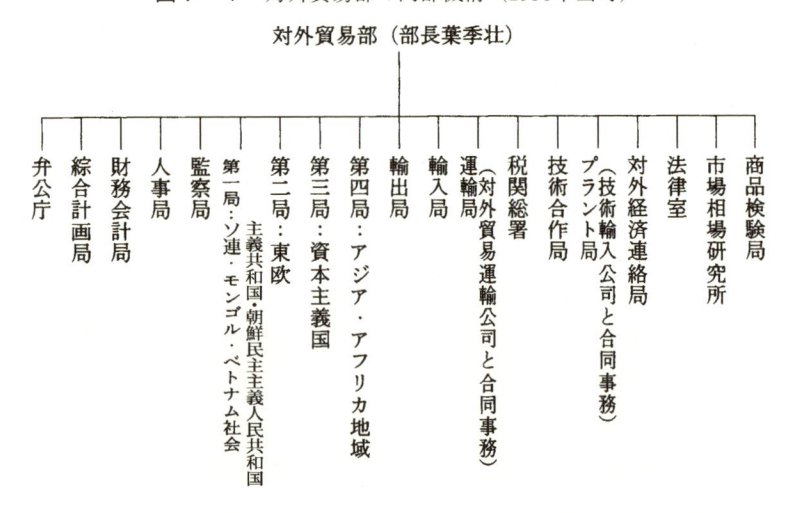

対外貿易部（部長葉季壮）

- 商品検験局
- 市場相場研究所
- 法律室
- 対外経済連絡局
- （技術輸入公司と合同事務）プラント局
- 技術合作局
- 税関総署
- （対外貿易運輸公司と合同事務）運輸局
- 輸入局
- 輸出局
- 第四局：アジア・アフリカ地域
- 第三局：資本主義国
- 第二局：東欧
- 第一局：ソ連・モンゴル・ベトナム社会主義共和国・朝鮮民主主義人民共和国
- 監察局
- 人事局
- 財務会計局
- 綜合計画局
- 弁公庁

出所：蘇尚堯主編『中華人民共和国中央政府機構・1949-1990年』、経済科学出版社、1993年、405〜406頁、斉小思著『我国対外貿易基本知識』、財政経済出版社、1958年、63〜64頁。

省、自治区、直轄市および各協作区の全面的な計画を基礎として、担当部門の計画活動を行い、各地方の資源と条件に基づいて、全国的にみた合理的な配置を行うこととされており、中央各部管理と地方管理の企業、事業単位の提出した草案に基づいて、主管部門計画草案を編成することとされている。また、中央各部は生産物や物資の地区間における分配、調整を行い、地方の不足などに対しては協力して、計画の執行の中で出てきた困難の解決に努めることとされている[25]。

この「規定」の中における対外貿易部の任務は、なお当該部門の全国的な計画を編成するとはいえ、従来の計画策定と執行の主導的な役割を担う地位から、調整的役割を担う地位に質的に転換させられてきているといえよう。上にみた国家計画委員会の計画管理上における地

---

(25) 国務院法制局・国務院法規編纂委員会編『中華人民共和国法規匯編（1958年7月-12月）』、法律出版社、1982年、98〜99頁。

第五章　超計画経済発展戦略への傾斜と対外貿易計画の整備・改編

位の変化と対外貿易部の計画管理上における地位の変化が、地方の計画管理上における地位の変化と対照的にくっきりと出てきた形となっている。

　なお、1960年１月12日第２期全人大常務委員会第４回会議において、国務院に対外経済連絡総局を国務院直属機構として設立することが決定された[26]。

(4)　国営対外貿易専業総公司

　従来貿易計画の編成は、いわゆる"双軌制"と呼ばれるやり方によって行われてきた。すなわち、対外貿易専業総公司系統と各省・市・自治区の対外貿易局系統の２つの系統でもって行われ、対外貿易専業総公司の系統を主とし、対外貿易部が全体を取り纏め、全国の貿易計画を制定するというようになっていた。全国の貿易計画は統一的に計画されるが、編成、執行、検査計画は分級的に行われていた。計画の手順はいわゆる"両下一上"と呼ばれる方法であった[27]。対外貿易専業総公司系統は、貿易計画の編成上大きな役割を担っていたわけである。

　上段で述べたように、第１次５ヵ年計画末期には、計画管理体制に基本的な点で問題が出てきていた。ここで計画管理体制の再検討と改革が試みられることになる。この問題をめぐる党内の動きについては、既述の通りである。法制度的には、1957年11月の全国人民代表大会常務委員会第84回会議で批准・公布された「国務院関于改進工業管理体制的規定」、「国務院関于改進商業管理体制的規定」、「国務院関于改進財政管理体制的規定[28]」などに、その結実をみることができる。

────────
(26)　前掲書、406頁。
(27)　《当代中国》叢書編輯部編輯『当代中国対外貿易（上）』、当代中国出版社、1992年、186頁、斉小思著『我国対外貿易基本知識』、財政経済出版社、1958年、83頁、119～120頁。
(28)　前２者は国務院法制局・中華人民共和国法規匯編編輯委員会編『中華人民共

181

本稿に関連する部分についてはすでに触れた。

しかし、1958年からの"大躍進"と人民公社化運動の中で、上記のような着実な改革は吹っ飛んでしまった。第1次5ヵ年計画の繰上げ達成という大きな勝利の中で、広汎な人民大衆の意気込みはいやが上にも高揚していった。毛沢東、中央および地方の少なからぬ指導者は、この勝利を前にこの意気込みに乗って"大躍進"をはかっていけるとの現実的確信をいだくようになった。1958年の党第8期全国代表大会第2回会議は、現下の中国の情勢は1日が20年にも等しい偉大な時代にあるとし、思想を解放し、イギリスを追い越し、アメリカに追いつくことを提唱した。「暴進反対」に対する批判、積極的な思想解放の動員がおこなわれた。農業および工業における大きな躍進が掲げられ、より短期間のうちにその目標を達成していくことが要求されるようになっていった。農業面における大動員体制による農業の発展と、これに基づく工業の発展が結合され、農業における人民公社化と中央工業の地方への下放、地方工業の創設・発展が展開されるようになる。大いなる意気込みと思想解放にもとづくこの方向での経済建設の展開は、当然ながら下（すなわち基礎としての地方）の積極性を重視し、各々の地方が自らなりの潜在的経済力と機会を大いに発揮していくべきであるということになる。かくて、経済計画管理権限の大幅な下放が行われることになる[29]。

対外貿易においても、計画管理体制が改められ、1959年からは対外貿易計画は、各省・市・自治区が主として編成し、報告することとされ、下級から上級に上げていくという編成手順に改められ、従来の計画編成過程における対外貿易専業総公司の地位は変化していった。し

---

和国法規匯編（1957年7月-12月）』法律出版社、1981年に入れられているが、「国務院関于改進財政管理体制的規定」はこれに入れられていない。《当代中国財政》編輯部『中国社会主義財政史参考資料』、中国財政経済出版社、1990年には「国務院関于改進財政管理体制的規定」が入れられている。
[29] 柳随年・呉群敢主編『中国社会主義経済簡史』、黒龍江人民出版社、1985年、219～239頁、同邦訳書、北京周報社、1986年、247～271頁。

第五章　超計画経済発展戦略への傾斜と対外貿易計画の整備・改編

かも、計画は先にも述べたように"二本立て"制度とされたから、対外貿易専業総公司は、地方から積み上げられてきた計画の単なる遂行者としての性格のものになっていったとともに、遂行過程においても計画自体に内蔵される不確実性要素に直面するところとなった。また、貿易計画の編成を地方が中心となって行うようになったこととも相関連して、地方の貿易機構の管理権も地方に下放された。

すでに述べたように、私営輸出入商の公私合営が1956年に全面的に達成され、中国の対外貿易は、すべて国営輸出入公司によって行われるようになると同時に、対外貿易は、すべて国家の計画管理の下に入れられることとなった[30]。対外貿易部直属外貿専業公司のその後の状

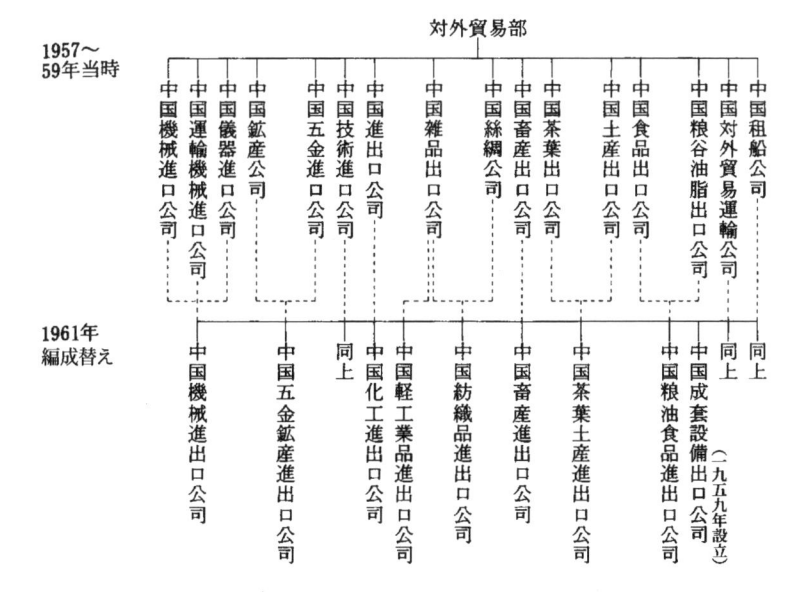

図Ⅴ-2　対外貿易部直属外貿公司

| 1957～59年当時 | 対外貿易部：中国機械進口公司／中国運輸機械進口公司／中国儀器進口公司／中国鉱産公司／中国五金進口公司／中国技術進口公司／中国進出口公司／中国雑品出口公司／中国絲綢公司／中国畜産出口公司／中国茶葉出口公司／中国土産出口公司／中国食品出口公司／中国粮谷油脂出口公司／中国対外貿易運輸公司／中国租船公司 |
|---|---|
| 1961年編成替え | 中国機械進出口公司／中国五金鉱産進出口公司／同上／中国化工進出口公司／中国軽工業品進出口公司／中国紡織品進出口公司／中国畜産進出口公司／中国茶葉土産進出口公司／中国粮油食品進出口公司／中国成套設備出口公司（一九五九年設立）／同上／同上 |

出所：斉小思著『我国対外貿易基本知識』、財政経済出版社、1958年、66～68頁、中国研究所編『中国年鑑』、1958、60、61年版、石崎書店刊より作成。

---

(30)《当代中国》叢書編輯部編輯『当代中国対外貿易（上）』、当代中国出版社、1992年、155頁。

183

況は、図V－2の通りである。なお、中国は1951年ソ連で単独見本市を開催したが、1954年には広州で最初の輸出商品交易会を開催した。広州における輸出商品交易会は対外貿易専業公司が連合して開催するものであり、1957年からは毎年春と秋に恒常的に開催されている[31]。

(5) 対外貿易管理地方機構―対外貿易局

1957年4月以降地方の対外貿易管理機構は対外貿易局に一本化されたが、貿易計画の編成と地方貿易機構管理の任務が地方に下放されるにともない、地方の計画主管機構の下で、対外貿易の計画管理の任務を中心となって担当するようになった。"大進大出"のスローガンの下に、対外貿易局は地方を中心として輸出入大躍進を推し進めていった。

(6) 税関

1949年から52年までの期間は、税関総署は政務院の組織機構として、その領導の下にあったが、53年から60年までの間は、対外貿易部の一つの組織機構として、同部の領導の下に置かれた。1953年1月から55年8月までの期間は、各地の税関は対外貿易部税関総署に直属するが、同時に税関所在地の大行政区、あるいは省、市財政経済委員会の監督、指導を受けるという具合になっていた。1955年9月から60年10月までの期間は、各地の税関の領導関係に再調整が行われ、地方税関は対外貿易部と省、市人民委員会の二重の領導かつ省、市対外貿易局の指導をうけるという体制がとられた。

---

(31) 富山栄吉氏によれば、広州輸出商品交易会は1956年から恒常化されたと指摘されているが（富山栄吉著『中国の対外貿易序論』、大東文化大学東洋研究所刊、昭和52年、110頁）、中国側文献では、交易会としては57年にはじめて開催したとされている（天津外貿学院外貿系《外貿知識手冊》編写組編『外貿知識手冊』、天津科学技術出版社、1980年、45頁）。

第五章　超計画経済発展戦略への傾斜と対外貿易計画の整備・改編

　1960年11月15日対外貿易部は国務院の批准を経て、自己の領導下におくという原則の下で、税関総署を税関管理局と改め、各地の税関を各省、自治区、直轄市の管理に下放し、地方の領導を主とする、地方の党および政府と対外貿易部の二重領導体制とすることとした（但し、対外的には名称はそのままとした）。これにより、各地の税関は地方人民政府対外貿易局の組織機構となった。この体制は1979年末までつづけられることになる[32]。

　1950年には全国に26税関、9分関、35支関の合わせて70の税関機構が設立されたが、59年には25税関、17分関、30支関の合わせて72の機構配置となっていた様子である。この外に、税関総署駐青海省、四川省の２工作組が置かれていた[33]。

　すでにみてきたように、1949年以来の中国の税関体制は、49年から52年にかけては貿易部、対外貿易部とは独立した、税関総署を頂点とした機構として編成されていた。しかし、1953年に入って、税関総署は対外貿易部の一組織機構として合併され、再編成されるにいたった。これは、国家の大規模経済建設と対外貿易の拡大をばかり、対外貿易政策を貫徹していくために、貿易管理を組織的に一元化し、統一していく必要上からとられた措置であった。国営対外貿易公司系統の貿易が大部分を占めてくるようになるにつれて、指令性計画貿易遂行下における税関活動の基礎条件が大きく変わっていったといえる。

　指令性計画貿易によってほとんどの部分が占められるような貿易管理体制の下においては、貿易計画によってほとんどの貿易の諸側面の

---

(32) 葉松平・孔宝康編著『海関実務』、中国対外経済貿易出版社、1987年、33頁、鄭俊田主編『海関実用全書』、対外貿易教育出版社、1993年、13〜14頁。両者の叙述に若干の相違がある。例えば、前者では税関総署が税関管理局と改められたのは1963年と述べられているが、後者では1960年とされている。筆者は中国の信頼すべき筋に対する確認とか、前後の情況判断によって、本稿のように整理を試みた。
(33) 鄭俊田主編『海関実用全書』、対外貿易教育出版社、1993年、15頁、蘇尚堯主編『中国人民共和国中央政府機構・1949-1990年』、経済科学出版社、1993年、413頁。

活動が取り仕切られるから、税関の活動も貿易計画による貿易遂行の枠組の中に組み込まれることになる。一般に資本主義国の場合、貿易政策が税関の掌握する業務を通じて行使される部分がかなり大きいが、指令性計画によって貿易が遂行されるような事情の下では、税関の固有の役割は小さくなっていかざるを得ない。

　中国の税関は建国の初期にあっては、民族工業の保護、必需物資の輸入の促進、国家建設資金の蓄積などのために適切な関税政策の制定の任務を担い、その役割も有効にして重要、大いなるものがあった[34]。しかし、上述のような経緯から、市場調節の役割が否定されるようになってくるにつれて、関税の果たす固有の役割の必然性も薄れてきてしまった。対外貿易は国営対外貿易公司系統が執行し、国家の独占経営となった。輸入商品の価格は国内市場では統一的に国が定め、国が配分を割り振りするというシステムになっていた。対外貿易公司の経営利潤はすべて国庫に上納し、欠損が出た場合は、国が補填するということになっていた。このような体制の下では、関税がどの水準であるかと商品価格がどう決定するかとは、必ずしも内的関連性がなかった。企業利潤に対して関税水準がどうであるかは影響を与えることはあったが、企業は利潤に対して無関心であった。したがって、甚だしい場合には「関税無用論」さえ出てくる始末であった[35]。

　1953年以降、中国税関が従来の中央集権垂直型領導体制から漸次地方領導体制の要素を加えていき、60年11月から各地の税関が地方人民政府対外貿易局の組織機構として編成されていった背景には、上に述べてきたような事情があったものと筆者は判断している。

　上述の事情とも相関連していると思われるが、1954年から税関の活動に新たな性格づけが提起された。1955年の税関長会議では、税関は人民民主独裁を貫徹していくための用具の一つであり、活動の重点は経済と政治の防衛活動を完遂することにあると提起された。1956〜57

---

(34) 鄭俊田主編『海関実用全書』、対外貿易教育出版社、1993年、9頁。
(35) 同上書、241頁。

年にかけて、チベットやその他国境地区で密輸が発生した。1957年税関の防衛任務が改めて提起され、税関の人民民主独裁機構としての役割が強く打ち出された。1958年の税関長会議では税関の人民民主独裁機構としての役割がさらに強調され、税関は経済と政治の防衛を活動の中心とすべきこと、すなわち敵と自分との矛盾を処理することを第一とすべきことで意見が統一された。税関の対外貿易そのものの管理機構としての性格は漸次後退し、国家機構が共通にもつ独裁的職能のみが一方的に強調されるようになった。

このような成り行きとなっていった社会的背景としては、上述したように指令性計画貿易が全面的に執行されるようになり、対外貿易に対する税関の固有の経済面での監督・管理の役割が小さくなっていったこと、経済活動面でも階級闘争が過度に強調される流れとなっていったことなどを挙げることができよう[36]。かくて、税関の重要な活動は、対外貿易の主要輸出入品目の経済的面での監督・管理から、出入国人員の携帯物品とか郵便物などの監督・管理に移っていき、最前線の各地の税関における政治的破壊活動に対する実戦的な闘争に重点が置かれていく。各地の税関の領導が、地方人民政府対外貿易局を主とした体制になっていった事情も首肯されるであろう。

(7) 商品検査機構

1954年10月対外貿易部商検総局は全国商検局長会議を招集し、商検活動の基本方針を打ち出した。国家の対外貿易の発展の必要と実践上の可能性に基づいて、漸次検査の標準を制定し、これを確実にふまえること、輸出入商品の品質および重量検査、農畜産物の検疫、運送手段の検査など十分に徹底し、国際的な信用を打ち立てること、併せて国内生産を指導し、品質を高めていくこと、国内外の不法商人の不法

---

[36] 同上書、9～10頁。

商行為や陰謀、破壊活動を防止すること、こういったことが打ち出された。

　この会議では、商検政策の原則性と実践上の具体的運用についても、いくつかの重要な点が強調された。輸出商品検査の活動の中では、検査条件を十分に具えた輸出商品生産部門では、商検部門と生産部門が協定を結んだうえで、商検活動を生産部門にまかせ、商検局は検査の執行や監督に責任を負うというやり方、一定の条件を具えた輸出商品生産部門では両者の協定のうえで、商検部門のスタッフが工場に駐在するとか、不定期に駐在するとか、工場を巡回するとかの方法で検査をするやり方、輸出船積あるいは貨車、トラック積載前に検査を行う方法なども考えられた。こういったやり方は、商検部門の活動を生産部門によく浸透させていくのにも役立ち、輸出商品の品質の向上に役立つとともに、輸出入処理の迅速化にも貢献する有効な方法と考えられた。また、全国の商検部門は、生産および経営部門の商品輸出の技術問題の解決のために、協力していくことを恒常的な業務とし、各方面からの協力を行っていかなければならないとされている。

　輸入商品検査活動では、少数の国民経済計画と人民の生活に関連する重要商品と動植物およびその製品の検疫については、商検局が法定検査を行うが、その他の輸入商品については荷受機関、あるいは当該商品需要部門が先ず検収し、契約内容と違うとか、破損、数量不足があるとかで、クレームを出したり、返品の必要がある場合には、商検局に当該問題に対しての審査、判断、再検査を求め、判定書の発行を求めることができる。商検局は荷受機関とか当該商品需要部門に啓蒙活動を行うか、条件の整っていない荷受機関や当該商品需要部門に対しては、その検査を助けたり、然るべき機関の検査に対する協力の要請、手配などを支援する。輸入数量が多く、需要部門が集中しており、長期にわたって輸入するような商品の場合には、主管発注部門が関連単位を組織して専門の検収班をつくり、検査活動を円滑に行えるよう支援していかなければならない等々のことが謳われている。

1958年10月対外貿易部は「進出口商品検験工作細則」を定め、商品検査活動の範囲には、輸出入商品の破損、数量不足の検査、重量検査、輸出商品積載船倉検査なども含まれることを明確に規定した。また、商検局は法定検査商品の生産工場、検査条件が十分でなく、輸出生産任務が大きいような工場では、工場に駐在して検査を行ってよいと定めた。さらにこの「細則」は、輸出商品に対する検査・監督の任務、権力、内容と方法について規定している。

1960年対外貿易部は改めて「実施品質管制的商品種類表」を定め、重点輸出入商品の品質監視を強化した。これは国営生産企業の検査能力がある程度向上したという基礎条件にもとづいて、輸出商品の品質保証と向上を抜本的にはかっていこうとするためのものであった。このため、商検部門は輸出商品に対する監督、検査を強化し、監督・検査を品質監視を行っていく上での一つの主要な手段とし、工場駐在検査、巡回検査、サンプル検査などによって検査証を発行するほかに、輸出商品の生産原料・生産過程にまで監督、検査を広げ、単に管理するということに止まらず、先に防ぎさらに積極的に品質保証と品質向上をはかっていくというやり方を作り上げていった。

1958年の"大躍進"運動の中で高指標、調子乗りの風潮の影響を受け、生産部門は生産部面における検査を蔑ろにし、一方的に生産数量のみを追求していったから、商品の品質は落ちていかざるをえなかった。商検局の一部には商品検査の手続を過度に簡略化し、検査のスピードアップに力点をおくといった動きに出たところもあった。一部の検査過程を生産単位や経営単位の検査に委ねたりすることもあったりしたので、輸出商品の品質問題は無視すべからざるところにまでいたった。

周恩来総理は事態を重視して、1959年12月対外貿易活動に対して重要な指示を与え、特に輸出において契約を重視して、信用保持に努めるよう注意を呼びかけた。同年対外貿易部は「加強出口商品品質管制」の指示を発し、商検部門の活動の総括の上に立って、問題の解決

に向けての努力を提起した。1960年招集された全国商検局長会議は、輸出入商品検査活動の中における検査活動の由々しき傾向を厳しく糾弾したのであった[37]。

　1958年8月全国商検局長会議は商検体制の分権下放問題を検討したが、60年11月15日国務院は、これまでの集権的な全国商検体制を、各省・市・自治区の管理に下放し、従来の人員の編成を省・市・自治区人民委員会の編成に切り替え、各地の商検局を地方人民政府対外貿易局の一組織機構とする対外貿易部の案を批准した。いくつかの商検局は省間にまたがった管轄関係をもつという場合もあったが（例えば、北京商検処は天津商検局の管轄の下にあった。当時全国には14の商検局と27の商検処があり、省間にまたがった管轄関係があった）、こういった関係は改められ、すべて所在地の省・市・自治区の直接領導体制となった。対外的事務処理の必要から、北京など11の商検処と杭州商検組は、いずれも商検局に改められた。以後商検局関連機構の設立、変更、閉鎖は、各省・市・自治区人民委員会が対外貿易部の同意を求めた上で決定することとなった。しかし、各地の商検機構の名称は、爾後も「中華人民共和国対外貿易部〇〇商品検験局」が使用された[38]。

　従来の商検機構の領導関係は、対外貿易部と地方政府の二重領導の関係とされ、対外貿易部の領導を主とするという体制となっていた。対外貿易部は全体の方針、政策、法規、標準などを領導し、各地の商検局の機構、人員の編成、業務費用などを統一的に管理していた。地方政府は重要な幹部の任免、商検の方針、政策の実施の監督に責任を負うということになっていた[39]。しかし、今回の下放によって、対外

---

(37)《当代中国》叢書編輯部編輯『当代中国対外貿易（上）』、当代中国出版社、1992年、233～236頁。

(38) 蘇尚堯主編『中華人民共和国中央政府機構・1949-1990年』、経済科学出版社、1993年、416～417頁、同上書、236頁。前者では11の商検処と杭州商検組が商検局に改められたとされている。後者では、その後13の商検処が商検局に改められたとされているが、時点が必ずしもはっきりしない。ここでは、内容の叙述により具体的な前者に拠った。

(39) 蘇尚堯主編『中国人民共和国中央政府機構・1949-1990年』、経済科学出版

貿易部商検総局は対外貿易部商検局と改められ、国家の既定の商検管理の方針、政策、規定、制度、商検標準の範囲内で、各地の商検機構の日常業務の技術的活動に対して指導を行うというにすぎなくなった[40]。

各地の商検機構が地方政府に下放されたいきさつについては、各地の税関機構が地方政府に下放されたと同様の背景があるものとみられ、すでに大枠が定まった状況の下で、各地の商検機構の実務執行の任務がほとんどを占めるようになってきたことが、客観的にみた主要な背景をなすものと考えられる。奇しくも1960年11月15日、税関と商検局の体制が同時に改められ、地方政府の管理を主とする"塊塊"を主とし、"条条"を輔とする"条塊結合"の体制に編成替えされたのも、上述の共通した背景を物語るものといえよう。

従来の集権的な全国商検体制が、各省・市・自治区の管理の下に置かれる形に改められるにともない、従来の人員の編成も省・市・自治区人民委員会の編成に切り替えられ、各地の商検局は地方人民政府対外貿易局の一組織機構となった。

1964～65年にかけて若干の商検業務、管轄上の調整が行われ、従来商検部門が主管していた輸出入植物およびその製品の検疫、輸出入動物および輸入動物製品の検疫は、農業部の所管に移されることとなったが、実際の管理活動上の理由から、輸出畜産品およびその他野生動物製品の検疫は商検部門が担当することとされた[41]。

---

社、1993年、416頁。
(40) 《当代中国》叢書編輯部編輯『当代中国対外貿易（上）』、当代中国出版社、1992年、236～237頁。
(41) 同上書、237頁。

## 補論　対外貿易運輸機構


　対外貿易の保護と発展のために、国家による貿易の独占経営の体制が敷かれることになったが、このことは取りも直さず、すべての対外貿易活動を国家の集中的領導と統一管理の下におき、対外貿易運輸活動をも、他の対外貿易業務と同様に、対外貿易部の統一領導と管理の下におさめ、集中性と統一性を具えた対外貿易の一大統合機構の下に、対外貿易を全面的に掌握するということでもあった。このために、1958年対外貿易部運輸局は、中国対外貿易運輸総公司と合併し、行政と企業が合一となった単位となった[42]。両者の活動はワンセットのものとして統合されてこそ十全に国家任務の遂行に応えられるとの認識から、このような措置がとられることになったが、両者は一体的に活動するようになったとはいえ、1982年対外貿易部、対外経済連絡部[43]、国家進出口管理委員会[44]、国家外資管理委員会が[45]合併し、対外経済貿易部に新たに編成替えされた時まで、運輸局としての存在としては存続しつづけた[46]。

　1950年代の中国の対外貿易は、ソ連、東欧諸国との貿易が主となっていたことから、輸出入貨物の多くは鉄道によって輸送された。しかし、その後の貿易の発展と、1960年代に入ってからの国際情勢の変化

---

(42) 中国対外貿易運輸総公司・対外経済貿易大学《外貿運輸基礎知識与実務》編写組編『外貿運輸基礎知識与実務』、対外貿易教育出版社、1993年、12頁。
(43) 1964年対外貿易連絡総局が対外経済連絡委員会に改められ、70年対外経済連絡部に再改組された。
(44) 1979年7月開催の第5期全人大常務委員会第10回会議の決議により、同年8月設立。
(45) 同上決議により、同年8月設立。
(46) 蘇尚堯主編『中華人民共和国中央政府機構・1949－1990年』、経済科学出版社、1993年、406頁、中国対外貿易運輸総公司・対外経済貿易大学《外貿運輸基礎知識与実務》編写組編『外貿運輸基礎知識与実務』、対外貿易教育出版社、1993年、2頁。

第五章　超計画経済発展戦略への傾斜と対外貿易計画の整備・改編

などによって、西側の資本主義諸国との貿易がだんだんと比重が高まっていくようになり、海運による輸出入貨物輸送量が増えていくようになった。1960年には交通部所属の中国遠洋運輸公司（China Ocean Shipping Co 略称 COSCO）が設立され、中国はここに自身で国際海上運輸事業の経営をはじめることになった。国際海上運輸事業をはじめたばかりの当初の時期には、まだ増大する需要に十分に応えるだけの体制をそなえていなかったので、中国は傭船によって輸出入貨物を捌いていかざるをえなかった。傭船の統一手配を担当する中国租船公司（China National Chartering Co）が、航海傭船（Voyage Charter, Trip Charter）、期間傭船（Time Charter）などの傭船方式でこれに対応したのである。

1963年における海上運送による輸出入貨物輸送量は、同年の輸出入貨物輸送総量の70％を占め、1958～70年の期間中における傭船による輸出入貨物輸送量は、中国側差し向け船による輸出入貨物輸送総量の70％以上を占めた[47]。

すでに述べたように、1950年代にあっては、中国の輸出入貨物輸送の中で、鉄道輸送が重要な位置を占めていた。第1次5ヵ年計画期（1953～57年）にあっては、鉄道による輸出入貨物輸送量の全輸出入貨物輸送量に占める割合は44.3％を占めていた[48]。ソ連、東欧諸国と

---

(47)《対外貿易運輸》編写組編『対外貿易運輸』、対外貿易教育出版社、1988年、20頁、顧弈鎬編著『対外貿易運輸実務』、知識出版社、1986年、15頁、《国際貿易運輸》編写組『国際貿易運輸』、同済大学出版社、1990年、61頁、49頁、中国対外貿易運輸総公司・対外経済貿易大学《外貿運輸基礎知識与実務》編写組編『外貿運輸基礎知識与実務』、対外貿易教育出版社、1993年、5頁。中国遠洋運輸公司は1960年成立したと述べられている書物と、1961年成立と述べられている書物の2通りがある。上海対外貿易協会編『対外経済貿易実用大全』、復旦大学出版社、1989年、353頁には「1961年正式に成立した」と述べられている。また、玉垂芳・呉紹中主編『中国対外経済貿易実用大辞典』、上海社会科学出版社、1990年、587頁にも同公司は1961年に成立したと述べられている。
(48) 顧弈鎬編著『対外貿易運輸実務』、知識出版社、1986年、181頁。
(48)《国際貿易運輸》編写組『国際貿易運輸』、同済大学出版社、1990年、313～314頁。

の鉄道輸送網の形成については、すでに触れたので、ここでは香港、マカオ地域との鉄道輸送系統の形成についてみておこう。

　朝鮮戦争の勃発に絡むアメリカの対中国資産凍結、アメリカを中心とする主要国の強固な"禁輸・封鎖"網の中で、中国は新たな輸送網を開拓するために、1951年秋華東大行政区財政経済委員会の支援の下、中国人民銀行上海分行信託部と上海鉄道管理局は、上海―香港鉄道物品輸送内地連絡輸送開設合意書を結び、上海分行信託部が中継転送通関業者を指定して、上海で貨車の積み込みを行わせ、深圳で積み換え、香港で荷卸して貨物引渡を行うという方法を取り決めた。後になって、これは香港とマカオ間の鉄道物品輸送にまで拡げられた。深圳にける貨物積み換え、香港での荷卸、貨物引渡は、中継転送通関業者が深圳、香港の分支機構、あるいは代理業者を通じて、これを行うこととされた。このやり方は後に国内各地で採用された。

　1956年4月私営中継転送通関業者の公私合営が行われるに及び、中国対外貿易運輸総公司の領導の下で、その分支機構がこの業務を引き継ぐ体制となった。香港での荷卸、貨物引渡業務は、香港中国旅行社がその任に当たった[49]。

　1962年には香港・マカオ往復直通急行列車輸送が開設された[50]。

　中国の対外貿易の航空運輸事業は、1955年先ず中国―ソ連間で開始された。1956年には中国―ビルマ間の貿易航空輸送が開かれ、これに引き続いて朝鮮民主主義人民共和国、ベトナム民主共和国、モンゴル人民共和国、ラオス王国、カンボジア王国との間で貿易航空輸送が開かれた[51]。

　中国の民用航空運輸事業は、国務院の中国民用航空局の管轄下で、中国民用航空公司と中国人民航空公司の国営2公司によって経営され

---

(49) 同上書、198〜199頁。
(50) 同上書、313〜314頁。
(51) 《対外貿易運輸》編写組編『対外貿易運輸』、対外貿易教育出版社、1988年、236頁。

てきたが、後者は1950年8月1日に航路を開設し、専ら国内の民用航空運輸事業の経営に当たってきた。前者が一部の国内民用航空運輸事業と国際航空運輸事業の経営に当たった。

　中国民用航空公司はもともと1950年7月中ソ共同経営で設立されたが、同年10月の中ソ共同宣言によって、同公司のソ連の持株分が中国に譲渡され、55年1月1日から中国民用航空公司として新たに発足した[52]。1965年当時の定期的な航空路線は以下のようなものであった[53]。

中国民用航空公司経営の航空路線
北京―イルクーツク
北京―ウランバートル
北京―瀋陽―平壌
南寧―ハノイ
昆明―マンダレー―ラングーン
外国経営の民用航空路線
北京―イルクーツク―モスクワ（ソ連民用航空）
北京―ウランバートル（モンゴル民用航空）
広州―ハノイ―プノンペン（カンボジア王室航空）
北京―瀋陽―平壌（朝鮮民用航空）
上海―広州―ダッカ（パキスタン国際航空）

## 2　統一対外貿易体制の再構築

　"大躍進"政策の下では、客観性をもたない高指標が追求され、指揮が統一性を欠き、調子乗りの風潮（"浮誇風"）が幅を利かすようになり、すべてのことが共同所有でやられなければならない（"共産風"）とされるようになってきた。この風潮は対外貿易の領域にも及

---

(52)　中国研究所編『中国年鑑・1957』、石崎書店刊、昭和32年、369～370頁。
(53)　中国研究所編『新中国年鑑・1966』、極東書店刊、1966年、256頁。

んだのは言うまでもない。

1958年2月対外貿易部は客観性を無視した輸出入大躍進（"大進大出"）のスローガンを打ち出し、盲目的な輸入の拡大と、国力をこえた輸出の拡大に向けて走り出した[54]。

対外貿易部は財政権については、その権限を中央財政下にのこしたものの、計画、機構、人員編成などの管理権は地方に下放した。多くの省、市が要求した地方の輸出入経営権拡大の要求に応えたのである。資本主義諸国との貿易の中では、通商港のいくつかは、元来当該通商港毎に定められた分業経営の規定に違反して、相互に輸出入の配分割当や市場を争うといった行動にでるようになった。輸出貨源の買い漁りで仕入価格が高騰し、低価格による輸出乱売が現われるようになった。地方によっては、対外貿易機構を通さないで貿易活動が行われるといった事態まで生じた[55]。

輸入の大躍進を推し進めるに当たっては、輸出外貨獲得の可能性や輸入貨物の品質問題にかまうことなく輸入を行うようになった。場合によっては、在庫整理とか滞貨物資などの品質上問題のある物までも輸入するようになった。

輸出の大躍進をはかるために大量の輸出契約は行ったものの、輸出物資の手配をきちんとしないままに、先ずは物を押えて、それから売り先をみつける（以収購来促進推銷）というやり方をとったため、盲目的な買付が行われるようになり、いわゆる"浮誇風"が蔓延するようになっていった。このために、契約どおりの輸出履行が不可能となる部分が出てくるようになり、一部商品では全く空契約となるものも出た。上述のように一部商品では低価格で輸出されるものもあり、対外貿易政策に背くような現象も出てくるといった始末だった[56]。

(54)《当代中国》叢書編輯部編輯『当代中国対外貿易（上）』、当代中国出版社、1992年、24頁。
(55) 同上書、64～65頁。
(56) 同上書、24頁。

対外貿易活動におけるこのような混乱は、党中央及び国務院の重大な関心を呼び起こすところとなり、輸出入の大躍進政策は是正されていった。

1958年8月党中央政治局拡大会議において対外貿易活動にかんする検討が行われ、「関于対外貿易必須統一対外的決定」(対外貿易の統一対外処置に関する決定) が定められ、統一対外の原則にしたがって厳格に対外貿易をやっていくべきことが強調された。上に指摘したような動きは資本主義的な自由主義的傾向であると批判され、統一対外なくして国家の輸出入任務の実りある達成はありえないこと、また国家の生産と建設に役立つこともありえないことが強調された。統一対外の原則にしたがって貿易をおこなっていくことこそが、計画的、組織的に兄弟国との貿易協力関係を推進していく道であり、平和外交活動に合致した道である。この原則にしたがってやっていくことによって、外国のブルジョア階級との闘いを強力に推し進めることができ、また資本主義国の中国に対する侵蝕と侵略を防ぐ上で、プロレタリア独裁の威力を如実に発揮することができるのだ、このように強調されたのであった[57]。

具体的には、以下のように明確化された。

① 政府間貿易は、すべて対外貿易部が中央の意をうけて統一的に対処する。中央の批准を経て国境の小額貿易を行うことが許される地域を除いては、いずれの地域あるいは部も政府間貿易を行うことは許されない。

兄弟国との輸出入積荷明細書は、必ずや国家計画部門による綜合バランスのチェック、また中央の批准を経てから、対外貿易部が契約に調印するという手続をとらなければならない。

② 資本主義国との非政府間貿易で独占性が強いとか、大宗輸出入商品は、いずれも対外貿易部所属の総公司が統一して成約する。

---

(57) 同上書、25頁。

その他の輸出入品は、対外貿易部の統一領導の下で、各々の通商港に定められた分業規定にしたがって、通商港の分公司が輸出入の成約とその実務を担当する。
③　対外貿易部所属の総公司及び各通商港の対外貿易機構以外、いかなる地方、いかなる機構も輸出入売買を行ってはならない。
④　これまで国内業務上において、対外貿易部が過度に集中統一処理してきた弊害を改めるために、適切に業務を地方に下放する。
⑤　各通商港が外国商人を招請して商談を行うとか、外国に人員を派遣して貿易活動を行うとかいった場合には、必ずや批准を経なければならない。対外貿易部が統一的に計画し采配する[58]。

----

(58) 同上書、65頁。《当代中国的経済管理》編輯部編『中華人民共和国経済管理大事記』、中国経済出版社、1987年、116頁。

# 第六章　輸出入商品計画管理体制の確立と管理権下放下の財務体制の改編

## 第一節　輸出入商品計画管理体制の確立

### 1　商品・物資の配給・流通管理体制

(1) 商品流通管理体制

　新中国成立直後の商業体制は、革命根拠地の公営商業と合作社（組合）商業を基礎とするものであった。1950年3月中央人民政府政務院は「統一全国国営貿易実施弁法」を公布し、中央の貿易部が全国の国営商業、合作社商業、私営商業を統一領導し、政務院の後楯の下に、全国の重要商品の価格の管理に責任を負うことを定めた。当時の大行政区軍事委員会は貿易部を設け、省、市には商業庁（局）、専区と県にも商業科あるいは工商科が設けられ、これらは上級商業行政部門と当地の人民政府の二重の指導を受けることとされた。

　1950年3月から51年にかけて、中央貿易部内には15の専業総公司が設立され、このうち中国粮食総公司、中国花紗布（棉花、綿糸、綿布）総公司、百貨総公司、塩業総公司、土産総公司、石油総公司、煤建（石炭、建築材料）総公司、工業器材総公司の8総公司が国内商業の専業総公司として設立された。これら専業総公司は、大行政区、省、専区、市、県に分公司、支公司を設けた。これらの分公司、支公司は総公司と当地の商業行政部門の二重の指導をうけることとされたが、総公司の指導が主とされた。所属公司のすべての業務は統一管理、統一経営とされ、これによって全国的な商業企業管理の系統が形成された。

各専業総公司は所属公司系統に対し統一管理、統一経営を実行し、貿易金庫制と商品の統一分配を行った。各級企業の資金は総公司が統一的に割り振りし、すべての現金収入は貿易金庫に入れて、すべての現金支出は計画にしたがって、総公司の審査、批准にもとづき、支払通知書によって貿易金庫に通知し支払うこととされた。企業間の資金移転は、上級の公司を通じて帳簿上の振り替えによって行われる。1950年中央貿易部は商業計画制度を設け、中央、大行政区、省の3級での計画の編成を開始した。省以下の計画は、多くの地域では省が代編し、行政部門と専業公司の2系統で、上級報告下達方式で計画が実行された。

　1949年1月には合作社商業を発展させていく工作が開始され、50年7月政務院に中央合作事業管理局が設けられ、同月全国合作社活動者第1回代表会議が開催された。この中で「中華全国合作社連合総社章程（草案）」が採択され、同時に中華全国合作社連合総社が設立され、連合総社が全国の購買販売合作社、消費合作社、信用合作社、手工業生産合作社を指導していく方向が定められた。以後全国に基層購買販売合作社が急速に拡大していき、購買販売合作社は一つの独立した強大な全国的商業系統となり、国営商業の重要な助手となった。購買販売合作社は、都市と農村を結ぶ農村の主要な商業形式で、自営の購買と販売活動のほかに、国営商業の委託をうけて農産物の代理買付、工業製品の代理販売を行う。1952年国家のために買い付けた食糧は国家買付総量の49.7％、棉花79.9％、麻72.6％、人工乾燥タバコ51.8％、茶葉56.1％、羊毛24.2％、繭95.5％であった。

　国家は合作社商業の発展を促進するために、貨源上の優先配慮を行い、卸売価格も安くした。また、中国人民銀行は合作社に長・短期の貸付を行い、利率も国営商業よりも10％も安く資金を供給した。さらに、合作社商業に対して税制上の優遇を与えた[1]。

---

(1) 商業部商業経済研究所編著『新中国商業史稿』、中国財政経済出版社、1984年、4〜8頁。

私営商工業に対しては、利用、制限、改造政策を推し進めた[2]。

こうした結果、1952年末には国営商業と合作社商業の卸売取扱額は全体の63.2％の比重を占めるようになり、小売額は全体の42.6％を占めるまでになった[3]。

1952年経済状態が好転したのを機に、それまで専業公司系統一体で行ってきた経営を、下級各経営単位毎に経済計算するように切り換え、各単位、業務毎の経済合理性を追求する体制を打ち立てていくことが打ち出された。この方針に沿って、大多数の専業公司は商品の買付、供給、流通の組織と運輸を主任務とする一級ステーション、二級ステーション、三級ステーションを創設し、専業公司自体は企業管理を主任務とすることとなった。こうした新たな体制改革によって、企業単位は独立経済計算を行う単位となり、国家計画の範囲内で独立経営権をもち、独自に売買契約を行うことができる主体となった。また、独自に銀行に口座を設け、借り入れ、決済ができるようになった。企業の損益は直接当地の財政に繰り入れられるようになった。かくて、これまでの貿易金庫制と統収統支のやり方は改められた[4]。

1953年から商業部門では流通ステーション（一級ステーション＝専業総公司が主な集散地と流通港湾に設けるもので、当地の産品の買付、輸入物資の受取などを行い、二級流通ステーション向けの配分供給を担当する。二級ステーションは省公司が経済区域に応じて設けるもので、当地産品の買付、三級流通ステーション向け卸売を担当する。三級ステーションは市、県レベルで設けられるもので、一般卸売と小売経営を行う）を設け、資金の査定を行って、単位毎の独立経済計算を行うようになった。全体の財務計画は公司系全体で行い、利潤は総公司がまとめて財政に繰り入れるというシステムである。専業公司とステーションの関係では、従来管理と経営の両面を担当してきた専業公司は主として管

---

(2) 同上書、21頁。
(3) 同上書、15頁。
(4) 同上書、28～30頁。

理の職務を担当することととなり、経営の職務はステーションが担うこととなった。また、商品の分級管理が実施されるようになり、物資配分制度が廃止され、契約売買制が採用されるようになった。すべての商品は甲、乙、丙、丁の4類に分けられ、商業部、総公司、省（市）の商業庁、省（市）の公司が一定の商品分配権をもっていた。一級、二級ステーションから独立経済計算を行う卸売、小売への商品は、売買関係を通じて行われる[5]。

1956年農業、手工業、私営商工業の社会主義改造が基本的に達成され、同年末には全国の商業部門は、商業部、対外貿易部、糧食部、都市服務部、水産部、全国供銷合作総社の6大系統が掌握するところとなった[6]。これらは各々専業総公司と合作社系統を通じて買付、卸売、小売の活動を展開したのである。

このようにして形成された国内商業体系を簡略図に示せば、図Ⅵ−1のようになる。また、図Ⅵ−2は図Ⅵ−1の国内商業指導・管理系統下における実際の経営単位系統である。

1953年以後の商業体制は集中管理体制となっていたから、国営商業の各級専業公司は名儀上は上級公司と当地の商業行政部門の二重指導を受けていたものの、実質上は上級公司の領導下にあり、各地の事情に応じて活動していくという積極性を生かすに欠けていた[7]。この状況を改めるために、1957年11月国務院は「国務院関于改進商業管理体制的規定」を公布し、以後これにもとづいていくつかの改革を推し進めた。各級専業公司は撤廃され、これは同級商業行政部門内部の専業

---

(5) 《当代中国》叢書編輯部編輯『当代中国的経済体制改革』、中国社会科学出版社、1984年、475〜476頁。

(6) 賀名侖・周明星主編『商業経済学』、北京科学技術出版社、1983年、134頁。1958年2月商業部は第一商業部、都市服務部は第二商業部となり、供銷合作総社と合併、同年9月には第一商業部と第二商業部は合併し商業部となった（商業部商業経済研究所編著『新中国商業史稿』、中国財政経済出版社、1984年、135頁）。

(7) 商業部商業経済研究所編著『新中国商業史稿』、中国財政経済出版社. 1984年、132頁。

第六章　輸出入商品計画管理体制の確立と管理権下放下の財務体制の改編

図Ⅵ-1　国内商業指導・管理系統

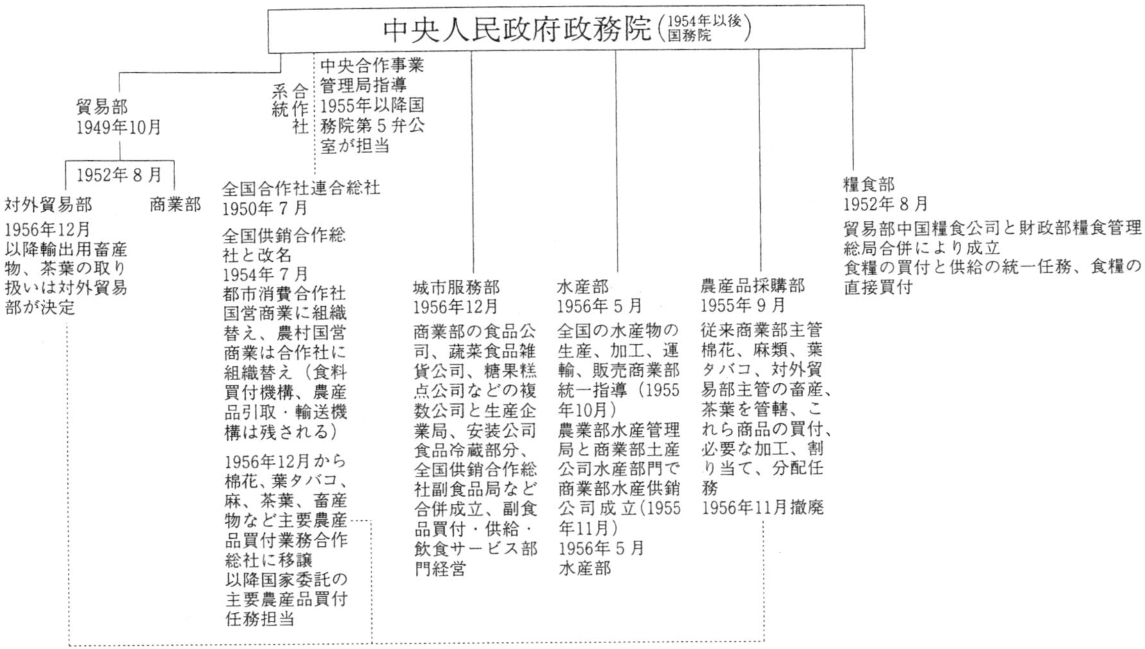

中央人民政府政務院（1954年以後　国務院）

貿易部　1949年10月

商業部　1952年8月

対外貿易部
1956年12月
以降輸出用畜産物、茶業の取り扱いは対外貿易部が決定

中央合作事業管理局指導
1955年以降国務院第5弁公室が担当

全国合作社連合総社
統一系合作社に改名
1950年7月

全国供銷合作総社
1954年7月
都市消費合作社、国営商業に組織替え、農村消費合作社に（食料品引取・輸送機構は残される）
1956年12月から綿花、麻、茶葉タバコなど主要農産物などの業務の主要農産物買付任務担当

城市服務部
1956年12月
商業部の食品公司、蔬菜公司、糖果公司などの複数公司と生産企業局、安装公司、食品冷蔵部分、全国供銷合作総社副食品など合併成立。食品買付・供給・飲食サービス部門経営

水産部
1956年5月
全国の水産物の生産、加工、運輸、販売商業統一指導（1955年10月）
農産部水産管理局と商業部土産公司水産部門で商業部水産公司成立（1955年11月）
1956年5月水産部

農産品採購部
1955年9月
従来商業部主管綿花、麻類、茶葉、タバコ、対外貿易部主管の畜産、わら商業を管轄、これら商品の買付、必要な加工を割り当て、分産担任務
1956年11月撤廃

糧食部
1952年8月
貿易部中国糧食公司と財政部糧食管理総局合併により成立、食糧の買付と供給の統一任務、食糧の直接買付

出所：商業部商業経済研究所編著『新中国商業史稿』、中国財経経済出版社、1984年、25～28頁より作成。

203

局（処）に改組、政企合一体制がとられることとなった。商業行政部門内には、商業部門、サービス部門、供銷社などが一体的に再編され、場合によっては対外貿易局なども、省・市・自治区の商業庁に合併された。さらに下級行政レベルにおいては、商業局が県委員会財貿部に組み込まれる例もあった。1958年2月国務院は第1期全国人民代表大会第5回会議の「関于調整国務院所属組織機構的決定」に基づき、商業部を第一商業部、城市服務部を第二商業部と改めた。また、供銷合作総社と第二商業部は事務所を一緒にした形で業務を行うこととなった。同年6月末第一商業部と第二商業部も事務所を一緒にして業務を行うこことなり、同年9月には第一商業部と第二商業部、さらに全国供銷合作総社の3者は合併して商業部として編成替えされた。しかし、供銷合作社の名は残された。政企合一体制がとられるとともに、従来の専業公司系統の上下の領導関係は取り消されることとなった。商業企業は中央主管企業と地方主管企業に分けられ、財務管理権を含む多くの管理権が地方に下放され、地方と企業に利潤が分けられるようになった[8]。計画管理のやり方も、従来の商業行政部門と専業公司の2つの系統で行われていたものが、行政部門一本の編成・下達方式となった[9]。農村では1958年はじめから供銷合作社、信用合作社、生産合作社の"三社合一"が展開されるようになり、人民公社化運動の中でこれに組み込まれていく。人民公社は"両放"（国家の農村基層部門の人員、資産を人民公社に移す）、"三統"（国家の統一政策、統一計画に従い、流動資金の統一管理を行う）、"一包"（税、下放した企業の事業収入など統一計算し、公社収支の差額に応じて国家への上納を引き受ける）によって運営された。

----

(8) 同上書、134～137頁、142～143頁。万典武著『商業体制改革的探討』、中国商業出版社. 1983年、19～20頁、賀名侖・周明星主編『商業経済学』、北京科学技術出版社、1983年、141頁。
(9) 万典武著『商業体制改革的探討』、中国商業出版社、1983年、21頁。

## (2) 商品分級管理制度

一連の管理権限の下放にともない、商品の計画管理にも、商品分類別分級管理制度が確立されていく。

1953年当時の商品分類別管理は以下のようになっていた。

表Ⅵ－1　1953年当時の商品分類別管理

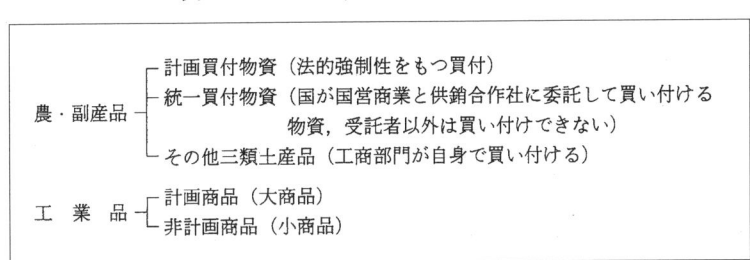

```
          ┌─ 計画買付物資（法的強制性をもつ買付）
農・副産品 ├─ 統一買付物資（国が国営商業と供銷合作社に委託して買い付ける
          │              物資，受託者以外は買い付けできない）
          └─ その他三類土産品（工商部門が自身で買い付ける）

工 業 品 ┌─ 計画商品（大商品）
         └─ 非計画商品（小商品）
```

上記の分類は、一見してすぐにわかるように、計画管理の対象とするか否かを基準にして区分されたものである。しかし、1958年に実行された分類は、中央管理とするか地方管理とするかという観点から区分されたものである。

商品別分級管理は農・副産品からはじめられた。1958年11月19日国務院は「関于農副産品、食品、畜産品、絲、綢等商品分級管理弁法的規定」を発し、以下のように分級管理を行うこととした。

表Ⅵ-2　農・副産品、食品、畜産品、生糸、絹織物等商品分級管理（1958年）

①第一類：国家計画と人民の生活に関連し、生産が集中し、消費が分散しているような重要商品および輸出向け重要商品……26種
（中央集中管理重要商品……いくつかの商品はすべての買付、販売、配分、輸入出等すべて中央集中管理）

- すべての指標が集中管理されるもの
  - 商業部管理：棉花、葉タバコ、砂糖
  - 対外貿易部管理：豚毛・腸詰用の腸等畜産品、生糸・絹織物・人造繊維等合計12品目
- 一部指標のみが管理されるもの
  - 配分と輸出指標のみが商業部門に管理されるもの：黄紅麻、茶葉、シュロ等
  - 地区調達・配分のみが商業部門で管理されるもの：豚、鳥類、タマゴ等の北京、上海、遼寧省など地域への調達と配分を管理

②第二類：生産が集中しており供給範囲が広い一部の商品、生産が分散しており重点地区への供給を保証する必要のある商品、特殊需要に対する供給を保証する必要のある商品……リンゴ、柑桔、黄花菜、黒キクラゲ等22種……差額配分は商業部が会議を招集して調整する。また、輸出部分についても会議を開き、商業部と対外貿易部で調整する
（中央が各地区の生産量と販売量にもとづき、他地域から配分したり〈調入〉、他地域に配分したり〈調出〉する差額配分商品）

③第三類：上記以外の各種農・副産品および食品等の商品[10]
（地方が自身で管理する商品）

　1958年後半国民経済にはアンバランスが顕著にみられるようになり、これに対応して1959年2月12日国務院は「批転商業部、糧食部、対外貿易部、衛生部、水産部、軽工業部関于商品分級管理弁法的報告的通知」を発し、全国の商品を統一的に3分類して管理することとした。これによる分級管理は以下のとおりである。なお、ここで商品という用語の外に物資という概念が使用されている部分があるが、これについては以下で述べる。
　国民経済の全体的バランスを考慮する便宜上、表Ⅵ-3における第

---

(10) 商業部商業経済研究所編著『新中国商業史稿』、中国財政経済出版社、1984年、137～138頁。

表Ⅵ－3　「商品分級管理弁法」による商品分級管理（1959年）

①第一類：国家計画と人民の生活に重大な関係をもつ商品……38種
　　　　　（国務院集中管理商品……買付，販売，配分，輸出入，在庫等すべて国務院集中管理）
　　粮　食　部：食糧，食用植物油（油脂原料も含む）
　　商　業　部：棉花，綿糸，綿布，葉タバコ，砂糖，ガソリン，石油，
　　　　　　　　重油，潤滑油，潤滑油脂，雑銅等
　　対外貿易部：皮革類（牛皮，羊皮），動物原毛（羊毛，カシミア，豚
　　　　　　　　毛），羽毛類，腸詰用の腸，絨毯，繭，生糸，絹織物，
　　　　　　　　人造繊維，水銀，硫化水銀，辰砂，アンチモン，タン
　　　　　　　　グステン鉱，モリブデン鉱等
　　軽工業部：塩
　　衛　生　部：薬用人参，黄蓮，甘草，鹿角
②第二類：生産が集中しており，供給しなければならない範囲が広い一部商品，
　　　　　あるいは生産が分散しており重点地区への供給を保証する必要のある
　　　　　商品，また輸出用の重要商品……293種
　　　　　（国務院が商品政策を決め，統一的にバランスをとり，計画的に配分するもので，差額配分
　　　　　する商品，差額配分に関するものを除き，主管部に授権して管理させる商品）
　　商　業　部：麻類，役畜，肉製品，缶詰，卵，巻タバコ，酒類，乳
　　　　　　　　製品，ワイヤー，自転車，自動車部品，塩化ビニール，
　　　　　　　　化成品，化学肥料，衣料，靴類，毛製品，腕時計，茶，
　　　　　　　　果物，野菜等
　　粮　食　部：桐油，ヒマシ油，木蠟等
　　対外貿易部：動物原毛（兎毛，ラクダ毛，雑毛），皮革類（兎皮，イ
　　　　　　　　タチ皮，イノシシ皮，タルバガン皮，雑皮），石英，ア
　　　　　　　　ンチモン鉱，グラファイト，マンガン・同鉱石，タル
　　　　　　　　ク等
　　水　産　部：コンブ，ノリ，魚類，海水産物等
　　衛　生　部：当帰，川芎，麝香，牛黄，杜仲等漢方薬材
③第三類：第一類，第二類の商品，統配物資，部管物資，また別の定めによる商
　　　　　品以外の商品
　　商業部と衛生部系主管商品：
　　　　商品によっては主管部門が会議を招集，全体の配置をしたのち，需
　　　　給双方が契約を結び執行する
　　対外貿易部主管商品：
　　　　商品によっては協議の後差額配分する

一類、二類、三類の商品については、省、区、市は商品毎に主管部門に生産、買付、販売、配分、輸出入、在庫等のすべてのデータを提出しなければならない[11]。

(3) 物資[12] 分配・流通管理体制

建国後、工業部門の計画管理については、経済計画機構が基層単位にまで設立されるにともない、積極的な全国的経済計画策定活動が本格化されることになる。国民経済復興期においては、国営工業企業は主として大行政区の工業部が管理していたが、大行政区が撤廃されてからは、大中型工業企業の大多数は中央の各工業部、一部は省・市・自治区によって管理されるようになった。いわゆる「統一指導、分級管理」といわれる管理法である（正確にいうと、中央人民政府の直接管理、地方人民政府あるいは軍事機関への管理委託、地方人民政府あるいは軍事機関の管理の3つの形態である[13]）。

物資の供給と販売では、計画販売を主とした供給と製品買付体制を構築する作業を開始した。1950年には石炭、鋼材、木材、セメント、炭酸ソーダ、雑銅、工作機械、麻袋など8種の主要物資が計画配分されることに指定され、51年には33種、52年には55種にまで増加させられた。この両任務は中央人民政府貿易部が担当した。しかし、当時は主として商業部門が取り次ぎ販売を行い、一部は生産企業が自身でも

---

(11) 国務院法制局・国務院法規編纂委員会編『中華人民共和国法規彙編（1959年1月-6月）』、法律出版社、1982年、158～163頁。
(12) "物資" という用語が中国で使用される場合には、直接生産の消費に用いられる労働手段と労働対象となる機械・機器、工具、設備、原料、燃料、包装物等を指す。ただし、土地、森林などの自然資源、倉庫、工場の建設、道路等の施設は含まれない（許彩国主編『中国商業大辞典』、同済大学出版社、1991年、93頁）。こういった物資は一部は国営商業を通じて売買され商品として流通するが、一部は国営企業事業の間では直接配分され、商品とはならない（久重福三郎「商業・国内市場」、天野元之助編『現代中国経済論』所収、ミネルヴァ書房、昭和41年、106頁）。
(13) 祝慈寿著『中国現代工業史』、重慶出版社、1990年、90頁。

210

販売した[14]。

1953年には中央財政経済委員会物資分配局（52年設立）は国家計画委員会物資分配局に編成替えされ、各主管部にも物資分配機構（物資のバランスと計画配分を編成し、後述の第一類、第二類物資を販売する機構）、各省にも物資局が設けられ、三級管理の緒がひらかれた。中央による統一分配の生産手段は、その重要度に応じて、国家統一分配物資＝第一類物資と中央主管部門分配物資＝第二類物資とに分けられ、その他の工業関連生産手段は地方管理物資＝第三類物資とされる[15]。1953年の計画分配物資は全部で227種あり、このうち第一類物資112種、第二類物資115種、57年の計画分配物資は532種、このうち第一類物資231種、第二類物資301種となっていた。

国家統一分配物資は国家計画委員会が計画配分し、地方管理物資は省、自治区、直轄市政府が生産、分配、販売を行うか、企業自身が生産し、販売する。国家統一分配物資は国家計画委員会の指導の下に、国家物資局が年度計画を立て、指令性計画として中央人民政府の批准を経て、国家計画委員会が下達する[16]。中央主管部門の直属企業、地方所属大型企業、国家計画製品を生産する一部公私合営企業は、指令性計画によって生産を行うが、これら企業の必要とする第一類物資は上述したように指令性計画配分をうける。第二類物資については、申請によって計画に盛り込まれ計画配分される。これら両者の直接計画配分は、計画価格による売買契約によって実行される。それ以外の単位は計画申請することができない単位で、これら単位は、第一類、第二類の物資は、商業部門系列の門市部で公定価格で購入する[17]。

---

(14) 汪海波主編『新中国工業経済史』、経済管理出版社、1986年、62頁、《当代中国》叢書編輯部編輯『当代中国的経済体制改革』、中国社会科学出版社、1984年、501頁。
(15) 謝明干・羅元明主編『中国経済発展四十年』、人民出版社、1990年、105頁。
(16) 同上書、105頁。《当代中国》叢書編輯部編輯『当代中国的経済管理』、中国社会科学出版社、1985年、287頁、290頁。この三級管理方式は80年代までもずっと引き継がれる。
(17) 汪海波主編『新中国工業経済史』、経済管理出版社、1986年、148頁、謝明

表Ⅵ−4　国家統一分配物資・部分配物資（1950〜57年）

| 年 | 統一分配物資 | 部分配物資 | 合　計 |
|---|---|---|---|
| 1950 | 8 | | |
| 1951 | 33 | | |
| 1952 | 55 | | |
| 1953 | 112 | 115 | 227 |
| 1954 | 121 | 140 | 261 |
| 1955 | 162 | 139 | 301 |
| 1956 | 234 | 151 | 385 |
| 1957 | 231 | 301 | 532 |

出所：中国物資経済学会編『中国社会主義物資管理体制史略』、物資出版社、1983年、91頁（同書、91頁以下152頁までにわたって、詳細な具体的品目の一覧表が付されている）、《当代中国》叢書編輯部編輯『当代中国的経済管理』、中国社会科学出版社、1985年、291頁、謝明干・羅元明主編『中国経済発展四十年』、人民出版社、1990年、108頁。
　なお、商業部門が国家計画に基づいて工業部門から日用工業品を買い付ける場合、この方式は計画買付と呼ばれているが、先にみた農・副産品の計画買付（統購）とは別の概念である。

　物資管理体制に対応して、第一類および第二類物資は、いずれも国家計画価格で配分される。第三類物資は、地方政府あるいは企業が決定する[18]。

　当時の規定では、計画分配目録の物資は、中央直属企業と省以上の地方国営企業の生産する製品、公私合営企業と私営企業の生産する製品で、中央の部あるいは省、市が統一販売するか、あるいは委託加工、注文生産するもの、国が統一輸入する物資および国が統一買付する物資で、これらはすべて全国の計画分配物資とされ、経済計算を含めて全面的に計画される。したがって、これらの物資については、生産企業、その他の部門、また地方も干与する権限をもたない。その他の物資は地方の権限の下にあり、一部は商業部門が取り次ぎ販売した

　　干・羅元明主編『中国経済発展四十年』、人民出版社、1990年、105〜106頁。
(18)　汪海波主編『新中国工業経済史』、経済管理出版社、1986年、148頁。

り、代理販売したり、自己で販売する。一類、二類以外の工業品生産手段は三類物資とされ、国は計画分配しないが、一部は省・市・自治区が生産と販売の割り振りを行うが、大部分は生産企業自身が販売する。

　各主管部門は各々主管部門の製品の販売と、所属企業・事業単位の物資供給を組織する。第一類、第二類物資は、各生産主管部門が販売機構を設け、販売を組織する。一般には毎年2回全国的な予約生産のための会議を開き、分配指標に基づいて需給双方の契約を行い、契約に応じて物資を供給する。1957年冶金工業部、石炭工業部、石油工業部、化学工業部、建築材料工業部、電力工業部、森林工業部、第一機械工業部、第二機械工業部、紡績工業部、軽工業部、食品工業部等12の工業部はいずれも販売機構を設け、石油工業部を除いて、これら販売機構は各大区に販売機構を設け、当該地区の物資販売の業務に当たらせた。

　中央と地方の各企業・事業単位の主管部門は、いずれも供給機構を設け、所属単位に対する物資供給を組織した。1957年には50の中央部門が供給機構を設立し、このうち18の工業部と交通部の供給機構が各地に100余りの供給事務所を設け、直属企業・事業単位に物資の供給を行った[19]。

　機構的にはその後、1956年5月全国人民代表大会常務委員会第40回会議における決議によって、国務院の直属機構として物資供給総局（国家経済委員会の代理管理）が設けられ、以後58年3月まで全国の物資の供給、配置、バランス、備蓄などの活動を主管した。物資供給総局が設置されたのにともない、従来国家計画委員会が取り仕切っていた業務はかなりの部分が、物資供給総局に編成替えされ、国家物資備蓄局は国家経済委員会の領導下に置かれることとなった。

　1958年3月19日全国人民代表大会常務委員会第59回会議は国務院直

---

(19)《当代中国》叢書編輯部編輯『当代中国的経済体制改革』、中国社会科学出版社、1984年、502～503頁。

図Ⅵ-3　第一類、第二類物資の計画申請、分配下達システム

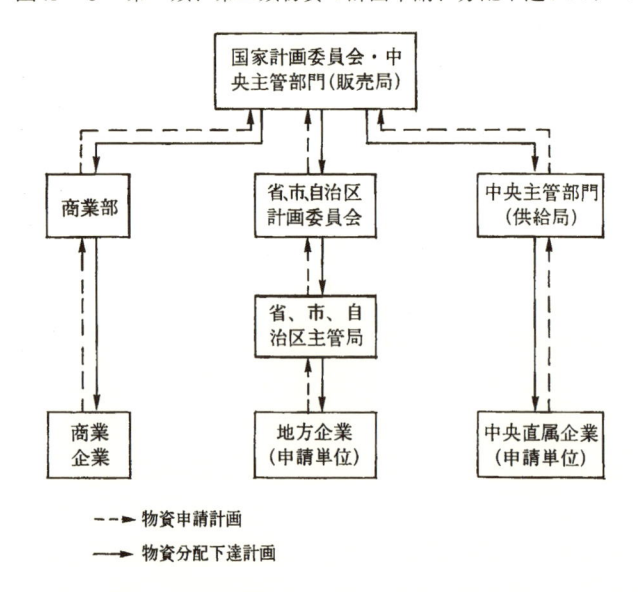

```
                    ┌─────────────────┐
                    │ 国家計画委員会・中 │
          ┌─────────│ 央主管部門(販売局)│─────────┐
          │    ┌────└─────────────────┘────┐    │
          │    ↑           ↑↓              ↑    │
          ↓    │           │↓              │    ↓
    ┌─────────┐  ┌─────────────┐    ┌─────────────┐
    │ 商業部  │  │ 省,市,自治区 │    │ 中央主管部門 │
    │        │  │  計画委員会  │    │  (供給局)   │
    └─────────┘  └─────────────┘    └─────────────┘
         │             ↑↓                    │
         │             │↓                    │
         │       ┌──────────┐                │
         │       │ 省、市、自│                │
         │       │ 治区主管局│                │
         │       └──────────┘                │
         │             ↑↓                    │
         ↓             │↓                    ↓
    ┌─────────┐  ┌─────────────┐    ┌─────────────┐
    │ 商業   │  │  地方企業   │    │ 中央直属企業 │
    │ 企業   │  │ (申請単位)  │    │ (申請単位)  │
    └─────────┘  └─────────────┘    └─────────────┘
```

　　　--→　物資申請計画
　　　──→　物資分配下達計画

出所：《当代中国》叢書編輯部編輯『当代中国的経済体制改革』、中国社会科学出
　　　版社、1984年、503頁。

属機構の調整を行うことを決め、物資供給総局は国家経済委員会の属局とされることとなった。国家計画委員会は物資分配計画活動を担当することとなり、物資分配計画局、機械・電気設備分配局が復活させられ、冶金産品分配計画局が新設された。また、従来国家経済委員会領導下におかれていた国家分配備蓄局も国家計画委員会の領導下に入ることとなった[20]。

　この時期は直接計画と間接計画の結合した物資分配供給のやり方を行った。第一類、第二類物資を必要とする企業・事業単位は、所有制の性格、生産規模、物資の特性に応じて、申請単位と非申請単位に分けられた。申請単位は、中央直属企業、大型地方国営企業、国家計画

---

(20) 蘇尚堯主編『中華人民共和国中央政府機購・1949-1990年』、経済科学出版
　　社、1993年、162頁、197～198頁。

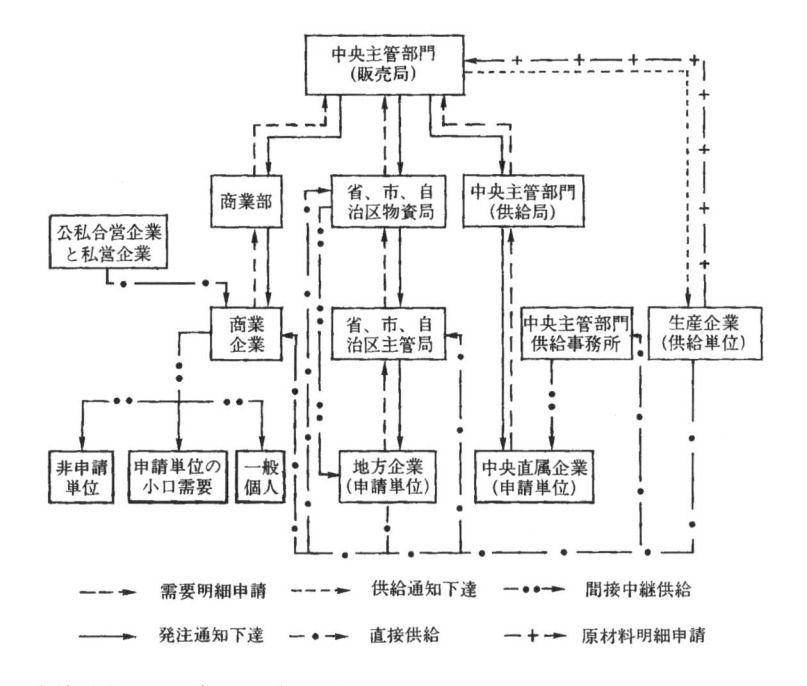

図Ⅵ−4　第一類、第二類物資の供給、販売ルート

[図：第一類、第二類物資の供給、販売ルートを示すフロー図

中央主管部門（販売局）を頂点として、商業部、省・市・自治区物資局、中央主管部門（供給局）、公私合営企業と私営企業、商業企業、省・市・自治区主管局、中央主管部門供給事務所、生産企業（供給単位）、非申請単位、申請単位の小口需要、一般個人、地方企業（申請単位）、中央直属企業（申請単位）などが配置されている。

凡例：
- - - → 需要明細申請
- - - → 供給通知下達
—•—• 間接中継供給
———→ 発注通知下達
—•—• 直接供給
—+—+ 原材料明細申請]

出所：図Ⅵ−3同書、504頁。

製品の生産を行う公私合営企業などである。これら企業の生産は、すべて、あるいは一部は国家から指令性指標が下達され、一類物資、二類物資は直接計画が適用され、隷属関係を通じて申請し、国家の割当価格で分配、供給される。

　その他の企業・事業単位が非申請単位である。これらの単位が一類物資、二類物資を必要とする場合は、商業部門が市場価格によって門市部で販売する。商業部門は国によって分配された市場販売供給総量、また委託加工、注文生産によって一部の物資を調達し販売する。場合によっては、商業部門は一部の細かい部品は申請単位に供給することもある。鋼材を例にとれば、商業部門が取り扱った比率は、1953年には25.9％、1954年30％、1955年18.2％、1956年8.2％となっている。

この時期各省・市・自治区に設けられた物資局は、地方物資の分配、割当を担当し、地方企業・事業単位の主管部門の供給、販売活動に対する指導を行った[21]。

(4) 価格管理体制

建国以来中央の財政経済委員会が、物価に関する最高決定機関であった。中央の財政経済委員会の統一指導の下に、生産手段工業品価格は国家計画委員会が管理し、市場物価は商業部が管理するという二本立て体制がとられていたのである[22]。1952年9月の財政経済委員会の決定では、市場価格については、次のような内容のことが定められている。

「物価工作は商業部が責任をもって統一的に掌握管理し、対外貿易部、糧食部、協同組合連合総組合および各関係工業部門は、商業部と密接な連携を取得するとともに、商業部の物価に関する各項決定に服従し、物価の安定を保持すべきものとされている。すなわち、商業部は国務院指導のもとで、全国物価の総水準を掌握し、全国国内市場物価を管理し、全国物価工作を指導する責任をもち、商品の価格差および商品の価格比率を掌握する原則を定め、全国主要生産市場、消費市場における国家の計画人民の生活に関係するとともに標準規格に符合する商品の買付けおよび卸小売販売公定価格、重要市場における計画買付、計画販売商品の価格、主要市場における小売販売価格を制定および調整し、委託加工の加工賃〔工繳〕、注文生産の発注価格〔貨価〕を掌握する原則を制定する等々一切の責任を負担するのである。したがって、地方各市場における各商品の価格は、商業部の決定した

---

(21) 《当代中国》叢書編輯部編輯『当代中国的経済体制改革』、中国社会科学出版社、1984年、502〜503頁。
(22) 賈秀岩主編『物価大辞典』、河北人民出版社、1988年、491〜492頁。1954年の憲法制定。「国務院組織法」により財政経済委員会は撤廃された。

第六章　輸出入商品計画管理体制の確立と管理権下放下の財務体制の改編

表Ⅵ－5　中央と省、自治区、直轄市別物価管理
　　　　　（審査・批准、1957年8月）

```
農・副産品
 ┌計画買付・統一買付　………中央が審査・批准を行う
 │物資の買付価格および　　　　価格調整は主管業務部が提案し，国務院の批
 │販売価格　　　　　　　　　　准を経てから執行する
 │　　　　　　　　　　　　　　非集産地の基層市場では中央の定めた価格差
 │　　　　　　　　　　　　　　と比価の原則に基づいて地方政府に委託して
 │　　　　　　　　　　　　　　価格を定める
 │
 └第三類物資(地方物産)………各省，自治区，直轄市が地方の具体的情況に
　 の価格　　　　　　　　　　 基づいて取り仕切る
　 　　　　　　　　　　　　　 国務院は全国の地方物産の価格水準を年一度
　 　　　　　　　　　　　　　 定める

工業品
 ┌工業品・手工業品のう………中央が取り仕切る
 │ち若干の主要商品と主
 │要市場における販売価
 │格
 │
 └その他の市場と第二次………各省，自治区，直轄市が中央がもと定めた物
　 的商品の販売価格　　　　　価管理の分業原則と1956年12月の会議で定め
　 　　　　　　　　　　　　　た工業品価格調整規定に基づいて取り仕切る

工業品出荷価格と商業部門の手工業品買付価格の建値の原則は従来通りとし，
国務院は今後毎年一回全国物価会議を開催する
```

若干の基準価格、および各価格決定の原則に根拠して、地方のそれぞれの機関がこれを決定する[23]」こととした。

　1957年8月には各省、自治区、直轄市、県および県に相当する鎮に物価委員会が設立され、中央と省、自治区、直轄市は分業して物価の審査・批准活動を行うこととなった[24]。

---

(23) 久重福三郎「商業・国内市場」、天野元之助編『現代中国経済論』所収、ミネルヴァ書房、昭和41年、110～111頁。
(24) 国務院法制局・中華人民共和国法規匯編輯委員会編『中華人民共和国法規彙

217

表Ⅵ-6　商品価格管理（1957年11月）

```
農・副産品
├─ 計画買付・統一買付価 ……… 中央各商業部門が統一的に規定
│  格および販売価格           （ただし，非主産地においては中央各商業部
│                             門の規定の価格水準に基づき管理することを
│                             委託する）
├─ 統一買付するくず銅・ ……… 同上の管理方法を援用する
│  くず錫・くず鉄
└─ 第三類物資の価格・地 ……… 地方政府が管理する
   方が当地の統一買付価
   格を定める物資の価格

工業品
├─ 国家計画委員会統一配 ……… 国家の規定する配分価格に基づいて管理
│  分物資買付価格・部管
│  統一分配物資買付価格
├─ その他の工業品買付価 ……… 中央各商業部門の定めた原則にしたがって省，
│  格                         自治区，直轄市が管理
└─ 市場販売価格 …………………… 主要市場，主要商品は中央各商業部門が価格
                             を定める
                             第二次的市場，第二次商品は省，自治区，直
                             轄市が中央商業部門が価格を定める原則に基
                             づいて自身で価格を定め，隣接地区と協議す
                             る
```

　なお、1957年からは、全国の商品の物価にかんする作業は国務院財貿弁公室が担当することとなった[25]。

　1957年11月国務院公布の「関于改進商業管理体制的規定」によれば、商品価格管理は表Ⅵ-6のように分けて行われることとなってい

---

　　編（1957年7月-12月）』、法律出版社、1981年、359～361頁。
(25)　商業部商業経済研究所編著『新中国商業史稿』、中国財政経済出版社、1984
　　年、201頁。

218

る（1958年より実施）。

中央および地方は統一的な各級物価管理機構を設立し、中央が年一回物価会議を招集して一年間の物価水準を定める[26]。

1958年4月党中央委員会と国務院は「関于物価管理権限和商業管理体制的幾項規定」を発布し、次のように規定した。

① 綿糸、綿布、毛織物、食塩、砂糖、石炭、石油（7大重要商品）およびその他輸入商品については、中央が統一して全国の主要市場の価格を定める。その他のすべての工業品については、省、自治区、直轄市党委員会と人民委員会が調整権をもつ。

② 第一類（計画買付農産品）および第二類（統一買付農産品）農産品については、中央が各省、自治区、直轄市との合同会議を招集し、協議して価格を定める。一部の農産品価格の管理権限を下放するために、従来の規定による第二類の一部の農産品価格管理権限を、各省、自治区、直轄市の党委員会と人民委員会に移管する。その他のすべての農産品については、省、自治区、直轄市地域内での地域価格差が妥当でない場合には、省、自治区、直轄市の党委員会と人民委員会が調整する権限を有する。ただし、調整後中央に報告を要する。

③ 傷ものの買付価格、売れ残り・傷もの・流行おくれのものなどの販売価格は、省、自治区、直轄市の党委員会と人民委員会が決定する[27]。

---

(26)「国務院関于改進商業管理体制的規定」、前掲書、357頁。
(27) 同上『法規彙編（1958年1月－6月）』、316～317頁。なお、同規定によれば、すべての農工業品について当地の商業部門が買付をする場合、各省、自治区、直轄市の党委員会と人民委員会が買付保証にかんする決定を行う権利をもつものとされている。また、商業部門に一部分割買付が許されている工業品で、計画生産を超える部分は、地方が一定の配分権を有する。計画買付農産品の計画買付を超える部分についても、同様の権限を有する。このことは、商業管理体制上政企合一と商業経営における地方の立場を決定するうえで決定的力をもった（賀名侖・周明星主編『商業経済学』、北京科学技術出版社、1983年、141頁）。

これにつづいて、1958年10月党中央委員会と国務院は「関于市場物価分級管理的規定」を発し、上述規定をさらに具体的に定めた。
① 　国務院は毎年全国物価会議を招集し、中央の規定した方針政策に基づき、物価の総水準並びに主要農工業産品価格、また農工業産品の地域価格差、農産品買付・販売価格差にかんする原則を議定する。
② 　食糧、棉花、油脂原料、桐油、黄麻、苧麻、茶葉、乾燥葉タバコ、生豚、木材等の買付価格は、中央の各主管部がそれぞれ具体的に管理する。
③ 　食糧、食油、豚肉、木材、綿糸、綿布、毛織物、食塩、砂糖、石炭、石油、化学肥料、腕時計等の商品の主要市場における販売価格は、それぞれ中央各主管部が具体的に管理する。これら商品のその他の市場における販売価格は地方が管理する。
④ 　②③で規定された商品以外の農工業産品価格は、すべて地方が管理する。国営、地方国営、公私合営工業部門と手工業生産合作社が生産し、自身で販売する製品の価格も地方が管理する。
⑤ 　中央各主管部門の管理する工業品販売価格は、各主管部は標準規格品価格を規定するのみで、その他の規格の価格は、地方が品質に応じて価格を定めるという原則によって自身で価格を定める。
⑥ 　中央各主管部門の管理する農産品買付価格と販売価格も、各主管部は標準規格品価格を定めるのみで、その他の規格等級の価格は、地方が統一的な分級標準によって自身で価格を定める。
⑦ 　中央各主管部門の管理する農工業産品販売価格のうち小売価格規定のないものについては、すべて地方が定める。
⑧ 　各省、自治区、直轄市の隣接地区の価格の関連問題は、関係省、自治区、直轄市で協議解決する。
⑨ 　中央管理商品について価格調整が必要な場合、適宜立案して地方の意見を求めた上で、国務院の審査・批准をえなければならない。各省、自治区、直轄市人民委員会が自己の管理商品の価格調

整を行うときには、複本による報告を要する。地方管理商品価格についても中央主管部門は検討を行い、重大問題のある場合には国務院に報告し必要な措置をとる[28]。

## 2 輸出入商品計画管理体制の確立

(1) 輸出商品国内調達体制—輸出商品買付システム

　上に述べてきた商品配給・流通管理体制と価格管理体制の枠組に沿って、輸出向け商品の買付計画が実行される。

　輸出商品買付計画が確定すると、第一類に属するものについては、国務院が関連部、省・市・自治区の関連部門と対外貿易部の関連公司に下達、計画実行を組織する。第二類に属するものについては、中央の主管部門と対外貿易部が共同で下達、関連外貿公司と貨源供給部門（生産単位以外の商業系の部門）あるいは生産単位に計画実行を組織するよう指示する。第三類に属するものについては、各省・市・自治区が輸出計画に基づき、対外貿易局と関連局に計画の実行を組織するよう指示する。具体的商品は、外貿分公司と貨源供給部門あるいは生産単位によって準備される。

　対外貿易部門が輸出向け農・副産品の買付を行う場合、直接生産単位から買付を行う場合には、一律に国家あるいは地方物価管理部門が定めている価格で買い付ける。貨源供給部門から買い付ける場合には、国家あるいは地方物価管理部門の定めている価格の上に、合理的な費用および利潤を加算した価格で買い付ける。委託代理方式で買付を行う場合には、国家の定めている価格に委託買付手数料を上乗せした価格で買い付ける。

　対外貿易部門が輸出向け鉱工業品の買付を行う場合、国家規定で配

---

[28] 国務院法制局・国務院法規編纂委員会編『中国人民共和国法規彙編（1958年7月-12月）』、法律出版社、1982年、167～169頁。

分（調撥）価格なり工場出荷価格なりが定められている場合には、規定による配分価格なり工場出荷価格で買い付ける。国家規定による配分価格や工場出荷価格がない場合には、主管部門あるいは地方の規定する配分価格か工場出荷価格によって買い付ける。この時期には専ら輸出用に生産された製品はほとんどなかったものと推測されるが、後になって登場するこの種の製品の輸出向け買付価格は、国家が最初に計画した価格に、合理的な根拠にもとづく若干の斟酌を加えた価格で買い付ける。新製品については、工業部門と貿易部門で協議した後、主管物価管理部門の批准を経た価格で買い付けるということになっている。

　1957年当時対外貿易専業公司は、以下のようにして輸出商品を調達、輸出していた。

① 　国家が統一的に分配することになっている重要物資・商品については、国家計画にしたがって直接に割り当て配分され、主管部門経由で対外貿易専業公司にまわされる。

　　例えば、食糧、穀物、食用油、鋼材、セメント、石炭等々[29]。食糧についていえば、供銷合作社が国家の委託をうけ買付を行い[30]、国が輸出用として割り当て配分するといった具合である。1955年から輸出をはじめた鋼材については重工業部、1956年以後は冶金工業部、国家計画委員会の計画を経て、国が輸出用として割り当て配分するといった具合である[31]。

② 　対外貿易専業公司が直接、あるいは合作社に委託して買付を行い、これを加工などして輸出する場合。シルク、畜産物、いくつかの地方特産品等。

③ 　対外貿易部門と輸出貨源供給部門との間で予め定められた貨源

---

(29) 斉小思著『我国外貿易基本知識』、財政経済出版社、1958年、103～104頁。
(30) 商業部商業経済研究所編著『新中国商業史稿』、中国財政経済出版社、1984年、43頁。
(31) 前掲書、103頁、蘇尚堯主編『中華人民共和国中央政府機構・1949－1990年』、経済科学出版社、1993年、221頁、235頁。

供給取り決めに則って、外貿易専業公司が価格を定め、貨源供給部門から仕入れて輸出するような場合。例えば、茶葉、食品、紡織品、軽工業品および大宗特産品等[32]。

　茶葉についていえば、1956年11月以前は茶葉買付を担当していた農産品採購部から分配をうけ、56年12月からは合作社系統から仕入れるといった具合である。また、1951年から綿糸に計画買付、54年からは綿布に統一買付・統一販売が実施されることとなり、中国花紗布公司（1956年以降中国紡織品公司と改称）が一律に統一買付をおこなうこととなった。したがって、紡織品についてはこういった加工用の材料は分配をうけ、然る後に加工単位、あるいは加工紡織品の貨源供給商業系統から仕入れるといった流れとなる。

④　輸入原材料を用いて加工生産し輸出するものについては、関連生産部門が加工プロセスを組織した後、輸出向け供給する。麻製帽子、綿布、一部のウール織物、ゴム製品およびシルク製品等である。

⑤　中継貿易品は、対外貿易専業公司が国家計画にしたがって購入した後、外国の需要に応じて直接輸出する。国内の他の部門は一切関与しない。一部のゴム、棉花、砂糖や米等中継貿易されることがある[33]。

(2)　輸入商品引取体制

　ソ連および人民民主主義国家からの輸入品については、輸入品が予め定められた貨物駅あるいは港、飛行場に到着すると、輸入貨物を使用する部門（単位、場合によっては統括部門）がその駅あるいは港、飛行場で輸入貨物を受け取る。陸運貨物の場合、輸入貨物を使用する部門が指定された貨物到着駅で貨物を受け取り、検収貨物の配達証明書

---

(32)　斉小思著『我国対外貿易基本知識』、財政経済出版社、1958年、104頁。
(33)　同上書、同上頁。

を、輸入貨物引き取りの第一次当事者である対外貿易運輸公司の分支機構に送り返す方法がとられる。海運貨物の場合は、対外貿易運輸公司の分支機構が輸入貨物使用部門に船荷証券を引き渡し、貨物引渡通知書あるいは貨物受領書類の原本を対外貿易専業公司に送付するという仕組になっている。

　資本主義国からの輸入の場合、対外貿易専業公司が銀行から引き渡された輸入関連書類を受け取り、これら関連文書を対外貿易運輸公司に渡し、対外貿易運輸公司に通関、納税などの処理を委託し、発注部門に連絡を取り、輸入貨物を引き取らせる[34]。

(3) 許可証管理の廃止―管理業務と経営業務の統合

　1956年以降、私営輸出入商に対する社会主義改造が基本的に完了し、中国の対外貿易はすべて国営輸出入公司によって行われるようになった。これにともない、対外貿易はすべて国家の計画管理の中に組み込まれることとなった。国営の対外貿易専業総公司及びその分支機構は、国家の指令性計画に応じて輸出入業務を行うようになった。輸出入は基本的には国家輸出入計画として指令、下達されるわけであり、対外貿易公司が独自に輸出入を企画、計画して、国の許可をとる形の貿易は存在しなくなったわけであるから、輸出入許可証管理の役割も大きく変わってくる。対外貿易の管理の対象、目的、要求のいずれも従来と異なるところとなった。従来は国家の対外貿易の管制政策に基づいて厳格な行政管理を行うことが重要な課題であったが、今や国家の輸出入計画の達成を確実に保証すること（主として計画そのものの達成工作と指令・下達に違反した輸出入の取り締まり活動）が重要な任務となったのである。

　1957年1月23日対外貿易部は、国営対外貿易公司に対する一措置と

---

(34) 同上書、94頁、99〜100頁。

して「進出口貨物許可証簽発弁法」を公布したが、その主要な目的は、輸出入許可証の申請と発給の手続を大幅に簡略化し、国営対外貿易公司の輸出入に対する行政管理を減らし、対外貿易公司を個々の行政管理の対象から脱皮させることにあった。

　1959年2月21日対外貿易部は「関于簡化対本部各進出口専業公司進出口貨物許可証簽発手続的指示」を発し、各専業総公司の許可証の申請とその発給手続を簡略化した。同年10月14日対外貿易部はさらに「関于執行進出口貨物許可証簽発弁法的綜合指示」を発し、各専業総公司及びその分支機構の輸出入貨物は、対外貿易部の下達した積荷明細書あるいは通知をもって輸出入許可証とすると明確に規定した。したがって、これ以後管理業務と経営業務は一体的に結合され、輸出入許可証は輸出入管理の役割を失っていき、ほとんど実行されないようになっていった。わずかに残された許可証は輸入にかんする許可証で、対外貿易部以外の部門が緊急に必要とする少量の物資の輸入に限って、輸入許可証が用いられるというにすぎなかった[35]。

## 第二節　管理権下放と財務体制の改編

### 1　中央と地方の利潤分配、対外貿易公司の利潤留成

(1)　中央と地方の利潤分配

　1957年11月14日第1期全国人民代表大会常務委員会第84回会議は、「関于改進財政管理体制的規定」、「関于改進工業管理体制的規定」、「関于改進商業管理体制的規定」を批准し、いずれの「規定」も翌58年から施行されることとなった。この3「規定」の精神は、各々にか

---

(35)《当代中国》叢書編輯部編輯『当代中国対外貿易（上）』、当代中国出版社、1992年、155頁。

かわる管理権を、地方および企業に下放して、地方と企業の自発性と積極性を発揮させるようにして、各々の部署と特性に応じて国家の統一計画の達成をはかることにある。

「関于改進商業管理体制的規定」によれば、中央の各商業部門の企業利潤は、その金額を地方と分配する[36]。食糧および対外貿易の国外販売部分の利潤については、省、自治区、直轄市は分配に与らない。ただし、対外貿易の国内販売部分の利潤については、省、自治区、直轄市は分配を受ける。中央の各商業部門の企業利潤は、地方との分配は二八分配とする。すなわち、80％は中央、20％は地方に帰するものとする[37]。

(2) 対外貿易公司の利潤留成

1958年から、対外貿易公司系統に利潤留成制度が導入された。1957年以前の企業奨励金制度と計画超過達成利潤の利潤分配制度については、すでに第三章で述べたが、1958年から制度が改められ、対外貿易公司系統は一律に利潤とリンクする形で利潤の分前に与るようになった。

1958年5月に発布された「関于実行企業利潤留成制度的幾項規定」による利潤留成制度の概要は、以下の通りである。

利潤留成は主管部を単位とする。留成比率は5年間固定とする。主管部は部全体としての留成総額の範囲内で、各々の企業の具体的情況に応じて、別々に各々の企業の利潤留成比率定めることができる。また、部は諸事情を考慮し、一部の企業利潤を部としてとり、全体としてまとめて調整使用してもよい。

---

[36] 1957年以前は、国営商業の利潤はすべて中国の財政に組み込まれていた（商業部商業経済研究所編著『新中国商業史稿』、中国財政経済出版社、1984年、141頁）。
[37] 国務院法制局・中華人民共和国法規匯編編輯委員会編『中華人民共和国法規彙編（1957年7月－12月）』、法律出版社、1981年、356～357頁。

留成比率は、第1次5ヵ年計画期間中各部が予算支出使用した技術計画措置費、新製品試作費、労働安全対策費、小額固定資金購入費（"四項費用"）、簡単な倉庫・物置等の修理費、規定による企業奨励金、社会主義競争奨金、規定による計画超過達成利潤留成分を加えたものを、同一期間に実現した利潤総額で除した数値とする。各部所属の公私合営企業の場合は、1957年の単年数値の比率を企業利潤留成比率とする。

企業利潤留成部分は主として上記"四項費用"、簡易的な倉庫・物置などの建築、計画内建設投資不足および批准された基本建設投資の補填、職員・労働者の奨励金、職員・労働者の福利費等に用いる。ただし、職員・労働者の奨励金、同福利費としては、当該企業の職員・労働者の賃金総額の5％を超えてはならない[38]。

対外貿易公司系統では、この制度は1958～60年の間実施された[39]。この企業利潤留成制度は全体的には1958～61年の期間実施されたが、この期間中国営企業全体で受け取った利潤留成額の同期間中の国営企業全体の利潤総額に占める割合は10.2％であったとされている[40]。

## 2 地方への外貨留成制度

第四章ですでに述べたので、ここでは省略する。

---

(38) 同上『法規彙編（1958年1月-6月）』、同上出版社、1982年、239～242頁。
(39) 《当代中国》叢書編輯部編輯『当代中国対外貿易（上）』、当代中国出版社、1992年、205頁、劉向東主編『中国対外経済貿易政策指南』、経済管理出版社、1993年、212頁。
(40) 馬洪・孫尚清主編『経済社会管理知識全書』第2巻、中国発展出版社、1990年、381頁。

## 3 財務体制の改編

### (1) 財務体制の構造変化

　対外貿易活動に携わる単位に必要とされる固定資産資金と流動資金の源泉については、すでにその概要を第三章で述べた。固定資産資金の源泉の基本構造はほぼ同一である。

① 固定資産資金

　固定資産資金は基本的には国家財政から配分される。固定資産の更新と改造資金は固定資産減価償却基金による。また、固定資産の価値変動による所得は企業に留保し、固定資産の更新と改造資金に転用してよい。1958年から始められた対外貿易部面における利潤留成制度による公司の留成利潤は、計画内建設投資の不足および批准された基本建設投資の補填、簡易的な固定資産の建築、小額固定資産の購入等に充てることのできる固定資産資金の一源泉を構成する。主管部の手許に残された留成利潤のうち、固定資産資金に充てられるものも、同じく固定資産資金の一源泉を構成する。

　"大躍進"期に入り、固定資産の減価償却法は、従来の各々の項目毎に行う個別減価償却法から、すべての固定資産全体の総合減価償却率にもとづいて行う総合減価償却法に改められた。総合減価償却法というのは、企業のすべての固定資産の平均を計算して、一つの総合償却率を確定し、これによって減価償却を行うというものである。これは算定の簡便のために行われたものである[41]。

② 流動資金

　流動資金の源泉は、自己資金、自己資金と同等とみなされる資金、

---

(41)《当代中国》叢書編輯部編輯『当代中国財政（下）』、中国社会科学出版社、1988年、53～55頁、李軍主編『外貿企業財務』、中国対外経済貿易出版社、1989年、194～195頁。

借入資金、決算資金、利潤留成制度による留成利潤の一部から成る。流動資金は輸出入営業活動に必要とされる主要な資金で、最も大きな部分を占める。

(a) 自己資金

第三章で述べたように、国家財政から配分される。その使用上の原則は既述のとおりである。すなわち、包装用関連物資の費用、高額でない消耗品費用、長期的性格のものではないが単一の回転で償却できないような性格の支出費用、什器類などの費用および手元現金等は自己資金でまかなわれる。1953年から72年にかけて3回対外貿易部門全体に及ぶ資産目録が整理され、これに応じて自己資金の査定が行われ、中央の財政から配分された[42]。

(b) 自己資金と同一のものとみなされる資金

これは主として定額負債である。定額負債というのは、企業が経営活動を行っていく場合に生ずる支払予定未支払経費、仮受金、前受金などで、流動資金回転に恒常的に参加できるものをいう。この資金はかなりの時間にわたって手許で使用できるので、企業の定額流動資金を査定するとき、一定額を流動資金の固定的源泉とする。定額負債には支払予定賃金、各種支払予定経費、支払予定税金、決算資金などが含まれる[43]。

---

(42)《当代中国》叢書編輯部編輯『当代中国対外貿易（上)』、当代中国出版社、1992年、214頁。
(43) 何盛明主編『財経大辞典』上巻、中国財政経済出版社、1990年、475頁、于光遠主編『経済大辞典（下)』、上海辞書出版社、1992年、1560頁、方正・易新賢主編『外貿企業財務管理』、広東科技出版社、1989年、174～175頁、李軍主編『外貿企業財務』、中国対外経済貿易出版社、1989年、92頁。
　流動資金はその資産形態によって商品資金、非商品資金、決算資金、その他の形態の資金に分類することができる。商品資金は輸送過程にある輸出入商品とか在庫商品などのための資金である。これは主として銀行借入によってまかなう。
　非商品資金は包装用関連物資費用、低額消耗品費用、長期的性格のものではないが単一の回転で償却できないようなものの支出費用、什器類の費用および貨幣資金などにかかわる資金である。これは主として自己資金でまかなうこととなっている。

(c) 借入資金

商品資金の管理は、銀行借入を基礎とした大別計画管理と定額管理の2つに分けられる。計画管理は、批准された商品流通計画と財務計画に合わせて、資金供給と使用が行われる流動資金の管理方法である[44]。対外貿易公司の任務は重く、貨源を組織して、目的に合わせてタイムリーにこの配置を実行していかなければならない。したがって、この部分の商品資金は計画供給の方法を採用して、十分な資金を供給していかなければならなく、主として銀行借入の方法で資金をまかなっていくという方法が取られることになる[45]。

一般に県級以上の各級の対外貿易公司に対しては、計画管理の方法が採用された[46]。県級以上の対外貿易公司は商品流通計画に基づいて四半期毎の借入計画をたて、当地の銀行と主管部門に申請を行う。両者は共同で査定を行い、指標を下達し、貸付計画を立てることになる。特殊な事情の時には規定の順序の手続によって、当地の銀行に借

　決算資金は流通過程で生じる未収商品代金、立替費用、仮払などのための資金である。その他の資金は非商品流通の必要上から占有する資金である。すなわち、支払予定賃金、各種支払予定経費、支払予定税金などの資金である。これらは自己資金と同一のものとみなされる流動資金として商品流通に参加する（何盛明主編『財経大辞典』上巻、中国財政経済出版社、1990年、475頁、方正・易新賢主編『外貿企業財務管理』、広東科技出版社、1989年、174～175頁）。

　流動資金は言うまでもなく、対外貿易公司の商品、包装用資材、現金、銀行預金、未収代金などの資産と支払賃金、諸費用などの部分の経営資金である。

　賃金支払用資金は国家から賃金基金として企業に分配・供給され、未払期間は貨幣形態で保有されるから、具体的な定在としては負債項目の未払賃費用として記帳されることになる。流動資金としての賃金資金の静態的貸借対照表上における定在の確認形態である（王垂芳・呉紹中主編『中国対外経済貿易実用大辞典』、上海社会科学院出版社、1990年、486頁、李軍主編『外貿企業財務』、中国対外経済貿易出版社、1989年、91～94頁、方正・易新賢主編『外貿企業財務管理』、広東科技出版社、1989年、173～176頁、222～226頁、劉鴻儒・金鑫・殷瑞鈺・劉全福主編『会計・税務・銀行・工商・審計・公務要典』、中国経済出版社、1991年、301頁）。

(44) 呉明・李明文編著『商業企業財務管理』、知識出版社、1984年、21頁。
(45) 杜峻峰編著『中国社会主義財政管理』、中国人民出版社、1984年、332頁。
(46) 嵆鴻集・王洪懋主編『対外貿易企業財務管理』、中国対外経済貿易出版社、1993年、108頁。

入の増額などを申請して処理する。これはさらに、商品分類に基づいて行われる管理と、商品流通過程の各々の環節と経営の特徴に基づいて、仕入、在庫、販売の3つの環節に分けて行われる環節管理の2つ分けられる[47]。

　商品資金の定額管理は、商品在庫の定額のものに対して行う資金供給の管理方法であり、県級以下の基層経営単位、倉庫・運輸業務担当の企業に対して採用される。査定された定額商品資金は、銀行から貸し付けられる[48]。商品資金の定額は在庫商品（原材料を含む）の平均備蓄量の貨幣表現で、定額管理が行われる企業の側からみれば、商品資金の計画指標である。それは商品需要量と合理的運転資金量の尺度でもある。商品資金の定額の査定を行うのは商品流通のための資金需要を保証するためであり、また合理的な商品備蓄を行うためである。

　一例をあげれば、輸出商品資金の定額はつぎのような算式による。
　輸出商品資金定額　＝
　　輸出商品販売計画数（仕入価額）÷商品資金計画回転数

## (2)　貿易流動資金供給の混乱

　すでに述べたように、1954年からは貿易金庫制が漸次取り止められるようになり、対外貿易公司系統の流動資金には、銀行借入が導入されるようになった。全般的に言えば、1955年から国営企業の流動資金は、財政と銀行の両方から供給されるようになった。すなわち、定額部分は財政から供給され、超定額部分は銀行からの借入によってまかなわれるというシステムになったのである[49]。

　しかし、"大躍進"政策の積極的な推進をはかっていくという下に

---

(47)　同上書、108頁、方正・易新賢主編『外貿企業財務管理』、広東科技出版社、1989年、195～198頁。
(48)　方正・易新賢主編『外貿企業財務管理』、広東科技出版者、1989年、180頁。
(49)　《当代中国》叢書編輯部編輯『当代中国的金融事業』、中国社会科学出版社、1989年、129頁。

あって、社会主義建設の高速度発展を保証するためには、時宜に応じて企業の流動資金を十分に供給していかなければならなかった。従来の財政と銀行から別々に資金が供給されるというやり方では、手続も煩雑な上に、両者の間にはちぐはぐな状況が生じていた[50]。このため、1958年12月国務院は「国務院関于人民公社信用部工作中幾個問題和国営企業流動資金問題的規定」を発し、国営企業の流動資金を一律に中国人民銀行の統一管理に改めることを規定した。過去に国家財政から供与した国営企業の自己流動資金は、すべて中国人民銀行の貸付という形にし、統一的に利子計算する。国営企業の需要がさらに大きくなった場合には、各級の財政から適当に分配するも、当地の人民銀行とはかり統一的に貸付する。企業の流動資金の査定については、従来通り個別に処理する。定額流動資金は財政部が責任をもってこれを行い、人民銀行と関連部門（対外貿易活動にかかわる部分は対外貿易部ということになる）が協議して査定する。非定額流動資金は人民銀行が実情に応じて貸付する[51]。

この「規定」は翌1959年さらに「補充規定」が付け加えられた。1959年1月の「財政部、中国人民銀行関于国営企業流動資金改由人民銀行統一管理的補充規定」、同2月の「中国人民銀行、財政部関于国営企業流動資金改由人民銀行統一管理和資金転帳中的幾個問題的通知」がそれである。これらでは、1959年から実施された上記の内容の実行上の実務処理が補充されている。例えば、各級財政部門が予算上流動資金を増額する場合の国民経済計画への組み入れ方法、主管部門は年度資金計画を編成し、財政部門と人民銀行に報告すべきこと、企業が流動資金計画を立てる場合の依拠すべき指標、ならびに当地の人民銀行の参加の下で資金計画を編成し、上級主管部門へ報告すべきこと、銀行借入流動資金の目的外利用の禁止、特段の批准をえたものの

---

(50) 国務院法制局・国務院法規編纂委員会編『中華人民共和国法規匯編（1959年1月－6月）』、法律出版社、1982年、122頁。
(51) 同上『法規匯編（1958年7月～12月）』、同上出版社、同上年、156～158頁。

ほか商品代金の前払・掛売を禁止すること、財政部門と中国人民銀行の流動資金管理の便宜のために、企業及び企業主管部門は関連資料を同級の財政部門と人民銀行に送付し、当地の関連部門はこれら資料を協議の上自主決定すべきこと、中国人民銀行の企業向け貸出金利月利0.6％という利息支払分はすべてコストに繰り入れる、利息支払の増大あるいは減少によって生ずる企業留成利潤部分の変化は、留成比率の調整という方法によって解決する等々である[52]。企業の流動資金には、計画超過達成利潤の分成部分で流動資金に転用したものや、すでに法定基金としたものなども含まれる。企業利潤の留成分などの特殊基金は人民銀行の勘定に繰り入れない[53]。

　上記の前提の下に、1959年6月「対外貿易部、中国人民銀行関于対外貿易信貸工作的指示」が出され、対外貿易に対する固有の金融措置が打ち出された。この要点は以下の通りである。

① 輸出物資買付と商品流通部分に対する貸付
　(a) 輸出物資買付資金需要に対しては、対外貿易部は中央の批准した「中央各部、各省・市・自治区の供給する輸出物資計画」（1959年のものは各省、市にすでに通知済み）にもとづいて、十分に資金を供給しなければならない。
　(b) 対外貿易部門の商品輸入のための資金需要に対しては、批准された輸入用外貨計画にもとづいて貸付を行う。

② 前払、掛売の例外規定
　国営企業間では前払、掛売をしてはならないことになっているが、対外貿易の特殊事情と輸出貨源の拡大を保証するために、人民公社や都市の手工業が、輸出用物資の生産に要する流動資金問題を自己で解決するに困難で、その供給に影響が出るような場合、買付価額の25％、10ヵ月を超えない範囲内で完全回収するという前提の下に、予約買付支持を与えてもよい。事務手続処理に際しては必ず計画を編成

---

(52) 前掲『法規匯編』、121〜124頁。
(53) 同上『法規匯編』、126頁。

し、当地の対外貿易局（商業庁）、人民銀行分行の審査を経て対外貿易部に報告、人民銀行総行の批准を得て、それ用の口座を開設し、期限に応じた回収を確実に実行する。加工賃の前払は実情にもとづき、対外貿易局、人民銀行分行が協議して批准、貸付を行う。

③　費用、税金支払に対する貸付

実際の支出にもとづき貸付を行う。但し、基本建設と先に述べた"四項費用"には貸付しない。利潤および欠損部分については規定にもとづいて上納あるいは補填する。既に実現した利潤で既に商品回転に入っているものについては、上納時に貸付に切り替える。欠損が生じて財政補填が間に合わない場合には、借入金は当座そのままにしてよいが、翌月10日前までに返さなければならない。

④　貸付対象

独立経済計算の対外貿易企業単位（公私合営企業を含む）

⑤　流動資金管理

流動資金は当然ながら、十分に供給されなければならないとともに、節約して使用しなければならない。銀行貸付と流動資金の使用は、いずれも計画的に行われなければならない。計画管理上年度計画と四半期計画に分けて編成、コントロールするものとする。

(a) 年度流動資金計画（借入計画）は対外貿易部、中国人民銀行総行が取り仕切り、対外貿易部所属の各専業総公司は年度商品計画にもとづいて、資金回転速度の向上を盛り込んだ全系統の年度地区別（省・市・自治区）流動資金計画を組織的に編成し、対外貿易部、中国人民銀行　総行に報告する。対外貿易部は資料などを取り纏め、対外貿易部、人民銀行が共同で審査、決定の後、各地区に下達、執行する。

(b) 四半期流動資金計画は各級企業が商品流通計画と関連資金需要の資料にもとづいて、同級の口座開設銀行に四半期流動資金計画を編成し、送付する。省・市・自治区の対外貿易局（商業庁）と分行は審査、批准の後、この執行を裁量する（専業総公

司単位の流動資金計画は、口座開設銀行が取り仕切る）。四半期第２ヵ月目の初対外貿易局（商業庁）、人民銀行分行は連合して対外貿易部、中国人民銀行総行に状況を報告し、年度計画をこえている場合には、原因を説明しなければならない。四半期流動資金計画の批准が行われる前であっても、すでに上部に報告した草案にもとづいて実行に移すことは許される。もしも、四半期がはじまってまだ草案が編成されていない場合には、実際の必要にもとづいて貸付を行ってもよい。

(c) 流動資金計画項目には輸出入商品在庫、決算資金、包装材料や低額のもの、消耗品等が含まれる。

⑥　銀行と企業の協力

銀行は企業の経営内容を詳しく調べ、四半期流動資金計画の編成がきちんと立てられるよう、相互に業務の緊密な結合をはかる。企業は資金の増減の状況を自主的に通知する。

⑦　流動資金運用点検システム

各省・市・自治区対外貿易局（商業庁）および人民銀行分行は、毎四半期末に一度共同で所属単位を組織し、流動資金計画と商品流通計画を結合した執行情況の点検を行わなければならない。点検の結果報告は、翌四半期開始後20日以内に書面で対外貿易部、中国人民銀行総行に行うものとする。

⑧　資金借入企業の同級銀行向け提出資料

四半期商品流通計画及び執行情況

四半期財政収支計画と調査計画

四半期資産・負債表及び附表、主要指標月報表

銀行がさらにその他の資料が必要な場合には、可能な限り企業は協力解決する。こういった資料ややり方については、省・市・自治区の対外貿易局（商業庁）と人民銀行分行で協議の上定める。

⑨　貸付の具体的な調整方法、処理手続

各省・市・自治区の対外貿易局（商業庁）と人民銀行分行が、規定

にもとづいて現地の具体的条件と結びつけて検討の上定める。
　⑩　対外貿易運輸公司系統の資金供給
　対外貿易運輸公司系統の資金供給については、各省・市・自治区の対外貿易局（商業庁）と人民銀行分行が、規定の精神に則り、現地の具体的条件と結びつけて各々規定をめる[54]。
　上述のことからわかるように、独立経済計算対外貿易公司単位の流動資金管理は中国人民銀行が統一的に行うようになったといっても、銀行自体の管理権限も中央総行と地方分行に分けて行使されるようになっていることが知られる。
　1958年から国家の経済管理体制が改革され、管理権限が下放されたことについては前述した通りである。例えば、人民公社化後の農村の財政体制は"両放、三統、一包[55]"という新しい方法であった。1959年からは、銀行でも中央総行と地方分行の資金貸付管理権限が分けられ、"存貸下放、計画包干、差額管理、統一調度"という管理方法が採用された。すなわち、中央財政の金庫と中央企業に対する貸付は中国人民銀行総行が管理するが、その他の預金および貸付の管理権はすべて地方分行に下放し、貸付が預金よりも大きい場合の差額は総行が補い、計画包干（請負）の差額の範囲内であれば、預金を多く吸収すればそれだけ多く貸し出すことができるという方法が援用されたのである。しかし、このやり方によっては混乱現象が出てきたことから、1960年から、中国人民銀行は"計画包干、差額管理"の方法を修正し、"差額管理、一年両包"の方法に改めた。すなわち、年度差額請負の基礎の下で、上半期と下半期に別々に分けて差額請負を実行することとしたのであった[56]。
　さて、上に述べてきたような基本条件の下における状況を総括する

---

(54)　同上『法規匯編』、141〜145頁。
(55)　"両放"とは機構と人員の下放、"三統"とは統一政策、統一計画、統一資金管理、"一包"とは財政任務の請負のことをいう。
(56)　《当代中国》叢書編輯部編輯『当代中国的金融事業』、中国社会科学出版社、1989年、124〜125頁。

とすれば、「商業部門、銀行が無条件に"大躍進"をバックアップし、あちらを削ってこちらを埋め合わせることにつとめたため、正常な資金流通をかき乱すことになった。当時商業部門は、工業で生産されるものは、なんでも買い付け、生産されるものは全部買い付けるといって、大量の不合格品や使用価値のないものを買い付けてストックした。商業部門と工業企業部門の資金が足りなければ、生産を積極的にバックアップすることを示すため、銀行は融資を提供した。その結果、銀行は多額の資金と預金残高を企業の回転資金のほうにまわし、実質的にはさらに企業の建設資金や滞貨に〈変身〉してしまったものもある[57]」といった事態を出現させる結果をもたらしてしまったということになろう。

---

(57) 柳随年・呉群敢主編『中国社会主義経済簡史』、黒龍江人民出版社、1985年、234〜235頁、同邦訳書、北京周報社、1986年、265頁。

# 第七章　集権的外貿計画管理体制の回復と機構調整

## 第一節　"大躍進"政策の影響と対ソ関係の悪化

### 1　1958～62年の経済状況と対外貿易

　1958年2月対外貿易部は、反浪費・反保守主義運動の基礎の上で、58年の躍進指標を定めた。"大進大出"の方針の下での躍進指標である。1958年の輸出入総額は38億7千万ドルで、対前年比24.8％の成長であった。このうち、輸出の成長率は24.1％、輸入の成長率は25.5％であった[1]。この対外貿易の成長速度は、農工業生産の実質成長の速度を背景にしたものではなかった。

　1958年の中国の農業総生産額は566億元で、対前年比3.4％の成長にしかすぎなかったが[2]、輸出された農・副産物、農・副産物加工品は48億7千万元で、対前年比24.7％の輸出増加であった。このうち、食糧とか豚肉などの主要生活手段の輸出の伸びが特に著しかった[3]。

　1958年の全国の食糧生産は対前年比2.5％増産にすぎなかった。人民公社化運動の中で、公社内の高級合作社間の経済的な差異を否定し、労働に応じた分配と等価交換の原則をも否定して、各集団経済組織の生産手段や生産物、労働力、資金を無償で公社に帰属させ、個人消費の分配上でも極端な絶対平均主義（一平二調）が採用され、農民の生産意欲が削がれたうえに、都市人口が増えたこともあって、1958

---

(1)《中国対外経済貿易年鑑》編輯委員会編『中国対外経済貿易年鑑・1984』、中国対外経済貿易出版社、1984年、Ⅳ-3頁。
(2)　国家統計局編『中国統計年鑑・1985』、中国統計出版社、1985年、24頁。
(3)　中国経済年鑑編輯委員会編『中国経済年鑑（1982）』（中文海外版）、香港中国経済年鑑有限公司、1982年、Ⅷ-32～33頁。

年の冬には食糧の不足状態が生じていた[4]。しかし、1958年には食糧の輸出は288万3,400トン、対前年比37.8％増であった。生体豚 対前年比56％輸出増、冷凍豚肉 同118.3％輸出増、缶詰 同124.8％輸出増であった[5]。

1959年の総輸出入額は対前年比13.2％増の43億8千万ドル、輸出14.1％増、輸入12.2％増であった[6]。この増加は、国内の農工業生産の成長とさらに掛け離れたものであった。1959年の中国の食糧生産は600万トン減産したにもかかわらず[7]、輸出は前年輸出の288万3,400トンから415万7,500トンに増えた[8]。したがって、国内の食糧不足はより深刻なものとなった。

1958年と59年の貿易は著しく伸びたものの、新たな路線下の国内経済の展開動向と極めてちぐはぐな関係にあった。このために、1959年の下半期から、対外貿易には逼迫した事態が顕現してきた。

第一に、輸出貨源に空前の緊張が生じてきた。鉄鋼生産の増大のために労働力が大量動員されるとか、農村人民公社の家庭副業が厳しく制限をされるなどの事情から、輸出用に供給される農・副産物および特産物全般に不足が生じてきた。例えば、食用油の供給が逼迫し、輸出計画の達成が危ぶまれるような状況が出てきたため、1959年５月16日には、農村の食用油供給停止の非常措置をとらざるをえないような事態に追い込まれた。12月中旬には、年輸出計画の達成を保証するために、商業部は中央の定めた輸出"五先"（輸出用配分の優先、輸出用生産優先、輸出用原料・材料および包装物資供給優先、輸出用買付優先、輸出用輸送配備優先）の原則にのっとり緊急手配をし、輸出に総動員

---

[4] 趙徳馨主編『中華人民共和国経済史・1949－1966』、河南人民出版社、1989年、704頁。
[5] 《中国対外経済貿易年鑑》編輯委員会編『中国対外経済貿易年鑑・1984』、中国対外経済貿易出版社、1984年、Ⅳ-88～89頁。
[6] 同上『年鑑』、Ⅳ-3頁。
[7] 趙徳馨主編『中華人民共和国経済史・1949－1966』、河南人民出版社、1989年、705頁。
[8] 前掲『年鑑』、Ⅳ-88～89頁。

をかけた。しかし、事態は深刻で、多くの輸出契約は履行できず、前年に比べ輸出契約履行率は大幅に下がっていった。

　第二に、すでに述べたように「造ったものは何でも買い付け、いくらでも買い付ける」といった政策がとられたため、輸出商品の品質はがた落ちし、不良品が多くなり、輸出商品在庫が大量に溜まっていった。

　第三に、1959年の廬山会議以後右傾反対闘争、"大躍進"政策が継続されたため、生産手段の輸入、特に重工業の"大躍進"に奉仕する機械・設備や原材料の輸入が増加、一方で輸出数量には限度があった上に、華僑送金も減っていったので、外貨保有高もだんだんと少なくなっていった。

　巻末付表Ⅰからわかるように、総輸出入額は1958年には対前年比23.3％増加、59年には同15.9％増加したのと対照的に、60年には前年に比べて13.9％減、61年には同29.3％減、62年には同11.9％減となり、62年の総輸出入額の水準は54年水準近くにまで下がってきている[9]。

　1960～62年の3年間は連続して貿易額は下降をつづけ、63年になってやっと62年水準からの反転への動きをみる。この対外貿易の動向を規定した基本的な原因は、第1に"大躍進"政策による国民経済の混乱とアンバランス、第2に1960年下半期からの中ソ関係の悪化である。熱狂的な"大躍進"政策の推進は、農業と軽工業の減産をもたらし、輸出貨源を乏しい状況に追い込んでいった[10]。

## 2　中ソ関係の悪化

　中ソの経済関係は、1956年2月の「ソ連共産党第20回大会」後両国共産党間に国際共産主義運動の路線をめぐって分裂が生じたものの、

---

(9)　前掲書、706頁。
(10)　同上書、706頁。

59年までは発展の一途をたどった[11]。しかし、1960年6月のブカレスト共産党会議における中ソの決定的分裂契機事件後から、両国の経済貿易関係は急速に悪化していった。

1960年7月ソ連政府は中国で援助活動に従事していた1,390名の専門家全員の召還を一方的に決定し、7月28日から9月1日の期間にその実行を通知した。また、343件の専門家についての契約と契約補充書を破棄し、257件の科学技術協力協定を廃棄した。貿易活動においては、中国に対して制限、差別政策をとり、コバルト、ニッケルなどの鉱物、緊急に必要とされたある種の鋼材などの供給を行わなくなった。新技術の提供も停止した。

当時中国はソ連の援助で201項目の建設を進めていたが、中心となる技術設備の提供が行われなくなったし、設計図なども専門家が持ち帰ったので、多くはこれらプロジェクトを停止するのやむなきにいたった。また、これまで中国とソ連・東欧諸国との貿易の中で、ソ連との貿易額が大部分を占めていたので、ソ連との貿易関係の悪化は、中国の貿易上極めて大きな構造上の痛手となった。さらに、ソ連は中国に対して借款の返済を迫り、中国からの軽工業、紡績・紡織品などの輸入も抑える行動に出たので、中国は借款の返済を行うために、国内で厳しい事情にあった豚肉、果物、農・副産品をソ連向けに捻出、輸出せざるをえなかった[12]。

## 3 対外貿易の調整

上述のような状況の中で、1961年1月国務院財貿弁公室は党中央に対し、当面の対外貿易活動の重点方針に関する提案を行った。すなわち、「衣食第一、建設第二」の方針である。陳雲は1月の党中央工作

---

(11) 詳しくは拙稿「中国の協定貿易―その盛衰と残光―」、『広島経済大学経済研究論集』第15巻第2号、1992年、50～51頁参照。
(12) 前掲書、706～709頁。

会議において、輸出用の農・副産品を集めて、食糧輸入に換えなければならないと指摘した。この方針に沿って、1961年の貿易においては輸出入商品構造、国別、地区別に大幅な調整が行われるところとなった。

輸出では、主要農・副産品の輸出を厳しく抑えるとともに、鉱工業生産物の輸出拡大をはかり、特に"輸入によって輸出をのばす（以進養出）"といったような商品の輸出の大幅増加をはかった[13]。

1960年6月党中央は、予てより諮っていた対外貿易部からの「関于建立輸出商品生産基地的請示報告」を批准し、これを下達した。この中では、①全体的な配置と統一計画の下で、地方を中心にして提携・協力すること、自力更生・増産節約、短長期勘案の上、原料産地において加工基地を建設すべきとの基本方針が示され、②5種の輸出商品生産基地が示されている。

(a) 一定の国営農場あるいは一定の地区：多種の輸出商品生産基地　海南島熱帯・亜熱帯作物生産基地、密山・合江・新疆の各開拓区生産基地、珠江三角洲副食品生産基地
(b) 単一商品生産基地：遼寧省のリンゴ
(c) 輸出商品専門工場（工場内輸出商品生産部門）、輸出専門鉱業所
(d) 農・副産品加工基地
(e) 輸出商品包装材料生産基地

これに基づいて、対外貿易部は1960～62年の輸出商品生産基地の初歩的計画を定め、直ちに関係地区、部門と協力、その実行にして着手した[14]。

輸入では、食糧供給の逼迫した事態の緩和をはかるために、大量の

---

[13] 同上書、709頁。1961年から、57年以来実施されてきた"以進養出"、主として原料を輸入し製品に加工して輸出するこのやり方を拡大していった（《当代中国》叢書編輯部編輯『当代中国対外貿易（上）』、当代中国出版社、1992年、29頁）。
[14] 《当代中国的経済管理》編輯部編『中華人民共和国経済管理大事記』、中国経済出版社、1987年、143頁。

食糧の輸入を行うこととした。また、国内市場の安定と農業支援をはかっていくために、原料と化学肥料の輸入を行っていくこととした。しかし、外貨事情の制約上、第一に食糧、第二に化学肥料、農薬、油脂、第三に加工輸出によって外貨の稼げる物資と化学工業原料、第四に工業原料、すなわち、銅、アルミニウム、ゴム、石油、先端器材・設備、国防上の必要器材・設備等といった重点の順番にしたがって、輸入を配置していくこととした。

加えて、ソ連・東欧諸国との貿易関係の縮小にともない、国別、地域別の貿易内容も調整が行われた。輸出入の重点がソ連・東欧5ヵ国から先進資本主義国、アジア・アフリカ・ラテンアメリカなどの発展途上国に転換された。輸出商品生産技術も改められ、商品の品質、規格、色柄、種類などの面でも、資本主義市場向けのものをつくるようになったり、逼迫した一部工業器材なども資本主義国から輸入するようになった。

このような調整の結果、1961年の食糧の輸出は、60年に比べ50.2％減少、生体豚の輸出は同51.9％減少となった。一方で食糧の輸入は、1960年の6万6,400トンから61年には580万9,700トンに増加した。調整後の輸入構造でみると、1950年代には生産手段の輸入がほぼ90％の割合を占めていたのに対して、61年には生産手段の割合は61.9％に下がり、生活必需品の割合が38.1％にも達した。

1962年の貿易も「衣食第一、建設第二」の方針の下、国民経済の調整に努め、輸出貨源の開拓を行い、鉱工業生産物の輸出をのばした結果、主要農・副産品の輸出の減少、華僑送金収入の減少にもかかわらず、外貨収支の均衡は保持された。

1963年からの農業生産の回復につれて、食糧の輸入を減らすことができるようになり、その他の生活必需品輸入を増やすことができるようになった。工業生産も漸次回復してきたことから、工業技術の水準を高めるために、中央は1962～63年にかけて20のプラント輸入（後14に改められたが）を批准した。1963～64年にかけて、冶金、精密機械、

電子工業など100余りの項目についての国外視察、価格調査、機をみての契約調印が認可された。

1961年と62年の２年間の調整を経て、中国の対外貿易は63年から漸く上昇方向に反転した。

この調整の過程を通じて、対外貿易政策面でいくつかの積極策が模索され、それらはいくつかの成果となって現われた。

先ず、積極的な輸出促進措置がとられたため、輸出商品構造に変化が現われた。

この過程を通じて、輸出商品のうち工業製品の比重が上昇し、第一次産品の比重が相対的に下がっていった。工作機械、自転車、ミシン、玩具、自動車などの輸出が大幅に増加していった。化学工業品、軽工業品、紡績・紡織品の一部では、輸入によって輸出をのばすという"以進養出"業務が積極的に推し進められ、加工輸出の形による輸出に一定の成果がみられた。さらに周恩来と陳雲の輸出商品基地建設の指示に基づき、対外貿易部は関連地区、部門と組んで、海南島、珠江三角洲、密山、合江、新疆の開拓区等の重点地区で輸出商品生産基地、また綿糸、綿布、豚肉、乾燥タバコ、リンゴ、茶葉、生糸、水銀等の重点商品の輸出商品生産基地の建設活動展開し、一定の成果を上げた[15]。

また、大量の食糧および生活必需品が輸入された結果、人民の緊急の生活上の不足が緩和されていったのは言うまでもないが、これと同時に、農業機械、農具、化学肥料、農薬等の生産手段も輸入され、農業生産の回復に積極的な役割を果たした[16]。

---

[15] 趙徳馨主編『中華人民共和国経済史・1949-1966』、河南人民出版社、1989年、709～712頁、《当代中国的経済管理》編輯部編『中華人民共和国経済管理大事記』、中国経済出版社、1987年、143頁。輸出商品生産基地、輸出商品生産専門工場、工場内輸出商品生産部門などは1960年からつくられた（《当代中国》叢書編輯部編輯『当代中国対外貿易（上）』、当代中国出版社、1992年、29頁）。

[16] 趙徳馨主編『中華人民共和国経済史・1949-1966』、河南人民出版社、1989年、712頁、《当代中国》叢書編輯部編輯『当代中国対外貿易（上）』、当代中国出版社、1992年、29～30頁。

先にも述べたように、ソ連・東欧諸国との貿易関係の変化をうけて、先進資本主義国、アジア・アフリカ・ラテンアメリカなどの発展途上国との貿易関係が拡大されていった。

　1958～59年の対外貿易の急速な拡大、その後3年間の大幅な下降、63年からの回復という、いわゆる"U字形軌跡"は、次の2つのことを示唆している。

　①　対外貿易の発展は国民経済の全体的発展の基礎の上に立つということ

　対外貿易は国内経済の具体的状況にもとづいて、総合的バランスをとり、輸出貨源を合理的に組織して、適切な輸入を行うことによって、国民経済の計画的なバランスのとれた発展に貢献しうるということである。国内経済の発展の実情から離れて、盲目的な買付を行い、盲目的に輸出を追求しても、対外貿易自体の発展が制約を受け、延いては国民経済全体の発展に大きな影響を及ぼしてしまう。

　"大躍進"の時期には、工業、農業、対外貿易の内的関係に十分な配慮が払われず、各々がそれぞれに高い目標をめざして暴走したため、相互に背反する悪循環が形成されてしまった。1960～62年の3年間の状況は、58～59年の経済運営の付けが回ってきたものといえよう。

　②　対外貿易の特定の国、地域への偏向を避けるべきこと

　1950年代を通じて中国の対外貿易は、ソ連と東欧諸国との貿易に大きく依存する状態になっていた。これは、第2次世界大戦後の二大陣営の対峙と冷戦構造を背景とするものであった。しかし、中ソ関係の突然の転換の経験から、国際経済関係の中で自己の独立した自主権を保持していくためには、特定の一国あるいは極く少数の数ヵ国とのみの経済関係に大きく依存することは、決して好ましいことばかりはいえないとの教訓的結論が示唆されるのである[17]。

---

(17) 趙徳馨主編『中華人民共和国経済史・1949-1966』、河南人民出版社、1989年、713～714頁。

## 第二節　対外貿易計画管理体制の再集権化と機構調整

### 1　計画管理体制の再集権化

　国民経済の"調整し、鞏固にし、充実させ、引上げをはかる"という方針を貫徹するために、貿易計画管理体制において、中央への集中統一が強調され、総合バランスをとることが強化されることになる。1963年からは、貿易計画管理体制は中央集中化の形に戻される。貿易上の割り振りを行うにあたって、"輸出を基礎として輸入を計画し、輸入によって輸出の促進をはかり、輸出入のバランスをとる"という原則に基づいて実際の処理が行われるようになった。輸出計画においては、国内販売と輸出の関係をきちんと処理することが重視されるようになり、輸出貨源の組織に努力が払われるようになり、国家外貨収入の増加がはかられるようになった。輸入計画では、外貨の集中使用が行われるようになり、食料、穀物の優先確保に努め、農業と市場の緊急に必要とされる物資の輸入の支援に力が注がれるようになった。貿易計画編成においては、"二本立て（両本帳）"制度が取り止められ、"双軌制"計画が復活され、"上から下へ、下から上へ"という両結合の計画編成手順が再びとられるようになった[18]。

### 2　対外貿易計画管理機構の調整

#### (1)　国家計画委員会

　1958年4月計画管理体制は改革され、全国のバランス計画作業は国

---

(18)《当代中国》叢書編輯部編輯『当代中国対外貿易（上）』、当代中国出版社、1992年、187頁。

家経済委員会と中央主管部門が行うようになり、地方の権限が拡大され、中央の集中指導の下に、地域の総合バランスを基礎とした専業部門と地域の両者を結合した計画管理制度を打ち立てることが求められた。国家計画委員会の計画任務内容に変化がもたらされたことについては、すでに述べたところである。同年9月国家経済委員会は工業生産と交通運輸にかんする管理任務を専管することとなり、年度計画、物資分配、物資備蓄にかんする任務は国家計画委員会に移管された。同年11年国家経済委員会の各工業、交通計画局と対外貿易計画局は国家計画委員会の下に入ることになり、国家経済委員会は対外貿易の計画任務から外され、国家計画委員会が対外貿易計画を総合計画の中に取り纏めることとなった。

1964年11月国家計画委員会は物資分配にかんする任務を新設の物資管理部に移し、以後統一分配物資の分配任務は国家計画委員会の指導の下で、物資管理部が担当することとなった[19]。

図Ⅶ-1　国家計画委員会の内部機構（1965年末）

国家計画委員会の内部機構（1965年末）
- 弁公室
- 研究室
- 国民経済長期計画局
- 国民経済年度計画局
- 地区計画局
- 基本建設総合計画局
- 財政原価計画局
- 労働・賃金計画局
- 農林・水利計画局
- 林業・森林工業計画局
- 軽工業・紡績・紡織計画局
- 商業計画局
- 対外貿易計画局
- 重工業計画局
- 化学工業・エネルギー利用局
- 燃料工業計画局
- 機械工業計画局
- 国防工業計画局
- 交通運輸計画局
- 文教・衛生・幹部養成計画局

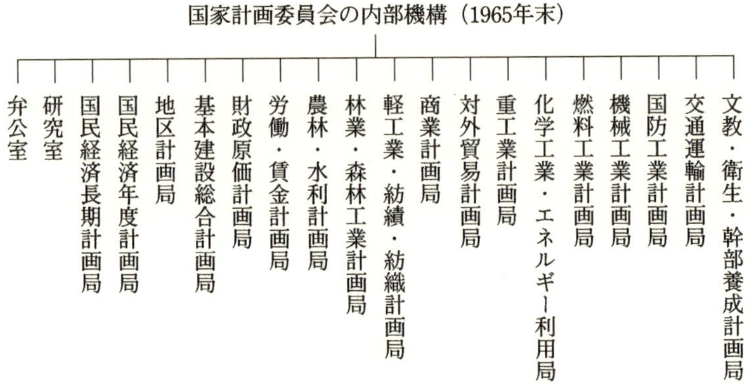

出所：蘇尚堯主編『中華人民共和国中央政府機構・1949－1990年』、経済科学出版社、1993年、163頁。

---

(19) 蘇尚堯主編『中華人民共和国中央政府機構・1949－990年』、経済科学出版社、1993年、162～163頁、170頁、199頁。

248

(2) 国家経済委員会

　建国後経済計画機構が基層単位にまで設立されるにともない、積極的な全国的経済計画策定活動が本格化されるようになるが、物資の計画管理は、1952年中央財政経済委員会物資分配局が設立される以前は、中央人民政府貿易部が担当した。1953年には中央財政経済委員会物資分配局は国家計画委員会物資分配局に編成替えされ、各主管部にも物資分配機構、各省にも物資局が設けられて、三級分級管理の緒がひらかれた。

　1956年5月第1期全国人民代表大会常務委員会第40回会議における決議によって、国務院の直属機構として物資供給総局が設けられ、以後58年3月まで全国の物資の供給、配置、バランス、備蓄などの活動を主管した。物資供給総局が設置されたのにともない、従来国家計画委員会が取り仕切っていた業務は、かなりの部分が物資供給総局に編成替えされ、国家物資備蓄局は国家経済委員会の領導下に置かれることとなった。

　1958年3月19日第1期全国人民代表大会常務委員会第59回会議は国務院直属機構の調整を行うことを決め、物資供給総局は国家経済委員会の属局とされることとなった。国家計画委員会は物資分配計画活動を担当することとなり、物資分配計画局、機械・電気設備分配局が復活させられ、冶金産品分配計画局が新設された。また、従来国家経済委員会領導下におかれていた国家備蓄局も国家計画委員会の領導下に入ることとなった。

　1958年国家経済委員会は工業生産と交通運輸の管理を専ら担当することになったが、その後の国家経済委員会の計画管理に関する業務内容については先に触れたので、ここでは再述するのを省略する。1963年5月第2期全国人民代表大会常務委員会第97回会議が、国家の物資活動の集中的な統一管理を行うため、国家物資管理総局を国務院直属

機構として設立することを決定するに及び、国家経済委員会は物資管理の任務から外れることとなった。

(3) 対外貿易部

"大躍進"運動によって惹き起こされた無秩序な貿易の状態を立て直すために、1960年8月10日党中央は「全党大搞対外貿易収購和出口運動的緊急指示」を発し、増産節約、買付、輸出、輸送に力を入れ、対外貿易の買付と輸出計画を断固達成するよう呼びかけた。この指示に応じて、周恩来をトップとし李富春、李先念の参加する3人指導小組がつくられ、対外貿易部にも指揮部が設立された。指揮部は全国の対外貿易の買付、商品割り付けと輸送、輸出を全権をもって指揮し、輸入を厳しく統制した。各省・市・自治区も党委員会第一書記が自ら指揮をとり、この活動を推し進めた。

先に述べたように、1960年から輸出商品に対して、先ず輸出用配分の優先手配を行い、輸出商品の生産優先、原材料および包装物資の優先供給、買付優先、輸送優先の方針がとられ、60年下半期から、さらに原料輸出を抑え、製品輸出をのばし、原料輸入を増やし、加工品輸出をのばし、輸出商品の種類を増やし、規格・品質を高めるという方針が打ち出された。このような方針の下に、対外貿易部は1960年から輸出商品基地、輸出専門工場および工場内部門の建設を開始した。1961年からは、57年以来対外貿易部の実施してきた"以進養出"を拡大し、原料を輸入して加工製品の輸出の増進を推し進めた。この時期の対外貿易部の計画管理は、このような点に重点が置かれたのであった[20]。

---

(20) 前掲書、28～29頁、趙徳馨主編『中華人民共和国経済専題大事記・1949-1966』、河南人民出版社、1989年、811～812頁。

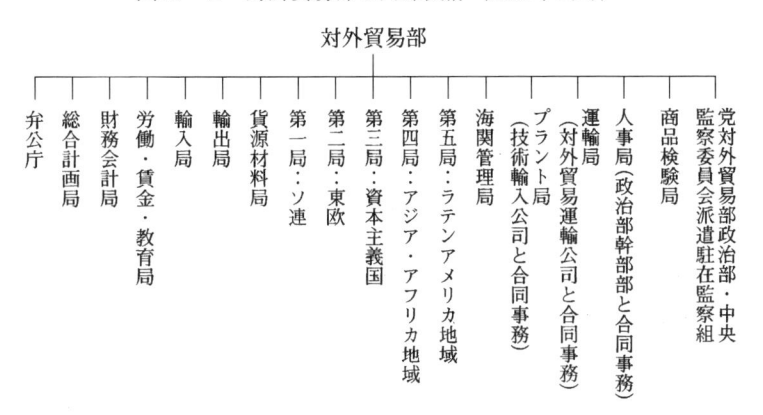

図Ⅶ-2　対外貿易部の内部機構（1965年当時）

```
                               対外貿易部
   ┌───┬───┬───┬───┬───┬───┬───┬───┬───┬───┬───┬───┬───┬───┬───┐
   弁   総   財   労   輸   輸   貨   第   第   第   第   第   第   海   運   人   商   監   党
   公   合   務   働   入   出   源   一   二   三   四   五   関   輸   事   品   察   対
   庁   計   会   ・   局   局   材   局   局   局   局   局   管   局   局   検   委   外
       画   計   賃       料   ：   ：   ：   ：   ：   理   （   （   験   員   貿
       局   局   金       局   ソ   東   資   ア   ラ   局   対   政   局   会   易
               ・           連   欧   本   ジ   テ       外   治           派   部
               教                   主   ア   ン           貿   部           遣   政
               育                   義   ・   ア           易   幹           駐   治
               局                   国   ア   メ           運   部           在   部
                                       フ   リ           輸   と           監   ・
                                       リ   カ           公   合           察   中
                                       カ   地           司   同           組   央
                                       地   域           と   事
                                       域               合   務
                                       ）               同   ）
                                                       事
                                                       務
                                                       ・
                                                       技
                                                       術
                                                       輸
                                                       入
                                                       公
                                                       司
                                                       と
                                                       合
                                                       同
                                                       事
                                                       務
                                                       ）
```

出所：蘇尚堯主編『中華人民共和国中央政府機構・1949-1990』、経済科学出版社、1993年、406頁、範平・葉篤初主編『党的建設辞典』、1989年、285～286頁、中国総覧編集委員会『中国総覧（1973年版）』、社団法人・アジア調査会、昭和48年、330頁より作成。

(4) 全国物価委員会

　1958年3月党中央の開いた成都会議において、物価の管理権限の下放が推し進められ、同年10月再度物価管理の分業関係が改められたことについては、すでに前章で述べたところである。しかし、このように中央の物価管理権限が各省・市・自治区へ下放され、その一部がさらに専区や県に下放され、元の物価管理制度が地方によっては執行が停止されるといった事態にまで及んだ結果、各種商品の小売価格、三類農・副産品の買付価格や修理費などに混乱が生じてきた。

　この情況に対応して、1959年2月全国物価会議は下放したいくつかの権限を、適度に再び中央に集中することとした。これ以降、"統一物価管理"の精神と"統一指導、分級管理"の原則に則って、省、市、自治区と専区、県の間の分級管理の範囲に調整を行い、特に広い範囲にわたる商品の価格管理については適度に集中していった。このため、各省・市・自治区が価格管理していた商品は、1958年の500品

目前後から800品目前後まで調整増加された。中央各部の管理する商品も、それに応じて増加させられた。当時商品供給が緊迫していたことから、物価を安定させ、人民の生活の安定をはかるために、価格管理権限を漸次中央に再集中し、物価は基本的には中央と省・市・自治区の両級で管理されることとなった[21]。

農・副産品の買付価格は1951年と53年に大幅な調整が行われた以外、基本的には大きな改定は行われなかった。しかし、生産の発展と変化にともない、農・副産品価格の中には相対価格、買付価格と販売価格の間の価格差、卸売価格と小売価格の間の価格差などで不合理なものも出てきて、生産や買付に影響が出るようになった。このため、1958年国務院は全国市場物価会議を開き、第2次5ヵ年計画期の物価安定方針を定め、物価構造の合理化をはかり、特に辺境・山間地区、瘦地帯などにおける農工産品の価格調整に重点をおき、主要農産品買付最低価格、主要工業品最高制限価格措置などを行っていくこととし、58〜59年にかけて、地域によっていくつかの農・副産品の買付価格に計画的調整を行った。

1959年と60年には農業は厳しい災害に見舞われ、農・副産品の生産が大幅に下がったため、農業生産の速やかな回復と発展をはかるため、いくつの農・副産品の不合理な相対価格、価格差の調整を行い、全国的に農・副産品の買付価格の大幅引き上げを開始した。

1958年一部の地域の食糧、大豆、無殻落花生、茶葉、麻類、羊、馬などの買付価格は、全国総平均で対前年比2.2％引き上げられた。

1959年にも一部地域の大豆、無殻落花生、ごま、甘蔗、甜菜、食用牛、大麻、天日乾燥タバコ、人工乾燥タバコ、ラミー、黄麻などの買付価格をほぼ10％引き上げた。さらに、家禽、生卵、蜂蜜、ロジン、野生繊維、野生澱粉等の地方特産品の買付価格を引き上げた。1959年には農・副産品の買付価格は総平均で対前年比1.8％引き上げられた。

---

(21) 商業部商業経済研究所編著『新中国商業史稿』、中国財政経済出版社、1984年、145頁。

第七章　集権的外貿計画管理体制の回復と機構調整

　1960年には四川省、湖南省等の７つの省、自治区では、食糧、菜種種子、生体ブタの買付価格を引き上げ内蒙古、甘粛省などの一部の省、自治区ではいくつかの穀物種子の買付価格を引き上げた。同年12月からは、全国的に統一して落花生、大豆、ごま、菜種種子、茶油、桐油の６種の油料作物の買付価格を平均4.3％引き上げた。一部地域では人工乾燥タバコ、毛茶、黄麻、大麻、食用牛、食用羊、生卵等の買付価格をかなり引き上げた。1960年には、全国の農・副産品買付価格は総平均で対前年比3.5％引き上げられた[22]。
　1959年２月国務院は「関于当前超額完成油品、油料統購任務的奨励弁法」を発し、人民公社が計画額を超えて植物油、同原料を供出した場合、奨励価格を加算するという初の新方式を打ち出した。

超過供出総額５％以内　　：５％
超過供出総額５％～10％：８％
超過供出総額10％以上　　：10％

　また、1960年11月基本独立経済計算単位が国に対して食糧を売り渡す場合、地域区分に応じて、同単位地域人口一人当たり年間平均100斤、200斤、300斤以上の超過量に応じて10％価格を上乗せすることとした。また、1959～60年にかけていくつかの地域では生体ブタの割当額の買付を行う場合、割当額の超過部分に対してやはり買付価格に対して奨励価格加算を行った。例えば、四川省の規定では一斤につき５分加算、黒龍江省の規定では超過売渡総額の15％が加算されると定められた[23]。
　全国の重要商品の物価の取り仕切りは、1956年以前は商業部が担当し、1957年以降は国務院財貿弁公室が担当することとなっていた。こ

---

(22) 同上書、161～162頁、喬栄章・欧陽勝・陳徳尊主編『価格知識大辞典』、中国経済出版社、1991年、569頁。
(23) 商業部商業経済研究所編著『新中国商業史稿』、中国財政経済出版社、1984年、162頁、《当代中国的経済管理》編輯部編『中華人民共和国経済管理大事記』、中国経済出版社、1987年、122頁、喬栄章・欧陽勝・陳徳尊主編『価格知識大辞典』、中国経済出版社、1991年、78～79頁。

の点については、すでに前章で述べたところである。1962年5月からは全国物価委員会が設置され、国務院の直接指導下に置かれるところとなった。1963年5月第2期全国人民代表会議常務委員会第97回会議は、全国物価委員会を国務院直属機構とし、全国の物価活動を統一し、強化する任に当たらしめることを決定した。1963年4月13日国務院全体会議は「関于物価管理的試行規定」を定め、物価管理は"統一指導、分級管理"の原則で行われなければならないことを規定し、各級の物価総合部門の管理権限を定めた[24]。

全国物価委員会は、国務院の指導の下に、全国の物価の統一管理とバランス活動に責任を負う。具体的に管理を行うのは、工業品出荷価格および配分価格、農産品買付価格、各種商品の市場販売価格、各種商品の販売価格および運賃、地域価格差、買付価格と販売価格の価格差、卸売価格と小売価格の価格差、規格・品質に応じた価格差、季節価格差等の基本的構造についてである。国家計画委員会の物価局は全国物価委員会の事務局として、国家計画委員会と全国物価委員会の二重の指導をうける。国務院の工業、商業、水産部などの各部はいずれも物価機構を設け、物価活動を強化することになった。全国物価委員会の内部機構としては、弁公室、農産品価格局、軽工業品価格局、重工業品価格局、研究室が設けられた。例えば、商業部は全国物価委員会と共同で179種の商品の販売価格、またブタ、牛、羊、卵、硫黄、漢方薬材などの買付価格を管理した[25]。

---

(24) 商業部商業経済研究所編著『新中国商業史稿』、中国財政経済出版社、1984年、201～202頁、蘇尚堯主編『中華人民共和国中央政府機構・1949－1990年』、経済科学出版社、1993年、214頁。
(25) 商業部商業経済研究所編著『新中国商業史稿』、中国財政経済出版社、1984年、202頁、蘇尚堯主編『中華人民共和国中央政府機構・1949－1990年』、経済科学出版社、1993年、214頁。

(5) 物資管理専門機構

1963年物資管理の専門機構として国務院直属の国家物資管理総局が設けられ、翌64年国家物資管理総局は撤廃され、新たに物資管理部が新設された。物資分配・流通管理体制の改革と再編については後述する。

(6) 国営対外貿易専業総公司

1961年1月には、従来の対外貿易専業総公司の整理、統合が行われた。これは、従来の各公司の取り扱い商品が拡大するにつれて、相互に錯綜関係が生じたりしてきたものを整理したり、統合化するとか、輸出入商品を系統別に再編、統合化するとか、あるいは新たな必要から新分野を組み込んで統合化をはかるために行われたものであった。

"大躍進"政策の下で、対外貿易計画の編成が、地方から上級に上げていくという編成方式に改められてからは、対外貿易専業総公司は地方から積み上げられてきた計画の単なる遂行者としての性格のものになっていったが、"調整、強化、充実、向上"という方針に基づいて貿易計画管理体制の中央への集中統一がはかられる中で、1963年をまって貿易計画管理体制も中央集中化の形にもどされ、対外貿易専業総公司も従来の対外貿易計画管理機構としての地位を復活することになる。

図Ⅶ-3　対外貿易専業総公司（1961-65年）

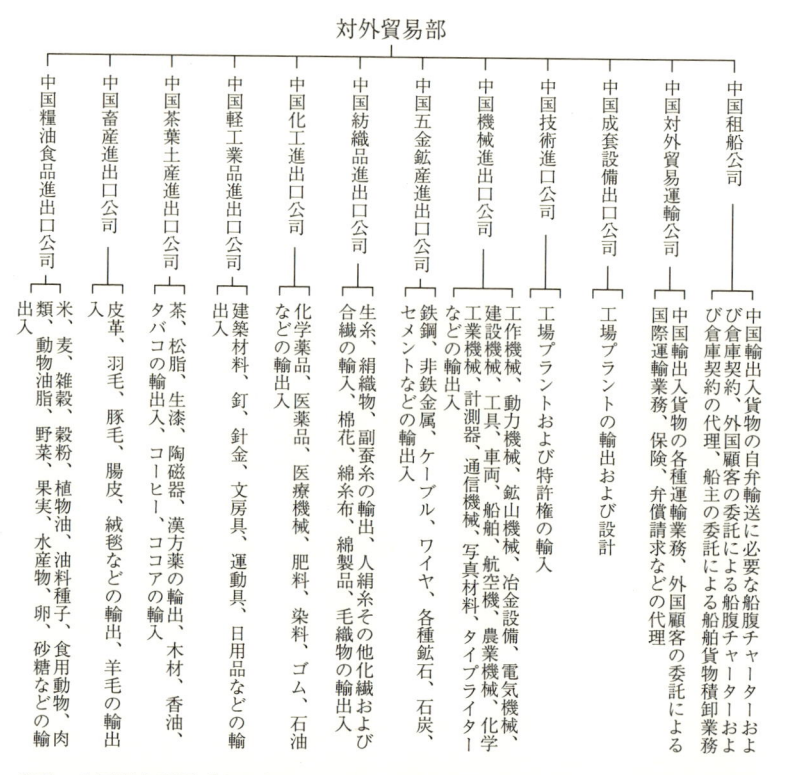

対外貿易部
├ 中国糧油食品進出口公司：米、麦、雑穀、穀粉、植物油、油料種子、食用動物、肉類、動物油脂、野菜、果実、水産物、卵、砂糖などの輸出入
├ 中国畜産進出口公司：皮革、羽毛、豚毛、腸皮、絨毯などの輸出、羊毛の輸入
├ 中国茶葉土産進出口公司：茶、松脂、生漆、陶磁器、タバコの輸出入、コーヒー、ココアの輸入、漢方薬の輸出、香油、
├ 中国軽工業品進出口公司：建築材料、釘、針金、文房具、運動具、日用品などの輸出入
├ 中国化工進出口公司：化学薬品、医薬品、医療機械、肥料、染料、ゴム、石油などの輸出入
├ 中国紡績品進出口公司：生糸、絹織物、副蚕糸の輸出、綿花、綿糸布、人絹糸その他化繊および合繊の輸入、綿製品、毛織物の輸出入
├ 中国五金鉱産進出口公司：鉄鋼、非鉄金属、ケーブル、ワイヤ、各種鉱石、石炭、セメントなどの輸出入
├ 中国機械進出口公司：工作機械、動力機械、鉱山機械、冶金設備、電気機械、建設機械、工具、車輛、船舶、航空機、農業機械、化学工業機械、計測器、通信機械、写真材料、タイプライター
├ 中国技術進出口公司：工場プラントおよび特許権の輸入
├ 中国成套設備出口公司：工場プラントの輸出および設計
├ 中国対外貿易運輸公司：中国輸出入貨物の各種運輸業務、保険、外国顧客の委託による国際運輸業務の代理、弁償請求などの代理
└ 中国租船公司：中国輸出入貨物の自弁輸送に必要な船腹チャーターおよび倉庫契約、外国顧客の委託による船腹チャーターおよび倉庫契約の代理、船主の委託による船舶貨物積卸業務

出所：中国研究所編『中国年鑑・1961』、石崎書店刊、547～549頁、中国研究所編『新中国年鑑・1966』、極東書店刊、260頁より作成。

## 第三節　輸出入商品国内流通体制の改革と再編

### 1　商品・物資の配給・流通管理体制の改革と再編

(1)　政企合一体制の成立

　すでに第六章で述べたように、1958年1月1日から商業部所属の各

専業総公司は部の各専業貿易局に編成替えされ、各専業貿易局は一級ステーションを直接指導するだけで、各省・市・自治区の公司に対しては指導関係をもたなくなった。地方各級の専業公司も撤廃され、これは同級商業行政部門内部の専業局（処）に改組、政企合一体制がとられることとなった。

第一商業部と第二商業部合併後、商業部には次のような専業貿易局が置かれていた。百貨局（文化用品も含む）、紡織品局、医薬局、生産手段局（1959年2月化工局と五金局に分離、同11月農業生産手段局が成立）、石油局（石炭建設も含む）、食品局、棉麻局、土産局、蔬菜果品局、飲食服務局がそれらである。このうち、農産品を主管する専業局は主管商品の割り振り分配に責任を負う。また、工業品主管専業局は企業管理機構として一級ステーションを指導し、主管商品の割り振り、分配に責任を負うこととされた[26]。農村では1958年はじめから供銷合作社、信用合作社、生産合作社の"三社合一"展開されるようになり、人民公社の中に組み込まれていく。

政企合一国内商業体制と、すでに上段でみたような商品管理体制の成立にともない、対外貿易公司の輸出商品の貨源調達ルートも、直接分配されるものについては国家から直接分配されることになるが、輸出商品の買付を間接的に行うような場合には、従来とは異なって商業系統の各級専業局から買い入れるとか、委託買付を行うことになったのである。

(2) 国営商業専業公司の復活と調整

上述のように商業部門の管理体制が改められた結果、地方の商業部門の活性化が促進されるといった面が出てきた反面、地方が自己中心の行動をとり、地域封鎖傾向が顕著に現われるようになり、国民経済

---

(26) 商業部商業経済研究所編著『新中国商業史稿』、中国財政経済出版社、1984年、134～136頁。

的にみた正常な経済関係が寸断されるといった状況が出てきた。対外貿易面でもその弊害が出てきたことについては、すでに指摘したとおりである。

このため、1962年5月国務院は「関于商業部系統恢復和建立各級専業公司的決定」を発し、上級業務部門と地方商業行政部門の二重指導体制をとることとした。また、専業公司を復活し、専業公司の設置と指導関係については3種に分けて再組織化することとした。

**第一類専業公司**

専業総公司の指導を主とする。五金機械公司、交通電工器材公司、化工原料公司等。商業部が総公司を設け、主要生産地区に一級卸売ステーションを設置する。省・市・自治区は省・市・自治区の公司を設け、省、市、自治区内の重要生産地区には二級卸売ステーションを設置する。県（市）は必要に応じて、県（市）の公司を設ける。指導関係では、一級卸売ステーションと省・市・自治区の公司は、業務上は専業総公司の指導を主とする。二級卸売ステーションと県（市）公司は、省・市・自治区公司の指導を主とする。

**第二類専業公司**

業務上は専業総公司と省・市・自治区商業庁（局）の分級指導とする。紡織品公司、百貨公司、糖煙酒公司、食品公司、医薬公司、石油公司、石炭建築器材公司等。配置については一類専業公司と同様である。指導関係については、一級ステーションは業務上は総公司の指導を主とし、省・市・自治区公司は、省・市・自治区の商業庁（局）の指導を主とする。二級ステーションと県（市）公司は、省・市・自治区公司の指導を主とする。

**第三類専業公司**

省・市・自治区の商業庁（局）が指導するか、県（市）商業局が指導する。民族貿易公司、蔬菜公司、飲食業公司、サービス業公司、労働保護用品公司、倉庫運輸公司等。これらの公司は商業部が設けない。省・市・自治区が設けるか、その専業管理処が設けるかは、省・

市・自治区人民委員会が決定する。県（市）は必要に応じて専業公司を設ける。

専業公司復活のプロセスで若干の調整が行われ、石炭建築器材公司、石油公司、医薬公司、中国薬材公司（1963年衛生部の経営から商業部に帰属）は一類公司に格上げされ、1965年五金公司と交通電工器材公司が合併した。

一類公司は総公司が統一管理、統一計算し、当地の商業行政部門は規定により一定の権限をもち、企業経営に対しでも一定の責任を負う。二類公司の一級ステーションは業務上は総公司の統一管理、統一計算で当地の商業行政部門は一定の権限をもつにすぎない。省・市・自治区の公司は、業務上は商業庁（局）の統一管理、統一計算で、商業部に対して責任を負う。また、総公司はこれら公司に対して指導の責をもち、一定の管理権限、企業経営に対し一定の責任をもつ。三類公司の業務は完全に地方管理であるが、商業部は経営方針、政策、商品計画については必要な統一割り振りを行い、業務経営上は督促、検査、指導を行う。

1965年までに、商業部には百貨総公司、紡織品総公司、五金機械公司、交通電工器材総公司、化工原料総公司、石油総公司、石炭建築器材総公司、糖煙酒総公司、食品総公司、医薬総公司、中国薬材総公司の11専業総公司と、飲食サービス局、蔬菜局、民族貿易局、労働保護特需用品局が設立された。地方各級商業部門もこれに応じた機構を設けた。しかし、全体としての体制は、まだ1957年の状況に立て直されたというまでにいたらず、大部分の省級以下の公司はいずれも地方商業部門の指導下にあり、総公司が直接業務の指揮をとるという状況にはいたらなかった[27]。

---

(27) 同上書、195〜197頁。

(3) 供銷合作社の復活

　国営商業と合作社が合併し、農村の基層商業の資金管理権、商品管理権、人事管理権、経営管理権がすべて人民公社に下放されると、農村の基層商業機構は人民公社の供銷部（販売購買部）となり、供銷部は人民公社の組織部分であると同時に、商業部門の基層単位となった[28]。

　この条件の下にあっては、供銷合作社が国営商業に合併される以前の集団経済指導の経済的に有効なやり方、例えば、契約、奨励、生産物の一定量の保留・戻し、民主的な人事評価、価格協議などがだんだんと行われなくなってきた。国営商業の一括処理の方法が多く採用されるようになり、農産品の買付においても強制的な命令的なやり方が蔓延し、値踏取引、公正な品質格付や公正な価格による買付が行われなくなるといった事態が出てくるようになった。出資金の配当も行われなくなり、利潤は全額上納するといった方式が行われるようになり、経営管理水準も下がっていった。

　このような状況が全国的に一般化するようになって、その弊害が目立つようになってきたため、1961年3月党中央工作会議は供銷合作社の復活問題を取り上げ、試験的に一部の地域で供銷合作社の復活を開始した。1962年4月商業部と供銷合作社の業務分担に関する決定が行われ、商業部は7月1日より、日用工業品、一部の生産手段（紡績・紡織品、百貨、砂糖、タバコ、酒、西洋医薬品、石油、石炭、五金器材、交通電工器材、化学工業原料）、主要副食品、県都以上の小売と飲食業の経営、県都および大中都市、工鉱区の公私合営企業・個人商業の社会主義改造の任務を担当することとなった。食糧、油料は糧食部が経営し、畜産品、茶葉、繭は対外貿易部が経営する。また、漢方薬材は

---

(28) 賀名侖・周明星主編『商業経済学』、北京科学技術出版社、1983年、142頁。

衛生部経営、木材は林業部経営、水産物は水産部が経営する。供銷合作社は上記のほかの農・副産品の経営を行い、一部の農業生産手段（化学肥料、農薬、農業機械、小農具、手工業合作社生産中型農具等）、一部の日用雑貨品（陶磁器、傘、ござ・むしろ等）、都市および農村の廃物、農村および農村の町における小売・飲食業の経営も行う。また、農村および農村の町における公私合営商業と個人商業の社会主義改造の任務を負う。

　1962年7月全国供銷合作総社は商業部から独立し、自己資金の充実に努め、社員の出資金の拡大活動を展開した。1962年の年末にいたり、全国の基層供銷合作社は3万3千余に達し、省、県各級の供銷合作連合社がほぼ全面的に回復した[29]。

## 2　物資分配・流通管理体制の改革と再編

　1958年大部分の中央企業が地方管理に下放されるにともない、これに対応して物資分配・流通体制でも計画管理権が下放された。第一類物資、第二類物資は大幅に減らされ、その他の物資は地方管理に移された。第一類物資、第二類物資も、従来の国家が総合バランスをとり、統一的に分配するというやり方を改め、地域バランスをとり差額配分するというやり方にして、中央は地域間の物資援助のみを管理することとなった。分配の申請については、鉄道、軍事工業、対外貿易、国家備蓄などを除けば、中央企業、地方企業ともに所在省・市・自治区に申請し、分配、供給をうけることとなった。

　しかし、このような大きな分配・流通体制の変化によって、全国のバランスは甚だしく乱れ、正常な経済関係も壊れてしまった。このた

---

(29) 同上書、144頁、前掲書、203〜204頁。なお、商業部と供銷合作社の業務分担は「関于国営商業和供銷合作社分工的決定」によるが、これが出されたのは1962年4月26日と多くの書物に記されているが、《当代中国的経済管理》編輯部編『中華人民共和国経済管理大事記』、中国経済出版社、1987年では1962年5月26日とある。ここでは1962年4月26日を採用しておく。

261

め、1959年第2四半期から、元の中央が総合バランスをとり、統一的に分配するという方式（統籌統支）と地域バランスをとるという方式の両者を結合したやり方に改めたが、かなか状況は好転せず、地域的分断性と全国的計画の不整合性のため、例えば、1959年には鋼材生産は計画ノルマ生産額を100万トン近く超過生産したが、契約が30万トン余も達成されないといった状況となった。また、同年の重機械生産も計画ノルマ生産額を15万トン超過生産したが、やはり10万トンは契約通り引き渡すことができなかった。1960年には鋼材の契約達成率は74.5％、セメントのそれは82.2％であった。

　この状況に対処するため党中央と国務院は一連の重大措置をとり、物資流通の集中的統一管理のやり方を実施していくことを決定した。1960年5月と62年5月党中央は2度にわたって、国家経済委員会の物資分配・流通体制改革案を検討し、改革の方向を探求した。この改革の概要は以下のようなものであった。

　①　第一類物資、第二類物資を増加させたこと

　1963年には第一類物資と第二類物資は516種（第一類物資256種、第二類物資260種）となり、基本的には1957年の状況にもどされた。

　②　全国統一の物資分配・流通部門を設けたこと[30]

　すでに述べたように、国家経済委員会は1958年9月からは、工業生産と交通運輸の管理を専ら担当することになったが、これに合わせて国内の物資分配・流通の管理が一つの重要な任務となった。1960年以前の生産手段の管理は、主として物資分配目録と物資の分配のやり方を検討し、調整するということにおかれており、物資の流通を合理的に組織するという面では十分でなかった。流通面では整った管理と経済機構が打ち立てられていなかったのである。流通は各級の行政部門に依存していた。経済の発展につれて、企業、事業単位が増え、分散

---

(30)《当代中国》叢書編輯部編輯『当代中国的経済体制改革』、中国社会科学出版社、1984年、505〜507頁。

第七章　集権的外貿計画管理体制の回復と機構調整

的な物資分配・流通の管理に少なからざる問題があった[31]。1960年5月国家経済委員会内に物資管理総局が設けられ、地方の専門的物資供給公司に対して垂直的管理が実行され、物資管理体制は58年以前の集中的管理に戻された[32]。物資管理総局の任務は、物資分配の執行計画を組織することにあり、国家計画に合わせて全国の生産手段の買付、供給、配置活動に対して統一的に組織し、管理することにある。物資分配計画の編成は国家計画委員会がこれに責を負い、国家経済委員会物資管理総局は計画の編成に参与することとされた[33]。

　1963年5月第2期全国人民代表大会常務委員会第97回会議は、国家の物資活動の集中的な統一管理を行うため、国家物資管理総局を国務院直属機構として設立することを決定した。国家物資管理総局の中には、弁公室、研究室、総合計画局、総合配置局、財務局、七局（軍事工業）、輸出入局、三類物資局、政治部の各部局が置かれた。国家物資備蓄局はここでまた、国家計画委員会から国家物資管理総局の領導下に編成替えされた。従来各工業生産部門が別々に管理していた統配物資の販売業務と販売機構の大部分は国家物資管理総局で統一管理されることとなり、国家物資管理総局内に金属材料、機械・電気設備、化学工業材料、木材、建築材料の5大公司が設けられ、一級ステーションが管轄内の物資販売活動の任に当たることとなった[34]。

　1964年11月5日第2期全国人民代表大会第129回会議は、国家物資の管理活動を強化するために物資管理部を設立し、国家物資管理総局を撤廃することを決定した。物資管理部設立後は、国家計画委員会の物資分配機構は物資管理部の指導下に入れられ、第一類物資のバラン

---

(31) 余嘯谷主編『中国物資管理辞典』、中国財政経済出版社、1989年、52頁。
(32) 蘇尚堯主編『中華人民共和国中央政府機構・1949-1990年』、経済科学出版社、1993年、198頁。
(33) 《当代中国的経済管理》編輯部編『中華人民共和国経済管理大事記』、中国経済出版社、1987年、142頁、余嘯谷主編『中国物資管理辞典』、中国財政経済出版社、1989年、52頁。
(34) 前掲書、198～99頁、余嘯谷主編『中国物資管理辞典』、中国財政経済出版社、1989年、53頁。

図Ⅶ-4　調整期の第一類、第二類物資計画申請、分配下達システム

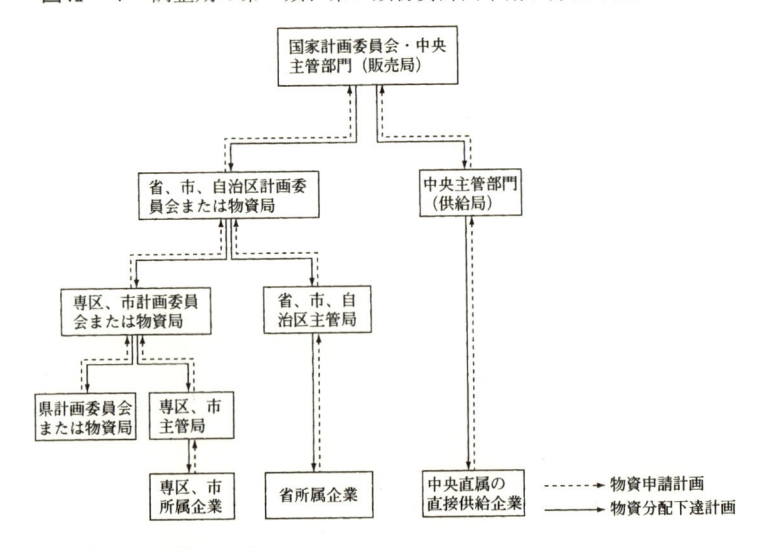

```
                    国家計画委員会・中央
                    主管部門（販売局）

    省、市、自治区計画委              中央主管部門
    員会または物資局                  （供給局）

  専区、市計画委員      省、市、自
  会または物資局        治区主管局

県計画委員会   専区、市
または物資局   主管局

              専区、市         省所属企業      中央直属の      -------→ 物資申請計画
              所属企業                        直接供給企業    ──→ 物資分配下達計画
```

出所：図Ⅵ-3同書、507頁。

スと分配は、物資管理部が国家計画委員会の指導の下に担当することとなった。1965年の物資管理部の内部機構としては、弁公庁、総合局、財務局、配置局、七局（軍事工業部門）、三類物資局、運輸・倉庫局、金属廃品回収局、国家物資備蓄局および政治部が設けられており、東北大区、中南大区、華東大区、西南大区、華北大区に各々物資局あるいは事務処が置かれていた[35]。

　③　第一類物資の販売を統一したこと

　それまで各工業生産部門が各々分管していた第一類物資の販売業務と販売機構は、大部分が国家物資管理総局の統一管理に移され、国家物資管理総局の総局内には、金属材料公司、機械・電気設備公司、化工材料公司、木材公司、建築材料公司の5大公司が設立され、各大区に一級ステーションが設立され、大区の範囲内の物資販売に責任を負

---

(35) 蘇尚堯主編『中華人民共和国中央政府機構・1949-1990年』、経済科学出版社、1993年、199頁。

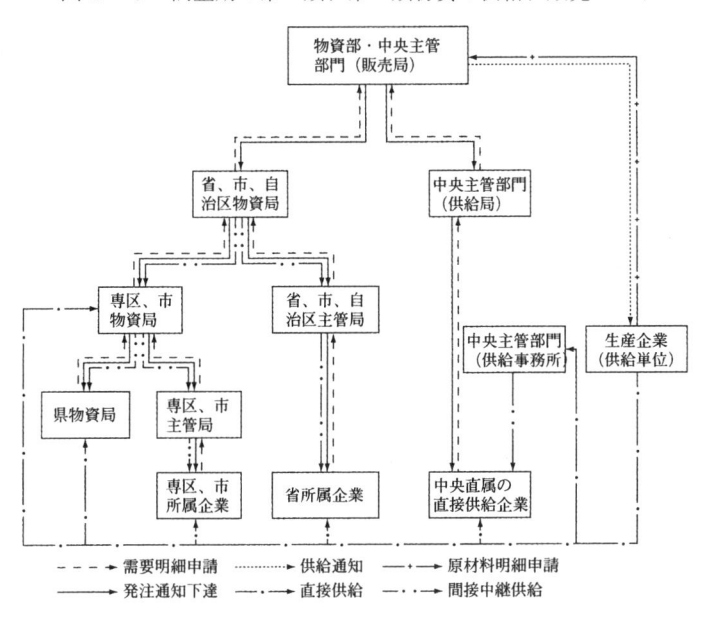

第七章　集権的外貿計画管理体制の回復と機構調整

**図Ⅶ－5　調整期の第一類、第二類物資の供給、販売ルート**

出所：図Ⅶ－4同書、508頁。

うこととなった。省・市・自治区の工業局の製品の販売業務および販売機構も、一部は物資局の統一管理とした。同時に、国家経済委員会は重点的な炭鉱林業局に当該業務活動の専門官を派遣したり、国家物資管理総局は重点冶金機械・電気建材などの企業にやはり駐在代表を派遣したりなどして、国家の発注、契約、割り振りの執行を監督するようにした。こういった管理活動の強化によって、1963年から65年までに鋼材、セメントの国家の発注、契約分はすべて達成されるようになった[36]。

④　その他の物資流通の円滑化と効率化のための措置

上述のほかに、行政区域という枠をこえた物資供給網の組織化の試

---

(36) 《当代中国》叢書編輯部編輯『当代中国的経済体制改革』、中国社会科学出版社、1984年、507～508頁。

265

表Ⅶ-1　国家統一分配物資・部分配物資（1958～65年）

| 年 | 統一分配物資 | 部分配物資 | 合　計 |
| --- | --- | --- | --- |
| 1958 | 93 | 336 | 429 |
| 1959 | 67 | 218 | 285 |
| 1960 | 75 | 342 | 417 |
| 1961 | 87 | 416 | 503 |
| 1962 | 153 | 345 | 498 |
| 1963 | 256 | 260 | 516 |
| 1964 | 370 | 222 | 592 |
| 1965 | 370 | 222 | 592 |

出所：表Ⅵ-4と同じ。

み、中継倉庫の合理的総合化、物資供給ステーションの拡大、三類物資に関する各級管理機構の設立、三類物資生産に要する第一類、第二類物資の計画への編入などを行った（1965年の三類物資目録品目数5,929品目）[37]。

## 3　輸出入商品国内流通体制の再編

### (1)　輸出商品国内調達体制

　国内商業専業公司が復活され、供銷合作社が再建されるにともない、対外貿易専業公司が輸出する輸出商品の調達、買付はほぼ1957年の時期の状況に戻った。
　国が統一分配する重要物資・商品については、直接割り当て配分され、主管部門経由で対外貿易専業公司にまわされる。例えば、食糧や油料について言えば、供銷合作社を通じて委託買付を行い、糧食部の

───────

[37] 同上書、508～509頁。

割り振りによって、中国糧油食品進出口公司が輸出する。重要物資としての鋼材については、国家計画委員会の配分計画の下で、冶金工業部経由で、また国家物資管理総局が置かれてからは、同管理総局金属材料公司、物資管理部が置かれてからは同管理部金属材料公司の指示によって、同公司経由冶金工業部から配分をうけることになったと思われる[38]。

畜産品、茶葉、繭については、1962年7月から対外貿易部が経営するようになってからは、畜産品については中国畜産進出口公司系統[39]、茶葉については中国茶葉土産進出口公司系統[40]、繭については中国紡織品進出口公司系統が直接買付を行うか、委託買付する形となったものと思われる。

(2) 輸入商品引取・国内流通体制

輸入商品・物資については、分配あるいは販売計画に基づいて、輸

---

(38) 余嘯谷主編『中国物資管理辞典』、中国財政経済出版社、1989年、53～54頁。
(39) 1951年4月1日中国畜産公司が設けられ、畜産品の買付、国内販売、対外貿易を担当した。1952年8月中国畜産公司は対外貿易部傘下に入り、同時に従来畜産公司が取り扱っていたタマゴ類、肉類等を取り扱う中国食品出口公司が設立された。1955年からは農産品採購部管理となり、56年12月からは畜産品の買付は全国供銷合作社が担当、輸出部分については対外貿易部経営となった。1958年からは供銷合作社と商業部が合併、国内部分については商業部の経営となったが、61～62年にかけて供銷合作社、国内商業専業公司が復活されるなかで、畜産品は対外貿易部の経営となる（楊徳穎主編『商業大辞典』、中国財政経済出版社、1990年、960頁）。
(40) 1949年12月中国茶葉公司が設けられ、全国の茶葉の生産、製造、運輸、販売等の活動の経営管理を担当することになった。1951年生産部面の経営管理活動は農業部の管理に移され、1952年9月対外貿易部の傘下に入り、茶葉の買付、加工、国内販売、輸出等の業務の経営管理を行うこととなった。農産品採購部が成立後は業務を分担して管理活動にあたった。1956年12月から茶葉の経営は全国供銷合作社に移されたが、輸出部分については対外貿易部の経営となった。1957年供銷合作社内に茶葉採購管理局が設けられた。1958年供銷合作総社と商業部が合併、国内部分については商業部の経営となったが、61～62年にかけて供銷合作社と国内商業専業公司が復活されるなかで、茶葉は対外貿易部の経営となる（同上『大辞典』、959～960頁）。

入物資の使用単位あるいは販売総括単位から発注をうけて、対外貿易専業公司が代理輸入することになる。しかし、この場合対外的には輸入契約者は対外貿易公司となるので、通関申請単位は対外貿易専業公司（倉庫・運輸部門）ということになるが、屢々対外貿易運輸公司の分支機構あるいは直接に発注使用単位に委託代理して通関を行わせるなどの方法がとられる[41]。輸入商品・物資の発注使用単位への引渡の便宜上からとられる方法である。

輸入商品は、すでに述べた商業流通ルートを通じ販売される。また、主要物資については、直接に発注使用単位が輸入物資引取を行うか、あるいは総括発注単位が輸入物資引取の後、すでに図示したルートを通じて分配されるという運びとなる。一部の輸入物資は総括発注単位から商業流通網を通じて販売されることになる。統一経営される食糧などについていえば、輸入食糧は糧食部が一手に自己の配給ルートを通じて配給することになる。

## 第四節　財務計画管理制度の改革と再編

(1)　財務計画制度の補完と整備

これまで述べたように、対外貿易の財務計画制度は漸次整備されていったが、1963年になって対外貿易の営業活動業務に焦点をしぼった財務計画制度が確立された。"調整、強化、充実、向上"という方針を貫徹するために、対外貿易部はこれまでの経験を総括し、対外貿易の計画制度の修正、補完を行った。1963年末対外貿易部は「対外貿易企業財務計画制度（試行草案）」を制定し、対外貿易の財務計画は統一計画、分級管理を徹底し、対外貿易業務自体を主とし、対外貿易業

---

(41) 葉松年・孔宝康編著『海関実務』、中国対外経済貿易出版社、1987年、40頁、斉小思著『我国対外貿易基本知識』、財政経済出版社、1958年、94頁。

務系統と地域の財務を結合していくことを強く打ち出した。この中で強調されたことは、①地方の対外貿易の行政部門は対外貿易の財務計画をきちんと監督すること、②計画指標体系と計画検査制度を確立すること、③商品流通計画を財務計画に組み入れ、別の単独計画としないこと、④対外貿易の財務計画は利潤計画、商品流通費計画、流動資金計画の３本の計画をもって構成することとすること、などを主要内容とするものであった[42]。

## (2) 流動資金管理

　"大躍進"政策が推進される中で、国営企業の流動資金は一律に中国人民銀行の統一管理に改められるところとなった。過去に国家財政から供与した国営企業の自己流動資金は、すべて中国人民銀行の貸付という形にし、統一的に利子計算する。国営企業の需要がさらに大きくなった場合には、各級の財政から適当に分配するも、当地の人民銀行とはかり統一的に貸付する。企業の流動資金の査定については、従来通り個別に処理する。定額流動資金は財政部が責任をもってこれを行い、人民銀行と関連部門（対外貿易活動にかかわる部分は対外貿易部ということになる）が協議して査定する。非定額流動資金は人民銀行が実情に応じて貸付する。1959年１月からはこのように改められたのである。

　この国営企業の流動資金の全額貸付方式の目的は、従来財政と銀行の双方から流動資金を供給していた場合に生ずる手続上の煩雑さと、管理上の不統一性を改めて、銀行の資金供給の積極性を発揮させようとすることにあった。しかし、財政部門は資金の割り振りを行うにあたって、企業の増加した定額流動資金需要に対して中国人民銀行に十分に資金を供給しえなかったために、中国人民銀行も全額貸付の重荷

---

[42]《当代中国》叢書編輯部編輯『当代中国対外貿易（上）』、当代中国出版社、1992年、211頁。

に耐えられなかった。銀行は資金貸付管理をきちんと行わず、資金供給を拡大していったため、流動資金の貸付は押えがきかなくなってしまった。かくて、2年後国営企業の流動資金の管理は、再び財政と銀行が共同で管理するというやり方を採らざるをえなくなった[43]。

　1962年2月の陳雲の言によれば、"大躍進"政策の下での金融の管理の乱れによって、インフレが高進した[44]。1960年末の市場における通貨流通量は95億9千万元で、57年末のそれに比べ81.6％増となった。紙幣の増発がかなりの原因とされている[45]。銀行は手放しで資金供給を行い、銀行の貸付は計画外の基本建設に流用され、これによって計画外の購買力が増え、物資、不足生活手段の逼迫といった現象が生じたのである[46]。

　このような事態に対して、1960年12月22日党中央と国務院は「関于凍結、清理機関団体在銀行的存款和企業専項存款的指示」を発し、財政赤字の中で機関、団体、部隊、事業単位の銀行預金が多量に存在し、その額が約100億元に達するという状況、企業単位の独自項目預金が大きな規模に達するという状況にメスを入れるため、これら預金を凍結し、これらをきちんと整理する方針を打ち出した[47]。1961年2月国務院は「関于当前緊縮財政支出、控制貨幣投放的補充規定」を発し、資金貸出管理の杜撰さの付けとしての紙幣増発に歯止めをかけた[48]。

---

(43)《当代中国》叢書編輯部編輯『当代中国的金融事業』、中国社会科学出版社、1989年、130頁。
(44) 陳雲『目前財政経済的情況和克服困難的若干弁法』、《当代中国財政》編輯部『中国社会主義財政史参考資料・1949-1985』、中国財政経済出版社、1990年、381頁。
(45) 前掲書、131頁。
(46) 同上書、132頁。
(47) 「中共中央、国務院関于凍結、清理機関団体在銀行的存款和企業専項存款的指示」(1960年12月22日)、《当代中国財政》編輯部『中国社会主義財政史参考資料・1949-1985』、中国財政経済出版社、1990年、358〜359頁。
(48) 「国務院関于当前緊縮財政支出、控制貨幣投放的補充規定」(1961年2月6日)、同上書、366頁。

1961年4月中国人民銀行は「関于改変信貸管理体制的通知」を発し、58年以来行われてきた流動資金の供給方法（いわゆる差額包干管理法）を改めていくこととした。また、中国人民銀行と財政部は国務院の批准を経た後、1961年7月1日から、企業の流動資金をこれまで銀行が一手に供給してきたやり方を改め、工業部門と交通運輸部門の定額流動資金は査定を経てから、総額の80％は財政部門が企業主管部門を通じて企業に自己資金として分与することとし、20％は財政部が統一して銀行に供与し、銀行が企業向けに貸与することとした[49]。また1961年2月以降には、国家計画委員会と財政部は通達を発し、国営企業のコスト管理を強化していくこととした[50]。

紙幣の発行を厳重に管理していくためにとるべき措置についても、中国人民銀行は準備を進めた[51]。

1962年3月10日、党中央と国務院は「関于切実加強銀行工作的集中統一、厳格控制貨幣発行的決定」（いわゆる銀行工作"六条"）を定め、58年以来の管理のやり方を改めた。主要内容は以下の通りである。

① 下放した銀行業務の一切の権限を徹底した垂直指導とする。中国人民銀行の分支機構は、関連業務計画、制度、現金管理等の面

---

(49)《当代中国》叢書編輯部編輯『当代中国的金融事業』、中国社会科学出版社、1989年、136〜137頁、《当代中国的経済管理》編輯部編『中華人民共和国経済管理大事記』、中国経済出版社、1987年、157〜158頁。

(50)「国家計委、財政部関于加強国営企業成本管理工作的連合通知」（1961年2月9日）、《当代中国財政》編輯部『中国社会主義財政史参考資料・1949-1985』、中国財政経済出版社、1990年、367〜368頁、「国家計委、財政部関于1962年国営企業若干費用画分的規定」、同書、374〜376頁、「国営企業四項費用管理弁法」（1962年1月10日）、同書、377頁など。

(51) ①国家の賃金計画にもとづく賃金支払、②商業系統の農・副産品買付計画達成の支持と農・副産品買付に対する貸付管理の強化、盲目的価格つり上げ防止、③農村向け貸付の管理強化、④貸付資金の目的外への転用の防止、企業向けの財政上の支出については、銀行は一切融資しないこと、⑤計画内生産の積極的支持と定額超過貸付の厳重管理、⑥商業貸付は商品在庫の増加部分に適用し、実物商品のないものについては一律に貸付しないこと、などの内容である（《当代中国》叢書編輯部編輯『当代中国的金融事業』、中国社会科学出版社、1989年、137頁）。

で中国人民銀行総行の垂直指導を受ける。国家の批准を経て、中国人民銀行が下達した貸付計画、現金計画、貸付手続、清算の方法、その他の重要規則については、各地の党委員会、各地の人民委員会、中央の関連部門は確実にこれを実行しなければならない。異論があれば提起してもよいが、中国人民銀行総行の同意を得ずに勝手に変更してはならない。

② 貸付管理を厳正にし、貸付の計画性を強化していかなければならない。中国人民銀行の批准を経ることなしに、いかなる地方、部門、企業、事業単位といえども、計画外の貸付を積増してはならず、各級の党政府機関も銀行貸付の増加を強要してはならない。銀行の年度貸付は国民経済計画の重要な一部分であり、各級計画機構および財政機構が統一的にバランスをとった後、党中央と国務院が批准する。批准された計画の範囲内で、各部門、各地区は各レベル毎に管理し、責任を負う。中央各部門の所属企業の貸付指標は、主管部門と中国人民銀行総行が当該企業と当該企業所在地の銀行に下達する。当地の銀行は指標の範囲内で一筆毎に審査し、事実確認の上で貸付する。各省・市・自治区の貸付指標については、省・市・自治区の人民委員会が、中国人民銀行の下達した指標の範囲内で、きちんと配分し管理する。特殊な情況の場合には、予め定められた手順にしたがって、中国人民銀行総行に申請し、批准を経たのち貸付をうける。事後承諾のやり方をとってはならない。

③ 銀行の貸付資金と財政資金の区別をきちんとし、銀行貸付を財政支出に回してはならない。

④ 現金管理を強化し、清算規則を遵守しなければならない。

⑤ 各級の中国人民銀行は定期的に当地の党委員会と人民委員会に、紙幣供給、還流、流通の情況を報告しなければならない。商工業に対する貸付の増減と返済状況、賃金基金の支払状況、企業の赤字に対する財政補填の状況、銀行貸付の財政上の支出への転

用の状況等がその具体的内容である。
⑥　銀行の管理活動を強化するとともに、財政管理をきちんと行うようにする(52)。

1962年4月21日、党中央と国務院は「関于厳格控制財政管理的決定」(いわゆる財政工作"六条")を発し、財政管理の強化をはかった。主要内容は以下の通りである。
①　大規模な企業赤字の転換をはかっていく。
②　国家資金を企業に取り込むやり方をすべて禁止する。
③　各単位相互間の取引上の貸借の延滞を禁止する。
④　上納すべき国家の財政収入をきちんと納める。
⑤　計画支出項目に合わせて財政支出をきちんと管理する。
⑥　財政上の監督活動を強化する(53)。

1963年2月中国人民銀行は「関于信貸計画管理若干問題的規定」を公布し、貸付の計画管理について、主要以下のように定めた。
①　中央各部直属の省・市・自治区の管理局、商業部、対外貿易部の専業総公司と一級ステーション、省級商業、販売部部門が垂直指導する専業公司の貸付指標は、すべて中国人民銀行総行が下達する。
②　農業貸付、地方工業貸付、国営工業の決算資金貸付、その他の商業貸付等の指標は、地方政府が中国人民銀行総行の下達した指標の範囲内で掌握管理する。
③　農・副産品買付に対する貸付指標が十分でない場合には、貸付追加手続をとり貸付してもよい。

---

(52)「中共中央、国務院関于切実加強銀行工作的集中統一、厳格控制貨幣発行的決定」(1962年3月)、前掲書、389〜390頁、《当代中国》叢書編輯部編輯『当代中国的金融事業』、中国社会科学出版社、1989年、140〜143頁。
(53)「中共中央、国務院関于厳格控制財政管理的決定」(1962年4月21日)、《当代中国財政》編輯部『中国社会主義財政史参考資料・1949-1985』、中国財政経済出版社、1990年、397〜399頁、《当代中国》叢書編輯部編輯『当代中国的金融事業』、中国社会科学出版社、1989年、143頁。

④　各級企業の貸付計画は、級に応じた企業主管部門が編成し、同級の中国人民銀行に送付する。その後、各級人民銀行の審査、批准を経て中国人民銀行総行に送付、報告する。然る後に主管部門と中国人民銀行総行が審査、下達するという"双線"管理の方法による[54]。

要するに、この「規定」によって、"大躍進"期に下放されたすべての権限は中央に戻され、貸付計画は中央の方針、政策にそって、国の生産計画、商品流通計画、財政予算と結びつけられ、統一割り振りされ、総合バランスをとるというふうにされるようになり、貸付計画管理は、高度の集中統一と各級責任の結合した制度になったわけである。企業の生産、物資、資金計画は、主管部の管理下におかれ、縦系統（条）と基層部（塊）の結合、しかも縦系統を主とする体制となった。

商業部門の貸付については、貸付指標は商業主管部が査定し、各級銀行は査定の貸付指標の範囲内で貸付審査を行い、貸付し、監督する。

対外貿易の貸付については、1963年5月29日銀行工作"六条"と商業工作"八条"（1962年4月3日公布「関于加強商業資金的統一管理和改進商業利潤解繳弁法的決定」）の精神に則り、中国人民銀行と対外貿易部は対外貿易の貸付計画管理について新規定を定めた。同年10月30日中国人民銀行は、輸出商品買付資金の供給と清算、貸付の監督と制裁、対外貿易企業の経営管理改善等に関する規定を定め、対外貿易の健全な発展の促進に努めた[55]。

---

(54)《当代中国》叢書編輯部編輯『当代中国的金融事業』、中国社会科学出版社、1989年、254頁。
(55) 同上書、145頁。これら規定の具体的内容は資料上の制約から詳細にはわからない。

(3) 利潤分配方式の変更

　1958年からは、対外貿易公司系統に利潤留成制度が導入され、60年まで実施された。この制度は、従来企業奨励金と生産発展基金（計画超過達成利潤の40％が、生産の発展なり、基本建設の補填なり、流動資金として、また技術系統整備費、試作用費用などの資金として認められる）を別々に企業が受け取っていたものを、一律に実現された利潤とリンクする形で分配するようにし、規定の比率に応じて企業に利潤を与えるようにして、多くの利潤を稼げば、多くの奨励金と発展基金が得られるようにしたものであった[56]。

　1961年１月23日から執行された「財政部党組関于調低企業利潤留成比例加強企業利潤留成資金管理的報告」の中では、実際の国営企業の利潤留成の状況と管理上の問題点について、つぎのように述べられている。

　目下（1960年当時と思われる……筆者注）の利潤留成のやり方では、利潤収入の87％ぐらいを国に上納し、13％ぐらいが企業に残されるといった状況である。企業は"四項費用"（第六章参照）と職員・労働者の福利に留成利潤を使用する。企業単位が1958年受け取った留成利潤資金は約30億元、1959年には約51億元、1960年には60億元に達するとみられる。この制度はすぐれた作用を発揮していると評価できるが、留成比率が高すぎるということと、管理が杜撰で使用方法に混乱がみられる。地方や企業主管部門の中には、企業の利潤留成資金の一部を使って計画外の基本建設投資をしているものもみうけられる。この比率は1958年には17％、59年には31％、60年には50％前後と予測される。その他の使用上の乱れもある。

　したがって、規定の目的にそった使用と管理を厳重に行い、中央あ

---

[56]《当代中国》叢書編輯部編輯『当代中国対外貿易（上）』当代中国出版社、1992年、205頁。

るいは地方の企業主管部門が、規定によって所属企業から一部の留成利潤資金を集める場合にも、個別企業間のアンバランスを調整することのみを目的とし、他の目的に転用してはならないし、その限度も留成利潤資金総額の20%をこえてはならない。その使用については、使用計画を編成し、計画部門と財政部門の批准を得なければならない。地方は、中央直属企業の留成利潤資金に手をつけてはならないし、地方国営企業の留成比率も国が定めることとする。1961年から留成比率を調整する。全般的に低くするが、留成利潤資金量の多い部門や地域は下げ幅を大きくし、留成利潤資金量の少ない部門や地域は下げ幅を少なくする。全国の企業の留成利潤資金は現状の水準から47.7％下げ、全国の企業の利潤留成比率は、利潤収入の13.2％前後から6.9％に調整する。これによると、1961年の留成利潤資金量は約31億元程度となる[57]。

1961年から対外貿易公司系統に、再び企業奨励金制度と計画超過達成利潤基金制度が復活された[58]。国営企業全体にこの制度が復活されたのは1962年からである。

これによると、交通運輸企業はその輸送計画、糧食企業・対外貿易企業・購買販売企業は、その仕入・販売計画、新製品計画、賃金総額計画、コスト削減計画、流動資金回転計画、上納利潤計画（計画上もともと赤字の発生する企業については計画赤字額を審査条件とする）など6つの指標を完遂した場合、賃金総額の3.5％の企業奨励金を受け取ることができる。計画の未達成企業は未達成単位項目毎に6分の1差し引く。6項目すべてが計画達成できなかった企業は、企業奨励金を受け取ることはできない。企業が自己の原因外の事情によって計画を達成できなかった場合には、情況によって調整計算する。

---

(57)「財政部党組関于調低企業利潤留成比例加強企業利潤留成資金管理的報告」
（1961年1月23日）、《当代中国財政》編輯部『中国社会主義財政史参考資料・1949－1985』、中国財政経済出版社、1990年、363頁。
(58)《当代中国》叢書編輯部編輯『当代中国対外貿易（上）』、当代中国出版社、1992年、205頁。

計画超過達成利潤基金については、年度利潤計画を超過達成した企業と実際の赤字が計画赤字よりも小さかった企業は、前者については実現した計画超過達成利潤の10％、後者については赤字企業は計画超過コスト削減額の20％を、計画超過達成基金として受け取ることができる。

　上記の企業奨励金ならびに計画超過達成利潤基金の使用は、規定に照らして厳重に管理されなければならない。

　各級企業の主管部門は、所属企業の上記奨励金および基金の10％を上納させ、所属企業の集団福利事業とか、奨励金が得られなかった企業の先進的労働者、先進的グループに対する社会主義競争奨励金の補助金に使用する規定を定める権利を有する。但し、自身の行政費、事業費、基本建設に使用してはならない。また、各級企業の主管部門は所属企業の各季毎の仮受取奨励金および基金の審査、批准権を有し、所属企業が当該年度の上記2奨励金および基金を受け取るにふさわしいか否かについて、審査意見を提出する権利を有する[59]。

　この制度は、対外貿易部所属の加工生産企業で著しい効果を発揮した[60]。

## 第五節　為替管理と内在する問題

### 1　人民元高構造のビルトインとその背景

　すでに第四章で述べたように、ソ連、東欧、朝鮮民主主義人民共和国などとの協定貿易では記帳決済方式が採用された。その他の形の貿易では、1954年以降は為替取組による決済方式が採用されている。

---

[59]「1962年国営企業提取企業奨金的臨時弁法」（1962年1月8日財政部・国家経済委員会通達）、前掲書、378頁。
[60] 前掲書、205頁。

1957年から79年3月国家外貨管理総局が設立されるまでの期間は、この状況が維持された[61]。

　為替管理についても、第四章に具体的に叙述した管理機構、管理方式が維持されたが、1958年から始められた地方への外貨留成制度は68年になって取り止められ、地方の使用上の必要に応じて外貨の一定の枠を分配するという外貨額度分配制に改められることとなった[62]。

　1961年のソ連の貨幣改革によって新たに定められたルーブルと人民元の為替レート設定にともなう問題についても、既に第四章で触れたので、ここでは資本主義諸国との関係上の問題について整理しておきたい。資本主義諸国との関係上では、以下のような問題が内在していた。

　人民元の対外レートについては、第一段階としての1949～52年の時期は"輸出を奨励し、輸入に意を配り、在外華僑からの送金に配慮する"という段階として特徴づけられる。この段階では物価対比をベースにしつつ、輸出入の理論上のレート、華僑送金、為替購買力レートの3つ指標の加重平均で計算し、人民元レートを算出するという方法をとった。これによる人民元レートは国際市場の購買力水準に基本的には合致していたといわれている。国内外の物価の変動に合わせて、1950年3月から52年12月までの間に、旧人民元と米ドルのレートは、42,000元対1米ドルから26,170元対1米ドルに調整された。

　第二段階は、1953～72年の期間の相対的安定期である。既にみたように、1953年から社会主義建設期に入ったから、経済運営は計画を主とした運営になり、物価は国家が定めるようになったから、物価は安定していった。国内小売物価は年に1％前後上昇したにすぎない。西側先進諸国は大多数が固定為替レート制を採用しており、中国は計画経済を実行するという中で、先ず為替レートは基本的に安定させると

---

(61) 趙錫琤主編『外匯交易指南』、四川人民出版社、1994年、384頁。
(62) 呉巍・宋公平編著『中国外匯管理』、中国金融出版社、1991年、246頁。

いう方針がとられた⁽⁶³⁾。

　この間、資本主義世界市場の国際商品価格は下降傾向にあった。しかし、資本主義諸国の国内物価は上昇傾向にあった⁽⁶⁴⁾。1952年12月6日のレートは1米ドル＝26,170元であった。1955年3月1日新人民元の発行が始まり、1新人民元対10,000旧人民元の比率で、旧人民元が回収されることとなった。

　1953～58年の人民元の対米ドル為替レートは1米ドル＝2.604人民元、59～60年1米ドル＝2.617人民元、61～71年1米ドル＝2.4618人民元としていた⁽⁶⁵⁾。

　この時期、実際には為替レートは、機能的にそれ独自には、主として非貿易為替決済上で用いられ問題になるのみで、内外の消費者物価との対比では、華僑外貨送金や非貿易外貨所得については前以て適当に配慮していたし、計画による政策的国内価格設定の枠組からすれば、必ずしも内外の消費者物価の対比上からは調整の必要がなかった。このため、為替レートについては、従来の為替レートの基礎の上に、各国政府の公布した為替レートを考慮して、資本主義国の切り上げ、切り下げがあった時のみ、それに応じた人民元レートの調整を行うということにしていた。米ドルは1955～71年12月までの期間に7.89％下がったが、ほぼ1米ドル＝2.4618人民元に維持された。英ポンドは1967年11月14.3％切り下げられたので、この時従来の1英ポンド＝6.893人民元から1英ポンド＝5.908人民元に調整が行われた⁽⁶⁶⁾。

　1962年頃の時点では、内外の消費者物価の対比で計算すれば、1米ドル＝1.43～1.92人民元といったところであった。従って、当時の1米ドル＝2.4618人民元というのは、消費者物価から見れば、人民元

---

(63) 前掲書、351頁。
(64) 呉念魯・陳全庚『人民幣匯率研究』、中国金融出版社、1992年、17～18頁。
(65) 林九江著・陳南生・王錫民審『外貿価格与匯率実務』、山東人民出版社、1993年、158頁。
(66) 前掲書、18頁、国家外匯管理局編『匯価手冊』、中国金融出版社、1986年、246頁、347頁。

レートは切り上げられるべきであったが、輸出国内商品の国際価格からすれば、人民元レートは切り下げられるべきであった。対外貿易は対外貿易部所属の外貿専業公司が国家計画に基づいて統一経営し、対外貿易部系統で輸出入統一経済計算しており、輸入によって輸出の赤字を埋め合わせていた。1964年からは、さらに一部の輸入品を実際に使用する部門のために輸入する場合、輸入コストの103％の割増価格とし、輸出の赤字を輸入利益などを以って補填することとした[67]。このような計画経済上のシステムからすれば、為替レートによって輸出入を調整するということは必要なくなってしまった[68]。

国内物価は長期的に安定してほとんど固定されていたし、価格は政策的計画価格として定められ、財貨の価格は価値を正確に反映した正常な構成関係となっていない上に、人民元レートは購買力平価によって定められる性格を帯びていたから、輸出入商品の内外の比価は隔絶して相互対応した関係性をもたず、この面から人民元レートは自ずと過大評価のレートとなる面をもっていた[69]。

しかし、この面からする人民元高レート設定には、以下のような中国の社会経済発展戦略上の客観的要求なども反映されていたともいえる。

① 人民元の高レート設定は、企業が外国から先進技術や設備を導入するのに有利に作用する。このことを通じて、企業の積極的な先進技術、設備の導入が促進され、生産力の発展と製品の質の向上をはかっていくのに有利となる。

② 人民元の高レート設定は、重工業優先発展に有利に作用する。国民経済の重工業、軽工業、農業という部門構成からみて、軽工

---

(67) 呉念魯・陳全庚『人民幣匯率研究』、中国金融出版社、1992年、17～18頁。
(68) 同上書、18頁。
(69) 呉巍・宋公平編著『中国外匯管理』、中国金融出版社、1991年、109頁、趙錫琤主編『外匯交易指南』、四川人民出版社、1994年、350～351頁、姚邁編著『外匯業務指南』、科学技術文献出版社、1992年、52頁、林九江著・陳南生・王錫民審『外貿価格与匯率実務』、山東人民出版社、1993年、157～158頁。

業品、農産品の輸出の比重が高く、重工業品の輸出比率が比較的低い状況の下にあって、人民元レートが高く設定されることは、レートがより低く設定される場合に比較して、軽工業、農業部門から輸出税をとり、重工業部門に優遇を与えると同じ役割を果たす。すなわち、軽工業、農業部門の実質的な所得は引き下げられ、軽工業、農業部門から蓄積資金を重工業部門に移転させるということになる。これは重工業優先発展戦略に合致する。

③ 人民元の高レート設定は、中国が国内消費財価格を低く抑え、世界市場のインフレーションの国内への影響を遮断するのに大きな役割を果たす。これは大別3つの面で作用する。第一に、輸入設備および原材料価格が低く抑えられ、生産物の低コスト化を通じて作用する。第二に、輸入消費財価格自体が低く抑えられる。第三に、計画価格の設定によって内外価格関係が分断されていた状況の下において、人民元高レート設定は、世界市場におけるインフレーションの影響を遮断するのに役割を果たす[70]。

上述のような事情が内部にある情況は、経済学的視角からすれば、潜在的には内的矛盾を抱えた状況といえるが、国内経済計算と各部門の計画編成に不都合はなく、むしろ便利ではあった。しかし、このことによって国内価格と国際市場価格はだんだんと離れていくようになるとともに、人民元レートも物価水準からだんだんと離れていくようになり、人民元高という長期的構造をつくり出すこととなった[71]。

## 2 内在する問題

1963年の状況によると、当時の為替レートは1米ドル＝2.4618人民

---

(70) 張志超著『社会主義匯率経済学原理』、華東師範大学出版社、1991年、112頁、145〜147頁。
(71) 呉巍・宋公平編著『中国外匯管理』、中国金融出版社、1991年、108〜109頁、趙錫埼主編『外匯交易指南』、四川人民出版社、1994年、350〜351頁。

元としており、1962～63年の輸出商品国内価格平均では1米ドルが6.62～6.35人民元といった状況にあり、4.1582～3.8882人民元だけ人民元高の状況にあった。すなわち、1.69～1.58倍人民元高となっていた。一方輸入では、輸入商品国内価格平均では1米ドルが1.308～1.104人民元といった状況にあり、1.1538～1.3578人民元だけ元安の状況にあった。すなわち、46.87～55.15％元安となっていたのである。1962年におけるある代表的通商港の8つの輸出公司の89輸出商品（8公司輸出額の85.9％を占める）の加重平均では1米ドル当たり6.396人民元となっていた。

　英ポンドや米ドルと人民元の関係の当時の状況からして、人民元を切り下げる根拠はなかった。また、当時輸出入の利潤は完全に対外貿易部門に集中されていなかった。輸入の一部分（1963年では約30％ぐらい）は国内の実際の使用部門が直接発注し、対外貿易部門は代理輸入に当たるという性格のものとなっており、この部分の輸入利潤は使用部門の発注者に分散されていたから、対外貿易部門の利潤はその分減り、対外貿易部門の輸出赤字が顕著になってくるとともに、国営企業の経済計算上不合理な現象も出てきていた。

① 輸出の増大につれて、人民元による赤字が増大するという構造が形成される一方、輸入原材料を使用する部門は為替差益がえられるという関係が形成された。

② 同一の生産物を生産する工場などで、国産原材料を使用する生産物の価格と輸入原材料を使用する生産物の価格に差が出てきて、コストと経営成果に差が生ずるという事態が出てきた。

③ 同一原材料を社会主義国から輸入する場合と、資本主義国から輸入する場合の外貨価格水準が同一であったとしても、先にみたように貿易ルーブルによる場合、国内決済レートには補填レートが適用される。しかし、資本主義国との決済レートには補填はないから、実際に輸入使用する部門の立場からすれば、社会主義国からの輸入よりも資本主義国からの輸入に傾くようになる。当時

対ルーブル人民元正式レートは2.22人民元、対米ドル人民元レートは2.4618人民元であった。このため、米ドル対ルーブルの比価は１米ドル＝0.9ルーブルということになるが、補填レートでは１ルーブル＝4.2人民元が適用されるため、実際には１米ドル＝1.7061ルーブルという計算になり、元来の関係より負担が重くなる。この結果、工業部門に実体とかけ離れたコストが形成されることになる[72]。

---

(72) 呉念魯・陳全庚『人民匯率研究』、中国金融出版社、1992年、24～26頁。

第三部
プロレタリア文化大革命・"四人組"期の
対外経済貿易関係

# 第八章　プロレタリア文化大革命・"四人組"期の対外経済貿易関係

## 第一節　資本主義殲滅（掃滅）闘争と社会主義経済建設への狂奔・散華

### 1　社会主義建設の総路線・人民公社化・"大躍進"と経済調整問題をめぐる論争

　本書の課題からすれば、プロレタリア文化大革命の成り行きと"四人組"の活動、その顛末は本来の研究課題ではないが、プロレタリア文化大革命の発動、またそれに託けて林彪や"四人組"が跳梁跋扈した（またそれを許した）とはいえ、10年にわたるこの闘争を可能、継続せしめてきたのは、社会主義経済の位置づけ、体制のあり方をめぐる闘争であったからであれば、本課題を追跡する前提として、ここで本稿の目的に合わせて一応簡単に総括することをお許し願いたい。

　詳しくは別著[1]をご参照いただくとして、建国以来明確な形で全面的に改革・開放政策に入っていくまで、中国共産党及び政府当局の主流に立つ指導者の多くは[2]、その時期の世界政治経済は正しく帝国主義段階にあり、時代認識としては「戦争と革命」の時代認識の下にあった。歴史認識として、死滅しつつある資本主義陣営と新しい生産力の担い手である社会主義陣営の対決（絶えざる闘争の必要性認識）の中で、揺るぎなき確信に満ちた社会主義の勝利を実体化するためには、まだ闘争が必要とされ、この闘争の中でこそ社会主義建設も立派に成し遂げられるのであり、社会主義陣営内部でも、まだ階級闘争重

---

(1) 拙著『中国の対外経済論と戦略政策』、溪水社、2006年。
(2) すべての指導者と学界の認識がすべてそうであったというわけではない。

視の認識が底流の処々に潜在していた。

　1958年5月党第8期全国代表大会第2回会議は、同年3月毛沢東が成都会議で打ち出した"大いに意気込み、つねに高い目標をめざし、より多く、よりはやく、よりよく、よりむだなく社会主義を建設する総路線"とその骨子を正式に採択した。また、同年8月北戴河で開かれた党中央委員会政治局拡大会議は、「関于農村建立人民公社問題的決議」と「号召全党全民為生産1,070万噸鋼而奮闘」の2つの主要な文書を公表した。かくて、社会主義建設の総路線・人民公社化・"大躍進"が全面的に展開されることとなる。関連面での展開と経済調整については、第五章ですでに述べてきたところである。

　1958年冬から59年7月にかけて、"大躍進"と人民公社化運動における「左」よりの誤りが正され、ある程度の成果がおさめられるが、この是正は不徹底なもので、"大躍進"と人民公社化運動を基本的には肯定する前提の下での是正で、抑制されたとはいえ、やはり高い指標が定められることが多かった。人民公社化運動の中で現われた均等主義は批判、反対されたとはいえ、依然としてかなり大規模の採算単位の設定および供給制、無料食堂といった均等主義のものが留保された[3]。

　1959年7月に開かれた党の廬山会議においては、これまでにとってきた政策の評価をめぐって意見が分かれた。

　彭徳懐中央政治局委員・中央軍事委員会副主席は、これまでの政策の成果は肯定しつつも、"大躍進"と人民公社化におけるいくつかの欠点とあやまりを指摘し、経験と総括を提起して、プチブル的な熱狂性は「左」への誤りを犯しやすく、ひとまたぎで共産主義に入ろうとするなど、政治による統率は経済法則にとって代わることができないことを指摘した。これに対し毛沢東は、これを「ブルジョアジーの動揺性」の現われととらえ、党に対する攻撃であると考えた。この党内

---

(3) 柳随年・呉群敢主編『中国社会主義経済簡史（1949－1983）』、黒龍江人民出版社、1985年、253～254頁、同邦訳書、北京周報社、1986年、284～285頁。

第八章　プロレタリア文化大革命・"四人組"期の対外経済貿易関係

における異なる意見の論争を、毛沢東は、「過去10年の社会主義革命の過程における、ブルジョアジーとプロレタリアートという対抗する２大階級の生死をかけた闘争の継続」ととらえたのであった[4]。

1960年６月中央は上海で会議（所謂上海会議）を開いたが、この会議で毛沢東はこれまでのあやまりについて総括した。毛沢東は、これまでの建設の道の探求過程で犯したあやまりと"大躍進"の中で犯したあやまりを総括し、この期間の思想方法に正しくないところがあり、実事求是の原則を忘れていたと指摘した。毛沢東も、この会議で調整の必要を認めたのであった。しかし、このときも、1960年度計画は高すぎる指標が堅持された[5]。

同年９月、中央は61年度国民経済計画目標についての報告を認可するとき、はじめて「八字」[6]方針を打ち出した。1961年１月の党第８期中央委員会第９回全体会議では、調整の方針、「八字」方針が採択された[7]。しかし、この会議では「左」よりの思想は清算されないままであった[8]。

同上党第８期中央委員会第９回全体会議では、61年から２～３年調整を立派に行うことに重点をおくことが定められ[9]、63年からまた３年間にわたり調整が続けられた。1962年９月に招集された党第８期中

---

(4) 同上書、256頁、同邦訳書、287頁。同年８月の第８期中央委員会第８回全体会議は、彭徳懐を頭とする右翼日和見主義反党集団を摘発、批判するとともに、「党の総路線を守り、右翼日和見主義に反対するためにたたかおう」とする正式決議を採択した。反右翼日和見主義闘争の中では、経済指標、経済速度についての討議は「対抗する２大階級の生死をかけた闘争」という質のものに高められ、彭徳懐は「右翼日和見主義分子」、「党内のブルジョア革命家」などのレッテルをはられた（同書、256頁、同邦訳書、288頁）。ここで彭徳懐、黄克誠、張聞天、周小舟らは階級の敵とされ、反党集団として処分されることになる（安藤正士・太田勝洪・辻康吾著『文化大革命と現代中国』（岩波新書）、岩波書店、1986年、13頁）。
(5) 前掲書、263頁、272頁、同邦訳書、294頁、303頁。
(6) 所謂「調整、強化、充実、向上」である。
(7) 前掲書、273頁、同邦訳書、304頁。
(8) 同上書、274頁、同邦訳書、305頁。
(9) 同上書、273頁、同邦訳書、304～305頁。

289

央委員会第10回全体会議では、「関于進一歩鞏固人民公社集団経済、発展農業生産的決定」、「農村人民公社工作条例（修正草案）」、「関于商業工作問題的決定」等の重要文件が討議、採択され、当面の緊急任務は、農業を基礎とし工業を導き手とする国民経済発展の全般的方針を貫徹し、断固として工業部門の活動を農業を基礎とする軌道にのせることであると明確に指摘した[10]。

　毛沢東はこの会議で、階級、情勢、矛盾、党内団結問題について講話を発表し、社会主義社会のある範囲に存在する階級闘争を拡大化し、絶対視する見解を述べ、社会主義の全歴史的階段にブルジョアジーが存在するし、資本主義復活の危険があるとした[11]。

　会議では、これまでに農業生産面で実行してきた農作業のグループ請負、零細作業の個人請負、耕地管理の農家請負といったさまざまな形の生産責任制、過去の冤罪・でっちあげ・誤審事件の再審査・名誉回復（1962年1月の拡大中央工作会議後「右翼日和見主義反対」闘争で、誤って批判、処分された圧倒的多数の人の再審査、名誉回復が行われていた）は、"個人経営の風潮"だとか、"巻き返しの風潮"だとかとして批判された。毛沢東は講話の中では、当面の経済調整活動をきちんとやることを首位におき、この活動が階級闘争に妨害されることがあってはならないと述べた。1962年9月の党第8期中央委員会第10回全体会議で階級闘争を要とする路線が打ち出され、都市と農村で社会主義教育運動がくりひろげられはじめたものの、「左」よりの極端な実害をともなう動きはまだ支配的な地位を占めるにいたらず、国民経済は「八字」方針の下でかなり良好な発展をとげていった[12]。

　しかし、経済調整の過程でも、「左」よりの思想がたえず抬頭してき、国民経済が好転していくなかで、実情に即してひきつづき国民経済を調整していくか、それともこれを踏まえて大発展をはかるか、こ

---

(10) 同上書、305頁、同邦訳書、335頁。
(11) 同上書、305頁、同邦訳書、335頁。いわゆる「継続革命論」である。
(12) 同上書、345頁、同邦訳書、377頁。

こで異なった2つの意見が存在していた。

　1962年12月、中央は1963〜72年の国民経済長期計画の作成を提起し、中央と地方の関係部門はこの仕事に着手した。この中で、階級闘争の波はたえず盛り上がっていった。

　1963年3月、中央は県レベル以上の機関と企業・事業体で汚職、投機取引、派手・浪費、分散主義、官僚主義とたたかう新しい「五反」運動を展開することを提起した。また、同年5月と9月に中央は農村社会主義教育運動の文書を作成した。思想、政治、経済、組織を整頓する「四清」運動の文件である。現下の社会には重大かつ尖鋭な階級闘争が出現したとの認識に立ち、大規模な大衆運動をくりひろげて、資本主義と封建勢力の狂気じみた攻撃を撃退していかなければならないとされたのであった[13]。

　1964年12月に開催された第3期全国人民代表大会第1回会議では、周恩来は党中央を代表して、近い将来に中国を現代的農業、現代的工業、現代的国防、現代的科学技術を具えた社会主義を強固に仕立て上げ、世界の先進的水準に追いつき、追いこすという目標を提起した。この目標の実現のために、第3次5ヵ年計画からの発展段階を2段階に分け、第一段階は独立した、比較的整った工業体系と国民経済体系を確立し、第二段階は農業、工業、国防、科学技術の現代化を全面的に実現し、中国国民経済を世界の前列に立たせるという構想が打ち出され、その作業が着手された。最初の方針、任務は、農業、軽工業、重工業の順序で建設をすすめ、高くない目標で、人民の生活上の需要を基本的に充たし、国防建設にも力を入れるというものであった。

　しかし、アメリカがベトナム侵略戦争を拡大したため、中央は"戦争に備え、自然災害に備え、人民のために"という戦略方針を打ち出し、第3次5ヵ年計画も手直し、内陸部の建設に特に力を入れ、工業配置を改め、力を集中して内陸部の基礎工業と交通運輸の建設をでき

---

(13) 同上書、305〜306頁、同邦訳書、336〜337頁。

るだけはやく建設して、初歩的な規模をそなえた戦略的後方をきずくという作業がはじめられた[14]。帝国主義に対する認識が、改めてさらに再認識、確認され、対応が強められるところとなった。

## 2　プロレタリア文化大革命の位置づけ

1965年11月10日上海の『文匯報』に掲載された姚文元の「評新編歴史劇〈海瑞罷官〉」は、プロレタリア文化大革命の序幕を切って落とす契機となったが、その本質的意図は、この段階の世界政治経済に対する基本認識を背景とした、資本主義と社会主義の2つの路線をめぐる対立とされる抗争の中での奪権闘争にあるというのが筆者の総括である。したがって、学術討論・批判も、社会主義と資本主義の2つの道の闘争の一部を構成するとの認識を基底に置くということになる。これは闘争であるから、毛沢東思想と対立する反党、反社会主義のブルジョアジー、現代修正主義の黒い線の独裁を追い落とし、追放しなければならないという論理が出てくるのは当然ともいえるが、この闘争の中では同時に、機に乗じて形を変えた野心家勢力の跳梁跋扈が重ね合わさって入り込む形となったから、様相は複雑な構造となった。

1966年4月18日の『解放軍報』には「高挙毛沢東思想偉大旗幟、積極参加社会主義文化大革命」が掲載され、これは搾取階級のイデオロギーを根こそぎする革命であると強調した[15]。その後の経緯からみる

---

(14) 同上書、346〜347頁、同邦訳書、378〜379頁。
(15) 太田勝洪氏によれば,「この社説は〈社会主義文化大革命〉という言葉を初めて公然と使用したことで注目されるが、……この社説はまさに指導的な論文であったが、これが党の機関紙でなく軍の機関紙である《解放軍報》に発表されたことも当時の政治状況を反映している。軍が運動の推進者となっていたのである」(安藤正士・太田勝洪・辻康吾著『文化大革命と現代中国』(岩波新書)、岩波書店、1986年、39頁)。同年5月8日以来の『解放軍報』、『光明日報』、『文匯報』、『人民日報』、『紅旗』などを通ずる批判活動を通じて、"三家村反党集団"(鄧拓、呉晗、廖沫沙……北京市党委員会のメンバー) が追い落とされ、5月4日から26日まで開催された党中央政治局拡大会議で彭真、羅瑞卿、陸定一、楊尚昆の摘発批判が行われ、穏健な形での批判、自己批判を進めるこ

第八章　プロレタリア文化大革命・"四人組"期の対外経済貿易関係

と、この過程はほぼ5つの段階に分けられる。第一段階―プロレタリア文化大革命の発動段階期（1966年4月～7月）、第二段階―全面的展開と"上海人民公社"期（1966年8月～67年2月）、第三段階―軍の介入と権力機構の再編期（1967年1月～1968年3月）、第四段階―文革の鎧を着た林彪の奪権闘争期（1968年3月～71年9月）、第五段階―周の整頓と鄧の復帰、四人組の逮捕と終焉（1971年10月～76年10月）であるが、その経緯については、拙別稿[16]をご参照いただくとして、ここでは、その意義と問題、限界について、若干の整理を行っておきたい。

　第一に、このような動きが10年に及ぶ重大かつ大がかりな事態となった潜在的背景構造についてみてみたい。

　上段でのべたように、中国共産党及び政府当局の主流に立つ指導者達の多くの間では、この時期の世界政治経済は正しく帝国主義段階にあり、時代認識としては「戦争と革命」の時代認識の下におかれていたから、歴史認識として、死滅しつつある資本主義陣営と新しい生産力の担い手である社会主義陣営の間では、絶えざる闘争の必要性があると認識され、社会主義の勝利を実体化するためには、闘争が必要であり、この闘争の中でこそ、社会主義建設が立派に成し遂げられるのだととらえられており、社会主義陣営内部でもまだ階級闘争重視の認識が底流に潜在していた。

　したがって、歴史的なこの段階における最も基本的関係は、先ず以て体制間の問題であり、両陣営の間の闘争であり、階級闘争であると

---

とを基調とした"二月提網"が取り消され、新たに文化革命のための機関が設けられることとなった。5月16日党中央政治局拡大会議は「中国共産党中央委員会通知」（いわゆる"5・16通知"）を採択した。この中では、従来の文化革命五人小組を撤廃し、改めて中央文化革命小組を設け、中央政治局常務委員会の下におくこととされ、この中央文化革命小組の権限は以前よりも引き上げられ、拡大されたのである。
(16) 拙稿「中国対外貿易機構の変遷（V-I）」、『広島経済大学経済研究論集』第22号第1号、1999年、19～38頁。

認識されていた[17]。

　第二は、社会主義経済建設方式が、公有制を基礎とした指令性計画経済システムであったことから生じた問題である。

　歴史的なこの時期が、帝国主義戦争の中で、その資本主義としての母体自体が死滅し、また消滅させていく闘争の歴史的時期にあたり、その中では絶えざる帝国主義的要素（資本主義的要素）との闘争が国内外ともに必要であるとはいっても、闘争それ自体が自動的に社会主義建設のシステムを用意するものではない。そこで打ち出されたのは、無秩序と搾取の資本主義経済と認識された市場経済の対極にあるとされる指令性計画経済システムである。このように位置づけされた公有制（搾取の社会制度的基礎をなす私有制の廃絶を保障する）を基礎とする指令性計画経済システム（公有制がまた指令性計画システムを発動、行使する前提でもある）こそが、収斂、強化されていくべき方向であり、これに反する存在のものは歴史の流れに逆行する、反動的なものとして批判、糾弾される対象となるという論理構造が形成される。無秩序な資本主義経済と認識された市場経済の対極にあるとされる、社会主義建設のシステムとしてソ連から持ち込まれた指令性計画経済システムに反するものとは、経済学的にいえば、経済的利益との関係における企業単位や個人単位の量の多少を問わない固有の活動である。思想上からすれば、そのような思想に一定の評価を与えることを指す。

　このような基本認識の下にあっては、より完全な指令性計画経済を行うことこそが、社会主義経済建設の最も優れた方法であるというように認識されることになろう。上述のように「戦争と革命」の時代認識の下にあっては、社会主義革命の勝利の戦争を成し遂げるということは極めて重要な課題であり、最上位に位置づけられることになり、

---

(17) 1968年10月13～31日にかけて開かれた党第8期中中央委員会第12回拡大総会、1969年4月1～24日にかけて開かれた党第9回全国代表大会における決議、報告を参照されたい。

## 第八章　プロレタリア文化大革命・"四人組"期の対外経済貿易関係

この条件の下では、完全な指令性計画経済は、その目的に最も適ったものということになろう。

より完全な指令性計画経済への指向に反することは、当然ながら批判、糾弾される対象となる。名に借りて機に乗じた野心家勢力の跳梁跋扈が入り込む隙を与える形となった。

第三に、公有制を基礎とする指令性計画経済システムの前提条件と急進性の関係について、いささか立ち入って考察してみたい。

このシステムについては、レーニンの提起した社会主義の将来像が関連しているように思われる。レーニンは、社会主義国家では、「すべての市民が、一つの全人民的な国家的〈シンジケート〉の勤務員と労働者になる。……社会全体が、平等に労働し平等に賃金をうけとる、一事務所、一工場となるであろう[18]」と考えていた。さらに、十月革命の勝利後、社会主義社会に商品・貨幣関係が存続し続けることを拒否していた[19]。その後レーニンは考えを改めたかに見えたが、1921年12月のゲ・エム・クレジジャノフスキー宛の文書の中で、「新経済政策は単一の国家経済計画を改めるものではなく、またその枠外に出るものでもなく、その実現のためのやり方を改めるものだ[20]」と述べている。

公有制に基づく意味から、国民経済全体を単一の企業体とする経済運営のやり方は、それなりに、それ自体としては理解できないではないが、この場合の前提条件が問題にならなくはない。先行する資本主義によって準備された条件（技術条件とか、企業規模とか、産業組織など）が、上述の条件にほぼ達している場合とそうでない場合とでは、

---

[18] ヴェ・イ・レーニン、マルクス＝レーニン主義研究所訳「国家と革命——マルクス主義の国家学説と革命におけるプロレタリアートの諸任務」、ソ同盟共産党中央委員会付属マルクス＝エンゲルス＝レーニン研究所編、マルクス＝レーニン主義研究所訳『レーニン全集』第25巻、大月書店刊、1965年、511〜512頁。

[19] ヴェ・イ・レーニン、マルクス＝レーニン主義研究所訳「ロシア共産党（ボ）綱領草案」、同上『全集』第29巻、同上書店刊、同上年、101頁。

[20] ヴェ・イ・レーニン、マルクス＝レーニン主義研究所訳「ゲ・エム・クレジジャノフスキーへ」、同上『全集』第35巻、同上書店刊、同上年、587頁。

2つの道の闘争の上で差が出てこよう。条件が熟していない場合の社会主義建設では、その分を埋めるために、階級闘争はより激しい形となって現われ勝ちとなろう。

　中国の場合、生産力の発展段階として、資本主義発展の成熟した後に、自己自体として死滅しつつある資本主義に直接対峙した社会主義建設だったのではなく、歴史的に死滅しつつある全地球的帝国主義全体と、その一部を構成する国内要素に対して対峙した新しい社会体制としての社会主義社会建設を設定したから、それ自体は上述の条件が十分に熟していなかった半植民地・半封建的社会を、直接に社会主義経済体制にもっていくという課題を設定したということになり、国内的には急進的な理念突出型路線に傾斜する面が強く出てくるといえる。この性格は、上段の第一の点とも深く結び付いている。また、この要素は、左右の冒険主義者に、跳梁跋扈の余地を与えやすくする背景でもあると筆者はみている。

　第四の点は、指令性計画経済システムに内包される問題である。

　少なくとも当時考えられていた社会主義経済システムとは、国家計画委員会を頂点とする指令性計画経済システムであり、個々の経済単位とそこに包摂される個々の労働人員には、独自に経営に参加し、独自に自己能力を発動することができるシステムが用意されていない。経済システムとしては、いわば直接的な指令・下達による生産と分配システムといえる。

　これに対比していえば、資本主義経済システムは、市場を経由する生産と分配のシステムということになる。ここでは人と人は雇用関係と市場関係を通じて社会経済関係を構築していく。雇用関係自体は経営者（資本家、以下同じ）と労働者の直接的関係といえるが、この関係の構築には、両者が直接的に関係に入ることを可能とする潜在的に用意された前提としての市場が置かれており、この場を経由して経営者と労働者は直接的関係に入るのであり、ここで経営者と労働者の間に存在する潜在的な関係が具体的、個別的に確定した関係として形づ

くられる。個々の経営者と労働者は、基本的にはいつでも、この関係を解除することができる立場にある（労働者と経営者は、必ずしも対等の立場でこのことを実行できるわけでもなく、労働者は常に自己のもつ能力発揮の機会を市場で保障されるわけでもないという一大問題が存在してはいるが）。この点が、指令性計画経済システムとの大きなちがいである。

ここに含まれる内容は、当面の課題との関連では、2つの内容として現れる。

上に述べたように、公有制を基礎とする指令性計画経済システムは収斂、強化されていくべき方向であり、これに反する存在のものは歴史の流れに逆行する、反動的なものとして、批判、糾弾される対象となるということになったが、社会主義革命を勝利に導く戦争を遂行するために、完全な指令性計画経済は、その目的に最も適ったものであるということであったとしても、社会主義社会建設が戦争を勝利の内に遂行することそのものと同一というわけではない。逆説的ではあるが、戦争遂行に適った完全な指令性計画経済が、人間疎外の縮小と廃絶、生産力解放の最良の方法であるか否かは、また別の観点から検討されなければならない課題である。しかも、人間疎外からの脱却への道と生産力解放への道は内的に相互に関連し、筆者の考えからすれば、相互制約的、場合によっては相互矛盾的かもしれない。社会主義社会の建設に向けての闘争には、資本主義の道の要素とされるものに対する闘争と同時に、管理機構型社会に対する造反の動き（十分に歴史的段階を踏まえてなされなければ無秩序と混乱を招きかねない。無秩序と混乱が一定以上に達すれば、秩序維持のための動きが出てくる。具体的には、上述第三段階で軍が介入してくる事態となった）も含まれることになる。

完全な指令性計画経済システムは、上述のような色彩を色濃くもっていたから、本来資本主義の中で問題となっていた人間疎外からの解放の課題を止揚できずに、逆行していた面があった。このシステム

は、極端な場合には、人間解放と生産力解放の桎梏となることがある。この場合は、社会主義社会そのものの理念が問題となろう。

　無秩序な資本主義経済と搾取のシステムと認識された市場経済の止揚を目指して、社会主義建設のシステムとしてソ連から持ち込まれた指令性計画経済システムは、一応ここで搾取を止揚した社会として設定されるが、グリゴリー・ヤブリンスキーの言葉を借りれば、「平等な社会の建設を掲げる社会主義思想の下、人類の全ての社会モデルをつくりかえようとし……一党独裁体制を敷き、国家による生産手段の所有を進め……〈自由〉なき〈平等〉をきわめて人工的、観念的に実行しようとした[21]」ということになる。

　生産力の低い発展段階で反帝反封建社会の建設を、資本主義の止揚として掲げた中国社会主義建設の過程で発動されたプロレタリア文化大革命は、人工的かつ観念性のゆえに、また正義に名を借りた一部野心家に弄ばれる事態をも招いたが、公有制を基礎とする指令性計画経済システムの問題点をはからずもさらすことになったともいえる。

　反帝国主義闘争と社会主義社会の建設・指令性計画経済との関係（世界的あるいは一国的）、社会主義社会の建設と指令性計画経済との関係、世界政治経済の段階認識と帝国主義との関係、こういった面での論理上の整理と現実の対応の作業が、この中から始められることになる。

## 第二節　プロレタリア文化大革命・"四人組"期の経済計画管理体制

　プロレタリア文化大革命の時期の経済の指導思想は、"階級闘争を要とする"、"戦争に備えて"、"理想的な"社会主義（商品経済の制限

---

(21) グレゴリー・ヤブリンスキー「ソ連崩壊20年を経て―勝者・資本主義にも難題―」、『日本経済新聞』2011年7月3日号。

と排除、自然経済と物財経済を結合した閉鎖型経済）経済の建設の主要3つの理念からなる[22]。

計画管理体制からみて、この時期の経済計画管理体制は大きく2つの時期に分けることができる。第3次5ヵ年計画期（1966～70年）の前期と第4次5ヵ年計画期（1971～75年）の後期である。

## 1　第3次5ヵ年計画期（1966～70年）の経済計画管理体制

### (1)　前期（1966～68年）

この時期の経済計画管理体制は、制度的には従来の通りであったが、実態としては1967年と68年の両年の年度経済計画は編成されず、69年、70年ようやくのこと年度経済計画が編成され、第3次5ヵ年計画の主要指標が基本的には達成されるか、超過達成された[23]。

1966年の初頭から、"政治は経済活動の業務を統帥しなければならないが、その結果は生産に結実しなければならない"との正論が、"政治がすべてを決定する"との林彪の論に制圧され、上述5月8月の党の動きの中で、1,300万人を超える紅衛兵が"造反"の気勢をあげ、いわゆる"四旧"（旧思想、旧文化、旧風俗、旧習慣）の打破の行動に出て、全国的に党、政府機関が攻撃され、幹部はつるし上げにあった。このため、各級の党、政府機関はほとんどが麻痺、あるいは半麻痺状態に陥った。1966年の下期の経済は正常な運行ができなかったばかりか、多くの破壊現象も起こった。

交通費、食費、宿泊費が国家負担された紅衛兵の自由な動きは、交

---

(22) 趙徳馨主編『中華人民共和国経済史・1967－1984』、河南人民出版社、1989年、4～6頁。
(23) 柳随年・呉群敢主編『中国社会主義経済簡史（1949－1983）』、黒龍江人民出版社、1985年、356頁、同邦訳書、北京周報社、1986年、389～390頁、《当代中国》叢書編輯部編輯『当代中国的経済体制改革』、中国社会科学出版社、1984年、233頁。

通運輸に大混乱をもたらし、旅客運輸のみならず、貨物輸送にも大きな影響をおよぼし、経済建設と経済活動の順調な進行を妨げた。1966年末には、石炭、木材、セメント、鋼材、建材、食塩など1,000万トンの鉄道輸送が不可能であったといわれ、上海港、広東港にも各々14万トンの滞貨があったといわれる。

　当然ながら生産の指揮系統にも混乱が生じ、部面によって程度の差こそあれ、生産秩序に破壊も出てくるようになった。1966年末5～10％の工業企業の指導部は麻痺状態に陥った。各省主管業務部門の幹部は運動の対応に明け暮れ、場合によってはつるし上げをくい、生産のための活動に集中し、着実な成果を上げるようなことなどできる状態にはなかった。工業生産の中で設備補修が十分に行われず、事故も増え、製品の品質も落ちていった。

　商業、貿易、郵便、電信・電話、金融などの部門では、程度に差こそあれ影響が出た。紅衛兵の"四旧"一掃運動の中で、伝統商品、ブランド品、人民の愛好した商品などはお蔵入りとなった。1966年8月には北京の百貨店では、問題商品6,800余り程（従来の経営品目の22％を占める）が販売停止となった[24]。同年国務院財貿弁公室と国家経済委員会が、大型合作商店は条件のあるところでは、手順をおって国営商店に転じるよう問題を提起し、合作商店や合作小組はだんだんと隅に追いやられていった[25]。

　また、教育分野における破壊は激しく、人材の養成上からみて、国民経済の発展に対して著しい影響をおよぼした。

　しかし、1966年における文化大革命の影響は、全体的には局部的なものであった。同年の農工業総生産額は年度計画を10.2％超過達成し、対前年比17.3％の成長であった。小売販売額は対前年比9.3％増、

---

(24) 柳随年・呉群敢主編『中国社会主義経済簡史（1949-1983）』、黒龍江人民出版社、1985年、348～350頁、同邦訳書、北京周報社、1986年、380～384頁。
(25) 商業部商業経済研究所編著『新中国商業史稿』、中国財政経済出版社、1984年、303頁。

国家財政収入は対前年比24.4％増、収支は17億1千万元の黒字であった[26]。

1967年に入ると、運動は上部構造分野から経済分野に拡大し、全国に波及した。大摘発、大批判から奪権闘争に進み、文化大革命は政治大革命となった。このため、運動は文闘から武闘へと発展し、全面的内戦状態となった。各級指導幹部の"ブルジョア反動路線"の摘発、批判は"すべての打倒"というまでにいたった。

このような状況下で、経済の指揮・管理機構はほとんど麻痺状態となり、国民経済は無計画状態となった。1967年度の計画の按配は前年末の全国計画・工業交通会議で討議されたが、中央はずっと批准しなかった。混乱の中で、従来のように各段階毎に会議を開いて部署配置できなかったため、会議は、地区別・業種別に、さらに工場毎に任務を与えたが、所詮計画達成は無理なことであった。統計機構も機能が麻痺し、報告がなかなか全部そろわず、基本的な統計資料も提供できなかった。結局、1968年度計画も策定できないままになった。

従来の多くの経済政策、規則、制度などは、ことごとく"修正主義的なもの"として批判され、破壊された。

党委員会指導下の工場長責任制、企業技術に対する技師長責任制などは、"党の指導の取り消し"、"専門家による工場支配"であるとされ、ブルジョワ独裁と批判された。企業の経済的効率を上げ、利益を高めることは"利潤一点ばり"、賃金制度における労働に応じた分配のやり方は"物質的刺激"として攻撃された。企業管理は乱れ、製品の品質、コストは軽視され、労働規律は混乱してしまった。はなはだしい場合には、公共建物占拠、財務制度破壊、国営企業・集団企業の利潤・流動資金・公共積立金・公益金横領などといった事態も生じた。

武闘奪権過程の激化によって石炭生産は落ち込み、供給不足が深刻になった上に、交通運輸系統は麻痺状態に陥り、運輸計画は達成でき

---

(26) 前掲書、350～352頁、同邦訳書、384～386頁。

ず、鉄鋼、電力などの基礎工業部門は大きな影響を受け、他部門への影響も由々しいものとなった。交通運輸系統が麻痺状態に陥ったため、石炭、石油、木材、食糧などの重要物資が配送できず、国民経済は全般的に極度の困難に陥っていった[27]。

農村においては、劉少奇、鄧小平の路線、中国の国情に合った農業集団化、組織形式及び経営方式、"三自一包"（自留地個人経営、自由市場売買、損益自己負担、一定の生産額の請負）、"工分掛帥"（農民の労働報酬計算の点数第一）、"金銭掛帥"（経済作物の自由作付）"重副軽農"（多種経営）が批判され、盲目的に"一大二公"（人民公社の規模拡大指向による社会主義建設）、"大寨式"の政治的な労働点数制と平均主義的分配制が追求され、等価交換原則に反して、無償で生産隊の資金や物資、労働力を用いて企業や水利事業が行われ、絶対平均主義"一平二調"の風潮が再度蔓延してきた。生産はすべて指令性計画に基づいて行われるようになり、自留地は取り消され、人民公社社員の副業も制限された。これらの政策と措置によって、農業生産は甚大な損害を被った[28]。

1967年の農工業総生産額は対前年比約10％減、68年は同4.2％減となった。農業生産額は1967年は前年より若干上回ったが、68年は対前年比2.5％減、工業生産額は67年は対前年比14％減、68年は同55％減となった。食糧生産は67年には対前年比1.8％増であったが、68年は同4％減、棉花については2年間ほぼ変わらなかった。1967年には粗鋼生産は対前年比32.8％減、石炭生産同18.3％減、発電量同6.2％減、綿糸生産同13.6％減、綿布生産同10.3％減、68年には粗鋼生産は対前年比12.1％減（66年生産の59％）、石炭生産は前年よりやや増産したものの66年水準の89.3％に過ぎず、発電量は対前年比7.5％減、綿糸の生産は前年よりも微増したものの、対66年比12％減、綿布生産は対前年

---

(27) 同上書、356～358頁、同邦訳書、389～392頁。
(28) 趙徳馨主編『中華人民共和国経済史・1967－1984』、河南人民出版社、1989年、130～132頁。

比2％減、66年水準の88％にとどまった。

　貨物輸送量は1967年は対前年比15.7％減、鉄道貨物輸送量は同21.6％減、68年の貨物輸送量は対前年比6.9％減、鉄道貨物輸送量は同2.3％減であった。

　国家財政収入はこの2年間減少を続け、1967年は419億4千万元で対前年比25％減、68年は同13.9％減となった。1967年の財政赤字は22億5千万元にのぼった。翌1968年は支出の大幅削減によって、どうにか収支を均衡させる有様だった。

　市場への供給不足は深刻となり、この2年間食糧、食用植物油、豚肉、卵、水産物、綿布、ミシン、自転車、腕時計などの小売量はいずれも減少し、市場と北方の都市、農村の冬の暖房用石炭供給量も減少した。1968年の都市、農村住民の綿布配給量は、全国人口一人平均9尺で、前年より4.6尺も減った。

　さらに、短期的のみならず、長期的に見て、文化・教育事業への破壊的影響は大きなものがあった[29]。

(2) 後期（1969～70年）

### A　経済計画策定作業の回復

　奪権闘争の混乱おさえるために人民解放軍が投入され、革命委員会が成立するにつれ、相対的に政局が安定したのを機に、周恩来は1969年度の国民経済計画の策定に乗り出した。1969年2月2年間中断されていた全国計画会議が全国計画座談会の形で開催され、「国民経済計画要綱（草稿）」を討議し、各地の代表に配布し、執行しながら補充することとなった。

　これには5つの主要任務が盛り込まれていた。①毛沢東著作出版に全力を注ぎ（年内に『毛沢東選集』（1～4巻）2千万部、『毛沢東語録』

---

(29) 前掲書、361～364頁、同邦訳書、395～398頁。

と『最高指示』3億冊出版)、放送事業の発展をはかること、②農業の発展、工業の農業支援、農業用鋼材の生産を前2年の83万トンから160万トンに引き上げること、③国防工業、基幹工業、内陸部建設の強化、④軽工業、市場に十分配慮し、引き続き晩婚と計画出産を提唱すること、⑤交通事業に力を注ぐこと、これら5主要任務である。

また、同「要綱」では、1969年の工業生産額は66年比15％増、粗鋼生産額1千6百万トン、原炭2億7千〜2億8千万トン、発電量980〜1千億KWH、綿糸1千〜1千5百万梱、食糧対前年比6％増、棉花同約10％増、鉄道輸送量5億8千万トン、基本建設投資額193億元、社会商品小売額770億元、財政収入と支出は各々570億元とされた。

この年度計画は調査が不十分な上に、短期間でつくられたし、極左思想の影響をうけて、文化大革命の成果を誇示するために、計画指標は実態からかけ離れた高いものであった。

政治情勢の相対的安定によって、1969年の経済は回復しはじめ、農工業総生産額は対前年比23.8％増で、66年比7.2％増、うち農業生産額は対前年比1.1％増、66年比0.2％増、工業生産額は対前年比34.3％増、66年比9.9％増となった。輸出入貿易額は前年並で66年の87.2％、住民の平均消費水準は対前年比2.5％増、66年比2.7％増、全人民所有制部門の従業員の平均賃金は対前年比0.5％減、66年比2.8％減であった。主要農工業生産物生産量は、石油、石炭、綿布、発電などを除き、大部分が1966年水準に達せず、特に食糧、棉花、粗鋼などは、いずれも66年水準よりも低かった[30]。

1970年の2月から3月にかけて全国計画会議が開かれ、70年度国民経済計画草案が検討、確定されて、同年9月の党第9期中央委員会第2回全体会議で承認された。

この計画では、主として以下のような点が重点的に取り組まれた。

---

(30) 同上書、365〜368頁、同邦訳書、399〜402頁。

第八章　プロレタリア文化大革命・"四人組"期の対外経済貿易関係

　第一に、農業においては、1970年8月開かれた農業会議において、人民公社の現段階の基本政策を継続すること、三級所有制、生産隊を基礎とする制度、自留地制度を一般には変えないこと、集団経済の絶対的優位を保証するという基本条件の下で公社員の自留地と家庭副業経営をみとめること、労働に応じた分配を堅持すること、生産隊の地元の条件に応じた作物栽培を許すこと、生産隊の労働力・物資を勝手に徴用しないことなどが決められ、農業生産と発展に一定の積極性が発揮された。

　第二に、内陸部の全面的な建設が推進された。1970年の国家予算内基本建設投資完成額の内、内陸部建設は55.3％も占めた。

　第三に、地方"五小"工業（鉄鋼、機械、化学肥料、石炭、セメント）の発展がはかられた。

　第四に、経済計画管理体制の改革と企業の大々的下放が行われた[31]。

## B　経済計画管理体制の改革と企業の下放

　1966年毛沢東によって出された"すべてを中央に統一し、雁字搦めにするやり方はよくなく"、"計画は地方、省・市・自治区を主とすべきである"との指示に基づき、69〜76年までに中央直属企業2,600余りの重点企業と事業単位が下放された。ごく少数の下放するにふさわしくない企業も、中央と地方の二重指導とし、中央の部が主たる管理を行うこととなった[32]。

　1970年7月商業部、糧食部、全国供銷合作総社、中央工商行政管理局の4つの単位が商業部として合併統合され、すべての専業公司と専業局は廃止された（人員は3,100人から564人に削減された）。一部の省が

---

(31) 同上書、369〜371頁、同邦訳書、403〜405頁。
(32) 《当代中国》叢書編輯部編輯『当代中国的経済体制改革』、中国社会科学出版社、1984年、233〜234頁、趙徳馨主編『中華人民共和国経済史・1967-1984』、河南人民出版社、41〜42頁。

省公司を合併一公司とすると、大部分の省・市・自治区もこれに追随する形となった。

　1970年6月から商業部所属の一級卸売ステーション、直属企業、事業単位はすべて下放され、地方の指導を主とすることとなった[33]。一級ステーションは引き続き工業品買付、分配、供給、備蓄などの任務を担当し、元の需給関係を保持するために国家商業計画を執行する。商業部の管理に属する計画商品については商業部が需給者の間をつなぎ、必要な援助を行う。一級ステーションの必要とする国家統一分配物資、主管部門分配物資は地方計画に組み入れ、損益も地方財政に組み入れる。したがって、指導体制としては地方を主とした二重指導体制とされた。1969年2月商業部は二級卸売ステーションの増設については、省・市・自治区の革命委員会が審査・批准すれば、部に審査・批准を上げることを要しない、一級ステーションあるいは関連単位は、省・市・自治区革命委員会の批准した文書に基づいて業務関係を打ち立てることができるとの通達を出した。このため、1970年以降二級卸売ステーションは急増大していった。

　商品流通計画は商品買付計画と分配計画の2つの計画のみに改められ、従来の商業行政部門と専業公司の2系統による計画編成は、商業行政部門の1系統による上下関係で編成されるようになった。商品目録に大きな変化はなかったが、総額、商品類別等の金額指標は取り消された。

　商品分類に合わせた分級管理は継続されたが、地方の積極性に一段の配慮がなされた。一類商品のうち石油製品は仕入、分配、輸出指標のみが管理され、販売や在庫の管理は地方に下放された。二類商品については仕入、地域間移動、輸入の指標のみが下達されるだけとなり、"統一計画、差額分配、品種調整、ノルマ超過生産留用、一年一定"の方法が採用され、産地の積極性に重点が置かれることとなっ

---

(33) 万典武著『商業体制改革的探討』、中国商業出版社、1983年、25頁、商業部商業経済研究所編著『新中国商業史稿』、中国財政経済出版社、1984年、298頁。

第八章　プロレタリア文化大革命・"四人組"期の対外経済貿易関係

た。三類商品については、完全に地方管理となり、全国的に分配されることはなくなった。

専業公司の撤廃と直属企業の下放につれて、商業財務制度は引きつづき商業部の管理の下に置かれたが、従来商業部が管理してきた一類専業公司や一級ステーション等の直属企業の財務計画も地方管理とされ、必要資金も地方が審査・批准し、損益も地方財政に組み込むこととなった。したがって、従来の商業部系統の縦の関係（"条条"関係）は分断され、商業部には一つの整った全体的財務計画はなくなった(34)。

かくて、財務指標は商品購買・販売の事情によって作成されるというよりも、財政上の要求から作成されるといった状況となり、企業の財務活動は商品流通活動から離脱するといった状況が形成されることとなり、商品流通計画が上述したように買付計画と分配計画のみに改められたこととも相俟って、商品流通部面では、計画としては半計画、半無政府状態となってしまった(35)。

全国供銷合作総社は国営商業に組み入れられ、基層供銷社と県以上の供銷社は実現した利潤を直接財政に上納し、赤字の場合は財政から補填を受けるというようになった。従来の集団所有制の社会主義商業は、全人民所有制の社会主義商業となったのである。

合作商店とか合作小組なども社会主義商業の一部であったが、文革の中で制限、打撃をうけた。1970年からは合作商店は大々的に整理され、国営商業に転換されるか、農村に追いやられるかといった道をたどることとなった。残された合作商店も、実質的には国営商業と同様な経営管理体制となった。農村の市場取引は自留地経営、家庭副業の制限の動きにつれて大きな影響をうけた。1968年から農村人民公社、

─────────
(34) 商業部商業経済研究所編著『新中国商業史稿』、中国財政経済出版社、1984年、300〜301頁。
(35) 同上書、301頁、万典武著『商業体制改革的探討』、中国商業出版社、1983年、25〜26頁。

生産大隊、生産隊および社員は、商業活動に従事することが許されなくなっていたが、70年には国営商業、合作商業、許可証による商業販売以外は、いかなる単位および個人も一律に商業活動を行うことが禁止された。1969年頃から都市の商店は工農大衆の管理の下に、農村の商業は68年頃より貧農・下層中農の管理の下に入るようになっていった[36]。

　物資の流通についても、地方の積極性を前面に打ち出す方向での改革が推し進められた。

　上述のとおり、1969年から中央直属企業や事業単位が下放されたが、この方向での指向は、同時に積極的な生産、建設活動を展開するための物資管理権の地方への下放を要求する。このため、1970年第一類物資（国家統一分配物資）の数は調整、減らされ、一部は第二類物資（中央主管部門分配物資）に、一部は地方管理物資（第三類物資）に、一部の第二類物資は第三類物資に移された。1970年地方管理に移された第一類、第二類物資は192に上った。

　1969年から下放された中央直属企業や事業単位の物資の分配と供給活動は、下放と同時に地方の管理に移された（この活動は順調にいかなかったため、中央主管部門が管理を代理するといったこととなった。こういった単位は"直供"単位といわれる[37]）。

　物資の計画と分配は、先ず地区バランスを主軸とし、差額分配という方法が採用された。第一類物資、第二類物資が少なくなった状況下で、1970年から石炭、セメント、木材等について"統一計画、差額分配、品種調整、上納保証"といった管理方法が採用された。一部の地区では、機械・電気製品、鋼材、化学工業品、軍事用工業品の地区バランスを主軸にした地区移出入法が試行された。この方法は大区の比

---

(36) 商業部商業経済研究所編著『新中国商業史稿』、中国財政経済出版社、1984年、303〜305頁、324〜326頁。
(37) 《当代中国》叢書編輯部編輯『当代中国的経済体制改革』、中国社会科学出版社、1984年、233〜234頁、趙徳馨主編『中華人民共和国経済史・1967-1984』、河南人民出版社、1989年、222〜223頁。

第八章　プロレタリア文化大革命・"四人組"期の対外経済貿易関係

較的整った独立工業体系を打ち立てるためにとられた措置であった。このやり方に則って、国は生産量の比較的多い省・市・自治区（移出地区）から一部の製品を調達し、工業基盤の弱い地区（移入地区）の支援、輸出・対外援助の保証、国家備蓄の必要、特殊な物資需要に対処した。各地の中央直属企業の需要を含むその他の物資需要については、いずれも各省・市・自治区が地区バランスをとり供給する。分配は先に述べたように、"地区バランスをとり、差額分配する"という方法によった[38]。

　地方を中心とする物資の計画管理に転じることとなったことから、1970年6月物資管理部は廃止され、第一類物資のバランス作業と分配の活動は新国家計画委員会（同年6月従来の国家計画委員会、国家経済委員会、国務院工業交通弁公室、全国物価委員会、物資管理部、地質部、労働部、国家統計局、中央工業交通政治部が合併、新たに設立された新国家計画委員会）が担当することとなった。新国家計画委員会には物資局が設けられ、従来物資管理部が管理していた製品の発注、販売は、各工業部の管理に移管された。第一類物資の年度の取り纏め準備と在庫管理は、新国家計画委員会物資局が担当・配置する。従来の物資管理部所属の金属材料公司、機械・電気設備公司、化学工業材料公司、木材公司、建築材料公司の5つの専業公司及び一級ステーションと販売業務は、関連部、委員会に引き渡された。これにともない、23の省・市・自治区は一旦物資庁（局）を撤廃し、一部の省・市・自治区は専業公司を工業庁（局）に移管した[39]。

　地方を中心とした経済運営に転換したことから、統一的計画が困難、国家の重点的建設への配置がうまくいかず、全体計画と地方の物資分配との調整が難しいといった事態が生じた。中央各部は自己が責

---

(38) 趙徳馨主編『中華人民共和国経済史・1967－1984』、河南人民出版社、1989年、222～223頁。
(39) 同上書、224～225頁、《当代中国》叢書編輯部編輯『当代中国的経済体制改革』、中国社会科学出版社、1984年、511頁、蘇尚堯主編『中華人民共和国中央政府機構・1949－1990年』、経済科学出版社、1993年、199頁。

任をもつべき物資の手当に無関心となるといったことも出てきた。

　価格については、1967～76年の期間中は全体的には基本的に凍結の状態が貫かれた。若干のものの価格の調整だけが行われ、1972年までに一部の農・副産品の買付価格の引き上げ、一部の同産品販売価格の引き下げ、農業生産手段、辺境・山区の一部の工業品価格の引き下げ、薬品価格の大幅引き下げが行われ、地区間の価格格差は縮小されていった[40]。

　工業品の買付・販売については、1963～65年の期間は、従来の国家による一本の統一買付・一手販売が改められ、統一買付・一手販売のほかに計画買付、予約買付、企業間選択自由買付の4つの方法による買付方式が採用されたが、1966年以後これらの買付方式は資本主義の産物として否定され、従来の国家による統一買付・一手販売に戻され、工業品の自家販売は禁止された。国家の統一買付・統一販売の工業商品については、商業部の管理と統制が強化され、非統一買付・統一販売の一般工業商品については、大部分が商業部の一手販売となった[41]。

## 2　第4次5ヵ年計画期（1971～75年）の経済計画管理体制

(1)　前期（1971年）
　　―計画策定作業の混乱と極左戦略的高指標追求型計画の遂行―

　第4次5ヵ年計画の策定作業は、1970年初めから着手され、同年9月の第9期中央委員会第2回全体会議にその草案がかけられる予定であったが、林彪、陳伯達らの妨害にあい、同委員会には参考文献としてのみ配布され、のちにこの要綱（草案）は、71年度計画の主要指標

---

(40)　趙徳馨主編『中華人民共和国経済史・1967～1984』、河南人民出版社、1989年、220頁。
(41)　同上書、219頁。

第八章　プロレタリア文化大革命・"四人組"期の対外経済貿易関係

が党中央の名で各地に通達、実施に移された。

　第4次5ヵ年計画は、国際情勢と戦争の危険性の過大評価が基礎認識となっていたため、"戦争に備える"ということからすべての計画が策定された。このため、戦略的後方建設に力が集中され、各協業区の独自体系の構築をはかる経済建設が推進されることとなった。

　この要綱では、農工業総生産額の年平均伸び率は12.5％、国家予算内基本建設投資は1千3百億元、1975年の食糧生産量は3～3億2千5百万トン、棉花は325～350万トン、粗鋼は3千5百～4千万トン、原炭は4～4億3千万トン、原油は7千万～1億トン、発電量は2千～2千2百億KWH、鉄道貨物輸送量は9～10億トンとされており、高指標追求型計画となっている。粗鋼生産では年間340万トンないし440万トンの増産、すなわち5年間に2倍にするとの計画になっていた。きわめて高い指標が掲げられたのである。

　こういった任務を達成するために、これまでの企業の下放を踏まえて、1971年からは基本建設投資、物資分配、財政収支の全面的地方請負が提起された。基本建設投資の地方請負の試みがなされ、下放企業の財政部への上納減価償却費は地方に下放された。請負というのは、基本建設投資、物資分配、財政収支を全面的に地方に委譲し[42]、基本

---

(42) 財政収支の請負は、国家の統一予算の下において、省、市、自治区は収入によって支出を定め（定収定支）、収支を請け負い、国家上納を保証し（不足したときには差額補填）、残余は地方に帰属するというやり方である。その後、1972年、73年、74年、76年に枠組内の内容は変更された（趙徳馨主編『中華人民共和国経済史・1967－1984』、河南人民出版社、1989年、48～49頁、《当代中国》編輯部編輯『当代中国的経済体制改革』、中国社会科学出版社、138～141頁）。
　物資分配の請負は、国家の統一計画の下、地区バランスを主軸とし、差額分配、品種調整を行い、上納を保証するというものである（趙徳馨主編同上書、47～48頁、《当代中国》編輯部編輯同上書、141～142頁）。
　基本建設の請負は、国家の規定した建設任務に応じて、地方は与えられた制度的枠組内で投資、設備、材料などを統一計画し、調整使用する。残余は地方に帰属する。主要内容は、減価償却基金を一定の割合で地方に分配する、"五小"企業発展のための専用資金を地方が専用する、基本建設投資の調達を中央と地方の双方が一定の比率で行うなど（趙徳馨主編同上書、46～47頁、《当代中国》編輯部編輯同上書、142～144頁）。

建設投資、物資分配、財政収支の黒字分については、地方が一定の割合で留保するというものであったが、これは全面的実施までにはいたらなかった。また、さらに地方の権限を拡大するため、"地方を主とし、中央と地方を結びつける"という計画管理の方法が実施され、地方の積極性を引き出すようにされたが、実際には首尾よくいかなかった。

1953年から食糧については、計画買付・計画販売の方式がとられてきたが、65年から食糧生産の発展のために、食糧の徴購基数（実物税としての公糧と買付量の基礎）を定めて任務とする政策を採用した。1971年8月党中央は「関于継続糧食征購任務一定五年的通知」を発し、71～75年の基数を元の基数より39.5億斤多い765.6億斤と定めた。この基数は各省・市・自治区に下ろされることになるが、地方は基数の上に5％加算することができる。豊作の地区では、生産隊とはかり一部の食糧を超過買付してもよい。この場合割増価格による生産奨励方式が適用されるが、割増幅は計画買付の30％をこえてはならないと定められた。

その他の農・副産品については、1966～67年にかけて農・副産品の販売奨励は"物質的刺激"として取り消しが主張されたが、一貫して継続維持されてきた[43]。

この時期林彪らが、国防工業を統一管理する軍事委員会弁事組を押えていたから、国民経済の総合バランスを無視して、盲目的に軍事産業プロジェクトを増大、基本建設規模を拡大した。民需面でも、倍増任務を乱発した。国家計画委員会は、客観的条件に基づいて経済活動をすること、量とともに質も重視し、経済計算に力を入れること、速度とともにバランスをとること、科学を重視してすべて実験を経ることなどを提起したが、適切な措置を講じるにいたらなかった。

1971年度計画では、重工業が引き続き大きな比重を占め、指標が高

---

(43) 趙徳馨主編『中華人民共和国経済史・1967-1984』、河南人民出版社、1989年、217～218頁。

第八章　プロレタリア文化大革命・"四人組"期の対外経済貿易関係

**表Ⅷ-1　農・副産品の買付数量の推移**

| 年 | 食糧<br>(億斤) | 食用植物油<br>(億斤) | 棉花<br>(万担) | ブタ<br>(ブタ肉を含む)<br>(万頭) | 食用羊<br>(万頭) | 家禽<br>(万匹) | 生卵<br>(万担) |
|---|---|---|---|---|---|---|---|
| 1966 | 828.3 | 20.8 | 4,262.6 | 8,644.8 | 1,142.0 | 12,542.0 | 1,077.1 |
| 1967 | 827.5 | 19.5 | 4,281.0 | 8,749.3 | 914.8 | 7,358.2 | 960.8 |
| 1968 | 808.1 | 18.0 | 4,281.4 | 8,347.0 | 1,061.8 | 6,937.2 | 762.0 |
| 1969 | 769.0 | 17.2 | 3,807.6 | 7,661.1 | 1,039.7 | 6,701.9 | 834.7 |
| 1970 | 929.8 | 17.8 | 4,059.6 | 7,562.1 | 1,127.6 | 7,331.0 | 906.2 |
| 1971 | 876.5 | 19.2 | 3,826.2 | 8,816.6 | 1,090.9 | 9,547.9 | 965.8 |
| 1972 | 770.7 | 18.0 | 3,575.0 | 10,526.3 | 985.8 | 11,122.7 | 936.4 |
| 1973 | 968.1 | 19.2 | 4,816.8 | 10,195.9 | 892.4 | 11,085.1 | 955.0 |
| 1974 | 937.8 | 19.0 | 4,489.8 | 9,843.4 | 995.7 | 9,318.1 | 905.4 |
| 1975 | 1,052.3 | 20.1 | 4,454.4 | 10,281.0 | 1,057.9 | 10,561.4 | 921.6 |
| 1976 | 982.9 | 17.7 | 3,772.2 | 10,350.6 | 1,013.5 | 9,934.4 | 899.8 |

出所：国家統計局貿易物価統計司編『中国貿易物価統計資料・1952-1983』、中国統計出版社、1984年、113〜116頁より作成。

く、基本建設規模が過大であった[44]。このため、蓄積率は高くなりすぎ、基本建設と重工業生産の急膨張のため職員・労働者規模が70〜71年の間に983万人増えた。職員・労働者数が大幅に急増したことから、賃金支出と食糧販売量が計画を大幅に上回ってしまった。計画では、1971年の国営企業の賃金総額は296億元であったが、実際には302億元にも達し、食糧販売量計画3,970万トンが実際には4,275万トンとなった。いわゆる"三突破"——全人民所有制部門の職員・従業者5千

---

(44) 1971年度計画の主要指標は以下の通り。
　　農工業総生産額は前年比12％増、うち農業は7％増、工業は13％増。農工業主要生産物生産量の指標では食糧2億4千5百〜2億5千5百万トン、棉花240〜250万トン、粗鋼2千〜2千百万トン、原炭3億6千〜3億7千万トン、発電量1千3百億〜1,350億KWH、原油3億9百〜4千万トン、綿糸1千梱で、鉄道貨物輸送量は7億3千〜7億5千万トン、社会商品小売総額は850億元、財政収支は各705億元、国家予算内基本建設投資は前年比15億元増の270億元、大中型プロジェクトは1,168で、うち新設が112、改築・拡張が137。新規増加の従業員は140〜156万人、従業員総数は4,850万人、賃金総額は前年比23億元増の296億元、うち賃金調整部分は11億元増（柳随年・呉群敢主編『中国社会主義経済簡史（1949-1983）』、黒龍江人民出版社、1985年、381〜382頁、同邦訳書、北京周報社、1986年、414頁）。

万人、賃金支出300億元、食糧販売量4千万トン―の突破である。

　結果として、農村労働力（約600余万人）の減少による農業生産への影響、労働者数の異常な増加による工業労働生産性の低下（対前年比0.8％低下）、消費物資と商品化食糧の需給のアンバランスなどが出てきた[45]。

(2)　中期（1972～73年）―極左路線の修正と計画管理体制の再建―

　1971年9月林彪によるクーデター事件が未遂に終わり、周恩来が党中央の日常活動を取り仕切るようになり、72年初めから"三突破"の重大な影響を解決する方向へむけての動きが開始された。1972～73年にかけて、国務院はいくつかの対策を打ち出した。①基本建設規模の抑制と管理の強化、②賃金管理の強化、③食糧の買付・販売に対する措置（農業支援と食糧生産の発展、都市部の食糧の統一販売の整頓、職員・労働者数の抑制、国家計画を上回る人員を新規増加させた地区と部門の募集即時停止、規定に基づかないで都市部に入った者の農村への帰還など）、④第4次5ヵ年計画（草案）の調整などである。

　1972～73年にかけて、いくつかの「左」よりの誤りによる影響を克服する努力も行われた。①無政府主義と極左思潮の批判、②企業管理の整頓・強化（7つの規則・制度―持ち場責任制、勤務評定制度、技術操作規則、品質検査制度、設備管理・保守制度、安全生産制度、経済計算制度、7つの指標―生産量、品種、品質、原材料・動力消費、労働生産性、コスト、利潤）、③集中・統一指導の強化（国家経済計画の遵守、経済活動における盲目性と無組織・無規律現象の克服、「国家計画委員会関于堅持統一計画、加強経済管理的規定」）、④農村における「左」の政策の是正（農村人民公社の分配における国、集団、個人の3者の利益に配慮、労働に応じた分配原則の堅持、党の政策の許容範囲内における多角経営の許可

---

(45) 柳随年・呉群敢主編『中国社会主義経済簡史（1949-1983）』、黒龍江人民出版社、1985年、379～384頁、同邦訳書、北京周報社、1986年、414～416頁。

表Ⅷ-2　国家統一分配物資・部分配物資（1966〜75年）

| 年 | 統一分配物資 | 部分配物資 | 合　計 |
| --- | --- | --- | --- |
| 1966 | 326 | 253 | 579 |
| 1972 | 49 | 168 | 217 |
| 1973 | 50 | 567 | 617 |
| 1975 | 52 | 565 | 617 |

出所：表Ⅵ-4と同じ。

など）、⑤教育、科学研究の強化、⑥計画生産の活動の回復、⑦外交面での重要な突破、対外経済面の新たな進展（1971年10月中国の国連における地位回復、72年2月米中上海共同声明発表と米中関係の新展開、72年9月日中国交正常化と日中関係の進展[46]）。

物資管理も改められた。上表にみられるように、1972年には第一類物資、第二類物資ともに大幅に減らされたために、物資の調達、分配、総合バランスがうまくとれなくなり、元の供給ルートが断絶したうえに、物資機構も撤廃されて無管理の状態になっていた。このため、物資流通の混乱を立て直すための作業がはじめられた。1973年第一類物資、第二類物資合計数は72年の217種から617種に増加された。第二類物資は399種増やされ、第一類物資が1種ふやされた。しかし、"批林批孔"運動、周恩来のとった措置に対する"復活"、"後退"との批判のなかで、物資流通体制の整頓は進行しなかった[47]。

上述のような措置がとられたことから、1973年度国民経済計画の主要指標はいずれも計画を達成するか、超過達成した。農工業総生産額は対前年比9.2％増、このうち農業8.4％増、工業9.5％増、食糧、棉花、麻類、製糖作物、葉タバコの生産量はいずれも史上最高を記録した。鉄道貨物輸送量2.8％増、国家予算内投資完成額265億元、予算外

(46) 同上書、384〜393頁、同邦訳書、416〜424頁。
(47) 《当代中国》叢書編輯部編輯『当代中国的経済体制改革』、中国社会科学出版社、1984年、511〜513頁。

投資完成額を合わせると321億元、施工に入った大中型プロジェクト1,627、財政収入809億7千万元で、対前比5.6％増、財政収支は均衡を保った[48]。

(3) 後期（1974～75年）―"四人組"の反撃の中での正常化―

　1973年各分野では新たな成果があげられ、社会秩序、生産状況も好転してきたが、同年8月の党第10回全国代表大会では林彪反革命集団に対する批判は行われたが、9全大会以来の路線は基本的には引き継がれた。同年下半期からの"右からの巻き返しに反対する"という逆流の動き、74年1月からの"批林批孔"運動の展開の中で、周恩来の推し進める政策は封じ込められ、安定に向かっていた状況は再度激動しはじめ、中央から地方まで復帰した古参幹部の多くが攻撃の対象となった。国民経済は再び混乱、破壊され、工業生産は急低下し、鉄道輸送の逼迫、港湾業務の混乱、石炭不足、財政赤字、1974年度国民経済計画は73年7、8月には草案はできていたが、"批林批孔"運動の中で全国計画会議は開けないままに、74年4月中央は会議の討議を経ていない計画「草案」を承認、実施に移すしかなかった。
　計画で定められた指標はさほど高いものではなかったが、政治状況の影響で、大部分の計画指標は達成されなかった。かなりの主要製品生産量が前年よりも低下した。農工業総生産額は計画の95.6％しか達成できず、対前年比1.4％増にしかすぎなかった。このうち農業生産額は計画の101.5％を達成し、対前年比4.2％増、工業生産額は計画の93.2％達成しただけで、対前年比0.3％増にすぎなかった。農産物では食糧、ジュート、ケナフ麻以外の他の主要工芸作物はいずれも計画を達成できなかった。重工業製品、軽工業製品も大部分が計画を達成できなかった。対前年比で棉花4％減、粗鋼16.3％減、原炭1％減、綿

---

(48) 前掲書、393～394頁、同邦訳書、424～425頁。

第八章　プロレタリア文化大革命・"四人組"期の対外経済貿易関係

糸8.4％減、鉄道貨物輸送量5.3％減、財政赤字は7億7千万元に上った。

1975年党第10期中央委員会第2回全体会議、第4期全国人民代表大会第1回会議を経る中で、鄧小平が返り咲き、重病の周恩来を助けて党の日常業務を担当するようになった。

第4回全国人民代表大会では、第3回全国人民代表大会で提起された国民経済発展二段階構想が重ねて明らかにされ、第一段階では、1980年までに独立した、比較的整った工業体系と国民経済体系を確立し、第二段階では、今世紀内に農業・工業・国防および科学技術の現代化を全面的に実現して、中国国民経済を世界の前列に立たせるということが謳われた。国務院はこの構想の目標にもとづいて10ヵ年計画、5ヵ年計画、年度計画を作成することも明らかにした[49]。

しかし、"四人組"の追撃は止まらなかった。1962年9月に出された「農村人民公社工作条例（修正草案）」（いわゆる"六十条"）では、生産隊が人民公社の基本計算単位とされ、少なくとも30年は不変、分配された自留地は社員の家庭使用に帰し、長期にわたって不変とされていた。しかし、すでに見てきたように、生産隊の公社への併合と自留地の没収が少なからざる地方でおこなわれた。1975年"ブルジョワ階級の権利"の制限が持ち出され、自留地、自留畜、自留木、家庭副業など攻撃を受けるところとなった[50]。同年工業部門が自己で販売していた門市部と経理部は整理され、若干の従来からある自営手工業品以外は、工業部門はいかなる名義によっても、製品を自己販売してはならないこととされ、現存の工業品自販門市部も漸次商業部の統一経営に引き渡されるべしとされた[51]。

鄧小平が党の日常活動を主宰するようになってから、先ず鉄道輸送

---

(49) 同上書、396〜402頁、同邦訳書、427〜433頁。
(50) 商業部商業経済研究所編著『新中国商業史稿』、中国財政経済出版社、1984年、312頁。
(51) 同上書、305頁。

317

と鉄鋼工業問題の解決に力が注がれ、政治、経済、軍事、科学、文化、教育などの各分野で、全面的な整頓がはかられた。1975年2月10日党中央は国家計画委員会の「関于1975年国民経済計画的報告」を承認、配布した。この中では、1975年度国民経済計画と第4次5ヵ年計画の達成、超過達成に努力すること、農業を基礎とし、工業を主導とする方針を貫き、農業、軽工業、重工業の順で国民経済計画を按配し、農業を大いに発展させ、基礎工業と交通運輸業を強化し、国防工業を立派に運営し、軽工業、国内市場、対外貿易を十分に按配するよう求められている。

1975年には再度中華人民共和国供銷合作総社が設けられたが、やはりこれは全人民所有制の商業であるとされ、統一計画、分級管理、分級計算、資金調整を行うものとされた[52]。

物資管理については、1972年から従来の体制を改める動きが始まり、省・市・自治区の物資部門が復活されるようになり、国家統一分配物資や中央主管部門分配物資の管理を漸次上級にもどす動きが出てきた中で、75年国家計画委員会は、調査に基づき、物資管理は統一計画、分級管理の原則の下で集中統一管理を強め、国家の統一分配物資を適度に増やし、国家統一分配物資の販売活動は、物資部門が主導管理し、物資の分散、滞貨、浪費問題を解決すべきであると提起した。これをうけて、同年11月改めて国家物資総局が設置されることが決定された。相前後して、各省・市・自治区の169の物資専業公司と134の物資専業公司が相次いで物資部門の指導下に復活された。しかし、折からの"右からの巻き返しの風潮に反撃"する運動の中で、着手された問題はそっちのけとなり、再び物資流通秩序は混乱に陥ることとなった。1975年国家統一分配物資の発注契約の完遂状況は、石炭99.9％、セメント95.4％、鋼材90.1％であったが、76年のそれは各々

---

(52) 趙徳馨主編『中華人民共和国経済史・1969-1984』、河南人民出版社、1989年、205〜206頁。

第八章　プロレタリア文化大革命・"四人組"期の対外経済貿易関係

90.9％、82.8％、87.6％と一層悪化した状況となった[53]。

"四人組"の妨害、破壊活動にもかかわらず、整頓活動を通じて全国の情勢は著しい好転をみた。1975年度の農工業総生産額は対前年比11.9％増、うち農業4.6％増、工業15.1％増、食糧3.3％増、棉花3.3％減、粗鋼13.1％増、原炭16.7％増、原油18.8％増、発電量16％増、綿糸16.9％増、鉄道貨物輸送量12.9％増、年末の全人民所有制部門の従業員総数は6,426万人、前年より261万人増えた。社会商品小売額は対前年比9.2％増、財政収入は815億6千万元、同支出は820億9千万元、財政赤字は5億3千万元であった。同年は基本建設の配置がしぼられていなく、蓄積率も高すぎたし（蓄積率33.9％、対前年比1.6％上昇し、1971年水準に近い）、財政収支の赤字、従業員の急増など問題はあったが、全般的には比較的良好な経済発展を収めた。かくて、1975年を最終年度とする第4次5ヵ年計画は、1973年に調整された後の同計画要綱（修正草案）の遂行の結果、農工業総生産額は計画を1.7％上回った。うち農業は4.5％、工業は0.6％上回った。計画に組み込まれた51種の主要経済指標のうち計画未達成は25種、30種の主要重工業製品指標のうち計画未達成18種、11種の軽工業製品指標のうち計画未達成は4種であった。主要製品生産量は計画に対して、食糧103.5％、棉花95.2％、粗鋼79.7％、原炭109.5％、原油110.1％、発電量103.1％、綿糸96.8％で、鉄道貨物輸送量は計画に対し98.7％、予算内基本建設投資は101.6％、財政収入は98％の達成率であった。

1975年春国家計画委員会は第4回全国人民代表大会で提起された「1976－85年国民経済発展10ヵ年計画要綱（草案）」を起草し、同年10月中央政治局は同草案を討議、修正し、毛沢東の同意をえて全国計画会議の討論にかけた[54]。

---

(53)《当代中国》叢書編輯部編輯『当代中国的経済体制改革』、中国社会科学出版社、1984年、513頁。
(54) 前掲書、396～411頁、同邦訳書、427～442頁。

## 3　最終段階（1976年）

　毛沢東は鄧小平の活動を支持したが、のちになって鄧小平が文化大革命の誤りを系統的に是正するのに対し"批鄧、右からの巻き返しの風潮に反撃"する運動を発動した。"四人組"は、四つの現代化は"資本主義化"であり、社会主義生産建設に力を入れることは"唯生産力論"、労働に応じた分配は"ブルショア分子を生む基礎"、大衆の生活に関心を寄せることは"物質的刺激"のあらわれ、石油の輸出は"売国主義"、技術設備の導入は"外国崇拝"、企業管理の強化は"取締り、締め付け、押さえ付け"、社会主義経済計算は"利潤による統帥"であると攻撃した。経済機構の多くが再編成され、各級経済機構はまたも機能が停止、または半停止の状態に陥った。

　1975年末から76年1月にかけての全国計画会議は、国民経済発展10ヵ年計画と1976年度計画を検討した。さらに経済工作の整頓と体制改革などの問題についても討議することになっていたが、"右からの巻き返しに反撃"する運動によって、多くの問題が十分に討議されず、さらに討議にかけることすらできなかった。建国以来投資効率は最も悪く、国民経済の主要比率関係は、またもや甚だしいアンバランスとなった[55]。

---

(55) 同上書、411～414頁、同邦訳書、443～446頁。

表Ⅷ-3　1976年主要経済指標

| 主要経済項目 | 対前年比％ | 対計画達成比％ |
|---|---|---|
| 農工業総生産額（4,536億元） | 1.7％増 | 大幅未達成 |
| 　農業（1,378億元） | 2.5％増 | 1.5％〃 |
| 　工業（3,158億元） | 1.3％増 | 6.9〜7.7％〃 |
| 　主要生産物 | | |
| 　食糧（2億9千万トン） | 0.6％増 | 99％ |
| 　棉花（206万トン） | 13.7％減 | 79％ |
| 　粗鋼（2,046万トン） | 14.4％〃 | 79％（1971年水準以下） |
| 　原炭（4億8千万トン） | 0.2％増 | 101％ |
| 　原油（8,716万トン） | 13.1％〃 | 下限値達成 |
| 　発電量（2,031億KW） | 3.7％〃 | 96.3％ |
| 　綿糸 | 7.1％減 | 88％ |
| 鉄道貨物輸送量（8億4千万トン） | 5.5％減 | 93％ |
| 基本建設投資 | 国家予算内投資294億元プラス地方自己調達資金合計359億5千万元，対前年32億3千万元減 | |
| 固定資産交付使用率 | 58.9％，対前年比5％減 | |
| 大中型プロジェクト完工数 | 85件，前年に比し82件減 | |
| 社会商品小売総額 | 1,339億元，対前年比5.3％増 | |
| 貿易額 | 134億4千万ドル，対前年比9％減 | |
| 全人民所有制部門 | | |
| 従業員数 | 6,860万人，対前年比434万人増（計画を304万人上回った） | |
| 人口自然増加率 | 1.26％，対前年比0.3％低下 | |
| 国営企業欠損総額 | 177億元，1965年の3倍規模 | |
| 国家財政収入 | 776億6千万元，対前年比39億元減 | |
| 財政赤字 | 29億6千万元 | |

注記：価値額はすべて1976年現在価値表示。
出所：柳随年・呉群敢主編『中国社会主義経済簡史（1949－1983）』、黒龍江人民出版社、1985年、414頁、同邦訳書、北京周報社、1986年、445〜446頁、524〜530頁、国家統計局国民経済綜合統計司編『新中国六十年統計資料匯編』、中国統計出版社、2010年、37頁より作成。両文献では表面上の類似統計上からは、数値が一致しないものが見受けられるが、両者間の統計項目上の照合関係がはっきりしないので、『簡史』を中心に整理した。

## 第三節　プロレタリア文化大革命・"四人組"期の対外貿易管理体制

### 1　貿易の概況

(1)　貿易の下降（1967～69年）

　表Ⅷ-4にみられるように、1967～69年の期間における総輸出入額は、連続して前年実績を大幅に下回る、あるいは前年を割るといった状態となっている。これは主として国内的原因による。一つは文化大革命による生産の混乱によるものであり、今一つはやはり文化大革命による貿易面での計画管理の混乱によるものである。

　プロレタリア文化大革命が進むにつれ、貿易計画管理機構なり、貿易実務遂行機構なりの正常な形での業務遂行が、極めて困難な状況に陥っていった。文革派は、帝国主義支配下の世界体制の下で、その秩序にしたがって輸出入を行うことは、資本主義体制の擁護であり、帝国主義に奉仕するものであるとし、第一次産品の輸出は資源の売り渡しであり、積極的な輸出外貨の獲得は外貨第一ということであり、技術導入は外国への諂いであると批判した。国外需要に合わせた輸出商品を作ることや、国際市場価格に合わせて価格取り決めを行うこと、また一般的な国際貿易方式に従って取引を行うことなどは"無原則な右傾"であり、"主権喪失国威失墜"であると批判され、すでにかなりの規模にまでなっていた輸出商品生産基地は廃止され、輸出専門工場も転業、多くの伝統的工芸技能者は転業し、輸出商品の品柄数も減り、品質も下がっていった。対外貿易の中で重要な役割を果たしていた"輸入によって輸出をはかる（以進養出）"のやり方や、委託加工、指定品生産などの機動性変則特殊貿易も停止に追い込まれることと

### 表Ⅷ-4　プロレタリア文化大革命・"四人組"期の対外貿易

| 項目 年 | 人民元表示（億元） |||　ドル表示（億ドル） |||
|---|---|---|---|---|---|---|
| | 輸出入総額 | 輸出額 | 輸入額 | 輸出入総額 | 輸出額 | 輸入額 |
| 1966 | 127.1 | 66.0 | 61.1 | 46.1 | 23.7 | 22.5 |
| 1967 | 112.2 | 58.8 | 53.4 | 41.6 | 21.4 | 20.2 |
| 1968 | 108.5 | 57.6 | 50.9 | 40.5 | 21.0 | 19.5 |
| 1969 | 107.0 | 59.8 | 47.2 | 40.3 | 22.0 | 18.3 |
| 1970 | 112.9 | 56.8 | 56.1 | 45.9 | 22.6 | 23.3 |
| 1971 | 120.9 | 68.5 | 52.4 | 48.4 | 26.4 | 22.1 |
| 1972 | 146.9 | 82.9 | 64.0 | 63.0 | 34.4 | 28.6 |
| 1973 | 220.5 | 116.9 | 103.6 | 109.8 | 58.2 | 51.6 |
| 1974 | 292.2 | 139.4 | 152.8 | 145.7 | 69.5 | 76.2 |
| 1975 | 290.4 | 143.0 | 147.4 | 147.5 | 72.6 | 74.9 |
| 1976 | 264.1 | 134.8 | 129.3 | 134.3 | 68.6 | 65.8 |

出所：〈中国対外経済貿易年鑑〉編輯委員会編『中国対外経済貿易年鑑・1984』、中国対外経済貿易出版社、1984年、Ⅳ-3頁より作成。

なった。1968年からは技術導入も中断され、60年代前期に導入した84項目の建設にも影響が及んだ[56]。

　1967～68年にかけては、工場の多くは革命活動によって生産が混乱、停止し、工業生産額は1966年の1,624億元から67年1,382億元、68年1,285億元へと落ち込んでいった。輸出向けの軽・重工業品総額は1966年には15億16百万ドルであったが、67年には12億96百万ドル、68年には12億62百万ドルに落ちている。また、同時期の農業生産の発展は緩やかで、農産品、同副産品の買付量も下がっており、1966年の農産品と同副産品の買付総額は345億9千万元、67年のそれは344億8千万元、68年のそれは338億2千万元となっている。1966年の農産品と同副産品の輸出額は8億5千万ドルであったが、67年には8億39百万

---

[56] 《当代中国》叢書編輯部編輯『当代中国対外貿易（上）』、当代中国出版社、1992年、33～34頁。工芸美術品を含む輸出商品で、商標、図案、型など反動的政治性のあるものについては改めることが指示された（《当代中国的経済管理》編輯部編『中華人民共和国経済管理大事記』、中国経済出版社、1987年、236頁）。なお、広州輸出商品交易会の期間中は関連組織における奪権闘争は一律に停止することとされた（同書、240頁）。

ドル、68年には8億4千1百万ドルとなっている[57]。

1969年には前述したように、農工業生産には回復がみられたものの、国内需要への対応から、輸出拡大にまでいたらなかった。輸出拡大ができないことから、外貨収入上の制約があり、輸入の拡大は不可能なことであった[58]。

当時の中国を取り巻く国際経済環境をみれば、中ソの関係は悪く、両国間の貿易は極度に縮小に向かう道程にあった[59]。一方、アメリカを中心とする西側資本主義国との関係も対中経済封鎖を基本戦略とする状態の中にあり、1969年7月からアメリカの対中貿易姿勢の変化が始まるのをまつまで、ダイナミックな新しい動きを期待することはできなかった。また、第三世界との貿易関係の発展にも限界があった[60]。

(2) 回復と発展（1970～75年）

1969年の農工業総生産は66年の水準をこえ、その後農工業総生産は対前年比各々70年 25.8％、71年 12.2％、72年 4.5％の成長を示し、輸出拡大の前提条件を創り出した。70年代に入り、中国を取り巻く世界政治経済環境には大きな変化が生じた。

1969年から72年2月のニクソン訪中までの期間中に、アメリカは数次にわたる対中禁輸政策の緩和を行った。1971年10月中国は国連の地位を回復、72年2月のニクソン訪中によって、アメリカの経済封鎖政策は基本的には終わり、同年の春季の広州交易会にはアメリカの少な

---

(57) 国家統計局貿易物価統計司編『中国貿易物価統計資料・1952－1983』、中国統計出版社、1984年、492頁。
(58) 趙徳馨主編『中華人民共和国経済史・1967－1984』、河南人民出版社、1989年、319頁。
(59) この点についての詳しい事情は拙稿「中国の協定貿易―その盛衰と残光」、『広島経済大学経済研究論集』第15巻第2号、1992年、50～51頁参照。
(60) 前掲書、321～322頁、《当代中国》叢書編輯部編輯『当代中国対外貿易（上）』、当代中国出版社、1992年、389頁。

第八章　プロレタリア文化大革命・"四人組"期の対外経済貿易関係

からざる企業が参加するところとなった。同年9月には佐藤内閣に代わった田中内閣との間で、日中国交正常化への一歩が踏み出された。1970～72年の間多くの先進国並びに第三世界の国々との間で、中国は新しい外交関係を樹立していった。

　上段で触れたように、1971年の"9・13事件"後の周恩来の采配によって、中国の経済開発は国内市場を主とし、国外市場を輔とするも、貿易の国内生産と国内市場に対する積極的役割が重視されるようになり、対外貿易は漸次正常化されるようになっていった。

　1970年には、中断の憂き目にあっていた前章で触れた輸出拡大のための"以進養出"のやり方が復活され、72年からは輸出商品生産綜合基地や農・副産品輸出基地、輸出工業品専門工場・作業場が復活なり、新設されるようになり、国家が資金投入を行うとともに、優遇貸付などの支援も行うようになった[61]。

　1970～72年のこの間に、中国の輸出入総額は表Ⅷ-4にみるとおり、1970年の45億9千万ドルから72年の63億ドルへと大幅な発展をみた。

　1973年の総輸出入額は109億8千万ドルと70年の倍以上、対前年比70％以上も増えた。国際環境の構造的な変化は、その大きな条件であったが、中国自体の主体的な内的要因がそれを実体あるものにした。

　第一は、"四三方案"と呼ばれる延べ払い方式による43億ドルにのぼるプラントおよび設備の導入である（13の大型化学肥料プラント、4つの化学繊維プラント、3つの石油化学プラント、43の採炭トレイン、武漢圧延プラント、3つの大型発電所など[62]）。

　第二は輸出振興策による輸出の拡大である。すでに述べたように、

---

(61) 《当代中国》叢書編輯部編輯『当代中国対外貿易（上）』、当代中国出版社、1992年、35頁。趙徳馨主編『中華人民共和国経済史・1967－1984』、河南人民出版社、1989年、322頁。輸出商品生産綜合基地や農・副産品輸出基地、輸出工業品専門工場・作業場の復活は前者では1972年とされ、後者では73年とされているが、ここでは対外貿易の専書である前者によることとした。
(62) 于光遠主編『経済大辞典（上）』、上海辞書出版社、1992年、480頁。

1970年から復活、新設された"以進養出"、輸出商品生産綜合基地、農・副産品輸出基地などの効果が、ここへきて顕著に現われた。例えば、1973年には農・副産品の輸出向け買付に力が注がれ、輸出額は20億8千万ドルに達し、前年のほぼ2倍となった。農・副産品加工品輸出額も同年には23億ドルに達し、対前年比63.1％の増大であった。

　第三は、食糧の輸出入がこれまでの最高に達したことである。中国は米を輸出し、小麦を輸入するというのが、従来からのパターンであったが、1973年は米が豊作、小麦が不作という状況であった上に、"三突破"によって引き起こされた食糧在庫の穴を埋めるためにも、主として小麦の輸入を推し進めることとなった。

　第四に、日中貿易が大幅な拡大をみたことである。日中貿易は民間の日中備忘録貿易の基礎の上に、政府間貿易も加えて、1973年には19億5千万ドルに達し、輸出8億4千万ドル、輸入11億1千万ドルの規模となった。

　国際的には、1973年にはアメリカとの経済関係が実体のある改善に向かって動き、アメリカ政府の支援する全国民間貿易団体が訪中し、日中間には100万トンの原油輸出契約が結ばれた[63]。

　1974年の貿易は対前年比32.7％、1975年は1.2％の成長であった。この両年、各地では広東省仏山地区の経験に鑑み、次々に輸出商品生産綜合基地が設けられ、農・副産品および同加工品の輸出に対して専門的生産拠点がつくられた。1976年の16の輸出商品生産綜合基地からの対外貿易向け買付額は34億6千6百万元、輸出向け買付額の11.7％を占めた[64]。

---

(63) 趙徳馨主編『中華人民共和国経済史・1967－1984』、河南人民出版社、1989年、321～324頁、《中国対外経済貿易年鑑》編輯委員会編『中国対外経済年鑑・1984』、中国対外経済貿易出版社、1984年、Ⅳ－19頁。
(64) 趙徳馨主編『中華人民共和国経済史・1967－1984』、河南人民出版社、1989年、325頁。輸出商品生産綜合基地とは、広東省仏山、恵陽、湛江、湖南省湘潭、江蘇省揚州、蘇州、山東省煙台、昌灘、臨沂、湖北省荊州、河南省南陽、河北省張家口、山西省雁北、遼寧省旅大、浙江省嘉興、新疆維吾爾自治区吐魯番の16の綜合基地である（同書、325頁）。

第八章　プロレタリア文化大革命・"四人組"期の対外経済貿易関係

　1974～75年にかけての原油と製品油の輸出は、世界市場の情況から数量、金額ともに大幅に伸びた。

　1974～75年にかけては、国際経済関係は大きく発展した。日中間には政府間協定が結ばれ、関税および諸税の徴収、税関規定、輸出入手続などに関する互恵待遇が取り決められ、日本の巨大企業集団が対中貿易に本格的に乗り出し、中国の第一位の貿易相手国となった。アメリカとの貿易も1974年には9億ドルに達し、ヨーロッパ諸国、第三世界との貿易も発展した。

　しかし、1973年のオイル価格の引き上げによる西側先進国のスタグフレーションにより、伝統的輸出商品の輸出が減少する一方で、輸入鋼材とか化学肥料、化学工業原料の輸入価格は上昇した。国家計画委員会、対外貿易部、中国銀行の努力にもかかわらず、1974年と75年の国際収支は赤字となった。

(3)　再び混乱と下降（1976年）

　1976年の農工業総生産額は表Ⅷ-3にみるとおり、前年比1.7％増にすぎず、主要輸出商品である棉花、紡績・紡織品、鉄鋼、鋼材などは減産の状況にあり、輸出供給能力は下がっていった。"四人組"は、エチレンプラントの輸入や原油の輸出は"買弁のすることだ"と攻撃し、資本主義国に石油や石炭、綿布を輸出することは"民族の裏切り行為である"と誹謗した。輸出貨源の積極的買付や輸送は批判され、対外貿易部門の幹部、職員はなす術もなく、輸出商品の買付量は下がり、輸送は停滞し、1976年の貿易額は134億3千万ドルと前年をほぼ9％下回ってしまった[65]。

---

(65)　同上書、325～329頁。

## 2　対外貿易面での抗争の核心

　プロレタリア文化大革命・"四人組"期における対外貿易面での対立・抗争の核心はどこにあったのか、ここでこの点についてまとめておきたい。
　半植民地・半封建経済にあった中国は、1949年その桎梏を断ち切って新国家を建設したわけであるから、このことから当然ながら、自立的国民経済の建設を目ざすことになる。新中国の経済建設は、もはやこれまでの形での資本主義の発展としての国民経済の建設はありえない。なぜならば、資本主義の発展を目ざした、すなわちブルジョアジーの主導する国民経済形成は、弱いブルジョアジー（封建地主階級と結合した）によっては成し得なかった課題であり、その結果として、中国は半植民地・半封建経済へと陥っていったのであるからである。弱いブルジョアジーは買弁的たらざるを得ないのであり、それでは自立的国民経済の建設はあり得ないからである。しかも、世界経済の状況は、死滅しつつある資本主義と優勢にある社会主義の対決の局面にあり、社会主義の優位は明らかである。このような認識が、新中国建国の指導者と人民の認識の基本的前提となっていた。
　プロレタリア文化大革命は、この基本認識の下に、労働に応じた分配をブルジョア的性格のものとし、労働に応じた分配の貫徹を基本原則とする経済運営を、資本主義への道として批判したものであった。労働に応じた分配という原則は、それ自体として資本主義の価値法則の貫徹そのもの以外の何ものでもなく、労働に応じた分配原則による労働の発動への動機づけこそは、物質的刺激による経済運営のやり方である。利潤指標による経済効率の向上のやり方は、資本主義的やり方であり、ブルジョア的性格のものである。その行きつく先は資本主義の復活ということたらざるをえない。このような基本認識からすれば、それはあってはならないことであり、新中国建国の理念とその実

第八章　プロレタリア文化大革命・"四人組"期の対外経済貿易関係

現過程の否定であり、またその放棄ということになる。文革派と"四人組"は論理的にはこう詰め寄る。資本主義に勝る優位性をもった社会主義経済建設の動態的展開基軸は、物質的刺激によらない、自覚的な社会主義的人間の形成・深化の結集として存在するというのである。

　物質的刺激による経済建設の道は、資本主義的商品経済復辟への道であり、資本主義に勝る社会主義経済建設の動態的基軸の否定であり、国際的側面からするならば半植民化、従属化への道であるとするならば、物質的刺激に基づく経済運営の延長線上で展開される貿易は、当然ながら否定されなければならなくなる。路線をめぐる権力闘争は剣ヶ峰ということになろう。

　物資的刺激を必ずしも基礎としない社会主義経済建設路線の中で、貿易はどのような位置づけを得ることになるのであろうか。

　文革派と"四人組"の論理からすると、輸入に頼り、輸出によって輸入に置き換える、経済発展の立脚点を自力更生におかない戦略は、自己の主体的経済建設の路線を放棄するものであり、帝国主義の従属物になるしかない。従属国から脱却し、帝国主義諸国の経済の水準を永久に超えることはできない。

　この路線の対極にあるのは、輸入に頼らない、自己の主体性をもつ自力更生論であり、社会主義の優位性と人民大衆の聡明な英知と創造力に依拠した、自己開発を主軸にした経済建設路線である。いうなれば、対外貿易を経済発展の動学的枠組に基本的に組み込むことを拒否する路線といえる。筆者の見解からすると、経済開発の動学的枠組に主体的貿易政策を積極的に組み込むことは、必ずしも自力更生理念と対立するものでもなく、従属化への過程でもないが、この点については後篇で触れることとして、文革派と"四人組"の論理からすれば、輸入を経済発展の動態にいささかの欠けらとしてなりとも組み込むことは、断固として拒否されなければならないことになる[66]。

---

(66) 方海「批判洋奴哲学」、『紅旗』1976年第4期、21〜26頁、邦訳「洋奴哲学を批判する」、『エコノミスト』1976年6月1日号、22〜26頁。

329

文革派と"四人組"の主張は極端な形で出てきてはいるものの、そのような主張の基礎となる考え方は、建国以来の経済建設思想の基底に用意されていた。中国社会主義建設における対外貿易の地位と役割は、対外的な商品交換を通じて、建設に必要な物資の種類と数量を、調整、補充することにある。対外貿易は、社会主義拡大再生産に不可欠の物資について調整の役割を果たす一つの調整器であり、緊急に必要とされる物資の輸入を通じて、社会主義拡大再生産の順調な発展を促進するものである。輸出について言えば、輸入の前提であり基礎でもあるから、輸出の重要性もそこにある[67]。要するに、対外貿易は中国社会主義経済建設の動態の枠組の中に有機的に組み込まれていなかったのである。それは有無相通じ、過不足を調整するという範囲にとどまっていたのである。
　そうであれば、対外貿易の発展、ましてや輸出商品生産基地の創設、"以進養出"、機動性変則特殊貿易の展開、技術導入、プラント輸入などは従属的、牛歩主義、洋奴哲学のなせる業として、批判、糾弾、妨害されることとなったのである[68]。

## 第四節　貿易計画管理・実務担当機構

(1) 国家計画委員会と経済計画

　1966年プロレタリア文化大革命が始まってから、各級の党および政

---

(67) 王林生「試論社会主義対外貿易的地位和作用問題」、《国際貿易問題》編輯部編『中国対外貿易問題研究』、中国対外経済貿易出版社、1983年、53〜54頁、同「試論社会主義対外貿易的作用問題」、中国社会科学院世界経済研究所編『当前世界経済与中国経済問題』、中国財政経済出版社、1982年、365〜366頁、拙訳「社会主義経済における対外貿易の役割」、拙編訳『世界経済への挑戦―中国対外経済開放政策の理論的基礎』、東京出版、1986年、49頁。
(68) 《当代中国》叢書編輯部編輯『当代中国対外貿易（上）』、当代中国出版社、1992年、33〜37頁。

第八章　プロレタリア文化大革命・"四人組"期の対外経済貿易関係

府の指導機構は、批判の矢面に立たされたが、基層企業についていえば、その影響はさほどでもなかった。全国的な総合経済計画管理部門である国家計画委員会の機能は、ほぼ完全に停止状態に陥った。国務院はこれに対応して業務組（政治と一応切り離した実務遂行機関）を組織して、国家計画委員会の管理の任務を担当させた。貿易面での業務も、これによって遂行された。このため、1966年の経済活動はまずまずの成果を収めた[69]。

先にのべたように、1967年と68年の経済計画は編成できない状態に陥った[70]。1966年11～12月にかけて全国計画・工業交通会議が開催され、67年度計画の検討が行われ、主要指標も提示されたが、経済の指揮・管理機構がほとんど麻痺し、国民経済は事実上無計画状態にあったし、中央がこれに承認をあたえなかったから、会議は従来のように計画の部署配置をすることができなかったため、地区別、業種別、場合によっては工場ごとに任務を与える方法をとった。しかし、地区はほとんどがこの作業をなしえず、国家計画委員会は、1967年6月招集した全国生産供給会議で、計画指標が達成できない場合は、数ヵ月、あるいは翌年に延ばすこともやむをえないとせざるをえなかった。1968年の計画も編成ができなかった[71]。

1967年5月28日党中央、国務院、中央軍事委員会、中央文革小組は「関于対国家機関部（委）実行軍事管制的決定（試行草案）」を制定し、軍管会は、国務院と中央軍事委員会の指導の下に、部（委）の各種活動を統一的に指導することとした。部の所属単位は軍事管制が実行されていようがいまいが、すべて部と軍管会の指導を受ける。各地に分散している単位は、同時に所在地の革命委員会あるいは軍区の指

---

(69)《当代中国》編輯部編輯『当代中国的経済管理』、中国社会科学出版社、1985年、75～76頁。
(70)《当代中国》編輯部編輯『当代中国的経済体制改革』、中国社会科学出版社、1984年、233頁。
(71) 柳随年・呉群敢主編『中国社会主義経済簡史・1949-1983』、黒龍江人民出版社、1985年、356頁、同邦訳書、北京周報社、1986年、389～390頁。

導を受ける。生産・運輸に関連する業務配置は、必ず部と軍管会の集中的指揮に従わなければならない。軍管会の下に"革命を掴んで、生産を促す" 2つのセクションが設けられ、日常業務活動の処理に当たることとされた[72]。実質的には、従来の国家機関の業務責任者は権力を奪われ、文革派を中心とした党中央と中央軍事委員会に権力が集中されたのである[73]。1968年12月国家計画委員会には十数人の業務班が設けられ、元のスタッフの主要任務は"闘、批、改"を行うことにあると定められた[74]。

　軍の主導下で各地に革命委員会が成立し、"造反派"の武闘が収束に向かう中で、党第8期中央委員会第12回拡大総会、党第9回全国代表大会が開かれ、毛沢東、林彪、文革派がより強固な主導権を握っていった。この比較的安定した機をたくみにつかみ、周恩来は1968年末国民経済を再び計画経済の軌道に乗せるようはかった。

　1969年2月全国計画座談会は、新しく成立した国家計画委員会の軍代表、老幹部、"造反派"の参加した計画起草小組が招集したものであった[75]。この会議では"上下下達"、"統制供給均衡"でやるやり方が批判され、縦の"条条"のやり方から"塊塊"のやり方に改め、中央の直属企業を地方管理、中央管理、二重指導の3種のやり方に改めること、供給不足製品を生産する大規模集団手工業企業を、全人民所有企業に改めることが討議された[76]。1970年初め頃から策定作業が開

---

(72)《当代中国的経済管理》編輯部編『中華人民共和国経済管理大事記』、中国経済出版社、1987年、240～241頁。
(73) 趙徳馨主編『中華人民共和国経済史・1967-1984』、河南人民出版社、1989年、42頁。
(74)《当代中国》叢書編輯部編輯『当代中国的経済体制改革』、中国社会科学出版社、1984年、131頁。
(75) 柳随年・呉群敢主編『中国社会主義経済簡史・1949-1983』、黒龍江人民出版社、1985年、365～366頁、同邦訳書、北京周報社、1986年、399～400頁、《当代中国的経済管理》編輯部編『中華人民共和国経済管理大事記』、中国経済出版社、1987年、251頁。
(76)《当代中国的経済管理》編輯部編『中華人民共和国経済管理大事記』、中国経済出版社、1987年、251頁。

第八章　プロレタリア文化大革命・"四人組"期の対外経済貿易関係

始された「第4次5ヵ年計画綱要（草案）」では、従来の経済計画管理体制を改め、中央の統一指導の下で、下からの計画を基礎として上にあげていき（自下而上）、上下結合するというやり方、いうなれば、"块块"を主とし"条"と"块"を結合する計画管理の方法がとられることが定められた[77]（この「綱要〈草案〉」は9月の党第9期中央委員会第2回全体会議で討議される予定であったが、林彪、陳伯達らの妨害に遭って討議されるにいたらず、ただ参考文書として配布され、後にこの「綱要〈草案〉」と71年度計画の主要指標が、党中央の名儀で各地に通達され、実施に移された[78]）。地方の計画の基礎の上に、全国統一計画を策定するということである。先に見たように、1969〜70年にかけての中央直属企業の地方への下放を踏まえて、71年から基本建設投資、物資分配、財政収支の地方請負の導入試行が始まった（それは建設任務に応じて、国が資金、材料、設備などを地方に委譲して請け負わせ、物資、財政収支の黒字分を一定の比率で留保してもよいというシステム[79]）。

　計画策定のやり方が、調整期のやり方、すなわち、先ず国務院から統制数値を下におろし、それをベースに次に下から上にあげつつ、計画草案を編成していき、最後に国務院が批准したものを上から下に下達する（両下一上）というやり方から[80]、上述した"自下而上、上下結合、块块を主とし、条块結合のやり方"に改められるのに対応して、中央の部や委員会の役割は縮小されることとなり、1970年6月22日党中央は国務院の「関于国務院各部門建立党的核心小組和革命委員会的請示報告」に同意し、国務院各部、委員会、直属機構を元の90から簡素化、或いは合併して27とし、元の人員数の18％で以て暫定的に

---

(77)　《当代中国》叢書編輯部編輯『当代中国的経済体制改革』、中国社会科学出版社、1984年、233頁。
(78)　柳随年・呉群敢主編『中国社会主義経済簡史・1949－1983』、黒龍江人民出版社、1985年、379頁、同邦訳書、北京周報社、1986年、411頁。
(79)　同上書、380頁、同上邦訳書、412頁。
(80)　《当代中国》叢書編輯部編輯『当代中国的経済体制改革』、中国社会科学出版社、1984年、227頁。

333

編成することとなった。元の国家計画委員会、国家経済委員会、国務院工業交通弁公室、全国物価委員会、物資部、地質部、労働部、国家統計局、中央安置弁公室の9単位が合併して、新しい国家（革命）計画委員会に編成し直された。新国家計画委員会は総人数610人で編成されたが、元の規模の11.6％の規模となった[81]。国家計画委員会の業務能力は著しく下がり、とても本来の業務を遂行できるような状況にはなかった。したがって、経済計画という名の実体は半計画、或いは無計画の状態であったといってよい[82]。

1971年周恩来が中央の日常業務を担当するようになってから、先ず工業部面における整頓が手がけられるようになった。1971年12月国家計画委員会の全体的取り纏めに基づき、周恩来は乱れた企業関係を整頓しなければならないと指摘した。全国計画会議は「1972年全国計画会議紀要」を起草し、国家の統一計画の強化、企業管理の整頓、党の幹部・労働者・技術者に対する政策を堅実なものにしていかなければならないことを提案した。「紀要」は周恩来が議論を主宰、取り纏め、中央に上げたが、これは否定されてしまった[83]。

1972年10月国家計画委員会と財政部、農林部は、経済計画を強化し、企業赤字を転換する会議を招集し、企業の整頓を行い、経済計算を厳格にして、企業規則を健全なものにし、経営管理をきちんと確立する基礎作業を打ち出した。この会議はさらに、国営企業は7つの計画指標を達成した後、利潤の中から一定の割合で奨励基金を受け取り、職員・労働者の福利厚生に用いたり、先進的生産者に物質的奨励を与えることなども提案した。引き続いて、国家計画委員会は「関于

---

(81) 趙徳馨主編『中華人民共和国経済史・1967－1984』、河南人民出版社、1989年、42－43頁。蘇尚堯主編『中華人民共和国中央政府機構・1949－1990年』、経済科学出版社、1993年、163～164頁、《当代中国》叢書編輯部編輯『当代中国的経済体制改革』、中国社会科学出版社、1984年、131頁。
(82) 《当代中国》叢書編輯部編輯『当代中国的経済体制改革』、中国社会科学出版社、1984年、131頁。
(83) 同上書、148頁。

第八章　プロレタリア文化大革命・"四人組"期の対外経済貿易関係

堅持統一計画、加強経済管理的規定」を起草し、1973年1月の全国計画会議で検討した。この草案では、地方への過度の経済管理権の分散、企業経営の責任制の欠如、分配上における"大鍋の飯を食う"等といった現象に対する経済管理10ヵ条の規定を提出した。この草案の内容については28の省・市・自治区の代表が賛成したが、上海の代表は反対した[84]。

1971～74年の間の国家計画委員会の内部機構は、弁事組、政工組、計画組、生産組、財貿組、統計組、軍工組、電影・電視工業弁公室、地質局、労働局、物資局からなっていたが、75年9月地質局、労働局、物質局は国家計画委員会から分かれ、国家地質総局、国家労働総局、国家物資総局として独立した[85]。

1975年鄧小平が党の日常業務を取り仕切るようになってから、各方面の整理、整頓が行われるようになっていったが、75年6月6日開かれた国務院の会議において、当面の経済の主要問題は"乱"と"散"にあり、企業管理の全面的整頓の必要性が指摘された。計画体制上は、"自下而上、上下結合、塊塊を主とする管理法"をやるが、国家計画は各級で指数増しをしてはならないし、指標切り下げもしてはならない。企業管理体制上は、省、市にまたがった鉄道、郵便・電信、配電、水運、民航、油送ライン、各種施工部門、重要科学研究設計単位、重点建設項目、大油田等少数の重点企業は、中央各部・委員会が主となって管理する。その他は地方管理とするが、それ以上下放してはならない。物資部門は一般物資を管理し、専業部門が専用物資を管理する。財政体制では"収支連結、収入総額による分配"、大中型企業の減価償却金の20～30％は中央に集中すべきことが提起された。

この方向での動きは、1975年7月から9月にかけて国務院が中心となってまとめた「関于加快工業発展的若干問題」に盛り込まれた。こ

---

(84) 同上書、149頁。
(85) 蘇尚堯主編『中華人民共和国中央政府機構・1949-1990年』、経済科学出版社、1993年、164頁。

の中では企業の指導組織の整頓、老・中・青の三結合を強調し、職場責任制、勤務評価制、技術操作規程、品質検査制、設備管理およびメインテナンス制、安全生産制、経済計算制の7項目主要生産管理制度を打ち立て、生産数量、品種、品質、償却、労働生産性、コスト、利潤、流動資金の8つの主要経済技術指標を審査し、適切にこれを実行しなければならないことが強調されている。また、この中では経済活動にかんする国家の集中統一を強化していくこと、国民経済の方針・政策、農工業の主要生産指標、基本建設投資および重要建設項目、重要物資分配、主要商品の買付・配分、国家予算と貨幣発行、新規雇用職員・労働者数および賃金総額、主要農工業製品価格については、必ず中央がそのあり方、政策を決定しなければならない（地方や部が勝手にやってはならない）。国家計画は総合バランスをとり、農・軽・重の比例関係、蓄積と消費の比例関係、経済建設と国防建設の比例関係、生産・メインテナンスと基本建設に必要とされる原材料・設備の比例関係、生産部門建設と非生産部門建設の比例関係に重点をおかなければならない。計画策定に当たっては、基層単位の意見を広汎に聞き取り、"自下而上、上下結合、塊塊を主とし、条塊結合"の方法をとり、級にしたがって調整、バランスをとり、全国統一計画を立てる。中央から下放された地方の企業および元からの地方企業で大中型企業は、原則として省・市・自治区と省の直轄市が指導し、それ以上下放してはならない。中央の各部は、これら企業に対して必要な指導と管理を行うこととされている。しかし、1975年11月からの"批鄧、右からの巻き返しの風潮に反撃する運動"によって、この整頓運動は挫折する[86]。

---

(86) 前掲書、154～156頁。

第八章　プロレタリア文化大革命・"四人組"期の対外経済貿易関係

## (2) 対外貿易部

プロレタリア文化大革命によって、対外貿易の業務活動は大きな妨害をうけた。

対外貿易部の組織機構は破壊され、弱体化していった。この間に一度税関管理局は制度的に取り消され、商検部門と合併され、対外貿易部第四業務組とされる時期があったが、1972年に対外貿易部税関商検局と改められた模様である[87]。1968～72年の間は、日常業務を処理する若干の業務小班があったにすぎなかった[88]。対外貿易の計画活動を

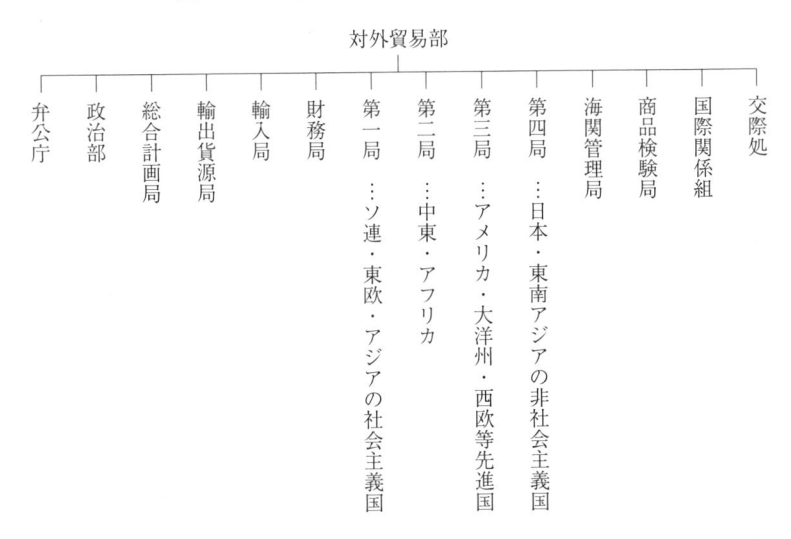

図Ⅷ-1　対外貿易部の内部機構（1973年）

対外貿易部
- 弁公庁
- 政治部
- 総合計画局
- 輸出貨源局
- 輸入局
- 財務局
- 第一局…ソ連・東欧・アジアの社会主義国
- 第二局…中東・アフリカ
- 第三局…アメリカ・大洋州・西欧等先進国
- 第四局…日本・東南アジアの非社会主義国
- 海関管理局
- 商品検験局
- 国際関係組
- 交際処

出所：蘇尚尭主編『中華人民共和国中央政府機構・1949-1990年』、経済科学出版社、1993年、406頁、筆者のヒアリング調査による。

---

[87] 王意家・甄鳴・孫国権編著『中国海関概論』、中国海関出版社、2002年、199頁。
[88] 《当代中国》編輯部編輯『当代中国対外貿易（上）』、当代中国出版社、1992年、84頁。

337

担当する幹部は下放され、業務指導と実際の仕事の関係は分断され、数年の間計画の執行状況はかんばしくなかった。しかし、周恩来など中央の指導者が対外貿易活動の正常化に力を発揮するようになってから、対外貿易計画は辛うじて策定され、対外貿易活動の完全な麻痺は免れた[89]。

　対外貿易部の内部組織上からは、1967年10月から従来党中央と国務院指導下にあった中国国際貿易促進委員会は対外貿易部によって代理管理されることとなり、70年6月対外貿易部に併合された[90]。

(3)　対外貿易専業総公司及び関連公司

　すでに述べたように、60年代に入ってから基本的な枠組は変わらなかったものの、対外貿易に対して積極的な展開がはかられるようになった。このことをうけて、対外貿易専業総公司の充実がはかられるようになってきた。1966年頃の対外貿易専業総公司は図Ⅷ－2に示すように、1960年当時に比べていくつか増設、専門化が推し進められた。

　しかし、プロレタリア文化大革命の中で対外経済貿易関係は大幅な後退を余儀なくされた。経済システムは地方を中心とする運営に移されていく（このシステム自体も、十全に機能しなかったことについてはすでに述べた通りである）。1970年の国務院機構の大整理によって、中央の経済管理機能は大幅に地方に委譲され、いわゆる"自下而上、上下結合"方式になる。対外貿易部傘下の各地の企業もすべて地方に下放され、対外貿易部と地方の二重指導となり、地方を主とした計画管理のやり方となる[91]。

---

(89)　同上書、187頁。
(90)　蘇尚堯主編『中華人民共和国中央政府機構・1949－1990年』、経済科学出版社、1993年、406頁。
(91)　《当代中国》叢書編輯部編輯『当代中国的経済体制改革』、中国社会科学出版社、1984年、137頁。

第八章　プロレタリア文化大革命・"四人組"期の対外経済貿易関係

　図Ⅷ－2について、若干解説をしておかなければならない点がある。日本国際貿易促進協会編集の『日中貿易必携・1972』(昭和47年)によれば、1970年末の対外貿易専業総公司リストに中国成套設備出口公司は掲載されていないが[92] 同協会の当時の調査編集部長 平井博二氏の著書『最新日中貿易の実務知識―八億人市場への理解と近道―』(昭和47年、日本実業出版社)の巻末にある対外貿易専業総公司リストには中国成套設備出口公司の名が掲載されている[93]。同書の本文中に1972年11月中国機械進出口公司から中国技術進口公司が分離独立したとの記述があることから、同書の執筆の時期を考えると72年末頃には中国成套設備出口公司は存在していたのではないかと思われる[94]。1978年12月出版の香港経済導報社編集出版の『中国対外貿易及経営管理』に掲載されている対外貿易専業総公司リスト中には、中国成套設備出口公司の名は掲載されている[95]。しかし、《当代中国》叢書編輯部編輯『当代中国対外貿易(上)』(当代中国出版社、1992年)によると、1978年末の対外貿易専業総公司リストに中国成套設備出口公司は掲載されていない[96]。中国成套設備出口公司は、1959年中国との政府間経済技術協力協定に基づいて行われるプラント輸出業務に当たる専業公司として設立されたが、73年以前のプラント輸出は無償援助によるものが多かったが、73年以降一部は貿易形態を通じての輸出による形が導入されるようになり、1975年からは対外援助が圧縮され、第三世界へのプラント提供は輸出によるものが多くなった[97]。前後の事情から判断して、中国成套設備出口公司は一貫して存続してきたものと

---

(92) 日本国際貿易促進協会『日中貿易必携・1972』、昭和47年、137～160頁。
(93) 平井博二著『最新日中貿易の実務知識―八億人市場への理解と近道―』、日本実業出版社、昭和47年、233頁。
(94) 同上書、153頁。
(95) 経済導報編輯部『中国対外貿易及経営管理』、経済導報社、1978年、125頁。
(96) 《当代中国》叢書編輯部編輯『当代中国対外貿易(上)』、当代中国出版社、1992年、94頁。
(97) 趙徳馨主編『中華人民共和国経済史・1967－1984』、河南人民出版社、1989年、341頁。

考えられる[98]。

　"9・13事件"後の経済再建にかんする対外貿易の積極策が推し進められる中で、1974年内陸部の省、自治区の対外貿易専業総公司の分公司は、公司の許可が得られれば、対外貿易を行うことができるようになった。また同年から、軽工業部、建築材料工業部、農業機械工業部、石油化学工業部、冶金工業部等の工業部門は各々輸出供給公司を設立し、対外貿易上の商品引き渡し、あるいは対外貿易公司に対する商品供給の任務を担当することとなった。さらに、同年第一機械工業部は生産と販売を結合した機械設備出口公司を設立し、機械設備の輸出に積極的に取り組む体制を整えた。同公司は中国機械設備出口公司として、対外貿易部傘下に入り輸出業務を担当することになる[99]。

(4)　対外貿易局

　"自下而上、上下結合"の計画管理方式に移行してからは、地方を主とした対外貿易の計画管理が行われるようになったが、これにともなって、各省、直轄市、自治区の対外貿易面での行政管理機構である対外貿易局の役割が大きくなってきたものと思われる。

---

(98) 中国の対外経済技術援助は1964年から発展期に入り、71〜78年かけては急速に拡大された。本書では、紙幅の都合上詳しくは取り上げない（《当代中国》叢書編輯部編輯『当代中国的対外経済合作』、中国社会科学出版社、1989年に詳しい）。
(99) 《当代中国》編輯部編輯『当代中国対外貿易（上）』、当代中国出版社、1992年、66頁。

# 第五節　貿易決済と為替管理機構

## 1　社会主義諸国との貿易決済

### (1)　貿易決済

　先に第四章で見たようなルーブル中心の価格計算と決済システムから抜け出すために、中国は各国との記帳貿易における価格計算の改革から手をつけた。1967年アルバニアとの間で、68年ベトナムとの間で、従来のルーブルによる価格計算清算を、貿易人民元価格計算による清算に改めた。従来のルーブル対人民元正式レート（1ルーブル＝2.222人民元）を貿易人民元に換算し、貿易商品代金を両国に開設した貿易清算人民元口座に直接記入する方式に改めたのである。

　1970年には朝鮮民主主義人民共和国、ソ連、ルーマニアを除く東欧各国との貿易においても、ルーブル計算価格清算方式をスイス・フランによる価格計算清算方式に改めた。ルーブル対スイス・フランの金平価（1ルーブル＝4.5379スイス・フラン）にもとづいて元のルーブルをスイス・フランに改め、相互に開設した貿易清算スイス・フラン口座に直接記入する方式に改めたのである。同年ルーマニア、モンゴルとの貿易では、従来のルーブル価格清算システムを改め、輸出国貨幣価格計算とした。輸出価格はルーブル対各国貨幣正式レートによって各国貨幣輸出価格を割り出し、両国間に開設した各国貨幣貿易清算口座に直接記入する。協定貿易の清算方法の変化をうけて、社会主義諸国間の貿易支払決済もこういった方法が導入され、貿易関連費用の支払もこれに応じて変えられた。中国側からの提起によって、1971年か

らは、中ソ貿易決済もスイス・フランに改められた<sup>(100)</sup>。

　1975年からは、上述の国々との協定貿易の商品価格の建値の原則に抜本的な改革を行った。従来の多年にわたってやってきた伝統的固定不変のルーブル建て価格を取り消し、国際市場価格によって価格計算する方式に改めた。ブルガリア、ハンガリー、東ドイツ、ポーランド、ソ連、チェコスロバキアとは、従来の固定スイス・フラン建て価格を国際市場で変動するスイス・フラン建て価格（商品価格および為替レートのいずれも国際市場価格）に改めた。ルーマニア、モンゴルとも従来のやり方を改め、国際市場で変動するスイス・フラン価格建てに切り替えた。ベトナムとは、従来の固定貿易人民元価格建てを国際市場での人民元価格建てに改めた。

　これに合わせて貿易関連費用に関しても、ソ連、東欧、モンゴル等の国々との間では、いずれも変動スイス・フラン建てで双務貿易清算スイス・フラン口座を通じて清算するよう改められた。しかし、モンゴルやルーマニアなどとの間では、これとはさらに異なる調整的、あるいは便宜的な方法がとられた<sup>(101)</sup>。

(2)　国内決済レートと改革

　上に見たように、1970年から対ソ連、東欧（アルバニア、ルーマニアを除く）、朝鮮民主主義人民共和国との貿易は、ルーブル価格計算清算からスイス・フラン価格計算清算に改められ、これら諸国との貿易および貿易関連費用を国内単位に決済する場合には、中国人民銀行が公布したスイス・フラン対人民元レートで決済することとなった。1971年12月18日以後は100スイス・フラン＝59.05人民元の固定レートで国内決済することとなった。対ルーマニア、ベトナム、アルバニ

---

(100)　同上書、264頁。
(101)　呉念魯・陳全庚『人民幣匯率研究』、中国金融出版社、1992年、137～139頁。

344

第八章　プロレタリア文化大革命・"四人組"期の対外経済貿易関係

ア、モンゴルの各国とは、ルーブル価格計算清算から貿易人民元、レウ、貿易トウグリクによる価格計算清算方式に改めた。１貿易人民元＝1.90人民元で国内決済、100レウ＝33.33人民元の正式レートで貿易人民元に換算し、それから１貿易人民元＝1.90人民元で国内決済、貿易トウグリクについては100トウグリク＝50人民元で貿易人民元に換算後、１貿易人民元＝1.90人民元で国内決済することとなった。

　1976年対ルーマニア、ベトナム、モンゴルの３国の貿易については、各々レウ、貿易人民元、貿易トウグリクによって価格計算清算していたのを、国際市場価格によって価格計算し、ルーマニアとモンゴルについてはスイス・フランで清算し、ベトナムについては人民元で清算することとし、これら３国との貿易、貿易関連費用の国内決済に際しても、補填を取り止めることにした。時を同じくして、朝鮮民主主義人民共和国、アルバニアとの貿易についても同様に処理することとした。これら各国との貿易の清算は、以後いずれもスイス・フランによって価格計算し、国際市場価格によることとした。貿易清算貨幣の貨幣価値も変動相場による。これによって、貿易清算貨幣も建値の方法も資本主義国との貿易と同様になったから、1976年５月１日から中国人民銀行（中国銀行）は、各単位が清算スイス・フランによって処理した金額を、国内各単位に国内決済する場合、一律に内部補填を取り止めることとした。爾後国内単位への決済は、為替決済当日国家外貨管理局の公布したスイス・フラン相場によって処理されることとなった[102]。

## ２　資本主義諸国との貿易決済
―1967年英ポンド切り下げ、変動為替相場制移行の中における人民元―

　1967年11月18日、英ポンドは14.3％と大幅に切り下げられた。当時

---

(102) 同上書、148～150頁。

中国の輸出商品の大部分は英ポンド建てで行っていたし、外貨準備も主として英ポンドで行っていたから、これに対する対応を余儀なくされた。このため、1968年から香港とマカオとの貿易に対して、人民元による価格計算と決済を試験的に始め、70年から漸次ヨーロッパ、日本、アメリカおよびその他の地区との貿易の決済にも導入していった。1970年には中国銀行は人民元と香港ドル、英ポンド、スイス・フラン、フランス・フラン、西ドイツ・マルクとの売買を行うのみであったが、71年にはオランダ・ギルダー、イタリア・リラ、スウェーデン・クローネ、ノルウエー・クローネ、デンマーク・クローネ、オーストリア・シリング、72年には米ドル、カナダ・ドル、日本円にまで拡大され、全部で15外貨との売買を行うようになった。しかし、中国の輸出商品は低品質で国際競争力も強くなかったので、人民元建ての輸出は相手方になかなか受け入れられなかった。1971年には中国銀行は人民元の先物取引を開始したが、人民元の交換性には制約があるので、やはり主要資本主義国の通貨の使用の方が便利であった。
　1972年2月から資本主義諸国は変動相場制に入っていったが、輸入では中国は人民元を使用しなくなった。また、輸出の建値は輸出国通貨で当該地域の当地市場レートを主とするようになり、人民元による決済の比率は漸次下がっていった。以後輸出入における通貨の選択とリスク回避は、国際商品市場や国際金融市場の状況を全般的に考慮していくようになっていった[103]。

---

(103) 同上書、24～31頁。

## 第六節　貿易財務

### (1)　財務制度

　1952年対外貿易部が成立後、対外貿易体制の確立とともに財務制度の充実がはかられ、57年までに体系化がみられたが、"大躍進"運動の中で会計作業は極めて杜撰なものとなっていった。1962年からこの状況は改められていき、57年外貿会計制度が正式に改定され、64年に重ねて外貿会計計算の整備がはかられた。1965年財政部の「企業会計工作改革綱要」に基づき、対外貿易部は「外貿基本業務会計制度改革草案」、「商品流通費核算和分攤（商品流通費計算と項目配置）弁法、会計科目」、「会計報表」、「会計記帳和填制憑証（証憑作成）等操作方法」の４つの会計処理の具体的方法を定め、全体をよりすっきりした形に改め、整理した。

　プロレタリア文化大革命の中で、外貿会計制度は再び混乱に陥った。そこでは会計制度はひたすら単純化、簡易化された。1971年対外貿易部は「対外貿易企業会計制度」を定めたが、極めて単純化された会計制度となっていた。1976年になってやっとのこと対外貿易部は「対外貿易企業会計科目、報表及使用説明的通知」を出し、77年さらに「対外貿易企業会計工作規則」を定めて、会計制度のあるべき姿の回復と整備をはかった[104]。

　対外貿易の財務計画制度については、1974年統一的に大幅に改められ、計画原表の改正が進められた。特に外貿企業の主要財務指標の編成と検査についての整備が行われ、暫行弁法として制定された[105]。

---

(104)《当代中国》編輯部編輯『当代中国対外貿易（上）』、当代中国出版社、1992年、219〜220頁。
(105) 同上書、211〜212頁。

輸出入の利潤の管理については、輸出と輸入に分けて経済計算し管理されるが、経営方式としては自営とか代理などの方式がある。自営輸出の利潤は、輸出外貨収入を中国銀行で決済した人民元収入から輸出商品仕入代価、流通費及び税金を差し引いた金額である。自営輸入の利潤は、輸入商品国内販売収入から輸入に要した外貨の人民元代価、流通費及び税金を差し引いた金額である。代理輸出入については、外貿公司が手数料を受け取って得る経営利潤である。

　商品輸出入の損益を正確に計算するために、1958年対外貿易部は「進出口貿易成本管理弁法」を統一的に定めた。1974年対外貿易部は財政部の同意を得て、輸出入商品の販売収入、販売費用、各種費用項目の計算方法にさらに補充・修正を行った[106]。

(2) 貿易財務の地方財政への編入

　対外貿易の財政収支は、対外貿易専業総公司および各省、直轄市、自治区の分支公司の統一経営という形で行われてきたが[107] 1970年の国務院機構の大整理によって、71年から地方の分支公司が地方に下放されるのにともない、分支公司の国内業務部分の財務も、4年間地方に下放されることとなった。1971年対外貿易部と財政部は連合で「関于内地省、自治区外貿企業財務納入地方予算的通知」を下達し、内陸の15の省、自治区の外貿企業の財務を地方財政予算に組み込むこととした。これは地方の積極性の発動に一定の役割を果たしたが、財務管理と輸出業務管理上齟齬が生じ、貿易の財務を地方財政に組み込むことは、国家計画としての貿易の順調な遂行に必ずしも合致しない面が

---

(106) 《当代中国》編輯部編輯『当代中国財政（下）』、中国社会科学出版社、1988年、66〜67頁。
(107) 同上書、48頁、劉向東主編『中国対外経済貿易政策指南』、経済管理出版社、1993年、211〜212頁。第六章で述べたように、「関于改進商業管理体制的規定」によって、対外貿易の国内販売部分の利潤については、省、直轄市、自治区は一部分配を受けたが、地方財政への全面的編入ではない。

あるということから、1975年から再び外貿企業の財務はすべて中央財政に組み込まれることとなった。したがって、1953〜78年の期間中、この４年間を除いては、対外貿易の財務は専業総公司が統一経営し、損益はすべて中央財政に組み込むというシステムがとられたということである[108]。

(3) 地方の外貨留成制度の廃止と外貨額度（枠）分配制への切り替え

すでに述べたように、1958年から地方に対して外貨留成制度が導入されたが[109]、これは67年まで続けられ、68年からは地方の外貨の必要に応じて外貨額度（枠）分配制へ切り替えられた[110]。

(4) 外貿企業の職員・労働者福祉基金

1966年プロレタリア文化大革命が発動される中で、先ず計画超過達成利潤基金が取り消され、"物質的刺激"や"賞金第一"といったことが批判されるようになるにしたがって、多くの企業で自発的に企業奨励金制度が取り止められるようになった。1970年管理を簡略化し、資金パイプを統合するために、企業奨励金、福祉費及び医薬・衛生補助金が一本に統合され企業職員・労働者福祉基金となった[111]。

---

(108)《当代中国》叢書編輯部編輯『当代中国財政（下）』、中国社会科学出版社、1988年、48〜49頁、劉向東主編『中国対外経済貿易政策指南』、経済管理出版社、1993年、212頁、《当代中国》叢書編輯部編輯『当代中国対外貿易（上）』、当代中国出版社、1992年、203〜204頁。
(109) 第四章参照。当時の呼び方では所謂"外匯分成"である。
(110) 呉巍・宋公平編著『中国外匯管理』、中国金融出版社、1991年、246頁。
(111)《当代中国》叢書編輯部編輯『当代中国対外貿易（上）』、当代中国出版社、1992年、205頁。

(5) 外貿企業財務

　対外貿易公司の固定資産資金は、プロレタリア文化大革命・"四人組"期にあっても一定額は割り当てられたが、状況から固定資産形成も小規模のものたらざるをえなかった。1975年からは、貿易関連企業に対し、小型技術設備用貸付、関連工業中短期設備用貸付、短期外貨貸付、基本建設貸付などを創設し、企業改造や業務用設備の充実などのための固定資産投資を支え、利潤の増大と返済を結合していくような措置をとった[112]。

　固定資産の減価償却については、1973年には財政部は、正式に総合減価償却法を実行することを規定した。国営貿易公司の減価償却率は総公司が計算し、対外貿易部が審査決定した後、財政部に報告し決定される。設備更新・改造資金は、当該企業と企業主管部門に保留される固定資産減価償却基金によってまかなわれ、財政には組み込まれない。固定資産の価値変動による所得も当該企業に残され、設備更新・改造資金として使われる。固定設備更新・改造資金は当該企業の専用基金で、当該目的以外に使用することは許されない。従来企業の手許に残された超過計画達成基金とか、留成利潤、赤字削減部分の分配分などは、規定では業務の発展に使用されることになっているが、設備更新・改造資金と合わせ使用してもよいことになっていた。国家基本建設基金とは別に管理使用される[113]。

---

(112) 《当代中国》編輯部編輯『当代中国財政（下）』、中国社会科学出版社、1988年、53頁。
(113) 同上書、53～55頁。

第八章　プロレタリア文化大革命・"四人組"期の対外経済貿易関係

## 第七節　貿易金融機構と貿易金融

(1) 人民元による貿易金融

　1963年の「関于信貸計画管理若干問題的規定」の貸付計画管理のやり方は65年4月に改められ、各級企業の貸付計画は、各級銀行が編成することとし、地方企業の四半期貸付計画は各地方分行が編成することとし、地方各級銀行の貸付計画管理権限を適度に拡大し、銀行の貸付計画活動の強化をはかった[114]。

　1960年代の初期から、貿易金融を拡大していくため、対外貿易部と銀行部門との協議が進み、輸出商品の生産、買付、備蓄の積極的支援のための金融が拡大され、中国銀行は代理関係を利用して、対外貿易部門に国際市場の状況や信用調査で協力、この面で貿易の発展を支えた[115]。

　しかし、上述の貸付資金管理のやり方は、プロレタリア文化大革命の中で有名無実のものとなっていき、貸付は管理という状態から程遠いものとなり、高級幹部の恣意に大きく支配されるようになっていった[116]。

　1967年1月11日中国人民銀行は軍事管制の下におかれるところとなり、党中央の発した「関于反対経済主義的通知」を承けて、以後銀行の活動は軍、革命委員会の命令をうけて行われるようになった。1969

---

(114)《当代中国》叢書編輯部編輯『当代中国的金融事業』、中国社会科学出版社、1989年、254〜255頁、趙徳馨主編『中華人民共和国経済史・1967-1984』、河南人民出版社、1989年、251頁。
(115)《当代中国》叢書編輯部編輯『当代中国的金融事業』、中国社会科学出版社、1989年、354頁。
(116) 趙徳馨主編『中華人民共和国経済史・1967-1984』、河南人民出版社、1989年、253頁。

年7月中国人民銀行総行は財政部に併合された（対外的には中国人民銀行の名は残された）。中国人民銀行の分支機構は一律に各地の財政局に併合された（同様に対外的には中国人民銀行の名は残された）。すでに述べたように、国営企業の流動資金は、財政と銀行の両部門から供給されるシステムになっており、財政部門からの供給が主となっていたが、プロレタリア文化大革命の状況下で、財政収入がこの必要をまかないきれず、銀行による貸付の比率を増していかざるをえなかった。銀行への過度の信用供与の強制、通貨増発という事態が進行し、銀行は"第二財政"という存在になってしまった[117]。

　既に述べたように、プロレタリア文化大革命の中では、貿易の計画管理機構や貿易実務遂行機構は正常に機能するような状態ではなかったし、文革派は帝国主義支配下の世界体制の下で、その秩序にしたがって輸出入を行うことは資本主義体制の擁護であり、帝国主義に奉仕するものであるとの認識に立っていたので（"階級闘争を要とする"、"戦争に備えて"、"理想的な"社会主義経済建設の3理念の追求）、対外貿易の発展に向けた人民元による積極的な金融的政策を期待できるような状況にはなかったから、当該業務担当部門も激しい批判闘争のなかで、業務は機能麻痺し、萎縮していたものと思われる。

　1969年から国民経済計画の策定作業が再開されるようになると、周恩来は対外貿易に力を注ぐようになり、70年には"以進養出"が復活され、72年からは輸出商品生産綜合基地や農・副産品輸出基地、輸出工業品専門工場・作業場が復活、新設されるようになり、国家が資金投入を行うとともに優遇貸付なども行うようになってきた[118]。

　1972年4月には70年6月に撤廃された中国人民建設銀行が復活さ

---

[117] 同上書、249頁、255～256頁。もちろん、銀行貸付制度、利子の存在、外資利用そのものなどに対する批判も行われた（同書、253～255頁、《当代中国》叢書編輯部編『当代中国的金融事業』、中国社会科学出版社、1989年、159～167頁）が、ここではこれ以上立ち入らない。
[118] 《当代中国》叢書編輯部編『当代中国対外貿易（上）』、当代中国出版社、1992年、35頁。

第八章　プロレタリア文化大革命・"四人組"期の対外経済貿易関係

れ、同年9月には中国人民銀行総行およびその分支機構は、財政部と各地の財政部門から分離され、行政財政上は、中央が統一計画をしつつも地方の管理を主とする組織機構と、業務上銀行系統の管理を主とする組織機構に分ける形で、財政・金融に対する二重の指導体制をとることとした。1972年9月の全国銀行工作会議では、銀行の計画管理をある程度集中統一し、貨幣発行の全国統一、貸付資金の統一計画と配置業務に関する統一的基本制度の確立などが打ち出された。会議の定めた「信貸、現金計画管理弁法」では、貸付および現金計画の管理体制としては、中央の統一計画、中央と省・市・自治区の分級管理を実施すると定めた。

　貸付と現金計画の管理体制としては、中央が統一計画を行い、中央と省・市・自治区の分級管理の方法をとる。中央は各省・市・自治区に対して年度計画を管理する。省・市・自治区の中国人民銀行分行は、中央が批准した年度計画の範囲内で四半期計画を実行する。対外貿易部門の臨時的な対外援助に関する貸付については、上部に報告し、その都度貸付を行うこととした[119]。

　金融面の管理体制を正常な状態に整えて、貿易面でも秩序ある積極的展開をはかる財政・金融策がとられはしたものの、1973年下半期からの"右からの巻き返しに反撃"する運動、"批林批孔"運動の中で、対外貿易活動はまた阻害を受けるところとなった。1975年財政部は「関于整頓財政金融的幾個問題」を準備し、銀行工作で"統一指導、分級管理"を実行しようとし、鄧小平は対外貿易の積極的展開をはかろうとしたが、"批鄧、右からの巻き返しの風潮に反撃する"運動の中で、銀行工作整頓案は実現を見ることなく、対外貿易もその潜在性が十分に発揮できない状態であった[120]。言うまでもなく、対外

---

(119) 趙徳馨主編『中華人民共和国経済史・1967-1984』、河南人民出版社、1989年、251～252頁。
(120) 前掲書、34～37頁、同上書、321～329頁、《当代中国》叢書編輯部編輯『当代中国的金融事業』、中国社会科学出版社、1989年、178～181頁。

貿易の発展は、国内の生産、買付、集荷などの諸活動に対する財政・金融措置と、貿易に対する財政・金融措置が有機的に結合してこそ、はじめてその潜在性の積極的な展開をみるものであり、両者の統合に計画性がなく、ちぐはぐであったこの状況下では、貿易の発展も制約を受けざるをえなかったわけである。

(2) 外貨による貿易金融

外貨による貿易金融に関しては、1950年代初期、また60年代に中国銀行は外貨による若干の貿易融資を行ってきたが、正式には1973年から外貨による融資を始めた。中国銀行は「試弁短期外匯貸款弁法」を制定し、外貨稼ぎができて、償還能力があり、融資条件を具えた単位に対して、外貨による融資ができるようにした。1979年までに中国銀行は合わせて39億ドルの融資を行い、32億ドルを回収した。これは、中国の輸出商品生産と海運の発展に積極的役割を果たした[121]。

## 補論　貿易商品検査機構と対外貿易運輸機構

(1) 貿易商品検査機構

プロレタリア文化大革命の中で、貿易商品検査事業は大きな妨害と破壊を受けるところとなった。初期の段階においては、輸出入商品検

---

(121)《当代中国》叢書編輯部編輯『当代中国的金融事業』、中国社会科学出版社、1989年、346頁。1973年陳雲は、過去の対外貿易の75％は、ソ連・東欧諸国との貿易、25％が資本主義諸国との貿易であったが、現在は75％は、資本主義諸国との貿易、25％がソ連・東欧諸国との貿易となっていることに鑑み、中国人民銀行に対して外資利用の道を提唱した。陳雲の意見と周恩来の指示に基づき、中国人民銀行は国際経済の動態の研究を進め、1973年に外貨資金を10億ドル余り調達した（同書、175〜176頁）。

査管理業務はブルジョア階級の"管理、締め付け"であり、正常な輸出商品の品質管制や検査は"売国主義"、公正な輸入商品検査は"降服主義"であると批判された。多くの地方の商品検査機構は過度に簡略化され、甚だしい場合には撤廃され、担当係員は下放され、麻痺状態に陥った。この点については、上段ですでに触れた。輸出入商品の品質保証は乱れ、国外からは激しい批判を浴びた。また、それによる損害も少なからざるものがあった。1972年周恩来の指揮下、対外貿易部は「関于把好出口商品質量関的通知（輸出商品の品質重点管理に関する通知）」を発し、輸出商品検査は外貿公司の指導によるのではなく、合理的な規則によってこれを行い、盲目的に許可証を出してはならないと指示した。

1972年10月全国商品検査工作会議においては、重ねて輸出入商品検査活動の重要性が強調され、輸出入商品検査作業はブルジョア階級の"管理、締め付け"ではないことが確認された。同年末には党中央の批准した外事工作会議の文書においても、通商港の商品検査単位は国家を代表して行政管理の職務を行う部門で、対外的には統一して当たり、下部へ権限を下放してはならないし、生産部門や企業部門の指導にまかせてはならないことが強調された。これによって、輸出入商品検査部門の業務は漸次混乱から秩序ある状態に回復し、一部人員の補充、緊急に要する検査設備の整備もはかられるようになった。

この期間、周恩来と李先念は数度にわたって輸入物資の検査活動に関する指示を出し、商品検査部門の混乱の回復と充実につとめた。1973年党中央は、輸入物資の検査活動の強化を指示し、また、国家計画委員会も「関于加強進口物資検験工作的通知」を発し、輸入商品検査活動の引き締めをはかった。1974年9月対外貿易部は、全国輸入物資検査工作会議を開催し、輸入物資検査活動の重要性を強調して、各地区、各部門は指導を強化して適切な措置をとり、検査活動をきちんと組織して任務を貫徹するよう要求した。また同年、対外貿易部は「現行実施検験商品種類表」を発布し、一部の大宗輸入商品を法定検

査に組み込んだ。各地の商品検査局は漸次輸入商品の検査と検査督促作業を強化し、計画に合わせた経済建設の遂行の実現につとめた[122]。

(2) 対外貿易運輸機構

　対外貿易貨物の運輸計画管理機構については従来通りである。
　プロレタリア文化大革命・"四人組"期には、対外貿易運輸の面でも、やはりあるべき発展は達成されなかった[123]。
　1960年代以降中国の対外貿易の主要な対象が、ソ連・東欧諸国から漸次西側資本主義諸国に移行していくのにともない、輸出入貨物の輸送も海運が主となっていった。1960年代末には海運による取扱量が貿易貨物総量の80％前後まで高まり、70年代末には90％以上にも達するようになっていった。実際の運輸業務については、1960年交通部は中国遠洋運輸公司を設立し、国際海上運輸に乗り出したことについては第五章ですでに述べたが、70年代以降の発展により、従来の傭船による方式から自国船による輸送の割合がだんだんと増えていき、70年には中国側差し向け船に占める自国船による輸送の割合は20％、75年には73％にまで高まり、81年には70％前後を占めるようになった[124]。
　コンテナ輸送については、1955年国内の鉄道輸送に試験的に導入を開始したが、貿易でコンテナ輸送を始めたのは1974年からである。1974年上海、天津新港と神戸、大阪、横浜間で試験的にコンテナ船輸送を開始した[125]。1975年上海から神戸経由でアメリカ、カナダ、中南

---

[122]《当代中国》叢書編輯部編輯『当代中国対外貿易（上）』、当代中国出版社、1992年、237～238頁。
[123] 顧奕鎮編著『対外貿易運輸実務』、知識出版社、1986年、15頁。
[124]《外貿運輸基礎知識与実務》編写組編『外貿運輸基礎知識与実務』、対外貿易教育出版社、1993、5頁、《対外貿易運輸》編写組編『対外貿易運輸』、対外貿易教育出版社、1988年、20頁、《国際貿易運輸》編写組『国際貿易運輸』、同済大学出版社、1990年、49頁。
[125] 顧奕鎮編著『対外貿易運輸実務』、知識出版社、1986年、102～103頁。《外貿運輸基礎知識与実務》編写組編『外貿運輸基礎知識与実務』、対外貿易教育出

米航路にコンテナ輸送を導入し、78年には中国―オーストラリア航路、79年には中国とアメリカ西海岸を結ぶ太平洋航路、80年には香港―マニラ航路、黄埔港―香港―欧州航路に各々コンテナ輸送を導入した。続いて、上海・天津―香港―パキスタン―ペルシャ湾航路にもコンテナ輸送が導入された[126]。

1962年には香港・マカオ往復直通急行列車輸送が開設され、これを通じて、中国は鉄道輸送と世界の陸海空輸送とを結ぶのに便利となり、中継貿易の展開などを通じて、一段の貿易の発展をはかる条件を整えた[127]。

プロレタリア文化大革命下における対外貿易の航空運輸の発展が、新たな展開をみるのは1974年からである。1974年以降、東京、大阪、カラチ、パリ、テヘラン、ブカレスト、シャルジャ、バグダッド、長崎、バンコクなどとの航空貨物空輸路が開かれ、貿易貨物空輸数量は急速に増大した。航空運輸される主要な貿易品としては、輸入では貴重物品、レアメタル、精密機器・計器、コンピュータ、写真機材、フィルム、腕時計、ダイアモンド、象牙、種畜など、輸出では生鮮・生体商品、絹織物、アパレル、紡織品、皮革製品、革衣、漢方薬材、鑑賞魚・鳥、工芸品、装身具などである[128]。

1975年末までの中国の航空協定締結国は表Ⅷ－5の通りである。

---

版社、1993年、7頁。前者では1974年コンテナ船輸送が開始されたとあり、後者では73年とある。この事業は日中協力事業として行われたが、実際に就航したのは74年ではあるまいか。
(126) 顧奕鎮編著『対外貿易運輸実務』、知識出版社、1986年、103頁。
(127) 《国際貿易運輸》編写組『国際貿易運輸』、同済大学出版社、1990年、313～314頁。
(128) 同上書、206頁、《対外貿易運輸》編写組編『対外貿易運輸』、対外貿易教育出版社、1988年、236頁、《外貿運輸基礎知識与実務》編写組編『外貿運輸基礎知識与実務』、対外貿易教育出版社、1993年、510頁。

表Ⅷ-5　中国の航空協定締結国

| | 相手国 | 調印年月 | | 相手国 | 調印年月 |
|---|---|---|---|---|---|
| 1 | ソ連 | 1954年12月 | 20 | アフガニスタン | 1972年7月 |
| 2 | ベトナム（北） | 56　4 | 21 | エチオピア | 72　7 |
| 3 | モンゴル | 58　1 | 22 | トルコ | 72　9 |
| 4 | ビルマ | 58　11 | 23 | イラン | 72　11 |
| 5 | 朝鮮 | 59　2 | 24 | イタリア | 73　1 |
| 6 | セイロン | 59　3 | 25 | ギリシャ | 73　5 |
| 7 | ハンガリー | 59　5 | 26 | 北欧3国（仮調印） | 73　5 |
| 8 | ラオス | 62　1 | 27 | カナダ | 73　6 |
| 9 | パキスタン | 62　8 | 28 | イギリス（仮調印） | 73　6 |
| 10 | カンボジア | 63　11 | 29 | スイス | 73　11 |
| 11 | インドネシア | 64　11 | 30 | シリア（仮調印） | 74　2 |
| 12 | マリ | 64　12 | 31 | 日本 | 74　4 |
| 13 | ガーナ | 64　12 | 32 | ザイール | 74　5 |
| 14 | エジプト | 65　5 | 33 | ラオス | 74　8 |
| 15 | フランス | 66　6 | 34 | ギニア | 75　8 |
| 16 | イラン | 69　11 | 35 | ベルギー | 75　4 |
| 17 | アルバニア | 72　3 | 36 | フィンランド | 75　10 |
| 18 | ルーマニア | 72　4 | 37 | 西独 | 75　11 |
| 19 | ユーゴスラビア | 72　4 | | | |

出所：中国研究所編『新中国年鑑・1978年版』、大修館書店、昭和53年、118頁。

# 第四部
# プロレタリア文化大革命・"四人組"期の混乱収束から改革・開放政策への転回過程における対外経済貿易体制の再編

## 第九章　プロレタリア文化大革命・"四人組"期の混乱収束から改革・開放政策への転回過程における対外経済貿易体制の再編

　プロレタリア文化大革命・"四人組"期という大きな混乱の時期後、従来の「帝国主義」による世界戦争と社会主義革命へという世界政治経済の基本動態認識、すなわち「戦争と革命」を基本時代認識とする中国経済の建設のあり方の再検討作業がはじめられ、対外政策面でも変化が出てくるようになった。本章では、「戦争と革命」の時代認識の基軸変化を押さえながら、これに対応して経済運営の主軸が転回させられていき、これに合わせた対外経済政策面における新たな政策指向をたどり、この政策指向遂行に向けた対外経済機構の改編と新設を含む新編成の跡と指向をたどってみることとする。

　時期的には、プロレタリア文化大革命・"四人組"期後の新たな胎動を経て、ある程度明確な形で改革・開放[1]の方向づけが打ち出される1978年末の党第11期中央委員会第3回全体会議、あるいは79年前半頃までの時期を主要対象期間とし、その後の本格的な改革・開放政策

---

(1) 今日一口に「改革・開放」と呼ばれるが、1978年の党第11期3中全会で打ち出された方針の中では、改革と対外開放はペアーで打ち出されたわけではない。改革の一環として対外開放が盛り込まれているにすぎない。対外開放が公式な形で姿を現わすのは1981年12月の第5期全国人民代表大会第4回会議における趙紫陽の政府活動報告の中においてである。1982年12月4日公布された新憲法の中において、外国の企業、その他の経済組織または個人が、法の定めるところによって、中国で投資し、中国の企業またはその他の経済組織と各種形態の経済協力を行うことを許可するとされ、また、中国領土内の外国企業、その他の外国組織及び中外合弁企業は中国の法律を順守すべきこと、同時にこれらの合法的権利及び利益は中国の法律によって守られると謳われている。この点については、本書の後篇で触れるが、ここでは一応「改革・開放」と呼ぶことにする。

展開の下での、対外経済貿易体制の変容を取り扱う後篇との関連づけをはかる。

## 第一節　改革・開放政策探索の二つの源流

### 1　「戦争と革命」の時代認識の変容と訣別

　帝国主義戦争から民族解放闘争を経て、世界的な社会主義革命への連続的展開過程のプロスペクトを背後にすえた、資本主義世界市場と社会主義世界市場対決の構想の中では、社会主義世界市場は、全世界のプロレタリアートの解放という民主的な一枚岩の社会経済関係として設定され、これに基づく連帯を基礎とするが、1956年から始まったとされる中ソ関係の悪化と対立の中で、1968年中国はついにソ連を「社会帝国主義」として、当面の主要な敵として位置づけるようになった。中国は、世界政治経済に対する従来の歴史認識構造の変更を余儀なくされる。

　宇野重昭教授は、1970年の毛沢東の「五・二〇声明」の中に、中国の姿勢の変化を読み取られている。この中では、世界政治経済の現段階においても、新たな世界戦争の危険は依然として存在しているから、当面の世界の主な傾向は革命であるとしながらも、一面で「戦争でない革命、つまり歴史の流れに沿った漸進的な平和的変革の道を指向した[2]」、と指摘されている。

　対ソ戦略から、以後中国は西側との外交を積極的に推し進める動きにでる。1971年には国連に復帰し、72年にはニクソン訪中が実現される。「米中共同コミュニケ」では、両国は社会制度のちがいをとわず、各国の主権と領土保全の尊重、他国に対する不侵犯、他国の内政

---

(2)　宇野重昭著『中国と国際関係』、晃洋書房、1981年、297〜298頁。

に対する不干渉、平等互恵、平和共存という原則に基づいて国と国の間の関係を処理していくこと、中国は覇権主義と強権政治に反対すること、どちら側もアジア・太平洋地域で覇権を求めるべきでないこと、いずれの側も、いかなるその他の国あるいは国家集団が、こうした覇権を打ちたてようとすることにも反対することが謳われている[3]。

1974年の第6回国連特別総会における鄧小平演説では、「戦後の一時期に存在していた社会主義陣営は、すでに存在しなくなった」との認識に立ち、「三つの世界」（米ソ超大国―第一世界、アジア・アフリカ・ラテンアメリカの発展途上国―第三世界、両者の間にある先進国―第二世界）論を展開し、植民地主義、帝国主義、とりわけ超大国の搾取と収奪によって、富国と貧困の格差が拡大していることを踏まえ、発展途上国が世界の歴史の車輪を前進させる革命的原動力であり、植民地主義、帝国主義、とりわけ超大国に反対する主要な力である。「中国は社会主義国であり、また発展途上国でもある。中国は第三世界に属している」との立場を表明した。ここでは世界的な意味での社会主義革命の発展に対する、少なくとも直結的道への積極的評価が取り下げられている。「新たな世界戦争の危険の存在」を認めながらも、中国は「プロレタリア国際主義より民族的立場を重視する傾向に傾斜していった」のである[4]。

1977年11月1日『人民日報』編集部論文「三つの世界区分についての毛主席の理論は、マルクス・レーニン主義にたいする大きな貢献である」では、世界情勢に対する基本的認識は従来通りながら、「資本主義制度が世界的な範囲で社会主義に移行するのは、長期にわたる、まがりくねった、複雑な闘争にみちた過程であり、この過程のさまざ

---

[3] 「訪中したニクソン・アメリカ大統領との共同コミュニケ」（1972年2月28日）、中国研究所編『新中国年鑑・1973年版』、大修館書店、昭和48年、255頁。なお、この時期の外交政策は米ソ超二大帝国主義を強く意識した戦略的外交政策であって、その後の世界政治経済多極化の認識を基礎とした外交戦略とは根本的に異なる点は注意を要する。
[4] 前掲書、312頁。

まな時期に、世界の政治勢力にさまざまな組合せが現れるのは、避けられないことである(5)」、との認識を示した。この表現内容は、現下の情勢が革命の時代であるとの認識からすれば、やや緊迫感にかけた、革命の展望に長期性要素を持ち込んでいる点が注目される。

1978年2月26日開催された第5期全国人民代表大会第1回会議の華国鋒による政治活動報告では、米ソ両覇権主義国による戦争の危険性を背景とした、革命の要素の増大の認識を示しながらも、一方で二超大国の企図の戦略的配置を狂わせるなら、戦争の勃発を遅らせることができるとの認識も示した。この認識は、戦争と革命を直結させる形の従来の基本認識の修正を意味するものであり、「反覇権国際統一戦線」の強化によって「戦争の勃発を遅らせることが可能である」とすれば、帝国主義戦争がなくならないまでも、またその善し悪しは措くとして、ある平和の期間の存在を設定したということになる。

1978年12月22日の党第11期3中全会で採択された「広報」によると、「1979年から全党の活動の重点を社会主義現代化の建設に移すべきであるむね決定した」が、当然ながら、この事業の本格的推進のためには、平和の環境が前提とされなければならない。

「戦争の危険性は依然として深刻に存在しており、……いかなる方面からの侵略者をも撃退する準備を常にととのえておかなければなら」ず、この戦争抑止力の有効な条件の限りにおいてということになろうが、「自力更生をふまえて世界各国との平等・互恵の経済協力を積極的に発展させ、世界の先進技術と先進設備を努めて取り入れるとともに、現代化の実現に必要な科学・教育活動を大いに強化している(6)」という。この条件の下で推し進められる経済関係は、「経済協

---

(5) 『人民日報』編集部「三つの世界区分についての毛主席の理論は、マルクス・レーニン主義にたいする大きな貢献である」、『北京周報』（日本語版）No45、1977年11月8日号、10～38頁。
(6) 『中国共産党第11期中央委員会第3回総会の公報』（1978年12月22日採択）、中国研究所編『新中国年鑑・1979年版』、大修館書店、昭和54年、216～217頁。
　　1981年6月27日党第11期6中全会で採決された「建国以来の党の若干の歴史

力」として認識されるという点が、ここでは見落としてはならない重要事である。

　ここで考えてみなければならない点は、すでにみた「米中共同コミュニケ」や「日中平和友好条約」の中に盛り込まれている反覇権主義文言の意味、位置づけである。反帝国主義という場合の帝国主義概念は、レーニンの意味からすれば、それは資本主義発展の特殊段階の総体的社会経済制度を意味する。これに対して、反覇権主義という場合の覇権主義概念は、帝国主義の対外政策の遂行、拡大、発展を指す[7]。反帝国主義は体制転換にかかわる問題の性格をもったものであるが、反覇権主義はその限りにおいては、それ自体は民族独立、民族自主の性格にかかわる問題であり、直接的には体制問題とは関連をもたない。反植民地主義はそれ自体は民族独立、民族自主問題であるが、帝国主義概念との関係では体制問題と関連する。反覇権主義は既

---

的問題についての決議」でも、戦争と国防については同様の認識が示されており、「対外関係の面では、帝国主義、覇権主義、植民地主義および人種差別主義に反対し、世界平和を守る方針をひきつづき堅持しなければならない」とされる。プロレタリア国際主義については、「プロレタリア革命は国際的な事業であり、各国のプロレタリアートの相互支援が必要である。だが、この事業をやりとげるには、なによりもまず、各国のプロレタリアートが自国に立脚点をおき、自国の革命勢力と人民大衆の努力に依拠して、マルクス・レーニン主義の普遍的原理を自国の革命の具体的実践と結びつけ、自国の革命事業をりっぱにやりとげなければならない」と殊更に謳い、「われわれは各国人民との平和共存、平等互助を主張する。われわれは独立自主を堅持するとともに、他国人民の独立自主の権利をも尊重する。自国の特徴に適した革命と建設の道は、ただその国のみが自らさがしあて、つくりだし、決定しうるのであり、いかなる人も自己の考えを他人に押し付ける権利はない。これこそが真の国際主義であり、さもなければ覇権主義になってしまう。今後の国際関係において、われわれは永遠にこの原則的立場を堅持するであろう」と、プロレタリア国際主義も各国の独自の革命事業の遂行の過程を通じて推進されるものだとの認識が示され、反帝国主義、反覇権主義、反植民地主義および反人種差別主義に対する闘争の位置づけがなされる（「建国以来の党の若干の歴史的問題についての決議」（1981年6月27日、中国共産党第11期中央委員会第6回総会で一致採択）、中国研究所編『新中国年鑑・1982年版』、大修館書店、1982年、225～228頁）。

(7) 肖楓著『両個主義一百年―資本主義・社会主義』、当代世界出版社、2000年、281頁。

に独立を達成した民族国家に対する覇権主義反対ということである。現下の世界情勢からみれば、既にみてきた中国の認識からして、反覇権主義が重要な意味をもち、中心的課題となる（もちろん、中国にとって香港、マカオ問題があったし、台湾問題からも、反帝国主義も決して等閑にはできない問題ではあるが）。中国が反覇権主義を中心において国際戦略を考えるということは、プロレタリア国際主義は前提として民族国家（その階級性を別にして）の独立性の保障を先ず最重要優先事項として、その中から出てくるプロレタリアの連帯（場合によっては、プロレタリアの連帯はある民族国家の国家権力と対立することがありうる）を次に位置づけするということを意味しよう。このことは、階級性を異にした国家権力の下にある民族国家との関係では、中国は先ず反覇権主義に基づき、民族国家の独立・自主を最重要視し、それと矛盾しない範囲内でプロレタリア国際主義という連帯をはかるということを意味する。反覇権主義を国際戦略の中心に置くとすれば、レーニンの考えた帝国主義を「社会主義革命の前夜」として位置づけ、直線的に社会主義革命に結びつける構想と一定の距離を置いて、社会主義への移行構想を考えていくという視角が用意、導入されたということになろう。

　この方向での認識は、「戦争と革命」の時代認識から、「戦争抑止と平和」、「平和と発展」の時代認識へと明確な形で改められていく。

## 2　対外経済関係に対する一面的評価のゆらぎ

　前著で触れたように[8]、すでに1960年代に、これまでの中国の世界政治経済に対する基本認識と、この認識に基づく対外政治経済政策は見直すべきだという意見が出ていた[9]。

---

(8) 拙著『中国の対外経済論と戦略政策』、渓水社、平成18年、49〜50頁。
(9) 柳建輝「従"戦争与革命"到"和平与発展"」、宮力主編『鄧小平的外交思想与実践』、黒龍江教育出版社、1996年、107頁。

第九章　プロレタリア文化大革命・"四人組"期の混乱収束から改革・開放政策への転回過程における対外経済貿易体制の再編

　すでに第七章でみたように、1957年以来"以進養出"というやり方による輸出や輸出商品生産基地建設が進められ、一定の成果も上げていた[10]。しかし、「戦争と革命」の時代歴史認識、客観的な経済発展段階を考慮するに乏しく、教条的社会主義理想像を追求する形で、奇怪かつ狂気じみた権力闘争に陥ったプロレタリア文化大革命・"四人組"期の混乱の中で、こういった動きは中断され、1968年からは技術導入も中断され、60年代前期に導入した84項目の建設にも影響が及んだことにについてはすでにみてきた[11]。

　妨害に遭って中断されたとはいえ、周恩来は国際経済面において中国がえることができるであろう経済的潜在性とその実現の機会から、目を離したわけではなかった。1970年代初め周恩来は、貿易の国内商業、生産、科学研究に対する積極的意義について方針を提出した。

　1970年から"以進養出"のやり方による輸出の復活や輸出商品生産基地も再興され、この動きが広がっていくが、再度妨げに遭う。

　こういった動きは限定的なものであったとはいえ、対外開放政策に踏み切る以前の段階において、すでに後の政策転換のためのビジョンが醸成されつつあったことを物語るものであり、経済そのものの視点から、従来の中国の全般的開発戦略の本格的再検討の課題を提起する材料であったとみることができる。

　いささか先走った形で、第七章、第八章で立ち入って上述の動きに触れたのは、プロレタリア文化大革命・"四人組"期の混乱収束後から改革・開放政策に転ずるに到るまでの期間、また党第11期3中全会

---

(10) 趙徳馨主編『中華人民共和国経済史・1949-1966』、河南人民出版社、1989年、711〜712頁。輸出商品生産基地、輸出商品生産専門工場、工場内輸出商品生産部門などは1960年からつくられた（《当代中国》叢書編輯部編輯『当代中国対外貿易（上）』、当代中国出版社、1992年、29頁）、《当代中国的経済管理》編輯部編『中華人民共和国経済管理大事記』、中国経済出版社、1987年、143頁。前後の関連事情については、拙稿「中国対外貿易機構の変遷（Ⅳ-1）」『広島経済大学経済研究論集』第20巻第4号、1998年、50〜51頁参照。

(11) 《当代中国》叢書編輯部編輯『当代中国対外貿易（上）』、当代中国出版社、1992年、33〜34頁。

後の対外経済貿易政策の動向を視野に入れた場合、この視角と経験が極めて重要な意義をもつと筆者は考えたからである。

## 第二節　プロレタリア文化大革命・"四人組"期の混乱収束直後からの経済運営と党第11期3中全会後の新たな指向

### 1　大混乱期収束直後から党第11期3中全会までの経済運営と新たな指向

(1)　大混乱期収束直後から党第11期3中全会までの経済運営

　混乱収束後1977年3月中央は計画会議を招集し、経済活動における"十個要不要"（何をやって、何をやってはいけないのか）問題の大討論を展開した。主要内容は、①党の基本路線を堅持すべきか否か―敵味方の関係と峻別すべきこと、②党の指導の堅持が必要か否か―党委員会を蔑ろにして無闇に騒動を起こしてはならない、③労働者階級に全面的に依拠すべきか否か―ブルジョア的派閥性を払拭し、労働者階級の団結を強化しなければならない、④生産をきちんとやることが必要か否か―企業は生産を主とし、他の活動はいずれも生産に奉仕しなければならない、⑤合理的な規則制度と厳格な労働規律を堅持することが必要か否か―必要である、⑥経済計算をきちんとして社会主義的蓄積を増大させるべきか否か―国家のために蓄積することは各企業の達成すべき任務である、⑦労働に応じた分配という社会主義分配原則を堅持すべきか否か―平均主義に反対すべきである、⑧プロレタリアートはそれ自体職業技術専門的存在であるべきか否か―政治・思想面と技術面ともにやらなければならない、⑨外国の先進技術を導入すべきか否か―自力更生能力を強化するために、計画的に外国先進技術を

導入すべきである、⑩計画経済を堅持すべきか否か—国民経済計画を強化し、統一計画と分級管理を実行すべきである、等々の問題であった[12]。この討論を通じて、当面解決を要するいくつかの問題に目鼻をつけた。

1976〜78年にかけて、国務院は農業、計画、工業、財貿、石炭・電気、鉄道、運輸、食料等一連の全国的生産建設会議を招集、企業の整頓、規則制度の確立、生産の回復と発展に力を入れた。このうち全国財貿工作会議が1978年4〜7月にかけて招集され、改めて「経済を発展させ、供給を保障しなければならない」との方針を打ち出し、鎖国閉鎖に反対し対外貿易を発展させ、職場責任制を中心とする管理制度、計画管理、財務管理、物価管理制度等を復活あるいは新制定し、企業経営の状況と従業員の物質的利益を結合するやり方を提唱した。労働に応じた分配原則を貫徹するため、企業に奨励金、出来高払賃金制、企業基金等を復活した。

鉄道、郵便、民航等の部門に対する集中統一指導を行うことによって、輸送面での問題の解決に力を注ぎ、重点工業企業に対しては、中央と地方の二重指導とし、中央の指導を主とする、その他の企業に対しては地方あるいは地方を主とした管理を行うこととした。価格に対する管理を強め、計画価格を堅持して、自由価格に反対し、違法価格行為に対して厳格な姿勢で臨んだ。

しかし、文革と"四人組"粉砕と批判の中で、党と指導者達は中国国民経済に新たな大躍進の局面が出てきたとの認識から、現実から掛け離れた新たな大躍進政策を打ち出した。1977年11月に開かれた全国工作会議では、20世紀末までに主要工業で先進資本主義国の水準に追いつき追い越し、経済技術指標でも世界の先進的水準に追いつき追い越すという方針を打ち出した。具体的目標としては、第一段階—第5次5ヵ年計画期の後3年（1978〜80年）で全国的にみて独立した比較

---

(12) 趙徳馨主編『中華人民共和国経済経済専題大事記・1967-1984』、河南人民出版社、1989年、421〜422頁。

的完成した工業体系と国民経済体系を構築する、第二段階―第6次5ヵ年計画期に大規模な生産建設を推し進め、六大区を建設して経済的に遅れた状態を変える、第三段階として、20世紀末までに最終目標を実現する、というものである。1978年3月の第5期全国人民代表大会第1回会議では、「1976－85年国民経済発展十ヵ年計画綱要（草案）」が打ち出された。農業においても"農業は大寨に学べ"運動と農業機械化が強調された。

　新たな大躍進政策を推し進めるためには、大規模な基本建設を推し進めなければならない。1978年の基本建設投資は前年の31％増の500億99百万元に拡大され、大中型プロジェクトは前年の290項目増の1,723項目に増加された。1978年の蓄積率も36.5％となった。この基本建設の推進に合わせて、多くの外国技術及び設備の導入が行われることになった。1977年7月国家計画委員会は、第5次5ヵ年計画後期3年と、第6次5ヵ年計画期の8ヵ年の期間における農業、軽工業、燃料・動力、原材料工業の支援のための、新技術及びプラント導入計画を提出した。中央も原則的にこの計画を承認し、1978年5月国務院に新技術導入領導小組が設立された。大量の外国の先進技術設備の導入によって経済発展を促進していくというのは、長期にわたって強調されてきた自力更生と鎖国閉鎖政策の枠を超えるものであったので、これは従来の"大躍進"と区別して"洋躍進"と呼ばれる。この政策はある意味で一定の意義をもったが、この大量の技術導入は、後の対外開放の下での技術導入と異なり、従来の経済計画管理体制を、そのままの基礎においた上での技術導入であった。"洋躍進"は中国の実際の経済的実力と条件を基に策定されたものではなく、客観的基礎を欠いた盲目的奮闘政策であったため、国民経済に顕著なアンバランスが生じ十分な成果を上げず、浪費も多かったというのが今日の評価である[13]。

---

(13) 董輔礽主編『中華人民共和国経済史（下巻）』、経済科学出版社、1999年、4～9頁、柳随年・呉群敢主編『中国社会主義経済簡史（1949－1983）』、黒龍

以前の"大躍進"政策の反省にもかかわらず、こういった状況が再び出てきた背景には、華国鋒を中心とする当時の指導者がやはり"戦争に備えて"、"二つのすべて"（およそ毛主席の下した決定であれば、すべて断固としてこれを守り、およそ毛主席の指示であれば、すべて終始変わることなくこれに従う）といった方針を基礎に置いていたということ、また、分業による近代的大規模生産に対する認識と商業機能に対する偏見—これらは基本的に小生産社会と封建的観念であるが—をもっていたということがあったとみることができる。この意味では、当時の指導者達には、マルクスのいう経済社会発展段階の第二の発展段階（分業に基礎を置く物象的依存性の上にきずかれた人格的独立性を特徴とする社会）に対する認識が欠けていたといえ、このため、前近代的人間的生産性を基礎とする経済発展方式が過度に誇張され、経済に対する主観的高指標設定と暴進（いわゆる"冒進"）が追求されるところとなった[14]といえよう。

 1977年3月の党中央工作会議では、天安門事件[15]の咎を着せられて、党籍は保留されたものの、党内外の一切の職務から退けられた鄧小平の指導者としての地位復帰と、"二つのすべて"に反対する提案がなされた。同年4月鄧小平は党中央に対し、全体として整った正確な毛沢東思想によって社会主義建設、国際共産主義運動を推進してい

---

　　江人民出版社、1985年、437〜441頁、同邦訳書、北京周報社、1986年、467〜474頁。詳細な実績については後者が詳しい。
(14) 董輔礽主編『中華人民共和国経済史（下巻）』、経済科学出版社、1999年、9〜10頁、柳随年・呉群敢主編『中国社会主義経済簡史』、黒龍江人民出版社、1985年、441〜444頁、同邦訳書、北京周報社、1986年、471〜474頁、拙稿「中国の世界経済に対する歴史認識構造と対外経済論（完）」、「広島経済大学経済研究論集」第25巻第3号、2002年、152頁参照。
(15) 1976年4月初め同年1月8日逝去した周恩来を哀悼して集まった数十万の人々が、"四人組"打倒と鄧小平の支持を叫び、4月4日の清明節にその動きは非常な高まりを見せた。4月5日当局は反革命の動きの名の下に、一万人の民兵、3,000人の警察、5警備隊を動員して群衆を殴打、逮捕した事件。4月7日党中央政治局は、華国鋒を党第一副主席、国務院総理に任ずることと、鄧小平の処分を決定した（鄭徳栄・邵鵬文・朱陽・顧民主編『新中国紀事・1949−1984』、東北師範大学出版社、1986年、582〜584頁）。

くべきことを提案し、毛沢東思想の命は"実事求是"ということであり、マルクス主義理論と中国革命の実際を結合していくことを強調し、"二つのすべて"に対して批判した。その後の党中央と鄧小平との遣り取り、激しい闘争を経て、"二つのすべて"に対する闘争は決着がつけられ、同年7月の党第10期3中全会で、鄧小平は党中央に返り咲く。1978年に入り、「真理を確かめる基準」に関する討論の中で、"二つのすべて"という思想は徹底的に否定される。

　先に見たように、1978年2月26日に開催された第5期全国人民代表大会第1回会議の華国鋒報告の中では、現状認識としては戦争の危険を意識しつつも、「反覇権国際統一戦線」の強化によって「戦争の勃発を遅らせることが可能である」との認識が示され、このことを背景としたある一定期間の平和の期間を設定することの可能的準備がなされた。このことと国内の条件を踏まえて、同年12月18から22日まで開かれた党第11期3中全会では、全党の活動の重点を直接的軍事対決を意識した"戦争に備えて"と"階級闘争を要とする"という基本戦略から、「1979年から全党の活動の重点を社会主義現代化の建設に移すべきであるむね決定した[16]」。党の第11期3中全会が提起した重点的問題は、①経済諸部門間のバランスをとること、②経済管理体制における権限の過度の集中を改め、国の統一計画の下に地方、工農業企業に経営管理の自主権を与えること、行政の簡素化と政企分離、経済法則に基づく経済運営をはかること、③農業をできる限り速く発展させること、④国情と力量に応じ、経済法則に則って経済建設をはかっていくということであった[17]。

　経済運営転換への動きが開始されたのである。

---

(16)「中国共産党第11期中央委員会第3回総会の公報」（1978年12月22日採択）、中国研究所編『新中国年鑑・1979年版』、大修館書店、昭和54年、216頁。
(17) 同上『広報』、同上『年鑑』、217〜218頁。

(2) 党第11期3中全会後の新たな指向

　1979年4月に開かれた中央工作会議においては、党第11期3中全会の提起した国民経済に対する調整と改革について、主として以下のような方向が定められた。

　　A　"調整、改革、整頓、提高（向上）"方針の確立
　3～5年の時間をかけて工業と農業、重工業と軽工業、蓄積と消費等の著しいアンバランスの調整をおこない、同時に経済体制の改革に着手し、中央、地方、企業、職員・労働者の積極性を発揮させるようにして、生産の秩序を打ち立て、生産水準、管理水準、技術水準の引き上げをはかっていくこと。また、会議は国民経済に対する"調整、改革、整頓、提高（向上）"の方針を確立した。

　　B　主要調整措置
　①　農村政策の調整
　集団経済の所有権と自主権を擁護し、各地域の特性を発揮した発展をはかるべく、農業を支持し、できる限り農業生産の発展を促す。
　②　工業内部の調整
　軽工業の生産と流通条件の改善をはかり、集団企業と小商品生産の発展を支援する。重工業の発展は、軽工業と市場の需要を考慮してこれに合わせる。品質の向上をはかり、品種を増加させ、国家の計画指導の下での市場調節を強化し、一部製品については自己生産・自己販売させる。
　③　人民の生活上の借り入れの返済の促進と消費の向上をはかる。
　④　基本建設規模の圧縮と国民経済各部門のバランス、蓄積と消費のバランスの調整をとる[18]。

---

[18] 董輔礽主編『中華人民共和国経済史（下巻）』、経済科学出版社、1999年、23～24頁。1979年と80年の2ヵ年の調整によって一定の成果は上げたものの、

基本的な枠組としては、計画経済の優位性（全面的配置・統一的按配と力の集中に威力を発揮する）にもとづきこれを実施するが、従来「左」よりの誤りから排除されてきた市場調節の役割を発揮させることとした（計画経済の堅持と市場調節の役割の重視）。これに合わせて、国民経済における農業、軽工業、重工業間の投資バランス調整の着手、国民経済管理体制の改革（一部の末端生産部門の自主権の拡大—農業から工業へ、生産部門から流通・分配部門へと拡大）が、部分的ながらも進められる。

　1979年から、農村では請負生産責任制が導入されるようになり、都市部においては企業の経営自主権拡大の試験的ケースが始められた。また、これに合わせる形で流通領域においても改革が進められていく。農村の各種形式による生産責任制では、国家計画の要求に合わせて、各地に適した生産の割り振りを行うようになった。企業では経営自主権の拡大に合わせて、試行的企業においては、計画内容の構成、仕入・販売、利潤の分配、資金運用等で部分的に企業自体が権限をもつようになった。企業は漸次経済責任制を推し進め、企業と職員・労働者の個人的経済利益が、企業の経済責任、経営成果と初歩的に結びつけられるようになった。基本建設投資と固定資産の更新・改造資金が、財政部門からの直接配分方式から試験的に貸し付け方式に変えられ、投資資金が有償使用されるようになる。

　1979年以後、従来商品としての扱いが認められなかった生産手段に

---

長期にわたって形成されてきた国民経済バランス上の問題や「左」の誤りの傾向は、短期間で解決できるものではなかった。また、調整の中で出てきた問題、主として基本建設規模の圧縮の課題は解決が難しく、財政支出が多くなり、巨大な財政赤字が出現し、エネルギーや交通で緊迫した状況が現れた。1980年12月に開かれた全国省長会議と中央工作会議での議論を通じて、81年からさらに調整を進めることが決定された（同書、24頁）。2度の調整を経て、経済の暴進と「左」傾的高度経済発展路線の誤りを防止し、発展モデルを根本的に改めるために、党中央と国務院は1981年12月経済発展戦略の転換を明確に打ち出した（第5期全国人民代表大会第4回会議〈1981年11月30～12月13日〉《当代中国的経済管理》編輯部編『中華人民共和国経済管理大事記』、中国経済出版社、1987年、450～451頁、同上書、25頁）。

ついても、その制約を外し、そのうちの一部を商品として市場に提供することが認められるようになり、生産手段としての工業品が、商品として市場に入り込むようになると同時に、生産企業も一部自己販売できるようになり、物資企業（生産手段の分配、流通に携わる企業……筆者注）も、私営流通業者の委託、取り次ぎ販売を流通網の一部組織として加えることができるようになった。消費財としての工業品については、国家の統一買付・統一販売、計画買付、予約買付（商業企業と工業企業の間での注文契約による買付、注文契約外は自己販売可）、選択買付（商業企業が自由に選択して買い付ける、前三者以外の工業品に多い、自己販売可）、代理卸、代理販売、工商共同販売、自己販売など多種の仕入・販売方式をすることが可能となった。日用品、雑貨類などは市場調節による。

　農村の集市（定期市）や都市部の自由市場に対しては、必要な行政的管理をおこなって、正常な経営を奨励、発展させた。計画的生産と流通の外に、部分的製品の生産と流通については、計画経済の必要な補完として市場を通じて調整するようにした。

　こういったことを通じて、国営企業の経営管理の改善、労働規律の整理と強化、経済計算の厳正化と深化、財務・会計制度の健全化、労働組織の整頓と教育・訓練、思想・政治教育の強化がはかられ、前提的基礎条件としての教育、科学技術開発面に力が入れられるようになってきた。

　中央と地方との関係では、地方権限の拡大がはかられた。地方工業の発展につれて、地方の支配する資源がだんだん大きくなった。貿易においては、輸出製品の分業に合わせて、地方に貿易をすることを許し、地方の保有する外貨は地方で使用できるようにした。

　財政では「収支内容を区分して、各級で請負する」という方式を試行し、財政収支の構成配分を一年ごとに定めるという形から、収支の基数と配分構成比率を確定するように改めて、5年間固定とすることとした。地方財政は省・市・自治区が統一的に計画し、配分使用す

る。広東省と福建省の両省に対しては特殊政策を実行し、一般と異なった機動性を生かせる措置を講ずる。単一の計画価格決定制度が緩められ、①国家統一価格、②国家規定の範囲内で企業によって定められる価格、③自由市場価格の三種の価格が実在するところとなる[19]。ここの詳細は後篇に譲る。

## 2　大混乱期収束後における経済計画管理機構調整

　プロレタリア文化大革命・"四人組"期の大混乱の事態に一応の終止符を打ったとはいえ、仮初にも国全体として十年にも及ぶ大きな政治・経済・社会全般にわたる運動が展開されてきたのであれば、やはりこの背景となっている社会全体を統括する思想・イデオロギーの再検討が行われなければならないと同時に、ずたずたに引き裂かれた国家機構の再構築の作業が、先ず以て開始されなければならないことになる。前者の過程は、上段で概括的に触れたところである。問題が複雑になるのは、後者の過程が、単なる従前の体制の回復作業過程だけというわけではなく、前者の過程の成果を踏まえながら、後者の過程が進行するということになるということからである。しかも、前者の過程の中では、場合によっては、建国以来の全般的な基本認識を変えなければならなくなるような内容も含まれうるわけであるから、ことはそう簡単には進まない。

　したがって、プロレタリア文化大革命・"四人組"期の混乱収束の時期から1978年12月の党第11期3中全会に到る期間の動きは、国家機構・機能の回復過程と、わずかながらの新たな動態を反映した、極めて輪郭がはっきりしない内容のものとなっている。しかも、中国の改革・開放路線が正式な形でくっきりと位置づけされるのは、1984年ということになるから、上述の党第11期3中全会の決定である程度輪郭

---

(19) 何建章・王積業主編『中国計画管理問題』、中国社会科学出版社、1984年、65～66頁。

第九章 プロレタリア文化大革命・"四人組"期の混乱収束から改革・開放政策への転回過程における対外経済貿易体制の再編

は把握できるとしても（以前と比べて重点の置きどころが変わるとか言った具合である）、況してや対外開放なるものの位置づけは、必ずしもはっきりしているわけではない。後に触れるが、中国共産党内部でも、必ずしも内容なり性格づけがはっきりしていたわけではない。

　1978年12月の党第11期3中全会に到る期間とその後では、経済計画管理機構調整や新設も性格を異にする。党第11期3中全会での、近い将来における世界戦争勃発の必然性に対する認識の相対化に合わせて、専ら指令性計画に重点を置いた従来の経済運営が漸次弾力化され

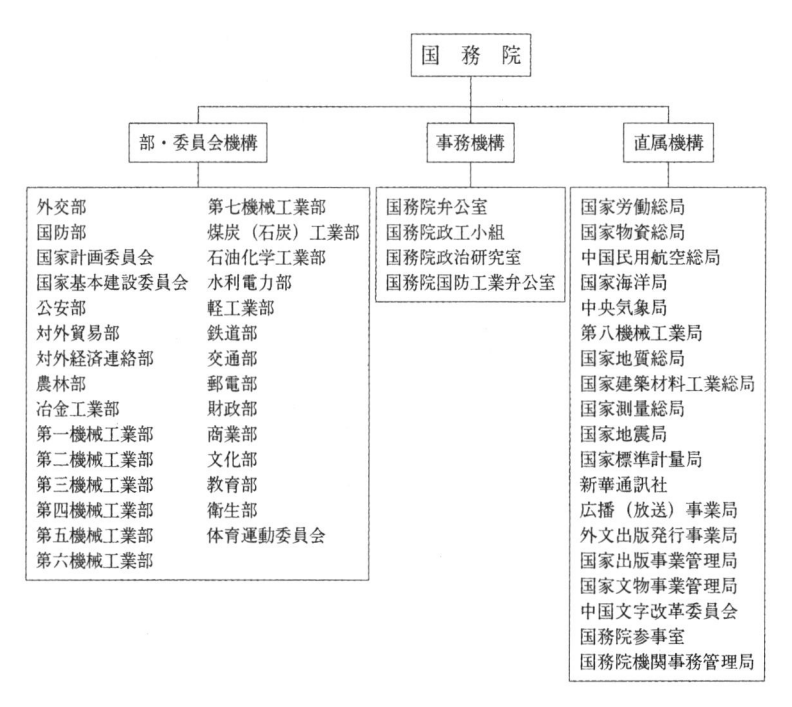

図IX-1　1975年末における国務院の機構

```
                          国　務　院
           ┌─────────────┼─────────────┐
      部・委員会機構        事務機構         直属機構
```

部・委員会機構:
- 外交部
- 国防部
- 国家計画委員会
- 国家基本建設委員会
- 公安部
- 対外貿易部
- 対外経済連絡部
- 農林部
- 冶金工業部
- 第一機械工業部
- 第二機械工業部
- 第三機械工業部
- 第四機械工業部
- 第五機械工業部
- 第六機械工業部
- 第七機械工業部
- 煤炭（石炭）工業部
- 石油化学工業部
- 水利電力部
- 軽工業部
- 鉄道部
- 交通部
- 郵電部
- 財政部
- 商業部
- 文化部
- 教育部
- 衛生部
- 体育運動委員会

事務機構:
- 国務院弁公室
- 国務院政工小組
- 国務院政治研究室
- 国務院国防工業弁公室

直属機構:
- 国家労働総局
- 国家物資総局
- 中国民用航空総局
- 国家海洋局
- 中央気象局
- 第八機械工業局
- 国家地質総局
- 国家建築材料工業総局
- 国家測量総局
- 国家地震局
- 国家標準計量局
- 新華通訊社
- 広播（放送）事業局
- 外文出版発行事業局
- 国家出版事業管理局
- 国家文物事業管理局
- 中国文字改革委員会
- 国務院参事室
- 国務院機関事務管理局

出所：蘇尚堯主編『中華人民共和国中央政府機構・1949-1990年』、経済科学出版社、1993年、120頁。

てくるようになった。これに合わせて、社会経済発展計画管理機構も新設されたり、編成が改められるようになった。新設は新たな部面での活動を積極的に推進していくための体制整備と、活動内容の編成と実行のためのものであり、再編は新たな課題に対処するための調整である。

　1976年10月に四人組が粉砕された後、翌77年8月12～18日に開催された党第11回全国代表大会における「第一次文化大革命」の終結宣言に先行する同年6月、国務院には「財貿小組」が設けられた。主要任務は、党中央と国務院を助け、財貿活動の具体的路線、方針、政策を調査研究し、新たな意見を提出すること、また、財貿部面において"大寨に学ぶ"、"大慶に学ぶ"大衆運動を組織することに置かれ、党中央と国務院内部の事務処理事項を助ける内部機構とされた[20]。

　党第11期3中全会後、決定の内容を実体的骨組と肉づけのあるものとして推進していくために、1979年7月1日第5期全国人民代表大会常務委員会第9回会議において上程され、経済全局を統一的に統括管理する最も上位に位置する機関として、「財政経済委員会」が設置された。財政経済委員会は、建国の直前1949年9月から54年9月まで設置されていたことがあった（第1期全国人民代表大会第1回会議における「中華人民共和国憲法」と「中華人民共和国国務院組織法」の成立によって廃止）。財政経済委員会は、建国とか重大な国家転機に際して、党中央及び国務院が新しい方針に向けて体制を建立するとか、従来の体制を打破して新体制の編成を断行しなければならないような事態の下で設置されるもののようである。以下で触れる国家計画委員会、国家経済委員会、国家基本建設委員会、国家農業委員会、国家科学技術委員会、国防工業弁公室、人民解放軍国防科学技術委員会、外国投資管理委員会、輸出入管理委員会、国務院機械工業委員会[21]、各部など

---

(20) 蘇尚堯主編『中華人民共和国中央政府機構・1949－1990年』、経済科学出版者、1993年、53～54頁。
(21) 国務院機械工業委員会は1980年2月に設置された（同上書、287頁）。

は、すべて財政経済委員会の統一指導下に入れられる[22]。

経済体制改革に関する作業は、1979年国務院財政経済委員会内部に設けられた「経済体制改革研究小組」によって着手される[23]。

1977年8月3日国務院は、国家計画委員会の「関于加強物価工作的報告」を批准、物価の管理権は中央に帰することを関連部門に通達し、中央の統一指導と地方各級の分級管理の原則を厳格に守り、管理権限に応じて処理すべきこととした。この活動の指導を強化するため、国務院に国家物価総局が設置され、国家計画委員会が同局を代理管理することとなった[24]。

同年9月18日には、全国の科学技術の指導（長短期計画と国内科学技術分業と協調、国際科学技術交流の振興）を強化するために、「国家科学技術委員会」が設置された[25]。

同年9月末から10月にかけて、国務院の国防工業弁公室はその名前は残すものの、軍隊内に編成替えされ、国務院と中央軍事委員会の指導を受けるも、軍事委員会の指導を主とすることとされた外、党中央に「中央宣伝部」が設けられ、党中央の国務院に所属する文化部、新華社、中央放送事業局、国家出版局、外文出版局、社会科学院に対す

---

(22) 同上書、159頁。なお、1981年3月第5期全国人民代表大会常務委員会第17回会議の決議にもとづき、国務院が直接財政経済を管理し、活動効率を高めるのに有利なように、国務院財政経済委員会は廃止された（同書、同頁）。1977年6月に設立された国務院財貿小組の活動は、多くが財政経済委員会によって行われるようになり、1982年5月第5期全国人民代表大会常務委員会第23回会議で承認された「国務院部・委員会機構改革実施法案」に基づき、国家経済委員会に統合された（同書、375～376頁）。
(23) 李鉄映『中国経済体制改革重大事件（上）』、中国人民大学出版社、2008年、109頁。その後1980年5月国務院に経済体制改革弁公室が設置され、82年5月4日第5期全国人民代表大会常務委員会第23回会議で承認された「国務院部・委員会機構改革実施法案」に基づき、国務院に国家経済体制改革委員会が設置される運びとなる。
(24) 同上書、54頁。
(25) 1956年国家技術委員会が設立され、58年科学技術委員会と国務院科学規画委員会が合併して科学技術委員会に編成替えされ、70年中国科学院に編入された（同上書、560～561頁）。

る具体的指導に協力することとされた。

　同年11月に出された「銀行活動の整頓と強化に関する規定」では、人民銀行は全国の貸付、決済及び現金業務の中心とされ、銀行活動の集中と統一を堅持して、その方向で十分に指揮し、政策と制度が十分に効果をあげられるよう銀行活動の系統を建設しなければならない。人民銀行の活動は、本行と省・市・自治区革命委員会の二重指導とし、業務上は本行の指導を主とし、統一政策、統一計画、統一制度、統一資金配分、統一貨幣発行を行う。党の活動と政治活動は地方の指導を主とする。「人民銀行本行」は国務院の部・委員会と同等の一級の単位として、財政部とは分離した独立単位とすることが定められた。

　1977年5月には、中国科学院哲学社会科学部は中国社会科学院と改められ、中国科学院と同等、部・委員会という一級単位に相当する地位とされた。

　1977年末までに、国務院には56の部門機構（31部・委員会、20直属機構、5事務機構）が設けられた[26]。

　1978年には、正常な政治経済関係の回復と新たな模索の中で、国務院機構の再編成がはかられた。今本書の課題との関連でみると、民生部、国務院僑務弁公室、国務院香港・マカオ弁公室、国家編成委員会が増設され、国家計画委員会からの国家経済委員会及び国家統計局の分離独立、農林部から国家林業総局、国家農墾総局、国家水産総局が国務院直属機構として分離独立、第四機械工業部から国家放送・テレビ工業総局が国務院直属機構として分離独立、軽工業部から紡織工業部が分離独立、商業部から中央工商行政管理総局が国務院直属機構として分離独立、石油化学工業部から石油工業部と化学工業部が分離独立、国家標準計量局から国家標準総局と国家計量総局が国務院直属機構として分離独立、従来外交部の指導下にあった中国旅行・遊覧事業

---

(26) 同上書、53～55頁。

図Ⅸ－2　1978年末における国務院の機構

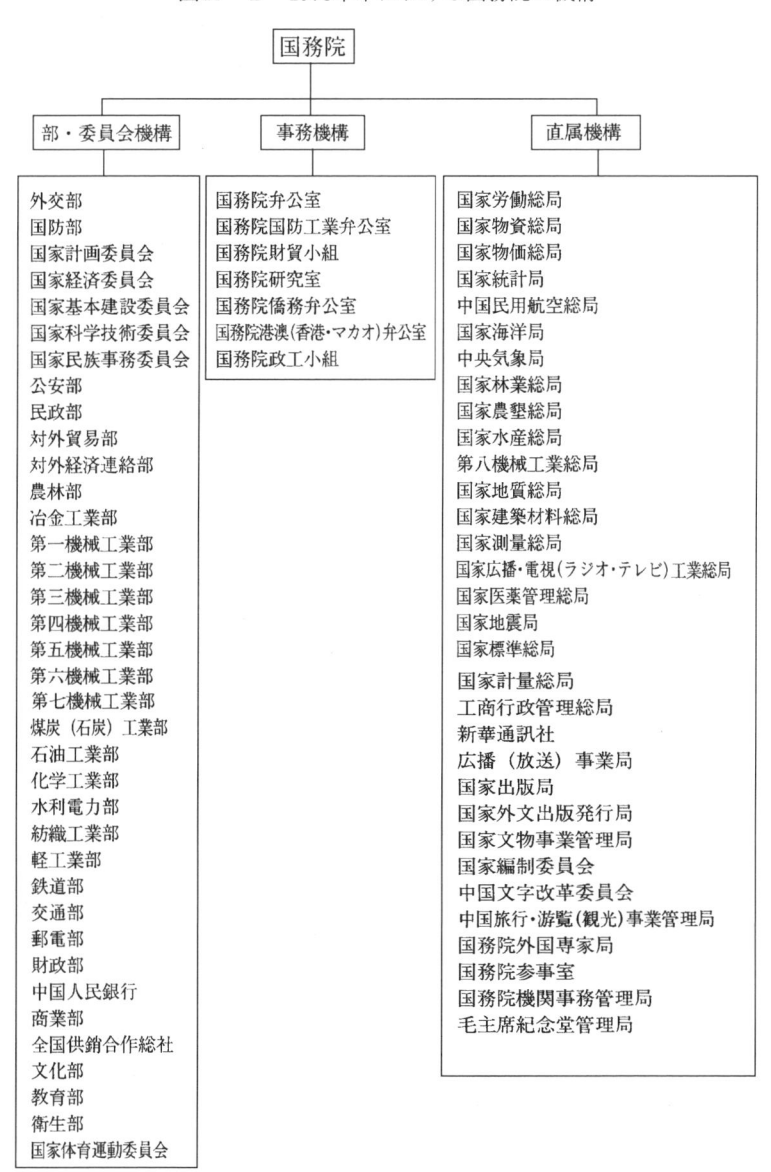

```
                          ┌─────────┐
                          │ 国務院  │
                          └────┬────┘
        ┌──────────────────────┼──────────────────────┐
  ┌───────────┐         ┌───────────┐          ┌───────────┐
  │部・委員会機構│         │ 事務機構  │          │ 直属機構  │
  └───────────┘         └───────────┘          └───────────┘
```

| 部・委員会機構 | 事務機構 | 直属機構 |
|---|---|---|
| 外交部 | 国務院弁公室 | 国家労働総局 |
| 国防部 | 国務院国防工業弁公室 | 国家物資総局 |
| 国家計画委員会 | 国務院財貿小組 | 国家物価総局 |
| 国家経済委員会 | 国務院研究室 | 国家統計局 |
| 国家基本建設委員会 | 国務院僑務弁公室 | 中国民用航空総局 |
| 国家科学技術委員会 | 国務院港澳(香港・マカオ)弁公室 | 国家海洋局 |
| 国家民族事務委員会 | 国務院政工小組 | 中央気象局 |
| 公安部 | | 国家林業総局 |
| 民政部 | | 国家農墾総局 |
| 対外貿易部 | | 国家水産総局 |
| 対外経済連絡部 | | 第八機械工業総局 |
| 農林部 | | 国家地質総局 |
| 冶金工業部 | | 国家建築材料総局 |
| 第一機械工業部 | | 国家測量総局 |
| 第二機械工業部 | | 国家広播・電視(ラジオ・テレビ)工業総局 |
| 第三機械工業部 | | 国家医薬管理総局 |
| 第四機械工業部 | | 国家地震局 |
| 第五機械工業部 | | 国家標準総局 |
| 第六機械工業部 | | 国家計量総局 |
| 第七機械工業部 | | 工商行政管理総局 |
| 煤炭(石炭)工業部 | | 新華通訊社 |
| 石油工業部 | | 広播(放送)事業局 |
| 化学工業部 | | 国家出版局 |
| 水利電力部 | | 国家外文出版発行局 |
| 紡織工業部 | | 国家文物事業管理局 |
| 軽工業部 | | 国家編制委員会 |
| 鉄道部 | | 中国文字改革委員会 |
| 交通部 | | 中国旅行・游覧(観光)事業管理局 |
| 郵電部 | | 国務院外国専家局 |
| 財政部 | | 国務院参事室 |
| 中国人民銀行 | | 国務院機関事務管理局 |
| 商業部 | | 毛主席紀念堂管理局 |
| 全国供銷合作総社 | | |
| 文化部 | | |
| 教育部 | | |
| 衛生部 | | |
| 国家体育運動委員会 | | |

出所：図Ⅸ－1と同一書、122頁。

管理局と外国専家局が国務院直属機構と改められ、国務院政治研究室が国務院研究室と改称、供銷合作総社（購買販売協同組合）を国務院の部門機構の序列に組み入れるなどである。1978年末までに、国務院には76の部門機構（37部・委員会、32直属機構、7事務機構）が設けられた[27]。

　この時期、プロレタリア文化大革命・"四人組"期における異常ともいえる国務院機構（それとても十全に正常に機能してはいなかった）は、先ずは正常化と、これにもとづく国内社会経済発展条件の醸成と、これに合わせた積極的対外経済政策（この内的関係が相互に正確に認識され、組織されていたか否かは別として）を推進すべく、漸次機構整備がはかられていった。しかし、依然として根底には戦争の危険性に対する認識が置かれていたから（すなわち世界戦争に備えた抗戦準備体制を敷いている必要性が有るということである）、従来の全体的体制の大枠はそのままの状態であった。

　国家計画委員会は本来の業務を回復していったが、1980年2月国務院弁公室が出した「関于国家計委的職責範囲和工作方法的通知」によると、国家計画委員会は国務院と財政経済委員会の統一指導の下に、各部門、各地方工作の基礎にもとづき、総合バランスに集中的に全力を尽くし、国民経済発展長期・中期・年度計画を策定し、特に中期計画（5ヵ年計画）の原案策定を重点的任務とする。上述の国家経済委員会、国家基本建設委員会、国家農業委員会、国家科学技術委員会、外国投資管理委員会、輸出入管理委員会、機械工業委員会が設けられたことをうけて、従来国家計画委員会が担当していた多くの任務は、これら委員会が分担して行う。それまで国家計画委員会が担当していた農業生産手段の分配は国家農業委員会に、外貨バランス・輸出入管理・加工組立弁公室の業務は輸出入管理委員会に移され、映画・テレビ工業弁公室は廃止された[28]。

---

(27) 同上書、55～62頁。
(28) 同上書、164～165頁、375～376頁。

国家経済委員会は、1978年4月第5期全国人民代表大会第1回会議の決定によって設立されたが、主要な任務は以下の通りである。

① 党中央の工業、交通工作に関する路線、方針、政策、実証研究を行い、その総括にもとづき、タイムリーに中央、国務院に状況を報告し、意見を提出する。

② "工業は大慶に学ぶ"という、また大慶式企業普及運動を組織的に展開する。

③ 工業、交通の年度生産計画を組織的に実行し、工業生産と交通運輸の配置を指揮する。

④ 工業管理と企業管理活動を取り仕切る。

⑤ 現有企業潜在力を掘り起こし、革新、改造、技術革新、新技術を押さえ、この面の活動を推進する。

⑥ 専門的分業と協業の原則に則り、工業の整頓、特に機械工業と関連部門を組織し、国民経済各部門に先進的技術の装備を提供する。

⑦ 工業による農業支援を組織的に行う。

国家物資総局は国家計画委員会によって代理管理されるが、年度計画の組織的実施のために、物資の配置は国家経済委員会の責任とする。

この時の国家経済委員会の内部機構は、弁公庁、調査研究室、"工業は大慶に学ぶ"弁公室、農業支援弁公室、生産総合局、生産調度局、軽工業局、交通局、燃料動力局、重工業局、機械局、技術局で構成されていたが、同年9月経済幹部教育局、職員・労働者教育弁公室が増設され、また国務院に口岸（通商港）指導小組が設置されたのにともない、国家経済委員会内に通商港弁公室が増設され、日常業務を取り仕切るようになった[29]。

1965年設置された国家基本建設委員会は、党第11期3中全会以後、

---

(29) 同上書、172頁。

党の基本方針が経済建設に移されたことを受け、79年2月国務院は、国家基本建設委員会の「国家機械設備プラント総局設立に関する申請報告」を批准し、第一機械工業部に属する機械設備プラント局を国家機械設備プラント総局と改め、国務院直属の国家の重点基本建設プロジェクトの設備プラント専門機構とし、国家基本建設委員会にこれを代理管理させ、国家基本建設の大規模な必要に応えるようにした[30]。

　1979年2月第5期全国人民代表大会第6回会議の決定にもとづき、農業活動全般に対する指導を強化するために、国家農業委員会が設立された[31]。

　対外開放の経済的意味からすれば、輸出入管理委員会と外国投資管理委員会の設置は重視されるべきことであろう。1979年7月30日第5期全国人民代表大会常務委員会第10回会議は、輸出入、外貨のバランス調整及び新技術導入に関する管理を強化するために、中華人民共和国輸出入管理委員会と、外国投資に関する管理を強化するために、中華人民共和国外国投資管理委員会を設立することが決定され[32]。この両委員会の下に、対外貿易部は対外経済貿易活動を推進する体制となっていた。貿易の計画管理は、当然ながら直接輸出入委員会の下に置かれる[33]。

　機械工業部門を統一的、組織的に指導するために、1980年2月国務院機械工業委員会が設立された。財政経済委員会の指導の下に、統一的に計画し、合理的に調整、軍民結合、分業と協業をはかり、機械工業部面において組織的に製品の標準化、共通化を推し進め、機械製品の質の向上（新製品、新技術の開発を含む）とプラント自給率を高め、

---

(30) 同上書、180頁。
(31) 同上書、373頁。
(32) 同上書、66頁、419～420頁、《当代中国》叢書編輯部編輯『当代中国対外貿易（上）』、当代中国出版社、1992年、84頁。国家輸出入管理委員会が設立されて以後、いくつかの省、市にも輸出入管理委員会或いは対外経済委員会等の対外経済貿易活動を主管する機構が設けられた（《当代中国》叢書編輯部編輯『当代中国対外貿易（上）』、当代中国出版社、1992年、89頁）。
(33) 詳細は後篇で触れる。

現代化を推し進めることを任務とする[34]。

## 第三節　プロレタリア文化大革命・"四人組"期の混乱収束直後からの対外経済貿易体制と党第11期3中全会後の新たな指向

### 1　大混乱期収束直後からの対外経済貿易計画管理体制と党第11期3中全会までの動き

(1) 1978年末の貿易計画管理体制

　先ずは、1978年12月の党第11期中央委員会第3回全体会議で新たな経済運営転換の方針が打ち出される直前の貿易体制をみることから始めよう。
　国務院の対外貿易部面の業務の統括任務を担当する対外貿易部は、国務院の指導の下に、全国の貿易を統一指導、管理し、国の貿易関連の方針と政策の確実な遂行をはかり、所属機構を組織的に動員して、貿易計画実現の任務に当たる。
　この時の対外貿易部の主要な任務は以下のようなものとされる。
① 　貿易計画編成を担当し、国務院の批准を経た後、所属機構を組織、監督して、その完成の任に当たる。
② 　対外貿易の基本法規の起草を担当し、国務院の批准を経た後、公布し、確実な執行をはかる。
③ 　政府の授権にもとづき、関連国家と経済貿易面での交渉に当たり、国家を代表して関連協定や議定書を締結する。
④ 　国営対外貿易企業の指導と管理を担当する。

---

[34] 同上書、69頁。

上述の任務を遂行するために、対外貿易部には下図のような行政機構が設けられていた[35]。

　第八章の図Ⅷ-1で掲げた1973年当時の対外貿易部の内部機構図と対照して目立つのは、78年12月の党第11期中央委員第3回会全体会議で新たな経済運営転換の方針が打ち出されるのに先行して、輸出貨源局が輸出局と輸出商品生産基地局に分けられ、特に輸出の拡大を支持する輸出商品生産基地局が設けられていることである。

　対外貿易の地方機構は、1957年以来この時期も省級（即ち省、直轄市、自治区）行政機構の対外貿易局であった[36]。この時期、地方の対外貿易局は各省、直轄市、自治区の革命委員会の組織部分とされ、対外貿易部と各省、直轄市、自治区の革命委員会の二重の指導を受ける仕組となっていた。

　対外貿易局の主要任務は以下の通りである。

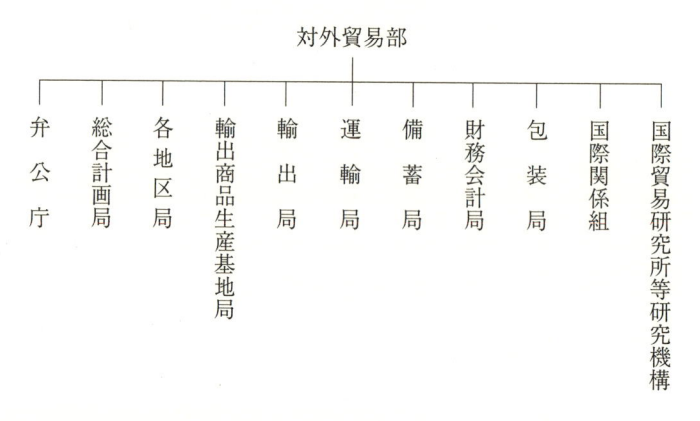

図Ⅸ-3　対外貿易部の内部機構（1978年11月頃）

対外貿易部
├─ 弁公庁
├─ 総合計画局
├─ 各地区局
├─ 輸出商品生産基地局
├─ 輸出局
├─ 運輸局
├─ 備蓄局
├─ 財務会計局
├─ 包装局
├─ 国際関係組
└─ 国際貿易研究所等研究機構

出所：経済導報編輯部『中国対外貿易及経営管理』、経済導報社出版、1978年、16～17頁より作成。

---

(35) 経済導報編輯部『中国対外貿易及経営管理』、経済導報社出版、1978年、16～17頁。
(36) 第二章、第五章参照。

①　各省、直轄市、自治区の対外貿易組織を指導、監督して、国の対外貿易の方針、政策、法令や指示の確実な執行、実行をはかる。
②　各省、直轄市、自治区の対外貿易企業組織の年計画、四半期計画を審査、編成し、その執行状況を監督、検査し、計画執行中に出てきた問題に対して協力、解決に当たる。
③　所轄地区の国営対外貿易企業を組織的にまとめ、輸出入商品の国内外の生産・販売状況の調査・研究、輸出貨源の組織化・開拓・発掘、輸出商品生産の支持、輸出商品基地の建設をはかる。
④　所轄地区の関連輸出入商品許可証発給を担当する。
⑤　所轄地区の関連輸出入商品の近距離輸送を担当する[37]。

対外貿易部は、傘下に輸出入を実際に実務担当する直属対外貿易専業公司をもつ。

図Ⅸ−4の中国対外貿易運輸総公司は商品の輸出入に携わる公司で

図Ⅸ−4　対外貿易部直属対外貿易専業総公司（1978年末）

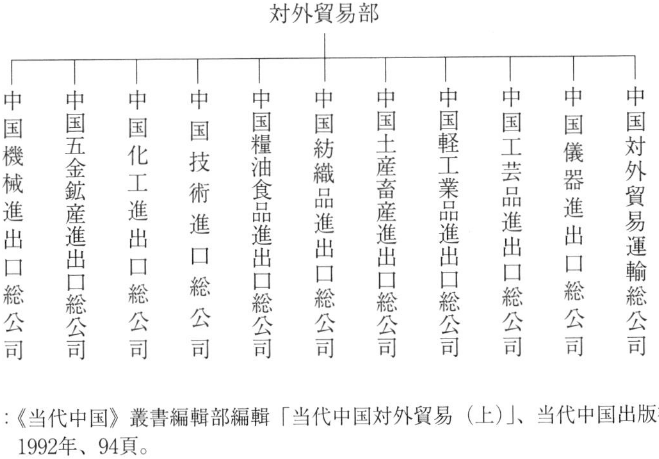

対外貿易部
├ 中国機械進出口総公司
├ 中国五金鉱産進出口総公司
├ 中国化工進出口総公司
├ 中国技術進出口総公司
├ 中国糧油食品進出口総公司
├ 中国紡織品進出口総公司
├ 中国土産畜産進出口総公司
├ 中国軽工業品進出口総公司
├ 中国工芸品進出口総公司
├ 中国儀器進出口総公司
└ 中国対外貿易運輸総公司

出所：《当代中国》叢書編輯部編輯「当代中国対外貿易（上）」、当代中国出版社、1992年、94頁。

---

[37] 前掲書、17頁。

はなく、輸出入商品の輸送の計画手配を担当する会社である。各々の対外貿易専業総公司は全国の各地に支店あるいは出張所を設けて、総公司を頂点とする系統的組織体制によって実務活動を行う仕組となっている。また、これら各総公司の多くは香港とマカオに代理商を置いている[38]。

(2) 大混乱期収束直後から党第11期3中全会までの時期における主要対外貿易奨励策

　大混乱収束直後から、対外貿易はまず混乱期以前の意味の旧来の体制下の正常な状態への回復と同時に、上段でも触れた1957年以来指向されたものの、中断されていた輸出振興への動きも再開された。
　① 農・副産品輸出奨励政策
　従来からとられていた[39]農・副産品、特に地方特産品の生産の発展と輸出向け販売奨励策が積極的に推し進められた。この政策は1961年に始められ、一部の外貨稼ぎのために効率のよい農・副産品の輸出を促進するため、農民に食料や化学肥料、農薬等を実物供給する見返りとして、輸出貨源を確保する政策である。やり方としては、対外貿易輸出入総公司が計画に入れ、対外貿易部が統一的に必要外貨を分配し

---

(38) 例えば、中国糧油食品進出口総公司は、香港代理商として五豊行、マカオ代理商として南光貿易公司を置いている。中国土産畜産進出口総公司は、香港代理商として徳信行有限公司、マカオ代理商として南光貿易公司を置いている。中国紡織品進出口総公司は、香港代理商として華潤公司、マカオ代理商として南光貿易公司を置いている（同上書、113頁、116頁、117～118頁）。
(39) 1961年から開始された。この政策は国内向けの増産奨励策と輸出向け増産販売奨励策に分けられるが、後者については、品目が漸次拡大され、その後漸次縮小され、奨励基準も引き下げられていく第一段階（1961～69年）、輸出農・副産品の奨励が取り消された第二段階（1970～72年）、1973年以後から開放にいたる第三段階に分けられる（譚慶豊・姚学聡・李樹森編著『外貿扶持生産実践』、中国対外経済貿易出版社、1984年、16～21頁。なお、同書には、1962～64年、65～68年、73年の具体的な品目、奨励基準の詳細な一覧表が掲載されている）。

て、輸入を手配し、対外貿易部門が直接分配し、決済する[40]。
　② "以進養出（輸入によって輸出をはかる）"政策
　建国以来の中国の対外貿易の基本方針は、当時の世界政治経済に対する基本認識から、中国は独立した、完全な工業体系の構築を目指し、国家統制型保護貿易主義を根幹としたものであったが、これには、この枠組内で工業化のために必要な輸入をおこなうために、外貨獲得をはかる輸出促進政策が組み込まれていた。50年代に"以進養出"業務を行ったことがあり、1957年の総輸出額の13％を占めた。また、60年代に同様の業務を行ったことがあり、1963年と64年のそれは総輸出額の30％を占めた[41]。70年代に入ってからの状況では、1977年の"以進養出"用の輸入用外貨は8億ドル、"以進養出"による外貨獲得額は17億7千6百万ドル、これによる輸出額は総輸出額の21.7％を占め、78年の"以進養出"用の輸入用外貨は10億5千万ドル、"以進養出"による外貨獲得額は21億4百万ドル、これによる輸出額は総輸出額の29.7％を占めた[42]。

　なお、1978年以前の段階で、補償貿易も行われていたようである。1978年初め国務院幹部が香港の視察を行い、加工貿易構想を中央に具申し、中央は試行してみることに同意した。これによって、新たに加工貿易加工賃によって外資投資設備の補償をおこなう加工貿易企業—珠海県香洲毛紡工場—が設立されるところとなった。1978年6月国家計画委員会が音頭を取って、関連部門、一部沿海部の省・市・自治区政府とともに、対外加工・組立業務に関する政策の制定を開始した。

---

(40) 《当代中国》叢書編輯部編輯『当代中国対外貿易（下）』、当代中国出版社、1992年、15頁、孫玉宗主編『対外経済貿易工作手冊』、中国財政経済出版社、1988年、499頁、呉鳴桐編著『対外貿易基礎知識概論』、対外貿易教育出版社、1986年、23～24頁。
(41) 《当代中国》叢書編輯部編輯『当代中国対外貿易（下）』、当代中国出版社、1992年、26～27頁。
(42) 譚慶豊・姚学聡・李樹森編著『外貿扶持生産実践』、中国対外経済貿易出版社、1984年、50頁。

同年7月国務院は「開展対外加工装配業務試行弁法」を発布した[43]。

③　貸付政策

1972年から、対外貿易部門は、銀行等の部門と輸出商品生産を支える貸付を、漸次復活、実行してきた。輸出製品を生産する鉱工業企業、農・副産物を生産する国営農牧場、集団所有制の社隊は、輸出商品生産を発展させるために、銀行から借り入れを行うことができる。「輸出工業品生産向け貸付」、「短期外貨貸付」、「導入国外技術設備組み込みプラント貸付」、農・副産物の生産を支えるための「輸出商品生産支援回転資金」、「農業貸付」等である。これらの資金は、統一資金計画、分級管理、用途目的に則して、貸付と回収を結合して、過大貸付を避ける形で管理された。

中国人民銀行が目的条件に合わせて、企業単位に対して「短中期設備貸付」の供与、日用消費財を中心とする軽工業・紡績・紡織工業発展に対する重点的支援などを与えるようになったのは、1979年からである。

④　外貨留成

従来中国では、基本的には外貨収入は国家に集中管理され、統一的にバランスを取り、統一経営し、統一分配使用するという方針が採られてきたが、地方、各部門、企業により多くの外貨稼ぎをさせるために、稼いだ外貨の額に応じて、地方、各部門、企業に一定の比率で外

---

(43) 筆者は偶々瀋志澄編著『国際加工貿易与補償貿易』、上海科学技術文献出版社、2002年付録に収録されている「開展対外加工装配和中小型補償貿易弁法」の前書で確認した次第である。1979年9月国務院は正式に「開展対外加工装配和中小型補償貿易弁法」を発布するが、実は前年12月に開催された改革・開放政策への一大転換を決定した党11期3中全会に先んじて、78年7月「開展対外加工装配業務試行弁法」を制定し、その後広東省、福建省、上海沿海部の省、市の発展の総括の上に立って、「開展対外加工装配和中小型補償貿易弁法」を制定したようだ。1978年7月に出された「開展対外加工装配業務試行弁法」は原文が入手できないので、内容はよくわからない。1979年9月に発布された「開展対外加工装配和中小型補償貿易弁法」本文はよく見かけるが、条文本文の前書は掲載されていない場合が多い。条文本文には前書が付されており、この点について明確に述べられている。

貨の使用枠を残す（外貨そのものを地方、各部門、企業が手許にもち、全く自由に使用できるというわけではなく、一部条件付きながら中央の集中使用を保留するということで、固有に分成とか、留成とかいう概念が使用される所以である）という方法を実行した。これが外貨留成と呼ばれるものである。地方、各部門、企業は国家の関連規定に基づき、留成外貨を支配、使用して、生産の発展、業務の拡大のために必要とされる物資の輸入の解決をはかることを目的とするとされる。

　この方法は1958年から地方に対して導入され[44]、67年まで続けられたが、68年からは地方の外貨の必要に応じて、外貨額度（枠）分配制に切り替えられた[45]。

　新たな貿易外貨及び非貿易外貨留成が打ち出されるのは、1979年8月3日国務院の『関于大力発展対外貿易増加外匯収入若干問題的規定通知』が出されてからである。

　⑤　その他の経済措置

　すでに上段で、対外貿易部門が銀行等の部門と輸出商品生産を支えるために設けた貸付の代表的なもの「輸出工業品生産向け貸付」、「短期外貨貸付」、「導入国外技術設備組み込みプラント貸付」、農・副産物の生産を支えるための「輸出商品生産支援回転資金」、「農業貸付」等については触れたので、ここでは「輸出商品生産基地、輸出商品専門工場支援外貨」、「輸出製品生産措置投資」、「輸出商品科学研究費」について、一瞥しておこう。

　　(a)　輸出商品生産基地、輸出商品専門工場支援外貨

　1960年対外貿易部には生産基地局が設立され、国家は専用の資金を供給した。海南島の"五料（油料、香料、原料、飲料、調味料）"生産基地、渤海開拓区生産基地、河南豚生産基地等いくつかの生産基地が建設された。70年代初期周恩来の提唱に応じて、国務院は1973年「出口農副産品生産基地和輸出工業品専廠的試行弁法」を制定し、同年広

---

(44)　第四章参照。当時の呼び方では所謂"外匯分成"である。
(45)　呉巍・宋公平編著『中国匯外管理』、中国金融出版社、1991年、246頁。

東省仏山に輸出商品生産綜合基地が建設された[46]。

　この資金は、以下のような目的に使用される。

・輸出商品生産基地の建設の支援
・化学肥料、食糧輸入による農・副産品の栽培・養殖業の支援
・木材、鋼材の輸入による畜舎、栽培ハウス、真珠養殖設備の建設支援
・優良品種の導入
・機械設備輸入による輸出基地プラントの完備
・工業品生産工場と工（農）貿共同経営生産の企業の支援（主として先進技術設備導入による企業の技術改造と設備更新をはかることを目指す）
・その他の輸出製品生産企業の設備・技術導入による製品の品質の向上と製品の高度化

　この資金による最初の輸出商品生産綜合基地は、上述のように1973年広東省仏山に建設された。これには中央の外貨が割り当てられた。その後、1976年までに8輸出商品総合基地が建設され、その後拡大されていった[47]。

　(b)　輸出製品生産措置投資

　1973年から設けられ、73～75年までは国家基本建設投資プロジェクトとして配分され、76年以後は財政部が毎年国家財政から「更新改造資金」の特定プロジェクトとして配分するようになった。支援プロジェクトは、対外貿易部が国際市場の情況にもとづき立案し、国家計画委員会と経済委員会の審査・批准を経て下達する。この投資は、直接鉱工業製品、農・副産品加工品輸出及び輸出サービス機能設備整備と結びついたプロジェクトを支援するための投資（原材料、エネルギー

---

(46) 劉向東主編『中国対外経済貿易政策指南』、経済管理出版社、1993年、338～339頁。

(47) 譚慶豊・姚学聡・李樹森編著『外貿扶持生産実践』、中国対外経済貿易出版社、1984年、118頁、121頁、呉鳴桐編著『対外貿易基礎知識概論』、対外貿易教育出版社、1986年、42頁。

などは供給可能であっても、生産部門や地方として製品輸出プロジェクトとして投資予算が組めないようなものも対象となる）で、輸出商品の生産及び加工を行う全人民所有制企業が対象とされる。

この資金は1973年には9,485万元、74年には1億1,166万元、75年1億5,951万元、76年7千2百万元、77年3千万元、78年1億元が、それぞれ配分された[48]。

(c) 輸出商品科学研究費

1979年以前には、対外貿易に関しては、輸出用新商品の試作費は設けられてはいたが、生産単位が輸出用新商品や農・副産品を試作するのを補助するというに止まっていた。1980年以後、国家科学委員会は貿易用商品にたいする科学研究費を計上し、配分を行う動きに出る[49]。

---

(48) 譚慶豊・姚学聡・李樹森編著『外貿扶持生産実践』、中国対外経済貿易出版社、1984年、111～112頁。
(49) 同上書、115頁。

## 補論　輸出促進と価格体系、税制問題

### (1)　貿易商品買付価格に内包される問題

　輸出商品の供給は、主として商業部門、供銷合作社（購買販売協同組合）、生産部門によって行われるが、対外貿易部門はこれら商品供給部門から輸出商品を買い付ける。この場合の価格は貿易商品買付価格と呼ばれる。この貿易商品買付価格の管理のために、国務院は1965年「関于供応出口商品統一作価的暫行規定」を設け、66年から施行した。輸出商品の価格は国内販売価格を基礎とし、同質のものは同一価格、質によって価格を協議決定する。統一計画と分級管理の原則に照らして、工業企業によって直接輸出用に供給される場合には、工場出荷価格によって価格を定める。これが従来のやり方であった。
　問題は、国内での価格設定の構造的内容である。
　中国は封鎖的内向型経済建設方式を選択したことから、主として経済建設の基礎を国内蓄積に求めたために、国内価格の体系は、第一次産品価格、原材料価格が低くおさえられ、工業品価格が高いという構造になっている。言い換えれば、多くの商品は実質生産費と販売価格が乖離したものとなっていた[50]。しかも、封鎖的内向型経済建設方式を採用する場合、中国が最も必要とする機械、設備を安く輸入するためには、人民元為替レートを高く設定するということになる。
　このような状況の下においては、以下のような問題が発生する。
　① いくつかの輸出工業品は国内工業利潤が大きい、あるいは税率が高いため、輸出赤字が大きくなり、貿易部門は輸出拡大すればするほど赤字が拡大する。

---

(50) 田軍『論我国的価格改革』、中国経済出版社、1985年、3〜5頁。

②　いくつかの輸出商品は、国内原料、燃料が高いと、工業部門は薄利、または赤字となり、生産増加によって、輸出向けに商品を供給したがらなくなる。
③　農村における市場の自由化によっては、価格の上昇に合わせて高値で買い付けると採算が取れず、輸出商品を買い付けることができにくくなる[51]。

1977年農・副産品買付価格が引き上げられたが、これにともなって、農・副産品を原料とする工業品の価格も引き上げられ、多くの商品、特に工業品で輸出赤字が発生した。軽工業品、紡績・紡織品、機械製品の輸出コスト上では、貿易内部清算レートで計算しても1ドル当たり数毛の赤字が出る事態となり、輸出すれば輸出するほど赤字が出るという仕組となっていた[52]。

上述の事情から、1979年輸出商品の価格に対して対応策が講じられるところとなった[53]。

(2)　税制上の問題

輸出の奨励と関係が出るのは工商税と関税であるが、課税構造も輸出商品生産の発展ために適した形になっていなかった。

工商税は、工業と商業の経営（工業生産、交通・運輸、農産品買付、輸出入貿易、商業経営、サービス業）に従事するすべての単位と個人に対して、その製品の販売収入、サービス収入、買い付ける支払金額に応じて課される税金（価値計算にもとづく）である。したがって、工商税は商品価格と企業利潤と直接関係する。輸出振興のための輸出商品に対する減税あるいは免税は、納税主体と課税対象者に対して、奨

---

[51] 譚慶豊・学聡・李樹森編著『外貿扶持生産実践』、中国対外経済貿易出版社、1984年、54頁。
[52] 同上書、55頁。
[53] 同上書、54頁。

励と優遇という特殊規定として行われことになるが、この措置は1980年の「関于進出口商品征税工商税的弁法」によって具体化される[54]。

改革・開放政策に転ずる前までの時期における関税の基本的な性格と関税率については、第一章で述べた。第一次関税法税則が制定された後も、中国の経済発展状況の変化にともなって、改革・開放政策に転ずる前までに関税率は19回調整されてきたが、基本的性格は維持された。改革・開放政策に転じて以後の関税率の調整は、1980年から始められるが、本格的な調整は82年からである。

## 2 党第11期3中全会後の新たな動き
—外貨獲得と経済発展の結合へ—

(1) 対外経済貿易体制改革の当面の枠組

党第11期3中全会後、1979年4月中央工作会議にかけられ、同8月3日国務院が正式に下達した「関于大力発展対外貿易増加外匯収入若干問題的規定通知」（略称"十五条"と呼ばれる）の中で、貿易の発展によって外貨収入の増加をはかるために、一部貿易体制改革の内容を盛り込み、当面の緊急課題に対して、各方面の積極性を動員するための措置が打ち出された。これまで、この「通知」の大要は他の文献でふれられることはあったが、その全文の内容は知る由もなかったが、この度筆者はその全文を入手する機会を得たので、その後の動きをみる上で極めて重要な位置に立つと思われるその内容について、わずらわしさを厭わず、いささか詳細に立ち入って示しておきたい。

　① 輸出商品の分級管理を実行し、地方の経営の範囲を拡大する。
　② 商品の対外販売の組織に力を入れ、国家輸出外貨獲得計画を達

---

[54] 《当代中国的経済管理》編輯部編『中華人民共和国経済管理大事記』、1987年、409頁。

成する。

　各地方、生産企業、輸出貨源供給単位に下達された任務を確実に達成する。生産企業、輸出貨源供給単位は対外貿易単位と契約を結び、確実に任務を履行する。取り止められていた"五先"（国家計画の範囲内で、輸出任務優先、輸出向け生産優先、輸出向け原材料・エネルギー・包装物品供給優先、輸出向け買付優先、輸出向け運輸優先）原則を復活する。

　③　技術と設備の導入活動を強化する。

　各部門は国務院の批准を経て、一般的レベルでは独自に対外交渉できる。交渉に当たっては、関連部門が共同で交渉組を作り、統一して対外交渉にあたる。技術導入については機械・科学研究・設計など専門部門が当たり、商務については対外貿易部が当たるなどである。技術・設備の導入については、合作生産とか支払（信用供与等）条件等も考慮の条件である。また、外国借款を利用するような場合は、十分な検討が必要である。地方が地方の外貨によって、技術・設備、合作生産、合弁企業、補償貿易をやるような場合は、各省・市・自治区人民政府が批准権をもつ。関連原材料・エネルギーについては、国家レベルで統一バランスをとる必要上、事前に国務院あるいは関連主管部門の批准を経てから、対外契約を行う必要がある。銀行借入によって導入するプロジェクトは、償還期間は当該製品の輸出を優先し、利潤上納を免除し、税についても免税扱いとする。なお、大型補償貿易とか合弁企業プロジェクト、石油開発などは別途の弁法による。

　④　独立採算、損益自己負担の専業対外貿易公司を作る。

　各省・市・自治区は専業対外貿易公司を作り、地方商品あるいは特殊商品の輸出、本地区の輸入をすることができる。別途独立対外貿易公司を立ち上げることなく、従来の対外貿易公司の分公司（支店）をそのままの形で、地方の輸出入業務をやらせてもよい。ただし、この業務は地方の独立採算、損益自己負担とする。特殊商品については、条件のあるところでは工業と貿易を結合した対外貿易公司を設立し、

生産、供給、販売を統一一体的に管理してもよい。国務院の関連部門は、批准を経て当該部門の輸出成果の向上、組織的集荷を首尾よく行うために、輸出商品供給公司を設立することができる。また、条件があれば批准を経て、工貿結合、農貿結合輸出入公司を設けてもよい。これら公司は、原則的には主管部門と対外貿易部の二重指導とし、職責の範囲は、経営体制とか対外貿易部の各公司との間の具体的関係如何による。

⑤　対外貿易通商港を増加し、その分業を調整する。

貿易通商港は、その業務における直接商談、成約、貨物授受ができる。また、通商活動を強化するために、港湾建設を行うことができる。条件のあるところでは、批准を経て、新たに通商港を開設してもよい。現行の通商港の分業が不合理な場合は、これを調整し、通商港設立地区は、当該地区で生産される輸出商品の輸出をし、地方外貨と留成外貨を使って輸入を行うことができる。現有の通商港は内陸部の港湾と運輸、倉庫、決済などの業務で積極的に協力しなければならない。

⑥　輸出販路を拡大し、輸出商品構造を漸次改善する。

各地の特性に合った特有の輸出産品を育て、各部門（軍事工業も含む）は、それぞれの輸出向け製品の生産を拡大する。農・副・地方特産品の組織的輸出拡大、工業品及び伝統的商品の輸出の拡大とともに、輸出新商品の発展をはかる。中国の労働資源を生かした輸出製品の拡大とともに、高度加工品輸出の比率の引き上げ、品種拡大、品質向上、包装の改善、広告・宣伝活動の強化をはかる。北京市、天津市、上海市、広東省、江蘇省、浙江省、山東省、遼寧省などでは、高度精密製品の発展に向けて、具体的計画を打ち出し、強力な措置をとる。これらの地域では、機械・電気・電子製品、プラント、化学工業品に力を入れ、技術的に先進的で生産の発展した、競争力を備えた輸出基地を形成する。新製品の輸出を奨励するために、輸出供給する製品の高度化が進み、獲得外貨が多く、外国で引き合いの高い商品を生産した企業には、精神的、物的奨励を行う。

⑦　生産企業が貿易する権限を拡大する。

　条件のある企業は、すべて積極的に輸出生産を発展させ、貿易活動に参加すべきである（貿易部門の組織化で商談に参加、国外視察・販促活動、技術交流・生産と貿易の結合のために批准を経た外国商の招請・商談）。輸出工業品専門工場、工場内輸出商品生産部門、農・副産品輸出基地を振興する。各地区、各部門は、傘下の生産単位に対し技術改造を進めて、輸出商品生産発展の柱とし、財政・融資、物資、技術上これらに対して支持を与える。

　⑧　商品の対外販売の組織に力を入れる。

　組織的に多くの輸出機会を設け、対外貿易公司の外国駐在機構・外国代理商の設立、外国市場の調査・研究の強化等

　⑨　貿易と非貿易の外貨留成を実行し、増加する。後篇で詳細に触れる。

　⑩　"以進養出"物資に対して、優遇税制を実行する。

　輸入加工貿易（進料加工）、委託加工貿易（来料加工）、組立貿易（装配貿易）、補償貿易、観光事業用輸入[55]については、一定の期間にわたって適度に関税免除をする。具体的やり方は、別途財政部、対外貿易部が定める。

　⑪　輸出外貨清算法と兌換為替レートを改める。後の（４）為替管理の部分で触れる。

　⑫　審査・批准手続の簡略化を進める。

　省・市・自治区が加工・組立貿易、補償貿易、合弁企業設立、技術・設備導入をするに当たって、中央で原材料配分増加が必要な場合（輸入加工貿易も含む）、エネルギーや外貨バランスに影響が出る場合、外国市場における数量割当に影響が出る場合、使用外貨が百万ド

---

(55) 輸入加工貿易（進料加工）、委託加工貿易（来料加工）、組立貿易（装配貿易）、補償貿易などの内容については、後篇で説明するが、ご関心の向きは、差し当たり拙著『中国の対外貿易論と戦略政策』、溪水社、2006年、256～261頁を参照されたい。

399

ルを超える場合は、国務院の関連部門の批准を要する。上記の問題に触れず、使用外貨が百万ドル以下の場合は、省・市・自治区人民政府が決定し、国務院関連部門に報告するだけでよい。

⑬　企業の対外進出を進める。

省・市・自治区で条件のあるところでは、対外投資による企業活動をすることができる（具体的な例としては、飲食業、ホテル、商業、技術サービス、建設など、さらに労務輸出など）。これらによって得た外貨による利益は事業開始から3年内は、原則的には地方のものとして使用できる。外国における個人労務外貨所得送金については、華僑送金と同様に扱い、華僑送金の外貨留成比率と同一とする[56]。

⑭　輸出特区を試験的に実行する。

愛国華僑、香港・マカオ同胞の祖国社会主義建設参加の積極的を発揚し、彼らの資金、技術・設備を有効に利用して、輸出生産を発展させるために、沿海部の条件のある省、市では、華僑、香港・マカオの投資実業家の投資地域として、一定の区画を区切って独自に管理運営する（深圳、珠海、汕頭、廈門、上海崇明島等）。深圳、珠海を先行試行する。その他の条件のある省、市では華僑投資公司を設立して、建設資金を導入し、当該地区の経済発展を進める。輸出特区では、国の政策、法令によって、華僑、香港・マカオの投資実業家が直接投資して工場を設立するのを許可する。また、ある程度外国の投資実業家が投資して工場を設立するとか、地方と合弁企業を設立するのを認め、地方が外資利用によって当該都市の建設を進めることを許可する。輸出特区の生産企業は国際市場向けに生産を組織し、輸出専門製品を生産し、国に税収上の貢献をはかる。

---

(56) 後に90年代後期から"走出去"戦略として大きく位置づけられるようになるが、端緒的にはこの段階で触れられている。本格的には後篇で述べるが、ご関心の向きは、差し当たり拙稿「中国"走出去"戦略の持つ意味」『広島経済大学創立四十周年記念論文集』、2007年、「中国"走出去"戦略推進に向けての管理・奨励政策」、『岡山大学経済学会雑誌』第39巻第4号、2008年を参照されたい。

⑮　広東省と福建省両省の有利な条件を十分に発揮させる。

両省は香港、マカオに近接し、華僑も多く、対外貿易上の有利な条件を充分に発揮させ、両省に対して特殊政策と機動的な活動ができるようにな別途措置を講ずる[57]。

1979年7月広東省と福建省に対する特殊政策が、党中央と国務院の批准を得て以後、北京、天津、上海三市への貿易計画管理権の下放、沿海九省・市・自治区の貿易計画管理権の下放への指向が続く。

同年8月からは、大枠以下のような形で貿易体制が組織されていった。中央管理商品の輸出は、対外貿易部の専業対外貿易公司がこれを担当することとするが、いくつかの商品は、国務院の批准を経て、関連部門が輸出経営を行ってもよい。地方管理商品は条件のある地区では、地方が輸出経営をし、地方輸出経営商品の範囲を漸次拡大していく。地方の輸出計画と地方外貨による輸入、外国視察から成約までの外貨清算は、すべて地方が責任を負うものとする[58]。地方輸出計画とは別に、国全体の輸出貨源供給と外貨獲得計画は、対外貿易部が直接一括各地方と貨源供給企業に下達する[59]。こういった形での貿易の組織化である。

こういった貿易の組織化を矛盾なく進めていくためには、貿易経営主体と輸出入商品の種別区分との関係を、目的に合わせて合理的に体系づけておかなければならないという課題が出てくる。輸出入商品の分類経営の組織化の課題が、引き続いて取り組まれることになる。

また、輸出入商品に対する許可証管理制度も再構築しなければならなくなる。

---

(57)「関于大力発展対外貿易増加外匯収入若干問題的規定通知」、教育部人文社会科学重点研究基地深圳大学中国経済特区研究中心編 鐘堅・郭茂佳・鐘若愚主編『中国経済特区文献資料（第1輯）』、社会科学文献出版社、2010年、12〜17頁。
(58) 同上「通知」第1項、同上書、12頁。飽くまでも、対外政策と対外貿易計画は対外貿易部が統一的に掌握、研究調査し、地方と各部門との調整を行い、全国貿易活動の指導を強化する。
(59) 張天栄・肖冬連・王年一主編『中国改革大詞典』、中国国際広播出版社、1992年、23頁。

第六章でみたように、1956年以降、私営輸出入商に対する社会主義的改造が基本的に完了し、中国の対外貿易は、すべて国家計画にもとづき、国営対外貿易専業総公司及びその分支機構のみが、基本的には国家の指令性計画にもとづいておこなうということになっていたから、個別経済主体（貿易公司）が自己の独自の経営にもとづく貿易を行うことはないということであるので、計画遂行主体以外の経済主体から、独自の輸出入を意図する申請が出てくるということはない。したがって、これ以後は、輸出入に関する許可証管理の意味はほとんどなくなったということになる。これに合わせて、1959年からは各対外貿易専業総公司及びその分支機構の輸出入貨物は、対外貿易部の下達した積荷明細書あるいは通知をもって輸出入許可証として処理することになっていた。

　上に見てきたように、貿易が独自の地方計画にもとづき遂行されるようになると、地方の貿易もそれ自体地方計画として行うから、内的な矛盾はないとしても、国全体の貿易遂行の枠組と齟齬が生じてくる可能性が出てくることになり、輸出入商品に対する許可証管理制度も再構築を要するという課題が出てくることになる。

　対外貿易企業の設立認可と管理については、すでに述べたように、1979年7月輸出入管理委員会が設立され、輸出入管理委員会は対外貿易部の上位に置かれていたから、当時は対外貿易企業の設立認可、管理についても最終的には輸出入管理委員会が責任を負う形となっていた。1979年上半期以前には、中国で対外貿易業務に携わる所謂対外貿易企業は132あるに過ぎなかった[60]（1978年末には対外貿易専業総公司は11社、その支店・出先機構は必ずしも固定した数というわけにはいかないが、合わせて130余といわれている[61]）。地方に貿易計画管理権が下放さ

---

(60) 劉向東主編『中国対外経済貿易政策指南』、経済管理出版社、1993年、122頁（不完全な統計と注記されている）。
(61) 《当代中国》叢書編輯部編輯『当代中国対外貿易（上）』、当代中国出版社、1992年、94頁（不完全な統計と注記されている）。

れ、貿易の振興が目指されるようになると、従来の貿易の国家独占制下の少数の輸出入専業公司の創設と管理のあり方の改革が要請されてくるようになる。

　1979年下半期から、広東省と福建省に対して特殊政策と機動的活性化措置がとられ、両省の対外貿易企業の審査・批准権限が拡大され、生産と販売の結合、工業と貿易の結合、国内商業と対外貿易の結合の原則に照らして、両省は、省内の対外貿易経営を自主的に進め、省所属対外貿易公司の設立を批准し、地方商品の輸出入業務を行うことができるようになった。さらにこの時期、中央政府は、各地方が中央の批准を経て、対外貿易専業公司を設立して、省内の輸出入業務をおこない、いくつかの特殊商品（例えば、絹織物等）の輸出向けに、条件のあるところでは農工貿専業公司を設立し、生産、供給、販売を統一的に管理できるようにした[62]。また、これまで対外貿易専業総公司が独占的に取り扱っていた商品の一部については、国家の関連部門（工業部門とか農業部門等）が、批准を経て、輸出供給公司を作ることもできるようにした。さらにまた、国家の関連部門は、条件のあるところでは、工貿結合、農貿結合の輸出公司或いは輸出入公司を設立して、従来の独占的経営を分散させ、これら部門産品・製品の輸出開拓への道を開いた。さらにこれら公司は、製品マーチャンダイジング、プラント設計、技術輸出（これらはサービス輸出である）、外国企業との輸出向け合作生産、労務輸出などもできるようになった。生産企業の積極性を引き出し、生産と販売の結合の強化を推し進めるために、条件のある企業では、関連部門の組織の下に貿易商談に参加、外国視察、マーケティング活動にも参加、批准を経て外国のバイヤーを招聘できるようにした[63]。

---

(62) 加工地区と原料産地との連合経営公司を組織するなどである（《中国対外貿易経済概論》編写組編『中国対外貿易経済概論』、中国財政経済出版社、1980年、112頁）。
(63) 《当代中国》叢書編輯部編輯『当代中国対外貿易（上）』、当代中国出版社、1992年、95頁、《中国対外貿易経済概論》編写組編『中国対外貿易経済概論』、

(2) 貿易企業管理

　改革・開放政策が始まった端緒期の貿易企業のトップ（社長、中国語では総経理と呼ばれる）の、企業の運営管理上における統率・指揮体制の改革について一瞥しておこう。
　建国から1956年までの時期は、全国的に統一的な指導体制は確立されていなかった。地域によっては、党委員会指導の下での総経理責任制が実行されていた。1953年から、多くの国営企業では総経理が運営管理に責任を負い、企業の党組織はこの確実な遂行を支え、監督するという体制がとられていた。これは運営管理上の無責任現象を克服し、集中的な統一的方式を強化するために効果を発揮した。しかし、この中でいくつかの企業で、総経理の独断専行現象が現れ、党の指導と民主的管理が弱化する傾向が出てきた。一方で、多くの総経理は党の集団指導の原則に反するのではないかと慮り、職権を十分に行使しなかったため、党委員会がずっと運営管理を一手にやるという状態が続いた。これは中国で長期にわたる革命の中で形成されてきた党の一元的指導の伝統的観念が影響したものと考えられる。
　1956年党第8回全国代表大会の決定によって、これ以後対外貿易企業の指導体制は、党委員会指導下の総経理責任制が推し進められていくことになる。同時に、党委員会指導下の職員・労働者代表大会制度が導入される。これは、職員・労働者が企業管理と監督に参加する企業管理運営の権力機構として位置づけされる。この体制は一定の意義をもったが、党第8回全国代表大会以後、特に"大躍進"期には、党の一元化指導が過度に強化されるところとなり、委員会書記が陣頭に立ち、党と管理運営が一体化され、党が管理運営を行う書記単独責任制と化してしまった。プロレタリア文化大革命・"四人組"の時期に

---

　中国財政経済出版社、1980年、112頁。

は企業の指導体制は破壊され、総経理の統率・指揮権は取り消され、無政府的な状況となった。企業は革命委員会の一元的指導体制となり、すべての企業の規則・規定は否定された。この時期の後期には党委員会は復活されたが、党の一元的指導が強調され、政治と企業の運営管理は一体化した形(所謂政企合一である)のものとなり、党委員会書記が革命委員会書記を兼任し、総経理をトップとする運営管理上の統率・指揮体制は破壊された。党委員会は企業の多くの運営管理を一手にやるということになり、実質上党の指導自体が弱体化する結果を招いた。

1978年の党第11期3中全会以後、企業の指導体制の改革に手が付けられるようになり、「党委員会集団指導、職員・労働者民主管理、総経理経営管理指揮」の原則が提起された[64]。

(3) 外資利用

1978年中国は直物為替による支払方式で22のプロジェクトを契約し、プラント設備と技術導入をおこない、その額は78億ドルに達した様子で、実行の過程で困難が生じた。このため、中国銀行を通じて直物で外資75億ドル借り入れて対処した。実際には、中国銀行は輸出側取引銀行からの輸入信用に頼らざるを得なかった[65]。1978年の党第11期3中全会以後、外資利用は国家政策として取り上げられるようになり、外資利用方式も多様化し、規模も拡大した。この時期における外資利用は、大別2つに分かれる。一つは借款である。今一つは外資直接投資である。前者は外国政府や国際金融機構からの中長期・中低利による借款、援助的性格の無利息の借款、商業ベースの借款、各種の

---

(64) 《対外貿易企業管理》編写組編『対外貿易企業管理』、対外貿易教育出版社、1988年、109〜111頁。
(65) 王紹熙・王寿椿・許煜編『中国対外貿易概論』、対外貿易教育出版社、1990年、111〜112頁。上述した"洋躍進"発動によるものである。

開発基金などである。これらは主として、輸入、技術導入、特にエネルギー、交通等の基本施設建設に利用された。後者は合弁経営、合作経営等の形の外資利用である。これは主として、中小型企業の設備拡張や改造に利用され、一部新規企業の建設にも利用された[66]。

　外資の導入は、上に述べたように、1979年7月1日に設置された財政経済委員会の下に設けられた外国投資管理委員会の下で、対外貿易部の業務担当部門が、外国投資管理の業務を推進する体制となっていた。

(4)　為替管理

　①　管理機構の改革
　中国のこれまでの外国為替管理及び管理機構について、ここで要約的に述べるとすれば、管理機構としては、対外貿易部（貿易関連の部分）、財政部（中央部所属の非貿易部分）、中国人民銀行（地方機関と地方企業及び私人の部分、人民元レートの制定と公布、収支監督と業務執行、外国為替準備の管理、外国為替指定銀行の管理等々）が共同で管理する体制となっていた。当然ながら、全面的に指令性計画管理を実行する形となっていた。すべての外国為替は必ず国家に売り渡されなければならないとされ、また、外国為替の分配と使用は、国家計画委員会によって統一的に計画配分される。外国為替管理とバランスは、行政的手段によって行われる。外貨資金と人民元資金は別々に分けて、人民元資金管理は中国人民銀行、外貨資金管理は中国銀行が担当する[67]。
　中国の為替管理は集中管理、統一使用ということであったが、管理は計画遂行のそれぞれの系統ごとに行われるというシステムとなっており、統一的な専門の機関は設けられていなかった。指令性計画方式のやり方からみれば、それはそれでそれなりの合理的システムであっ

---

(66)　同上書、112頁。
(67)　第四章参照。

第九章　プロレタリア文化大革命・"四人組"期の混乱収束から改革・開放政策への転回過程における対外経済貿易体制の再編

たともいえる。しかし、新たな改革への指向の中で、外国為替の関連する範囲が広がるとともに、量的にも為替業務が多くなった上に、従来の計画遂行システム系統の枠組から食み出す部分（従来の"条块"組織系統外のものと、組織的には"条块"組織系統ではあるが、所謂計画指標外のものがある）も出てくるようになり、従来の系統的管理では全体的掌握と管理ができにくくなるので、この段階で従来の枠組を完全に改めるというわけではないが、従来の枠組の部分に新たな部分をも加えて、為替管理を全体的に押さえる必要が出てくる。

1979年3月13日国務院が、中国人民銀行がまとめた改革案「関于改革中国銀行体制的請示報告」を批准したのを承けて、外国為替を統一管理し、外貨収支の計画バランスと検査・監督をきちんと行うために、国家外国為替管理総局が新設された。国務院はこの段階で、中国銀行を中国人民銀行から分離して中国銀行（名称は変わらないが）とし、同時にこの中国銀行を国家外国為替管理総局とし、対外的に2つの看板をもたせて業務を行わせることとした。国家外国為替管理総局は国務院の直属指導下に入れられ、中国人民銀行が代理管理するという仕組となった[68]。

②　新たな為替レート設定への指向

従来の貿易商品の価格設定方式、人民元為替レートとそれに纏わる問題点については、第七章ですでに触れた。新たな方向転換と従来の内在的問題点を踏まえて、上述の国務院が発した「関于大力発展対外貿易増加外匯収入若干問題的規定通知」の中で、新しい方向にむけての改革の一つとして、輸出外貨清算法と公定兌換為替レートの設定を改める方針が打ち出された。その背景となっている構造的事情の詳細と、その後のこの面での新たな模索については、後篇で述べることにする[69]。ここでは差し当たり、「通知」の中で打ち出されている内

---

(68) 蘇尚堯主編『中華人民共和国中央政府機構・1949-1990年』、経済科学出版社、1993年、435頁。詳細は後篇で述べる。
(69) すでに第四章で触れたように、1972年4月15日に、52年に停止された人民元

容を見ておこう。

これによると、上述の問題を考慮し、新たな方法が行われるまでは、商品輸出の決済は、全国の輸出商品の平均外貨転換コスト（この時点では1ドル＝2.5元）で計算し、銀行は公定兌換為替レートで人民元を売るが、その差額部分は対外貿易部が補填する。商品によってさらに赤字が出る場合、対外貿易部の同意を経て、一定の期間、一定の額度の範囲内で斟酌補填する。現行の銀行の公定為替レートである1ドル＝1.58元は輸出にとっては不合理であり、今後切り下げを検討し、国際金融市場の状況を見ながら、調整を行なう必要がある[70]。

(5) 税関機構の再構築と関税の調整

① 中華人民共和国税関総署

すでに第五章で述べたように、1960年11月国務院の批准を経て、従来対外貿易部の一組織となっていた税関総署は、税関管理局と改められ、各地の税関は地方に下放され、地方の指導を主として、対外貿易部と二重指導する体制となっていた。ここでの主要任務は、計画に合わせた貿易の確実な執行であった。しかし、すでに述べてきたような地方経営単位や個別経営単位の中央計画と相対的に切り離された自立的な経営が登場するということになり、新しい貿易体制の要請に応え

---

の対米ドル為替レートが新たに建てられ、前後して71年と73年に2度切り上げられ、1ドル＝2.4618元から、80年7月には1ドル＝1.4480元まで上がるところとなった（国家外匯管理局編『匯價手冊』、中国金融出版社、1986年、3頁、246〜260頁）。1981年から公定為替レートを維持したままで、これとは別に貿易内部清算為替レートを設定した。主要な内容としては、①対外貿易の国内為替決済に内部清算為替レートを用い、1ドル＝2.8人民元とする、②公定レートは非貿易為替の兌換と清算に適用する、というものであった（呉念魯・陳全庚『人民幣匯率研究』、中国金融出版社、1992年、35頁、67頁）。この改革の内容については後篇で述べることにする。

(70) 「関于大力発展対外貿易増加外匯収入若干問題的規定通知」、教育部人文社会科学重点研究基地深圳大学中国経済特区研究中心編 鐘堅・郭茂佳・鐘若愚主編『中国経済特区文献資料（第1輯）』、社会科学文献出版社、2010年、16頁。

るための体制改革がはかられることになった(71)。

　冒頭の部分で記したように、1950年旧税関が編成替えされた後、最初は26税関（あるいは関）、9分関、35支関体制で新国家の税関業務が開始されたが、その後51年頃には27税関、19分関、127支関（所、ステーションを含む）体制となった(72)。1959年には全国に25税関、17分関、30支関（この外に青海省と四川省に各工作組、上海税関学校、税関総署幹部学校〈天津〉が設けられていた）、60年代と70年代はほぼ50年代と同じ体制であったが、改革・開放直前の78年末には全国に31税関、18分関、36支関の体制となっていた(73)。

　②　関税率調整

　改革・開放前には、計画経済体制を実施していたため、関税は経済調節機能の役割を発揮していなかった。計画経済体制下では、輸出入はほとんどが指令性計画による行政管理手段によって実行されていたため（一般的には許可証管理や数量割当であるが、実際の運用は国家計画委員会を頂点とする指令によって執行される）、関税は設けられてはいたが、関税は形だけの飾り物で、実体上は形骸化したものとなっていた。設定された輸出入商品価格によっては、関税によって国営貿易企業個別単位に差のある利潤が発生するが、この利潤はいずれにせよ終極的には国家財政部(74)に入ることになるから、輸出入上では基本的には、関税そのものの個別経営単位の輸出入に対する積極的役割はほとんどなかったのである。貿易計画自体を、個別単位に首尾よく遂行させる上からは、関税というよりも、これと他の遂行上の刺激策を組み合わせた方が効果的ということになる。この時期関税は性格上、国

---

(71) 1980年2月には「国務院関于改革海関管理体制的決定」が出される。
(72) 王意家・甄鳴・孫国権編著『中国海関概論』、中国海関出版社、2002年、196頁。
(73) 同上書、196頁、鄭俊田主編『海関実用全書』、1993年、15頁。
(74) 建国以来1980年までの時期のおける全国税収に占める関税収入は、ほぼ3～7％であった（楊聖明主編『中国関税制度改革』、中国社会科学出版社、1997年、126頁）。

内税と基本的にさして差がなかったといえる[75]。しかし、対外開放とともに、地方経営主体や個別経営主体に独自の経営が許されるようになるにつれて、関税の貿易に対する直接的作用が出てくるようになり、新たな関税の調整と枠組自体の再構築が要請されるようになる。

　第1次関税法税則が制定された後、経済発展状況の変化にともなって改革・開放政策に転ずる前までに、関税率は19回調整されてきたが[76]、改革・開放後の関税調整は1980年から始められる。

---

(75) 楊聖明主編『中国関税制度改革』、中国社会科学出版社、1997年、133〜136頁。
(76) 同上書、149頁。同書には最初の関税税則の関税率構造がの一覧表が掲げられている（150頁）。

# 巻末付表

### 表Ⅰ　建国以来の貿易の発展

| 年 | 人民元表示（億元） ||| ドル表示（億ドル） |||
|---|---|---|---|---|---|---|
|  | 輸出入総額 | 輸出額 | 輸入額 | 輸出入総額 | 輸出額 | 輸入額 |
| 1950 | 41.6 | 20.2 | 21.4 | 11.35 | 5.52 | 5.83 |
| 1951 | 59.5 | 24.2 | 35.3 | 19.55 | 7.57 | 11.98 |
| 1952 | 64.6 | 27.1 | 37.5 | 19.41 | 8.23 | 11.18 |
| 1953 | 80.9 | 34.8 | 46.1 | 23.68 | 10.22 | 13.46 |
| 1954 | 84.7 | 40.0 | 44.7 | 24.33 | 11.46 | 12.87 |
| 1955 | 109.8 | 48.7 | 61.1 | 31.45 | 14.12 | 17.33 |
| 1956 | 108.7 | 55.7 | 53.0 | 32.08 | 16.45 | 15.63 |
| 1957 | 104.5 | 54.5 | 50.0 | 31.03 | 15.97 | 15.06 |
| 1958 | 128.8 | 67.1 | 61.7 | 38.71 | 19.81 | 18.90 |
| 1959 | 149.3 | 78.1 | 71.2 | 43.81 | 22.61 | 21.20 |
| 1960 | 128.5 | 63.3 | 65.2 | 38.09 | 18.56 | 19.53 |
| 1961 | 90.8 | 47.8 | 43.0 | 29.36 | 14.91 | 14.45 |
| 1962 | 80.9 | 47.1 | 33.8 | 26.63 | 14.90 | 11.73 |
| 1963 | 85.7 | 50.0 | 35.7 | 29.15 | 16.49 | 12.66 |
| 1964 | 97.5 | 55.4 | 42.1 | 34.63 | 19.16 | 15.47 |
| 1965 | 118.4 | 63.1 | 55.3 | 42.45 | 22.28 | 20.17 |
| 1966 | 127.1 | 66.0 | 61.1 | 46.14 | 23.66 | 22.48 |
| 1967 | 112.2 | 58.8 | 53.4 | 41.55 | 21.35 | 20.20 |
| 1968 | 108.5 | 57.6 | 50.9 | 40.48 | 21.03 | 19.45 |
| 1969 | 107.0 | 59.8 | 47.2 | 40.29 | 22.04 | 18.25 |
| 1970 | 112.9 | 56.8 | 56.1 | 45.86 | 22.60 | 23.26 |
| 1971 | 120.9 | 68.5 | 52.4 | 48.41 | 26.36 | 22.05 |
| 1972 | 146.9 | 82.9 | 64.0 | 63.01 | 34.43 | 28.58 |
| 1973 | 220.5 | 116.9 | 103.6 | 109.76 | 58.19 | 51.57 |
| 1974 | 292.2 | 139.4 | 152.8 | 145.68 | 69.49 | 76.19 |
| 1975 | 290.4 | 143.0 | 147.4 | 147.50 | 72.64 | 74.86 |
| 1976 | 264.1 | 134.8 | 129.3 | 134.33 | 68.55 | 65.78 |
| 1977 | 272.5 | 139.7 | 132.8 | 148.04 | 75.90 | 72.14 |
| 1978 | 355.1 | 167.7 | 187.4 | 206.38 | 97.45 | 108.93 |

注記：本表の統計数値は税関統計数値ではなく、対外貿易部の業務統計による数値であることに注意されたい。税関統計数値は1980年分からは存在するが、これは後篇で触れることになる。中国の貿易統計表では、この点について特別に触れることなく、時系列統計数値が掲載されている場合が見受けられるので、注意を要する。

出所：《中国対外経済貿易年鑑》編輯委員会編『中国対外経済貿易年鑑・1984』、中国対外経済貿易出版社、1984年、Ⅳ－3頁、中国経済年鑑編輯委員会編『中国経済年鑑（1982年）』（中文海外版）、香港中国経済年鑑有限公司、1982年、Ⅷ－32頁、国家統計局編「中国統計年鍳・1985」、中国統計出版社、508頁より作成。

411

表Ⅱ　中国の輸出商品構成

(億ドル、%)

| 年 | 輸出総額 | 農・副産品 金額 | 農・副産品 比率 | 農・副産品加工品 金額 | 農・副産品加工品 比率 | 鉱工業産品 金額 | 鉱工業産品 比率 |
|---|---|---|---|---|---|---|---|
| 1950 | 5.52 | 3.18 | 57.6 | 1.83 | 33.2 | 0.51 | 9.3 |
| 1951 | 7.57 | 4.13 | 54.6 | 2.38 | 31.4 | 1.06 | 14.0 |
| 1952 | 8.23 | 4.88 | 59.3 | 1.88 | 22.8 | 1.47 | 17.9 |
| 1953 | 10.22 | 5.69 | 55.7 | 2.65 | 25.9 | 1.88 | 18.4 |
| 1954 | 11.46 | 5.53 | 48.3 | 3.18 | 27.7 | 2.75 | 24.0 |
| 1955 | 14.12 | 6.51 | 46.1 | 4.01 | 28.4 | 3.60 | 25.5 |
| 1956 | 16.45 | 7.01 | 42.6 | 5.15 | 31.3 | 4.29 | 26.1 |
| 1957 | 15.97 | 6.40 | 40.1 | 5.03 | 31.5 | 4.54 | 28.4 |
| 1958 | 19.81 | 7.03 | 35.5 | 7.33 | 37.0 | 5.45 | 27.5 |
| 1959 | 22.61 | 8.50 | 37.6 | 8.75 | 38.7 | 5.36 | 23.7 |
| 1960 | 18.56 | 5.75 | 31.0 | 7.85 | 42.3 | 4.96 | 26.7 |
| 1961 | 14.91 | 3.09 | 20.7 | 6.84 | 45.9 | 4.98 | 33.4 |
| 1962 | 14.90 | 2.89 | 19.4 | 6.84 | 45.9 | 5.17 | 34.7 |
| 1963 | 16.49 | 3.99 | 24.2 | 7.07 | 42.9 | 5.43 | 32.9 |
| 1964 | 19.16 | 5.37 | 28.0 | 7.49 | 39.1 | 6.30 | 32.9 |
| 1965 | 22.28 | 7.37 | 33.1 | 8.02 | 36.0 | 6.89 | 30.9 |
| 1966 | 23.66 | 8.50 | 35.9 | 8.87 | 37.5 | 6.29 | 26.6 |
| 1967 | 21.35 | 8.39 | 39.3 | 7.75 | 36.3 | 5.21 | 24.4 |
| 1968 | 21.03 | 8.41 | 40.0 | 8.03 | 38.2 | 4.59 | 21.8 |
| 1969 | 22.04 | 8.24 | 37.4 | 8.62 | 39.1 | 5.18 | 23.5 |
| 1970 | 22.60 | 8.29 | 36.7 | 8.52 | 37.7 | 5.79 | 25.6 |
| 1971 | 26.36 | 9.55 | 36.2 | 9.20 | 34.9 | 7.61 | 28.9 |
| 1972 | 34.43 | 10.77 | 31.3 | 14.10 | 41.0 | 9.56 | 27.7 |
| 1973 | 58.19 | 20.80 | 35.8 | 23.00 | 39.5 | 14.39 | 24.7 |
| 1974 | 69.49 | 25.30 | 36.4 | 20.73 | 29.8 | 23.46 | 33.8 |
| 1975 | 72.64 | 21.50 | 29.6 | 22.61 | 31.1 | 28.53 | 39.3 |
| 1976 | 68.55 | 19.46 | 28.4 | 22.41 | 32.7 | 26.68 | 38.9 |
| 1977 | 75.90 | 20.96 | 27.6 | 25.74 | 33.9 | 29.20 | 38.5 |
| 1978 | 97.45 | 26.91 | 27.6 | 34.14 | 35.0 | 36.40 | 37.4 |

出所：《中国対外経済貿易年鑑》編輯委員会編『中国対外経済貿易年鑑・1984』、中国対外経済貿易出版社、Ⅳ－7頁。

## 表Ⅲ 中国の輸入商品構成

(億ドル、%)

| 年 | 輸入総額 | 生産手段総額 金額 | 比率 | 機械・設備 金額 | 比率 | 生産原料総額 金額 | 比率 | 工業原料 金額 | 比率 | 農業生産用物資 金額 | 比率 | 生活手段 金額 | 比率 |
|---|---|---|---|---|---|---|---|---|---|---|---|---|---|
| 1950 | 5.83 | 4.86 | 83.4 | 1.31 | 22.5 | 3.55 | 60.9 | 3.45 | 59.2 | 0.10 | 1.7 | 0.97 | 16.6 |
| 1951 | 11.98 | 9.74 | 81.3 | 4.21 | 35.1 | 5.53 | 46.2 | 5.27 | 44.0 | 0.26 | 2.2 | 2.24 | 18.7 |
| 1952 | 11.18 | 9.99 | 89.4 | 6.22 | 55.7 | 3.77 | 33.7 | 3.49 | 31.2 | 0.28 | 2.5 | 1.19 | 10.6 |
| 1953 | 13.46 | 12.40 | 92.1 | 7.62 | 56.6 | 4.78 | 35.5 | 4.53 | 33.7 | 0.25 | 1.8 | 1.06 | 7.9 |
| 1954 | 12.87 | 11.88 | 92.3 | 6.97 | 54.2 | 4.91 | 38.1 | 4.50 | 35.0 | 0.41 | 3.1 | 0.99 | 7.7 |
| 1955 | 17.33 | 16.26 | 93.8 | 10.88 | 62.8 | 5.38 | 31.0 | 4.82 | 27.8 | 0.56 | 3.2 | 1.07 | 6.2 |
| 1956 | 15.63 | 14.32 | 91.6 | 8.37 | 53.6 | 5.95 | 38.0 | 5.07 | 32.4 | 0.88 | 5.6 | 1.31 | 8.4 |
| 1957 | 15.06 | 13.85 | 92.0 | 7.90 | 52.5 | 5.95 | 39.5 | 5.21 | 34.6 | 0.74 | 4.9 | 1.21 | 8.0 |
| 1958 | 18.90 | 17.60 | 93.1 | 8.50 | 45.0 | 9.10 | 48.1 | 7.86 | 41.6 | 1.24 | 6.5 | 1.30 | 6.9 |
| 1959 | 21.20 | 20.30 | 95.7 | 11.20 | 52.8 | 9.10 | 42.9 | 8.10 | 38.2 | 1.00 | 4.7 | 0.90 | 4.3 |
| 1960 | 19.53 | 18.63 | 95.4 | 9.70 | 49.7 | 8.93 | 45.7 | 8.13 | 41.6 | 0.80 | 4.1 | 0.90 | 4.6 |
| 1961 | 14.45 | 8.95 | 61.9 | 3.30 | 22.8 | 5.65 | 39.1 | 4.98 | 34.5 | 0.67 | 4.6 | 5.50 | 38.1 |
| 1962 | 11.73 | 6.48 | 55.2 | 1.72 | 14.6 | 4.76 | 40.6 | 4.12 | 35.1 | 0.64 | 5.5 | 5.25 | 44.8 |
| 1963 | 12.66 | 7.09 | 56.0 | 1.22 | 9.6 | 5.87 | 46.4 | 4.76 | 37.6 | 1.11 | 8.8 | 5.57 | 44.0 |
| 1964 | 15.47 | 8.58 | 55.5 | 1.69 | 10.9 | 6.89 | 44.6 | 5.90 | 38.2 | 0.99 | 6.4 | 6.89 | 44.5 |
| 1965 | 20.17 | 13.42 | 66.5 | 3.58 | 17.6 | 9.84 | 48.9 | 8.08 | 40.1 | 1.76 | 8.8 | 6.75 | 33.5 |
| 1966 | 22.48 | 16.24 | 72.2 | 5.02 | 22.3 | 11.22 | 49.9 | 9.19 | 40.9 | 2.03 | 9.0 | 6.24 | 27.8 |
| 1967 | 20.20 | 15.36 | 76.0 | 4.06 | 20.1 | 11.30 | 55.9 | 9.29 | 46.0 | 2.01 | 9.9 | 4.84 | 24.0 |
| 1968 | 19.45 | 15.02 | 77.2 | 3.03 | 15.6 | 11.99 | 61.6 | 9.49 | 48.8 | 2.50 | 12.8 | 4.43 | 22.8 |
| 1969 | 18.25 | 15.04 | 82.4 | 2.17 | 11.9 | 12.87 | 70.5 | 10.43 | 57.2 | 2.44 | 13.3 | 3.21 | 17.6 |
| 1970 | 23.26 | 19.25 | 82.7 | 3.69 | 15.8 | 15.56 | 66.9 | 13.36 | 57.4 | 2.20 | 9.5 | 4.01 | 17.3 |
| 1971 | 22.05 | 18.51 | 83.9 | 4.84 | 21.9 | 13.67 | 62.0 | 11.63 | 52.8 | 2.04 | 9.2 | 3.54 | 16.1 |
| 1972 | 28.58 | 22.70 | 79.4 | 5.57 | 19.5 | 17.13 | 59.9 | 14.62 | 51.1 | 2.51 | 8.8 | 5.88 | 20.6 |
| 1973 | 51.57 | 39.40 | 76.4 | 7.88 | 15.3 | 31.52 | 61.1 | 28.26 | 54.8 | 3.26 | 6.3 | 12.17 | 23.6 |
| 1974 | 76.19 | 57.65 | 75.7 | 15.85 | 20.8 | 41.80 | 54.9 | 37.95 | 49.8 | 3.85 | 5.1 | 18.54 | 24.3 |
| 1975 | 74.87 | 63.93 | 85.4 | 24.06 | 32.1 | 39.87 | 53.3 | 34.17 | 45.7 | 5.70 | 7.6 | 10.94 | 14.6 |
| 1976 | 65.78 | 57.11 | 86.8 | 20.37 | 30.9 | 36.74 | 55.9 | 32.99 | 50.2 | 3.75 | 5.7 | 8.67 | 13.2 |
| 1977 | 72.14 | 54.92 | 76.1 | 12.77 | 17.7 | 42.15 | 58.4 | 37.23 | 51.6 | 4.92 | 6.8 | 17.22 | 23.9 |
| 1978 | 108.93 | 88.64 | 81.4 | 19.03 | 17.5 | 69.61 | 63.9 | 62.72 | 57.6 | 6.89 | 6.3 | 20.29 | 18.6 |

出所：表Ⅱ同年鑑、Ⅳ-10頁。

表Ⅳ　1978年における中国の対外貿易市場性格別構成

(億ドル)

| 国・地域 | 輸出入総額 | 輸出額 | 輸入額 |
|---|---|---|---|
| 総　　額 | 206.38 | 97.45 | 108.93 |
| 発展途上国・地域 | 34.09 | 19.08 | 15.01 |
| 比率（％） | 16.5 | 19.6 | 13.8 |
| 先進工業国・地域 | 115.45 | 36.44 | 79.01 |
| 比率（％） | 55.9 | 37.4 | 72.5 |
| 中央計画経済国家 | 29.05 | 14.89 | 14.16 |
| 比率（％） | 14.1 | 15.3 | 13.0 |
| 香港、マカオ地域 | 27.42 | 26.67 | 0.75 |
| 比率（％） | 13.3 | 27.4 | 0.7 |
| 香　港 | 27.42 | 25.32 | 0.75 |
| マカオ | | 1.35 | |

出所：表Ⅱ同年鑑、Ⅳ-11頁。


表Ⅴ　世界の総輸出額に占める中国の同比率

(億ドル)

| 年 | 世界輸出総額 | 中国輸出総額 | 比率（％） | 年 | 世界輸出総額 | 中国輸出総額 | 比率（％） |
|---|---|---|---|---|---|---|---|
| 1950 | 607 | 5.52 | 0.91 | 1965 | 1,872 | 22.28 | 1.19 |
| 1951 | 820 | 7.57 | 0.92 | 1966 | 2,052 | 23.66 | 1.15 |
| 1952 | 809 | 8.23 | 1.02 | 1967 | 2,155 | 21.35 | 0.99 |
| 1953 | 829 | 10.22 | 1.23 | 1968 | 2,401 | 21.03 | 0.88 |
| 1954 | 863 | 11.46 | 1.33 | 1969 | 2,744 | 22.04 | 0.80 |
| 1955 | 940 | 14.12 | 1.50 | 1970 | 3,153 | 22.60 | 0.72 |
| 1956 | 1,042 | 16.45 | 1.58 | 1971 | 3,513 | 26.36 | 0.75 |
| 1957 | 1,123 | 15.97 | 1.42 | 1972 | 4,158 | 34.43 | 0.83 |
| 1958 | 1,086 | 19.81 | 1.82 | 1973 | 5,764 | 58.19 | 1.01 |
| 1959 | 1,159 | 22.61 | 1.95 | 1974 | 8,415 | 69.49 | 0.83 |
| 1960 | 1,283 | 18.56 | 1.44 | 1975 | 8,769 | 72.64 | 0.83 |
| 1961 | 1,344 | 14.91 | 1.11 | 1976 | 9,933 | 68.55 | 0.69 |
| 1962 | 1,419 | 14.90 | 1.05 | 1977 | 11,269 | 75.90 | 0.67 |
| 1963 | 1,545 | 16.49 | 1.07 | 1978 | 12,988 | 97.45 | 0.75 |
| 1964 | 1,736 | 19.16 | 1.10 | 1979 | 16,430 | 136.58 | 0.83 |

出所：表Ⅱ同年鑑、Ⅳ-5頁。

表Ⅵ　中国の輸出入成長率

基準年：1950年、%

| 期間 | 輸出入総額 | 輸出額 | 輸入額 |
|---|---|---|---|
| 国民経済復興期 | ＋ 30.8 | ＋ 22.1 | ＋ 38.5 |
| 第1・5期間（1953～1957） | ＋ 9.8 | ＋ 14.2 | ＋ 6.1 |
| 第2・5期間（1958～1962） | － 3.0 | － 1.4 | － 4.9 |
| 調整期間（1963～1965） | ＋ 16.8 | ＋ 14.3 | ＋ 19.8 |
| 第3・5期間（1966～1970） | ＋ 1.6 | ＋ 0.3 | ＋ 2.9 |
| 第4・5期間（1971～1975） | ＋ 26.3 | ＋ 26.3 | ＋ 26.3 |
| 第5・5期間（1976～1980） | ＋ 20.7 | ＋ 20.3 | ＋ 21.2 |

出所：表Ⅱ同年鑑、Ⅳ－4頁。

初出一覧（本書に所収するにあたって、加筆・訂正を加えた）

「中国対外貿易機構の変遷（Ⅰ）」、『広島経済大学経済研究論集』第15巻第4号（1993年3月）
「中国対外貿易機構の変遷（Ⅱ-1）」、『広島経済大学経済研究論集』第16巻 第2号（1993年9月）
「中国対外貿易機構の変遷（Ⅱ-2-①）」、『広島経済大学経済研究論集』第16巻 第3号（1993年12月）
「中国対外貿易機構の変遷（Ⅱ-2-②）」、『広島経済大学経済研究論集』第16巻 第4号（1994年3月）
「中国対外貿易機構の変遷（Ⅲ-1-①）」、『広島経済大学経済研究論集』第17巻 第1号（1994年6月）
「中国対外貿易機構の変遷（Ⅲ-1-②）」、『広島経済大学経済研究論集』第18巻 第1号（1995年6月）
「中国対外貿易機構の変遷（Ⅲ-2）」、『広島経済大学経済研究論集』第19巻 第1号（1996年6月）
「中国対外貿易機構の変遷（Ⅳ-1）」、『広島経済大学経済研究論集』第20巻 第4号（1998年3月）
「中国対外貿易機構の変遷（Ⅳ-2）」、『広島経済大学経済研究論集』第21巻 第1号（1998年6月）
「中国対外貿易機構の変遷（Ⅴ-1）」、『広島経済大学経済研究論集』第22巻 第1号（1999年6月）
「中国対外貿易機構の変遷（Ⅴ-2）」、『広島経済大学経済研究論集』第22巻 第3号（1999年12月）
「中国対外貿易機構の変遷（Ⅴ-3）」、『広島経済大学経済研究論集』第22巻 第4号（2000年3月）
「中国対外貿易機構の変遷（Ⅴ-4）」、『広島経済大学経済研究論集』第23巻 第1号（2000年6月）
「プロレタリア文化大革命・四人組期の混乱収束から改革・開放政策への転回過程における中国対外経済貿易体制の再編（Ⅰ）」、『広島経済大学経済研究論集』第27巻 第2号（2004年9月）

「プロレタリア文化大革命・四人組期の混乱収束から改革・開放政策への転回過程における中国対外経済貿易機構の再編（Ⅱ）」、『広島経済大学経済研究論集』第30巻 第3・4号（2008年3月）

「中国改革・開放端緒期における輸出振興政策措置」、『広島経済大学経済研究論集』第31巻 第1号（2008年6月）

「プロレタリア文化大革命・四人組期の混乱収束から改革・開放政策への転回過程における中国対外経済貿易機構の再編（Ⅲ）」、『広島経済大学経済研究論集』第31巻 第3号（2008年12月）

「プロレタリア文化大革命・四人組期の混乱収束から改革・開放政策への転回過程における中国対外経済貿易機構の再編（Ⅳ）」、『広島経済大学経済研究論集』第31巻 第4号（2009年3月）

「プロレタリア文化大革命・四人組期の混乱収束から改革・開放政策への転回過程における中国対外経済貿易機構の再編（Ⅴ）」、『広島経済大学経済研究論集』第32巻 第2号（2009年9月）

## 索引

### あ

愛国華僑、香港・マカオ同胞　400
赤字削減部分の分配分　350
飽くまでも、対外政策と対外貿易計画は対外貿易部が統一的に掌握　401
アジア諸国との間で協定貿易形態　116
あせって暴走するとか保守的であるとかいう　170
新しい国家（革命）計画委員会に編成　334
新しい生産力の担い手である社会主義　287, 293
アメリカがベトナム侵略戦争を拡大　291
アメリカ帝国主義との闘争　115
アメリカの経済封鎖政策は基本的には終わり　324
アメリカの対中国資産凍結　55, 194
アメリカを中心とする主要国の強固な"禁輸・封鎖"網　194
新たな為替レート設定への指向　407
新たな関税の調整と枠組自体の再構築が要請　410
新たな世界戦争の危険　362
新たな大躍進政策　369, 370
新たな貿易外貨及び非貿易外貨留成　391
新たに公私合営化した銀行で外国為替業務を営む銀行　134
新たに人民元の対米ドル為替レートを立てる　152
新たに通商港を開設　398
ある程度の個人経営　167

### い

いかなる単位および個人も一律に商業活動を行うことが禁止　308
いくつかの農・副産品の買付価格に計画的調整　252
いくつかの省、市にも輸出入管理委員会或いは対外経済委員会等の対外経済貿易活動を主管する機構が設けられた　384
以収購来促進推銷　196
「衣食第一、建設第二」　242, 244
以進養出　243, 245, 250, 322, 325, 326, 330, 352, 389, 399
　"以進養出"による外貨獲得　389
　"以進養出"用の輸入用外貨　389
財政工作"六条"　273
以存定貸　112
委託買付　221, 266, 267
委託加工　322, 399
委託加工、指定品生産などの機動

419

性変則特殊貿易も停止　322
委託加工の加工賃〔工繳〕　216
委託代理方式で買付を行う場合　221
１新人民元対10,000旧人民元の比率で旧人民元が回収　152
一部商品では低価格で輸出されるもの　196
一部商品では全く空契約　196
一部新規企業の建設　406
一部製品については自己生産・自己販売　373
一部の国内民用航空運輸事業と国際航空運輸事業の経営　195
一部の農産品価格の管理権限を下放　219
一部の農・副産品の買付価格の引き上げ　310
一部のブルジョア的性格のもの　171
一部の末端生産部門の自主権の拡大　374
一面的に自力更生　158
一類商品のうち石油製品　306
１ルーブル表示金量　147
一級ステーション　201, 258, 259, 263, 264, 273, 306, 307
一定期間中に輸出入を調整して相互の均衡をとる　119
一定期間の平和の期間　372
一定の生産力段階における必然的な客観的生産関係　171
一般的行政機構と区別された独立の経営権　133
一般的な国際貿易方式に従って取引を行うこと　322
一般的な政府間貿易協定　116
一般的な輸出信用　158
一包　204
イデオロギー上の対立　155
違法価格行為に対して厳格な姿勢　369
医薬公司　258, 259
医薬総公司　259
飲食業公司　258
飲食サービス局　259
インフレーションの影響を遮断　281

う

"上から下へ、下から上へ"　247
右傾反対闘争　241
内外の消費者物価の対比　152
内モンゴル・山海関以南地区の対ソ連、チェコスロバキア、ルーマニア　149
有無相通じ、過不足を調整する　330
右翼日和見主義　289, 290
売手側国家銀行勘定に貸記　143

え

映画・テレビ工業弁公室は廃止　382
英ポンド　153, 279, 282
英ポンド切り下げ　153
英ポンドに対し人民元を10％切り下げ　151

索引

易貨交易所規程 142
「易貨貿易管理暫行弁法」及び「同実施細則」 139
易貨貿易清算規則 142
エチレンプラント 327
エチレンプラントの輸入や原油の輸出 327
エネルギーや外貨バランスに影響が出る場合 399
沿海九省・市・自治区への貿易計画管理権の下放 401
沿海地方の工業 165
沿海部の条件のある省、市 400
塩業総公司 199
援助的性格の無利息の借款 405

お

多くの外国技術及び設備の導入 370
多くの奨励金と発展基金が得られる 275
大鍋の飯を食う 335
オープン勘定 120
卸売価格と小売価格の価格差 254
卸小売販売公定価格 216

か

海運による輸出入貨物輸送量 193
海外運輸処 90
"塊塊"のやり方 332
"外匯分成" 391
"塊塊"を主とし"条"と"塊"を結合する計画管理の方法 333
外貨獲得をはかる輸出促進政策 389
外貨額度分配制 278
外貨額度(枠)分配制 391
外貨貸付 109
外貨稼ぎ 390
外貨稼ぎができて、償還能力があり、融資条件を具えた単位 354
外貨稼ぎのために効率のよい農・副産品の輸出を促進 388
改革・開放路線が正式な形でくっきりと位置づけされるのは 376
外貨資金 354, 406
外貨資金の蓄積 150
外貨資金は縦割の分配方法 138
外貨事情の制約 244
外貨収支の均衡は保持 244
外貨収入によって支出を定める 138
外貨収入は国家に集中管理され、統一的にバランスを取り、統一経営し、統一分配使用 390
外貨清算 401
外貨留成 144, 145, 227, 278, 390, 391
外貨留成の枠組の具体的内容 145
外貨による貿易金融 354
外貨による融資 354
外貨の集中使用 247

421

外貨のバランス調整及び新技術導入に関する管理を強化　384
外貨はすべて国家計画委員会が統一的に分配使用　137
外貨はすべて国家計画委員会に統一的に集められ、統一的に使用支出され、外貨収入によって支出を定める（統収統支、以収定支）体制　144
外貨バランス・輸出入管理・加工組立弁公室　382
外貨保有高　241
外資利用　154, 158, 159, 352, 405
階級性を異にした国家権力の下にある民族国家との関係　366
階級闘争　287, 290, 291, 293, 296
階級闘争重視の認識が底流に潜在　293
階級闘争重視の認識　287
階級闘争を要とする　290, 298, 372
"階級闘争を要とする"、"戦争に備えて"、"理想的な"社会主義経済建設の3理念の追求　352
会計記帳和填制憑証（証憑作成）等操作方法　347
外国から先進技術や設備を導入するのに有利　280
外国為替管理及び管理機構　406
外国為替管理とバランスは、行政的手段　406
外国為替管理とバランスは、主として行政的手段　138
外国為替管理に対する違反行為の検査と処理　138

外国為替管理の任務　51
外国為替業務　51, 134, 137
外国為替業務は中国銀行に合併　135
外国為替銀行　51
外国為替計画　106
外国為替の収支　138
外国為替の収支に関連して必要とされる人民元資金　138
外国為替収支　106, 137, 138
外国為替収支計画　75, 99, 101
外国為替収支計画と納税計画は別立てとされ、財務計画から外されること　107
外国為替収支の監督ならびに業務執行　138
外国為替取組による貿易方式　55
外国為替取引所　51, 52
外国為替の統一分配　132
外国為替の配分　132
外国為替の分配と使用　406
外国為替預金　51, 52
外国為替預金証書　51, 52, 53
外国企業との輸出向け合作生産　403
外国銀行　134, 135
外国銀行の外国為替業務が全体の外国為替業務において占める地位　135
外国経営の民用航空路線　195
外国市場における数量割当に影響が出る場合　399
外国市場の調査・研究の強化　399

外国商人や外国商業機構の代表者　48
外国政府や国際金融機構からの中長期・中低利による借款　405
外国専家局　382
外国通貨で計算　141
外国投資管理委員会　378, 382, 384
外国投資管理委員会の下で対外貿易部の業務担当部門　406
外国投資管理の業務　406
外国投資に関する管理を強化　384
外国における個人労務外貨所得送金　400
外国の事物を崇め、外国に媚びる　159
外国貿易の国家独占制　144
外国貿易の独占制に対応した管理体制　137
外資直接投資は"禁区"とされていた　158
外資直接投資を受け入れる形での所謂外資系企業　158
外資の導入　406
海上運送による輸出入貨物輸送量　193
外資利用　354
「外資利用無用」論　158
買付価格と販売価格の価格差　254
買付価格…引き上げ　253
買付価格を引き上げ　253
買付計画　100, 101
買付計画は"属地概念"　100
買付方式は資本主義の産物として否定　310
開展対外加工装配業務試行弁法　390
海南島の"五料（油料、香料、原料、飲料、調味料）"生産基地　391
外匯分配使用暫行弁法　53, 131
外貿会計計算　347
外貿会計制度　347
外貿企業財務　350
関于内地省、自治区外貿企業財務　348
外貿企業の職員・労働者福祉基金　349
外貿企業の主要財務指標の編成と検査　347
外貿基本業務会計制度改革草案　347
解放区人民政府　44
解放区人民政府所属対外貿易公司　45
外貿公司が手数料を受け取って得る経営利潤　348
開放にいたる第三段階　388
価格が経済計画の物財計算の単なる符号　163
価格管理していた商品は、1958年の500品目前後から800品目前後まで調整増加　251
価格管理体制　216, 221
化学工業部　380
価格審査　86
価格設定に恣意性　163
下級から上級に上げていくという編成手順　174, 178, 182

423

華僑外貨送金　152, 279
華僑銀行　134, 135, 136
華僑系銀行　134, 135
華僑送金　241, 244, 278
華僑送金価値保全などを考慮　151
華僑送金為替　54
華僑送金の外貨留成比率　400
華僑送金の購買力比価　151
加強出口商品品質管制　189
華僑投資公司　400
華僑の送金外貨購買力　150
華僑のための為替送金業者＝僑批業者　54
華僑、香港・マカオの投資実業家　400
各級企業の貸付計画　351
各級計画委員会　71
各級人民政府貿易部門　41
各級専業公司は撤廃　202
各級の物価総合部門の管理権限　254
各協業区の独自体系の構築　311
各行政区毎の「外匯管理暫行弁法」　137
各種商品の市場販売価格　254
各種商品の販売価格および運賃　254
各種の開発基金　405
各省・市・自治区が輸出計画　221
各省・市・自治区に設けられた物資局　216
各省・市・自治区の貸付指標　272

各省・市・自治区の積極性を引き出し　175
各省・市・自治区の対外貿易局系統　181
各省・市・自治区は専業対外貿易公司を作り　397
各省、自治区、直轄市の党委員会と人民委員会が買付保証にかんする決定を行う権利　219
各省、直轄市、自治区の対外貿易企業組織の年計画、四半期計画を審査、編成　387
各省、直轄市、自治区の対外貿易組織を指導、監督　387
各専業総公司の許可証の申請とその発給手続を簡略化　225
各総公司系統の固定資産資金及び流動資金　102
各総公司の多くは香港とマカオに代理商を置く　388
各対外貿易専業総公司及びその分支機構の輸出入貨物　402
各大行政区　41, 46, 48
各大行政区毎の「外匯管理暫行弁法」　131
各単位相互間の取引上の貸借の延滞を禁止　273
各地区人民政府　43
各地に適った生産の割り振り　374
各地の商検局は地方人民政府対外貿易局の一組織機構　191
各地の商検局を地方人民政府対外貿易局の一組織機構とする対外貿易部の案を批准　190

424

索引

各地の税関が地方人民政府対外貿易局の組織機構として編成　186
各地の商検機構が地方政府に下放　191
各地の税関の領導関係に再調整　184
各地の税関は地方に下放され　408
各地の税関を各省、自治区、直轄市の管理に下放　185
各地の特性に合った特有の輸出産品　398
各地方が中央の批准を経て、対外貿易専業公司を設立　403
各部はいずれも物価機構　254
各部門（軍事工業も含む）は、それぞれの輸出向け製品の生産を拡大　398
各方面の積極性を十二分に発揮させること　173
革命委員会　303, 332
革命根拠地の公営商業　199
革命的原動力　363
革命の展望に長期性要素を持ち込んでいる　364
革命の要素の増大の認識　364
革命を掴んで、生産を促す　332
貨源供給部門から買い付ける場合　221
貨源計画　100
加工・組立貿易　399
加工計画　99
化工原料公司　258
化工原料総公司　259

加工品輸出をのばし　250
加工貿易加工賃によって外資投資設備の補償をおこなう加工貿易企業　389
加工貿易構想　389
加工輸出　244
華国鋒　364, 371, 372
貸付および現金計画の管理体制　353
貸付が預金よりも大きい場合　236
貸付計画　230, 272, 274
貸付計画管理のやり方　351
と各級責任の結合した制度　274
貸付資金の統一計画と配置業務に関する統一的基本制度の確立　353
貸付資金の目的外への転用の防止　271
貸付指標　272, 273, 274
貸付政策　390
貸付総額が預金総額以内　112
貸付追加手続　273
貸付と現金計画の管理体制　353
貸付の計画性を強化　272
華潤公司　388
華商銀行　134
稼いだ外貨の額に応じて　390
河川輸送　120
価値法則と市場メカニズム　163
価値補填や価値増殖に対する認識　163
各国貨幣貿易清算口座に直接記入　343
各国貨幣輸出価格　343

425

各国の独自の革命事業の遂行の過
　程を通じて推進　365
合作小組　300, 307
合作社（組合）商業　199
合作社商業　200, 201
合作社商業の発展　200
合作商店　300, 307
家庭副業　305, 307, 317
過渡期の総路線　67, 169
過度の重工業優先開発政策　166
過度の排外主義　159
華南税関処　57
河南豚生産基地　391
貨幣発行の全国統一　353
下放したいくつかの権限を、適度
　に再び中央に集中　251
下放した銀行業務　271
華北対外貿易公司　44
華北大行政区　46
貨源と輸出のバランス　97
上半期と下半期に別々に分けて差
　額請負を実行　236
貨物運輸保険　94
貨物発送通知　122
貨物引き渡し実務取り決め　119
貨物引き渡し地点と輸送方式
　120
貨物引き渡しの延期、繰り上げと
　罰則　121
貨物引き渡しの方法　119
借入資金　104, 229, 230
借入単位は定期的に財務報告
　109
為替管理　134
為替管理過程の統一　55

為替管理は集中化　137
為替決済当日国家外貨管理局の公
　布したスイス・フラン相場に
　よって処理　345
為替購買力レート　278
為替取組　139, 142, 149
為替取組による決済方式　277
為替の予約　53
為替レート　145, 146, 148, 150,
　151, 152
為替レートから経済的挺子として
　の機能を隔離　138
為替レートによって輸出入を調整
　するということ　280
為替レートは物価とかけ離れてい
　くこと　153
為替レートは輸出入に対しては、
　単なる計算の標準　138
為替割当制　55
関于1975年国民経済計画的報告
　318
関于改革中国銀行体制的請示報告
　407
関于加快工業発展的若干問題
　335
関于加強進口物資検験工作的通知
　355
関于加強物価工作的報告　379
関于供応出口商品統一作価的暫行
　規定　394
関于堅持統一計画、加強経済管理
　的規定　314, 334
関于国家計委的職責範囲和工作方
　法的通知　382
関于国務院各部門建立党的核心小

組和革命委員会的請示報告　333
関于商業工作問題的決定　290
関于進一歩鞏固人民公社集団経済、発展農業生産的決定　290
関于信貸計画管理若干問題的規定　273, 351
関于対国家機関部（委）実行軍事管制的決定（試行草案）　331
関于大力発展対外貿易増加外匯収入若干問題的規定通知　391, 396, 407
関于把好出口商品質量関的通知（輸出商品の品質重点管理に関する通知）　355
関于内地省、自治区外貿企業財務納入地方予算的通知　348
関于農村建立人民公社問題的決議　288
関于反対経済主義的通知　351
観光事業用輸入　399
関税政策の根幹　59
関税そのものの個別経営単位の輸出入に対する積極的役割はほとんどなかった　409
関税によって国営貿易企業個別単位に差のある利潤が発生　409
関税の調整　408
関税の果たす固有の役割の必然性も薄れ　186
関税の貿易に対する直接的作用　410
関税は形だけの飾り物　409
関税は経済調節機能の役割を発揮していなかった　409

「関税無用論」　186
関税免除　399
関税率は19回調整　410
間接計画　84
完全な形の自立的国民経済構造　166
完全な指令性計画経済　295, 297
広東省と福建省に対して特殊政策と機動的活性化措置　403
広東省と福建省に対する特殊政策　401
広東省と福建省両省の有利な条件　401
広東省仏山に輸出商品生産綜合基地が建設　391
幹部養成計画　99
漢方薬材は衛生部経営　260
関于海関与対外貿易管理機関実行合併的決定（草案）　81, 86
関于改変信貸管理体制的通知　271
関于加強商業資金的統一管理和改進商業利潤解繳弁法的決定　274
関于簡化対本部各進出口専業公司進出口貨物許可証簽発手続的指示　225
関于関税政策和海関工作的決定　56, 59
関于厳格控制財政管理的決定　273
関于国営企業財務収支計画編審弁法　108
関于実行企業利潤留成制度的幾項規定　226

427

関于実行国家機関現金管理的決定　103
関于執行進出口貨物許可証簽発弁法的綜合指示　225
関于実行中国人民銀行弁理国営商業短期放款暫行弁法的聯合通知　109
関于商業部系統恢復和建立各級専業公司的決定　258
関于切実加強銀行工作的集中統一、厳格控制貨幣発行的決定　271
関于設立海関原則和調整全国海関機構的指示　57
関于対外貿易必須統一対外的決定（対外貿易の統一対外処置に関する決定）　197
関于調整国務院所属組織機構的決定　204
関于調整国務院所属財経部門組織機構的議案　178
関于統一国家財政経済工作的決定　52,102
関于凍結、清理機関団体在銀行的存款和企業専項存款的指示　270
関于当前緊縮財政支出、控制貨幣投放的補充規定　270
関于当前超額完成油品、油料統購任務的奨励弁法　253
関于農副産品、食品、畜産品、絲、綢等商品分級管理弁法的規定　207
関于物価管理権限和商業管理体制的幾項規定　219

関于物価管理的試行規定　254
関于改進計画管理体制的規定　173,177
管理機構型社会に対する造反　297
管理業務と経営業務の統合　224
管理業務と経営業務は一体的に結合　225
管理権はすべて地方分行に下放　236
管理権を、地方および企業に下放　226
管理と経営が一体化された高度集中的貿易体制　85
官僚資本主義　40
官僚資本の銀行　134
関連部門が輸出経営を行ってもよい　401

き

機械工業部門を統一的、組織的に指導　384
機械設備プラント局を国家機械設備プラント総局と改め　384
機械、設備を安く輸入するため　394
機械・電気設備分配局　249
機械・電気設備分配局が復活　214
機械・電気・電子製品　398
規格・品質に応じた価格差　254
期間傭船（Time Charter）　193
企業会計工作改革綱要　347
企業間選択自由買付の4つの方法

索引

310
企業管理の強化は"取締り、締め付け、押さえ付け" 320
企業管理の整頓・強化（7つの規則・制度—持ち場責任制 314
企業管理の全面的整頓の必要性 335
企業経営の状況と従業員の物質的利益を結合 369
企業計画 95, 99, 133
企業奨励金 103, 105, 106, 227, 275
企業奨励金制度 226
企業奨励金制度が取り止められる 349
企業奨励金制度と計画超過達成利潤基金 276
企業奨励金ならびに計画超過達成利潤基金 277
企業奨励金、福祉費及び医薬・衛生補助金が一本に統合 349
企業職員・労働者福祉基金 349
企業では経営自主権の拡大 374
企業と職員・労働者の個人的経済利益 374
企業に対する統制 164
企業の赤字に対する財政補塡 272
企業の運営管理上における統率・指揮体制の改革 404
企業の下放 305, 311
企業の規則・規定は否定 405
企業の経済責任 374
企業の財務活動…商品流通活動 307

企業の指導組織の整頓 336
企業の積極性と自主性が抑圧 164
企業の積極的な先進技術、設備の導入が促進 280
企業の損益は直接当地の財政に繰り入れられる 201
企業の対外進出 400
企業の大々的下放 305
企業の党組織 404
企業の流動資金 232, 233, 269, 271
企業は革命委員会の一元的指導体制 405
企業は漸次経済責任制 374
企業利潤留成制度 227
企業利潤留成比率 227
企業留成利潤部分の変化 233
技師長責任制 301
技術設備の導入は"外国崇拝" 320
技術操作規程 336
技術的に先進的で生産の発展した、競争力を備えた輸出基地 398
技術導入 322, 330, 392, 405
技術導入は外国への諂い 322
技術と設備の導入活動を強化 397
季節価格差 254
期待計画 174
北ベトナムとの辺境小額貿易 143
記帳外貨（ルーブル）貿易信用を含む貿易 157

429

記帳決済方式　277
記帳清算貿易システムと清算ルーブル・レート　145
記帳バーター　140
記帳貿易　343
規定による配分価格なり工場出荷価格　222
機動性変則特殊貿易　139,322,330
基本建設　304, 305, 311, 312, 313, 314, 319, 333, 336, 350, 370, 378, 382, 383, 392
基本建設投資の地方請負　311
財政収支の全面的地方請負　311
基本建設の審査・批准権を下放　174
9・13事件　325, 342
旧人民元の比率で旧人民元が回収　279
旧人民元と米ドルのレート　278
旧人民幣　147
9全大会以来の路線　316
旧来の体制下の正常な状態への回復　388
僑匯業管理暫行弁法　54
狭義の協定計画貿易　125
狭義の協定貿易　117
狭義の協定貿易の外　117
供給制　288
協作区　174, 175, 180
協作区内に比較的整った工業体系　175
"共産風"　195
供銷合作社　204, 222, 260, 261, 266, 267
供銷合作社が再建　266

供銷合作社、国内商業専業公司が復活　267
供銷合作社と国内商業専業公司が復活　267
供銷合作社と商業部が合併　267
供銷合作社内に茶葉採購管理局　267
供銷合作社の復活　260
供銷合作社…の経営　261
供銷合作総社（購買販売協同組合）　382
供銷合作総社と第二商業部は事務所を一緒にした形で業務　204
行政区域という枠をこえた物資供給網の組織化　265
行政財政上は、中央が統一計画をしつつも地方の管理を主とする組織機構　353
行政部門一本の編成・下達方式　204
行政部門と専業公司の2系統　200
協定外補充バーター貿易　117
協定計画貿易　114, 115, 116, 118, 125, 126, 127
ソ連との協定計画貿易　125
協定計画貿易額　126
協定バーター貿易　148
協定貿易　117, 118, 125, 140, 142, 143, 144, 146, 157
協定貿易としての輸出入　124
協定貿易の商品価格の建値の原則に抜本的な改革　344
協定貿易の清算方法の変化　343
協同組合連合総組合　216

索引

僑批　54, 55
僑批業　136
僑批業者並営の地場消費用輸入や自弁為替による物資の輸入　136
僑批局　136
業務組（政治と一応切り離した実務遂行機関）　331
業務上銀行系統の管理を主とする組織機構　353
僑匯　54
許可証管理　224, 402, 409
極左戦略的高指標追求型計画　310
極左路線の修正　314
極端な絶対平均主義（一平二調）　239
緊急に必要とされる物資の輸入　247
銀行貸付の財政上の支出への転用　272
銀行活動の整頓と強化に関する規定　380
銀行借入の方法で資金をまかなっていくという方法　230
銀行借入流動資金　232
銀行経由の決済方式によらない商業信用の取消　111
銀行工作で"統一指導、分級管理"　353
銀行工作"六条"　271, 274
銀行自体の管理権限も中央総行と地方分行に分けて行使　236
銀行による貸付の比率　352
銀行の貸付計画活動の強化　351

銀行の貸付資金と財政資金の区別　272
銀行の活動は軍、革命委員会の命令　351
銀行の資金供給の積極性　269
銀行は"第二財政"という存在　352
銀行部門の垂直管理体制が形成　110
銀行への過度の信用供与の強制　352
均等主義　288
金フランス・フラン建　146
勤務評価制　336
勤務評定制度　314
"禁輸・封鎖"網の形成　55

く

国営企業資金核定暫行弁法　108
口岸（通商港）指導小組　383
国内販売計画　99
国が統一分配する重要物資・商品　266
国が配分を割り振りするというシステム　186
国全体の貿易遂行の枠組と齟齬が生じてくる可能性　402
国全体の輸出貨源供給と外貨獲得計画　401
国の統一的財務管理制度　106
国別、地域別の貿易内容も調整　244
国別地区別に異なった補填レートを適用　148

431

国別貿易バランス　97
組立貿易（装配貿易）　399
クレーム　122, 123
クロス・レート　141, 150
軍管会　331, 332
軍事委員会　288, 312, 331, 379

け

経営成果　374
計画買付　310, 375
計画外の基本建設に流用　270
計画外の購買力が増え　270
計画外輸出　98
計画価格を堅持して、自由価格に反対し　369
計画額を超えて…供出…奨励価格を加算　253
計画管理・営業実務担当機構の組織体系　177
計画管理体制　173, 175, 177, 181, 182, 199, 221, 247, 255
計画管理体制の再集権化　247
計画管理体制の再検討と改革　181
計画管理と営業実務の即時的遂行の権限　176
計画管理の下放と計画体制の改編　173
計画管理の方法　230
計画機構　70, 71
計画経済の堅持と市場調節の役割の重視　374
計画経済の必要な補完として市場を通じて調整　375

計画経済の優位性（全面的配置・統一的按配と力の集中に威力を発揮する　374
計画経済方式　115
計画策定作業の混乱　310
計画自体の基本構造　176
計画指標外のもの　407
計画指標体系と計画検査制度を確立　269
計画遂行主体以外の経済主体　402
計画生産の活動の回復　315
計画達成検査対象　98
計画超過コスト削減額　277
計画超過達成利潤　105, 109, 227, 233, 275, 277
計画超過達成利潤基金　276, 277
計画超過達成利潤基金が取り消され　349
計画超過達成利潤の分成部分で流動資金に転用したもの　233
計画超過達成利潤の利潤分配制度　226
計画超過輸出　145
計画的生産と流通　375
計画としては半計画　307
計画内生産の積極的支持　271
計画内輸出　98
計画内輸入　109
計画の階層別構造　95
計画の単なる遂行者　183, 255
計画の超過達成利潤に対する利潤分配制度　105
計画の手順はいわゆる"両下一上"　181

索引

計画は地方、省・市・自治区を主とすべき　305
計画販売商品の価格　216
計画編成　306
計画編成過程における対外貿易専業総公司の地位は変化　182
計画編成は部門を主とする方式から地方を主とする方式　175
計画包干（請負）の差額の範囲内　236
"計画包干、差額管理"　236
計画報告　100
計画方法では大衆路線が強調　175
計画立案の手順を下級から上級へと上げていく編成手順　174
軽工業、農業部門から蓄積資金を重工業部門に移転　281
軽工業、農業部門から輸出税をとり　281
軽工業品、農産品の輸出の比重が高く　280
軽工業部　342, 380
経済開発の動学的枠組　329
経済活動にかんする国家の集中統一　336
経済活動面でも階級闘争が過度に強調される流れ　187
経済管理10ヵ条　335
経済管理体制が改革　236
経済協力　364
経済計画　289, 295, 298, 299, 303, 304, 305, 314, 315, 316, 318, 331, 333, 334, 369, 370, 376
経済計画管理体制の改革　305

経済計画管理権限の大幅な下放　182
経済計画担当機構　70
経済計画という名の実体は半計画、或いは無計画の状態　334
経済計算上のバランス　97
経済計算制　314, 336
経済建設と国防建設の比例関係　336
経済建設と国防建設との関係　165
経済建設に必要な設備や機械　128
経済性の比較的高い沿海地方の工業発展　166
経済体制改革研究小組　379
経済体制の改革に着手　373
経済調整　287, 288, 290
経済発展戦略の転換　374
経済貿易面での交渉　385
「経済を発展させ、供給を保障しなければならない」との方針　369
系統組織の上下結合関係　96
契約が行われる時点の国際市場価格　119
契約どおりの輸出履行が不可能となる部分　196
契約の履行　124
契約売買制が採用　202
決済した人民元収入　348
決済処理　111
決済用通貨　143
決算資金　229, 230, 235
県委員会財貿部　204

433

減価償却基金　103, 106
減価償却金の20〜30％は中央に集中　335
減価償却計画　106
現金管理を強化　272
権限が下放　177
現行検査実施商品種類表　88
現行実施検験商品種類表　355
検査過程を生産単位や経営単位の検査に委ね　189
検査計画　96, 98
検査証　189
県（市）商業局が指導　258
県（市）の公司　258
原則的に一律に地方管理とする　174
現代的科学技術　291
現代的工業　291
現代的農業　291
現有の通商港は内陸部の港湾と運輸、倉庫、決済などの業務で積極的に協力　398
原油輸出契約　326
原料輸出を抑え　250
原料輸入を増やし　250
原料を輸入し製品に加工して輸出する　243
原料を輸入して加工製品の輸出の増進　250

こ

公営公司　43
公営貿易機関　39
公営貿易機構の元締　43

航海傭船（Voyage Charter, Trip Charter）　193
広義の協定貿易　116
高級合作社間の経済的な差異を否定　239
工業器材総公司　199
工業、交通の年度生産計画　383
工業品出荷価格および配分価格　254
工業生産と交通運輸の配置　383
工業製品の代理販売　200
鉱業総公司　45
工業と農業、重工業と軽工業、蓄積と消費等の著しいアンバランスの調整　373
工業と貿易の結合　403
工業と貿易を結合した対外貿易公司　397
工業内部の調整　373
工業による農業支援　383
"工業は大慶に学ぶ"　383
工業品及び伝統的商品の輸出の拡大　398
工業品価格が高い　394
工業品自販門市部も漸次商業部の統一経営　317
工業品で輸出赤字が発生　395
工業品の買付・販売　310
工業品の自家販売は禁止　310
工業部面における整頓　334
工業部門はいかなる名義によっても、製品を自己販売してはならない　317
工業部門が自己で販売していた門市部　317

索引

工業部門と交通運輸部門の定額流動資金　271
工業部門は各々輸出供給公司を設立　342
工業分布バランス　165
高挙毛沢東思想偉大旗幟、積極参加社会主義文化大革命　292
航空貨物空輸路が開かれ　357
航空輸送　121
鉱工業生産物の輸出　243, 244
広告・宣伝活動の強化　398
口座開設銀行　234, 235
公私共営貿易公司　143
公私合営以前に私営企業が抱えていた銀行借入に対しては、以下のような方法で処理　113
公私合営銀行　134, 135
公私合営銀行の系統機構　135
公私合営銀行は中国人民銀行の体系に組み込　110
公私合営対外貿易公司　86
公私合営　76, 84, 85, 86, 92
公私合営企業　71, 163, 212, 215, 227, 234, 260
公私合営専業輸出入公司　85
公私合営の形で銀行業務　134
公私合営貿易　44, 81
公私の連合経営方式　84
高指標、調子乗りの風潮　189
広州交易会　324
工商共同販売　375
号召全党全民為生産1,070万噸鋼而奮闘　288
工場駐在検査　189
公私連営　84

「更新改造資金」の特定プロジェクト　392
向ソ一辺倒　64
交通電工器材公司　258
交通費、食費、宿泊費が国家負担された紅衛兵　299
交通部　356
公定レート　408
高度加工品輸出の比率の引き上げ　398
高度精密製品の発展　398
高度な集中経済管理方式　163
高度に集中された銀行体制　110
高度に中央に集中された計画経済体制　144
高度に中央に集中された経済体制　137
購買販売合作社　200
購買力平価によって定められる性格　280
個別経済主体（貿易公司）　402
合弁企業　361
合弁経営、合作経営等の形の外資利用　406
合弁経営事業　154
工貿結合　398
工貿結合、農貿結合の輸出公司或いは輸出入公司を設立　403
工貿総公司　124
公有制を基礎とする指令性計画経済システムの前提条件と急進性の関係　295
合理的な商品備蓄　231
港湾建設　398
小型項目についてはすべて地方が

435

決定　174
5ヵ年計画と長期計画の策定及び検査を専管　178
五金機械公司　258
五金公司と交通電工器材公司が合併　259
国営企業四項費用管理弁法　271
国営企業、供銷合作社、国家機関、部隊、団体間非現金決算暫行弁法　111
国営企業の自己流動資金　232
国営企業の対外貿易契約に商品検験局の検査を要することが規定　89
国営企業の対外貿易契約に別の検査の定めのある場合　89
国営企業の流動資金　231, 232, 269, 352
国営経済　163
国営公司　42, 43
国営商業　200, 201, 210, 226, 260, 261
国営商業系統内部の商業信用の整理　111
国営商業専業公司の復活　257
国営商業と合作社　260
国営商業の委託をうけて農産物の代理買付　200
国営対外貿易企業　75, 81
国営対外貿易公司　70, 76, 84, 176, 224
国営対外貿易公司外匯管理暫行弁法　131
国営対外貿易公司系統　185, 186
国営対外貿易公司の集中経営が形作　85
国営対外貿易財務収支計画編審実施弁法　106
国営対外貿易専業公司が統一的に経営　139
国営対外貿易専業総公司及びその分支機構　402
国営対外貿易専業総公司系統の固定資産資金と流動資金の供給の枠組　108
国営の商業と対外貿易については金庫制度　102
国営貿易　78, 82, 85
国営貿易及び合作社貿易　41
国営貿易計画暫行弁法（草案）　73
国営貿易公司　143
国営貿易公司卸売商品価格　41
国営貿易公司の減価償却率　350
国営貿易資金及び保有商品　41
国営貿易の外国為替管理による輸出入　139
国営輸出入公司　179, 183, 224
国外貿易管理局　39, 43
国際共産主義運動　371
国際経済関係の中で自己の独立した自主権を保持　246
国際市場価格に合わせて価格取り決め　322
国際市場価格によって価格計算　344, 345
国際市場価格を基礎とした価格設定方式　127
国際市場での人民元価格建てに　344

索引

国際市場で変動するスイス・フラン建て価格（商品価格および為替レートのいずれも国際市場価格）に改め　344
国際市場の購買力水準　278
国際商品価格は下降傾向　279
国際的な相互交流や合作が無視　159
国際的平和民主陣営と帝国主義侵略陣営の対立　64
国内外の不法商人の不法商行為や陰謀、破壊活動を防止　187
国内価格と国際市場価格はだんだんと離れていく　281
国内決済レート　148, 149
国内決済レートには国別差異をなくし　149
国内小売物価　278
国内市場の安定と農業支援　244
国内市場を主とし、国外市場を輔とする　325
国内商業専業公司が復活　266
国内商業体系を簡略図　202
国内商業と対外貿易の結合　403
国内消費財価格を低く抑え　281
国内的には中国人民銀行の国外局であり　137
国内の経済単位　148
国内販売と輸出の関係　247
国内物価はずっと上昇　150
国内物価は長期的に安定　280
国防建設と経済建設との関連　166
国防建設の強化　166
国防工業弁公室　378, 379

国民経済復興期（1949～52年）　128
国民経済各部門のバランス　373
国民経済管理体制の改革　374
国民経済計画の策定作業が再開　352
国民経済計算に結び付ける形で人民元に換算する場合　148
国民経済全体の発展　166, 246
国民経済全体を単一の企業体とする経済運営のやり方　295
国民経済の計画的なバランス　246
国民経済の混乱とアンバランス　241
国民経済の"調整し、鞏固にし、充実させ、引上げをはかる"という方針　247
国民経済の半無政府状態　175
国民経済発展10ヵ年計画　319, 320
国民経済発展二段階構想　317
国民経済は無計画状態　301
国民経済復興期（1949～52年）　67, 73
国務院各部、委員会、直属機構を元の90から簡素化、或いは合併　333
国務院関于改進商業管理体制的規定　181, 202
国務院関于人民公社信用部工作中幾個問題和国営企業流動資金問題的規定　232
国務院関于当前緊縮財政支出、控制貨幣投放的補充規定　270
国務院機械工業委員会　378, 384

437

国務院機構の再編成　380
国務院僑務弁公室　380
国務院研究室　382
国務院政治研究室　382
国務院関于改進財政管理体制的規定　181
国務院直属機構　380, 382
国務院の関連部門は、批准を経て当該部門の輸出成果の向上、組織的集荷を首尾よく行うために、輸出商品供給公司を設立　398
国務院の中国民用航空局　194
国務院部・委員会機構改革実施法案　379
国務院香港・マカオ弁公室　380
穀物種子の買付価格を引き上げ　253
国連に復帰　362
互恵待遇　327
"五先"（国家計画の範囲内で、輸出任務優先、輸出向け生産優先、輸出向け原材料・エネルギー・包装物品供給優先、輸出向け買付優先、輸出向け運輸優先）原則　397
50年3月の全国統一財政経済工作会議　150
50年代の中ソ協定計画貿易の輸出入商品構成　127
以来行われてきた流動資金の供給方法　271
58年の躍進指標　239
"五小"企業　311
個人持株への定息支払が停止　135

「五反」運動　291
国家あるいは地方物価管理部門の定めている価格　221
国家外貨管理総局　278
国家外貨収入の増加　247
国家外国為替管理総局が新設　407
国家科学技術委員会　378, 379, 382
国家が対外貿易公司に対する指令性計画・管理と統一損益計算　85
国家間の一種の相互援助という特殊な協力の形をとった合弁形態　158
国家間のバーター・支払協定　142
国家機械設備プラント総局設立に関する申請報告　384
国家技術委員会　178
国家規定の範囲内で企業によって定められる価格　376
国家基本建設委員会　384
国家計委、財政部関于1962年国営企業若干費用画分的規定　271
企業成本管理工作的連合通知　271
国家計画委員会　70, 71, 72, 95, 96, 97, 132, 138, 175, 177, 178, 179, 211, 213, 214, 216, 222, 247, 248, 249, 263, 267, 271, 296, 312, 314, 318, 319, 327, 330, 331, 332, 334, 335, 355, 370, 378, 379, 380, 382, 383, 389, 392
国家計画委員会の物価局　254

索引

国家計画委員会によって統一的に計画配分　406
国家計画委員会の確定した輸入項目　101
国家計画委員会の管理の任務　331
国家計画委員会の計画管理上における地位の変化　180
国家計画委員会の物資分配機構　263
国家計画委員会は以下の任務　72
国家計画委員会物資分配局　249
国家計画委員会を頂点とする指令性計画経済システム　296
国家計画委員会を頂点とする指令によって執行　409
国家計画としての貿易の順調な遂行　348
国家計画の達成と超過達成　175
国家計画の範囲内で独立経営権　201
国家計画の許す範囲内の自由生産によって計画生産を補充　168
国家経済委員会　179, 379
国家経済委員会内に物資管理総局　263
国家経済委員会の主要な任務　178
国家経済委員会の物資分配・流通体制改革案　262
国家経済委員会は1958年9月から主として工業及び交通運輸部面の管理を担当　178
国家経済委員会は工業生産と交通運輸にかんする管理任務を専管　248
国家経済委員会は工業生産と交通運輸の管理を専ら担当　249
国家経済委員会は工業生産と交通運輸部面についての任務を専管　177
国家経済委員会は物資管理の任務から外れる　250
国家経済委員会物資管理総局　263
国家経済体制改革委員会　379
国家財政から供与した国営企業の自己流動資金　269
国家資本主義の高級形態である公私合営　84
国家外資管理委員会　192
国家水産総局　380
国家、生産単位、生産者個人の関係　165
国家統一分配物資計画　99
国家統一価格　376
主管部門分配物資は地方計画　306
国家統一分配物資の販売活動　318
国家統制型保護貿易主義　389
国家統制型保護貿易政策　59
国家に売り渡　138
国家による一本の統一買付・一手販売が改められ　310
国家による貿易の独占経営の体制　192
国家農業委員会　378, 382, 384
国家農墾総局　380

439

国家の関連部門（工業部門とか農業部門等）…批准…輸出供給公司を作ることもできる　403
国家の計画指導の下での市場調節　373
国家の指令性計画　402
国家の指令性計画に応じて輸出入業務を行う　224
国家の対外貿易の管制政策　224
国家の統一買付・統一販売　310, 375
国家の統一買付・統一販売の工業商品　310
国家の統一計画の強化　334
国家の独占経営　186
国家の特別許可をうけた外国為替専門銀行　137
国家の輸出計画を達成　144
国家の輸出入計画の達成を確実に保証すること　224
国家の流動資金の集中管理と資金分配計画　111
国家備蓄局　249
国家物価総局　379
国家物資管理総局　249, 255, 263, 264, 265, 267
国家物資管理総局内…5大公司　263
国家物資総局　318, 335, 383
国家物資総局が設置　318
国家物資の管理活動　263
国家物資備蓄局　213, 249, 263, 264
国家物資備蓄計画草案　72
国家分配備蓄局　214

国家編成委員会　380
国家輸出外貨獲得計画　396
国家予算と貨幣発行　336
国家予算内投資完成額　315
国家労働総局　335
国家を代表して関連協定や議定書を締結　385
国境貿易など様々な形の貿易　117
固定為替レート制　278
固定資産減価償却基金　103, 106, 228, 350
固定資産資金　103, 105, 108, 132, 133, 228
固定資産資金及び流動資金　102
固定資産資金の一源泉を構成　228
固定資産の価値変動による所得　350
固定資産の減価償却　228, 350
固定資産の減価償却計画も財務計画から外され　107
固定資産の更新・改造資金　374
固定貿易人民元価格建て　344
固定スイス・フラン建て価格　344
固定設備更新・改造資金　350
個別減価償却法　228
五豊行　388
コンテナ船輸送を開始　356

## さ

サービス業公司　258
在外華僑からの送金への配慮

440

150
在庫計画　99
在庫商品（原材料を含む）の平均備蓄量の貨幣表現　231
最初の輸出商品生産綜合基地　392
財政赤字　303, 316, 317, 319, 374
財政・金融に対する二重の指導体制　353
財政経済委員会　70, 72, 73, 88, 108, 216, 379
財政収支の請負　311
財政では「収支内容を区分して、各級で請負する」という方式　375
財政部から赤字補填　42
財政部、中国人民銀行関于国営企業流動資金改由人民銀行統一管理的補充規定　232
企業利潤留成資金管理的報告　275
財政部門からの直接配分方式から試験的に貸し付け方式に変えられ　374
財政・融資、物資、技術上…支持　399
最前線の各地の税関における政治的破壊活動に対する実戦的な闘争　187
最低関税率　60
財貿小組　379
財務計画管理制度の改革　268
財務管理と輸出業務管理上齟齬　348
財務管理の実施方法　106

財務計画　99, 101, 104, 105, 106, 107, 133, 201, 230
財務計画制度　268
財務収支計画　106, 108
財務制度の基礎　101
財務制度破壊　301
財務体制の改編　199, 225, 228
財務体制の構造変化　228
財務予測調整　107
"差額管理、一年両包"　236
差額部分は対外貿易部が補填　408
差額分配　306, 308, 311
搾取階級のイデオロギーを根こそぎする革命　292
「左」傾思想　158, 159
鎖国閉鎖政策　159
査定された定額商品資金は、銀行から貸し付け　231
査定の貸付指標の範囲内で貸付審査　274
三級計画管理体制　174
三級ステーション　201
3国間で固有の協定貿易　118
"三社合一"　204
三種の価格　376
"三大改造"（農業、手工業、資本主義商工業の社会主義的改造）　163
3地区は統一的に対外的には1ルーブル＝6,754人民元と定めた　148
産地の積極性に重点　306
三統　204
三突破　313, 314, 326

441

343件の専門家についての契約と
　契約補充書　242
三類商品　307
三類物資生産に要する第一類
　266
三類物資に関する各級管理機構の
　設立　266

## し

私営及び外国人経営の公証業者の
　商品検査及び公証業務はすべて
　停業　90
私営金融業の社会主義改造　110,
　134, 137
私営検査・公証業務　63
私営工廠及進口商申請外匯暫行弁
　法　131
私営指定銀行　134, 135, 137
私営自弁輸入業者　136
私営商業　41, 199
私営商工業　201, 202
私営商工業の社会主義改造　134
私営中継転送通関業者の公私合営
　194
私営貿易　41, 43, 44, 48, 50, 55, 76,
　81, 82
私営輸出商に5～15％の利潤を保
　証　150
私営輸出入商　70, 75, 81, 82, 84,
　86, 87
私営輸出入業者の社会主義改造
　136
私営輸出入業者の契約締結に対す
　る　39

私営輸出入商に対する社会主義
　224, 402
私営輸出入商の公私合営　183
私営輸出入商の利用・制限・改造
　112
私営輸出入商は国営公司の代理輸
　入や代理輸出　112
自営輸出の利潤　348
自営輸入の利潤　348
私営流通業者の委託、取り次ぎ販
　売　375
"自下而上"　175
直送為替による支払方式で22のプ
　ロジェクトを契約　405
事業単位はすべて下放　306
資金貸出管理の杜撰さ　270
資金借入企業　235
資金差額回籠投放　104
資金大回籠　104, 108
資金に対する高度に集中管理され
　た計画分配　111
資金の収支もまた中央人民政府貿
　易部の掌握する体制　102
資金の全面的な集中体制（資金大
　回籠）　102
自己管理による経済計算を追求さ
　せるシステム　133
自国の特徴に適した革命と建設の
　道　365
自国の独立、自由と領土主権の保
　全　40
自己資金　228, 229, 230, 261, 271
自己資金と同一のものとみなされ
　る資金　229
自己販売　317, 375

索引

自己で販売　213, 317
自己の主体的経済建設の路線を放棄　329
自己の流動資金　132
自己販売可　375
資産変動処理　106
自下而上、上下結合　333, 335, 336, 338
事実上無計画状態　331
"自上而下"　175
市場価格によって門市部　215
市場調節の役割を発揮　374
市場物価　216, 220, 252
市場を経由する生産と分配のシステム　296
私人の外国為替請求　52
思想を解放し、イギリスを追い越し、アメリカに追いつく　182
時代認識　287, 293, 361, 366
下からの計画を基礎として上にあげていき（自下而上）、上下結合するというやり方　333
実際に計画を実行する地方の側からする計画、またその遂行方式（块块）　175
実際の赤字が計画赤字よりも小さかった企業　277
"実際の状況に即して仕事をしていないこと"　176
実事求是　172, 289, 372
実施計画　96, 97
実質生産費と販売価格が乖離　394
実施品質管制的商品種類表　189
実物商品のないものについては一律に貸付しないこと　271
実務取り決め　120, 122, 123
指定銀行　51, 52, 53, 134, 135, 138, 141
指定品生産　322
自動車輸送　120, 121
自留地　302, 305, 317
次年度の商品追加で結末　143
支払手続　122
四半期および年度輸出計画　44
四半期毎の借入計画　230
四半期財政収支計画と調査計画　235
四半期資産・負債表及び附表、主要指標月報表　235
四半期流動資金計画　234, 235
紙幣増発に歯止め　270
自弁為替輸入　54, 55
自弁為替輸入業者　136
試弁短期外匯貸款弁法　354
資本収支　101
資本主義各国兌換可能通貨建　146
資本主義各国通貨建　146
資本主義経済システム　296
資本主義経済と小私有経済を含む多様な経済構成　163
資本主義工商業の社会主義的改造　85
資本主義国から輸入　244, 282
資本主義国との決済レートには補填はない　282
資本主義国に石油や石炭、綿布を輸出　327
資本主義国のレート切り上げ、切

443

り下げ　152
資本主義商工業の公私合営が全般的に実現　113
資本主義諸国、第三世界の国々（地域）との協定貿易　118
資本主義諸国と協定貿易　143
資本主義諸国の国内物価は上昇傾向　279
資本主義諸国の中国封じ込め政策　128
資本主義世界市場と社会主義世界市場対決の構想　362
資本主義体制の擁護　322, 352
資本主義的商品経済復辟　329
資本主義と社会主義の2つの路線をめぐる対立　292
資本主義と封建勢力の狂気じみた攻撃　291
資本主義の止揚として掲げた中国社会主義建設　298
資本主義の否定＝社会主義建設　115
資本主義の復活　328
資本主義発展の特殊段階の総体的社会経済制度　365
資本主義復活の危険　290
死滅しつつある資本主義　63, 64, 287, 293, 296, 328
下達指標　71
地元の積極性の発揚　166
社員は、商業活動に従事することが許されなくなっていた　308
社会主義運動の高まり　168
社会主義革命　63, 64, 67, 289, 294, 297, 362, 363, 366

社会主義革命の勝利の戦争　294
社会主義革命を勝利に導く戦争　297
社会主義企業間における商業信用　111
社会主義教育運動　290, 291
社会主義競争奨励金　277
社会主義計画経済といわれる経済運営方式下の諸国間　117
社会主義経済計算　320
社会主義経済建設の最も優れた方法　294
社会主義経済システム　296
社会主義建設期　278
社会主義建設の総路線　167, 169
社会主義建設の総路線・人民公社化・"大躍進"　287, 288
社会主義建設の総路線に向けてのエネルギー結集を分裂　170
社会主義国間の経済関係　153
社会主義国間の相互援助の形の資本交流　153
社会主義商業　307
社会主義社会に商品・貨幣関係が存続し続けること　295
社会主義社会のある範囲に存在する階級闘争　290
社会主義陣営　69, 115, 287, 293, 363
社会主義対外貿易体制が全面的に確立　85
社会主義と資本主義の2つの道の闘争　292
社会主義の勝利を実体化するためには、闘争　293

索引

社会主義の全歴史的階段にブルジョアジーが存在する　290
社会主義の道と資本主義の道との矛盾　169
社会主義の優位　328, 329
社会全体を能動化する主体　170
社会帝国主義　362
社会的必要労働と製品との等価交換の客観的基礎　163
奢侈的な消費財の輸入を制限　150
借款　153, 154, 156, 157
借款援助　156
借款の返済　242
上海―香港鉄道物品輸送内地連絡輸送開設合意書　194
上海鉄道管理局　194
上海分行信託部　194
10億ドル余り調達　354
周恩来をトップとし李富春、李先念の参加する３人指導小組　250
10ヵ年計画　317
集権型計画体制　176
集権的外貿計画管理体制　239
集権的な全国商検体制　190, 191
重工業と軽工業、農業との関係　164
重工業品の輸出比率が比較的低い状況　281
重工業部　40
重工業部門に優遇を与えると同じ役割　281
重工業優先開発政策　166
重工業優先発展戦略　281

重工業優先発展の教条的かつ機械的な暴進　167
自由市場価格　376
自由市場社会主義統一市場の構成部分　168
収支連結、収入総額による分配　335
修正主義的なもの　301
従属的、牛歩主義、洋奴哲学のなせる業　330
「十大関係について」　164, 166, 167
住宅及び共用事業　106
集団企業と小商品生産の発展　373
集団所有制の社会主義商業　307
集中・統一指導の強化　314
重点基本建設プロジェクトの設備プラント専門機構　384
重点商品の輸出商品生産基地の建設活動　245
重点輸出入商品の品質監視を強化　189
集友銀行　134, 135
重要市場における計画買付　216
重要設備の供給停止　155
従来の国家による統一買付・一手販売に戻され　310
従来の物資管理部所属…５つの専業公司及び一級ステーションと販売業務　309
従来の貿易商品の価格設定方式　407
従来の輸出を奨励し、輸入を押えるという方針を、輸出入双方に

445

配慮するとの方針に改めた 151
従来物資管理部が管理していた製品 309
主観主義 170, 171, 172
主観的高指標設定 371
主管物価管理部門の批准を経た価格で買い付ける 222
主管部門あるいは地方の規定する配分価格か工場出荷価格 222
主管部門と対外貿易部の二重指導 398
主権喪失国威失墜 322
手工業生産合作社 179, 200, 220
主体的能動性に裏打ちされた客観主義 170
主体的能動性発動の一部にブルショア的性格のものも許容した制度的枠組を形づくる必要性 172
出口農副産品生産基地和輸出工業品専廠的試行弁法 391
十個要不要 368
珠海県香洲毛紡工場 389
主要計画指標任務の分解 97
主要工業品最高制限価格 252
主要市場における小売販売価格 216
主要商品別利潤計画 107
主要税関設置通商港 86
主要生産手段の分配計画草案 72
主要農工業産品価格 220
主要農産品買付最低価格 252
主要物資が計画配分 210

主要輸出商品買付と移出入・在庫のバランス 97
主要輸入商品と国内の使用のバランス 97
使用外貨が百万ドル以下の場合 400
使用外貨が百万ドルを超える場合 399
"条块"組織系統外のもの 407
使用価値と価値との関係 164
上級が借りて下に回す 104
上級業務部門と地方商業行政部門の二重指導体制 258
上級計画機関 71
省級(即ち省、直轄市、自治区)行政機構の対外貿易局 386
上級への計画報告 100
上級報告下達方式で計画 200
商業行政部門の1系統による上下関係で編成 306
商業局 204
商業計画制度 200
商業工作"八条" 274
商業信用 111
商業性企業の貸付について規定 109
商業庁(局)の統一管理、統一計算 259
商業部 179, 200, 201, 202, 204, 208, 210, 212, 215, 216, 218, 219, 222, 226, 237, 240, 252, 253, 254, 257, 258, 259, 260, 261, 267, 273, 300, 305, 306, 307, 308, 310, 317, 380, 394
商業部系統の縦の関係("条条"

関係）は分断　307
商業部所属の一級卸売ステーション　306
商業部には一つの整った全体的財務計画はなくなった　307
商業部の管理に属する計画商品　306
商業部門は一部の物資を調達し販売　215
商業部、糧食部、全国供銷合作総社、中央工商行政管理局の4つの単位が商業部として合併統合　305
商業ベースの借款　405
賞金第一　349
上下下達　332
商検局　187, 188, 189, 190
商検体制の分権下放問題　190
商工業の経営と市場関係　167
省、市が要求した地方の輸出入経営権　196
省・市・自治区の革命委員会が審査・批准　306
省・市・自治区の公司　258, 259
省・市・自治区公司は、省・市・自治区の商業庁　258
省・市・自治区の商業庁　204, 258
"条条"のやり方　332
省所属対外貿易公司の設立を批准　403
省人民政府商業庁　78, 80
小生産社会と封建的観念　371
上納減価償却費は地方に下放　311

上納すべき国家の財政収入　273
消費合作社　200
消費者物価　279
商品買付計画　306
商品検査機構　187
商品検査局　39, 62, 356
商品検査証明書あるいは鑑定証明書　89
商品検査制度　76
商品検査の手続を過度に簡略化し、検査のスピードアップに力点をおく　189
商品検験暫行条例　88
商品検験条例　88
商品検験総局　89
商品交換協定　125
商品在庫の定額のものに対して行う資金供給の管理方法　231
商品資金の計画指標　231
商品資金の定額　231
商品資金は計画供給の方法を採用　230
商品検験局　88, 89, 90
商品としての扱いが認められなかった生産手段　374
商品によってさらに赤字…補填　408
商品の価格差および商品の価格比率の掌握　216
商品の対外販売の組織　396, 399
商品の統一分配　200
商品の流通費　106
商品配給・流通管理体制　221
商品・物資の配給・流通管理体制　199, 256

「商品分級管理弁法」による商品
　分級管理（1959年）　209
商品分配権　202
商品分類別分級管理制度が確立
　207
商品輸出入の損益　348
商品輸入のための資金需要　233
商品流通管理体制　199
商品流通費計画　106
商品流通計画を財務計画に組み入
　れ　269
商品流通資金　112
商品流通費核算和分攤（商品流通
　費計算と項目配置）弁法、会計
　科目　347
商品流通計画　99, 105, 111, 230,
　234, 235, 274, 306, 307
正面から闘うべき対象　170
奨励価格加算　253
奨励基金　334
奨励金、出来高払賃金制、企業基
　金等を復活　369
所轄地区の関連輸出入商品許可証
　発給　387
所轄地区の関連輸出入商品の近距
　離輸送を担当　387
職員・労働者が企業管理と監督に
　参加する企業管理運営の権力機
　構　404
職員・労働者の福利　227, 275, 334
職場責任制　336, 369
食品公司　258
食糧および対外貿易の国外販売部
　分の利潤　226
食糧…計画買付・計画販売の方式
　312
食糧の買付・販売　314
食糧の徴購基数　312
食糧の輸出入　326
食糧の輸入を減らすこと　244
食糧輸入に換え　243
所在地の革命委員会あるいは軍区
　の指導　331
所在地の輸出入に携わる企業の登
　記申請　44
取得外貨の一定の比率額　145
初歩的な計画管理組織機構　70
自力更生と鎖国閉鎖政策の枠を超
　えるもの　370
自力更生におかない戦略　329
自立的国民経済の建設　328
自留地経営、家庭副業の制限
　307
自留地の没収　317
自留地は取り消され　302
指令指標　71
指令性計画　163, 166, 211, 294,
　295, 296, 297, 298, 406
指令性計画経済システムとの大き
　なちがい　297
指令性計画体制　84, 115
指令性計画と各項目の外国為替収
　支管理の方法　138
指令性計画貿易が全面的に執行
　187
指令性計画貿易遂行下における税
　関活動の基礎条件　185
指令性計画貿易によってほとんど
　の部分が占められるような貿易
　管理体制　185

指令性方式による計画経済体制を構築　115
城市服務部　204
人員計画権も下放　174
新技術及びプラント導入計画　370
新技術導入領導小組　370
新技術の提供も停止　242
進口（輸入）公司　78
新国家計画委員会　309, 334
新国家計画委員会物資局　309
審査・批准手続の簡略化　399
進出口貨物許可証簽発弁法　225
進出口廠商営業登記弁法　48
進出口商品検験工作細則　189
進出口貿易許可証制度実施弁法　76
進出口貿易成本管理弁法　348
新人民元の発行　279
申請単位　214, 215
新製品の輸出を奨励　398
新設の物資管理部　248
　（深圳、珠海、汕頭、厦門、上海崇明島等）　400
深圳、珠海を先行試行　400
信貸、現金計画管理弁法　353
真の国際主義　365
人民解放軍国防科学技術委員会　378
人民元為替レート　407
人民銀行　40, 42, 43, 51, 52, 53, 56, 344, 353, 380, 390, 407
人民銀行の活動は、本行と省・市・自治区革命委員会の二重指導　380

「人民銀行本行」は国務院の部・委員会と同等の一級の単位　380
人民経済計画委員会　70
人民元価値の安定の保持　152
人民元為替レートを高く設定　394
人民元資金管理は中国人民銀行　406
人民元、新疆地区の対ソ貿易については統一対外レート　148
人民元対ルーブル統一対外正式レート（1ルーブル＝2.222人民元）に補填90％を加えたレート　149
人民元対ルーブル統一対外正式レート　149
人民元高　277, 280, 281, 282
人民元建ての輸出　346
人民元とルーブルとの為替レート　146
人民元による決済の比率は漸次下がっていった　346
人民元による貿易金融　351
人民元の交換性　346
人民元の購買力の状況　147
人民元の高レート設定　280, 281
人民元の国際市場における購買力水準に符合　151
人民元の先物取引を開始　346
人民元の対外為替相場　52
人民元の対外レート　278
人民元の対米ドル為替相場停止　151
人民元の対米ドル為替レートが新

449

たに建て　407
人民元の対米ドルクロス・レート　152
人民元は金価値に対して高い評価　146
人民元は下がる一方の傾向　150
人民元レート上昇　151
人民元レートの調整　279
人民元レートの制定と公布　406
人民元レートの設定方針　151
人民元レートの設定方針転換　151
人民元レートは自ずと過大評価のレートとなる　280
人民元レートは基本的には行政管理体制　138
人民元レートを算出　278
人民公社化運動　182, 204, 239
人民公社化運動の中で現われた均等主義　288
人民公社化後の農村の財政体制　236
人民公社社員の副業も制限　302
人民公社の基本計算単位　317
人民公社の組織部分であると同時に、商業部門の基層単位　260
新民主主義革命　67
新民主主義社会から社会主義社会移行への担い手　169
人民政府外事処　48
人民大衆の聡明な英知と創造力　329
人民内部の矛盾を正しく処理する問題について　167
人民民主主義統一戦線　40

新輸出品の輸出　145
信用合作社　200, 204
信用状同時開設バーター　140
信用の国家銀行への集中　111
「真理を確かめる基準」　372
新ルーブルの対内価値は10倍に引き上げられたが、対外価値は4.444倍　147

す

水産物は水産部が経営　261
スイス・フラン建て記帳決済方式　119
スイス・フラン建てによるバーター記帳決済方式　127
スイス・フランによって価格計算し、国際市場価格によること　345
スイス・フランによる価格計算清算方式に改め　343
スウィング　143
数量割当　409
すべての外国為替は必ず国家に売り渡されなければならない　406
すべての積極的な要素を総動員するという体制　166
すべての専業公司と専業局は廃止　305
すべてを中央に統一し、雁字搦めにするやり方　305
スリランカとの間　116

## せ

正確な毛沢東思想　371
生活必需品輸入　244
税関管理局　185
税関管理局は制度的に取り消され　337
税関機構の再構築　408
税関総署　40, 56, 57
税関総署は、税関管理局と改められ　408
税関総署は対外貿易部の一組織機構として合併　185
税関の人民民主独裁機構としての役割　187
税関の防衛任務　187
税関法　75
政企合一体制　204, 256
政策的国内価格設定　152
清算勘定方式　142, 143
生産企業が貿易する権限を拡大　399
生産、供給、販売を統一　398
生産手段　241, 244
生産手段工業品価格　216
生産手段としての工業品が、商品として市場に入り込む　375
生産手段の輸入　241, 244
生産手段の社会主義的改造が完了　137
生産手段　211, 239, 245, 260, 262
生産隊　302, 305, 308, 312, 317
生産大隊　308
生産隊の公社への併合　317
生産と販売の結合　403
生産の指揮系統　300
生産発展基金　275
生産部門は生産面における検査を蔑ろにし　189
生産・メインテナンスと基本建設に必要とされる原材料・設備の比例関係　336
生産力解放の最良の方法　297
生産力の低い発展段階で反帝反封建社会の建設　298
清算ルーブルによって直接価格計算し清算　148
清算ルーブルによる記帳清算　146
清算ルーブルによる記帳清算方式　146
"政治がすべてを決定する"との林彪の論　299
正式に総合減価償却法を実行　350
政治と企業の運営管理は一体化した形（所謂政企合一）　405
正常な形のほかの流動資金　108
正常な政治経済関係の回復　380
正常な輸出商品の品質管制や検査は"売国主義"　355
静態的社会均衡を突き破って動態化　171
生体ブタの割当額の買付　253
製品マーチャンダイジング　403
製品輸出をのばし　250
政府間貿易　326
政府間貿易協定　117
政府間貿易協定も締結されないといった情況　126

451

政務院財政経済委員会　52,53,54,57,132,148
世界社会主義革命の一環となっているところの中国の社会主義革命　169
世界政治経済に対する基本認識　292,366,389
世界戦争と社会主義革命　361
世界的な範囲で社会主義に移行　363
世界の先進技術と先進設備を努めて取り入れる　364
世界の先進的水準に追いつき、追いこすという目標　291
「世界八十一ヵ国共産党・労働者党代表者会議」（通常「モスクワ会議」と呼ばれる）　155
石炭建築器材公司　258,259
石油公司　258,259
石油化学工業部　380
石油工業部　380
石油総公司　199,259
石油の輸出は"売国主義"　320
セクト主義批判闘争　170
せっかちな暴進という傾向にも反対　168
積極的政策推進主体としての指定銀行　135
積極的な輸出促進措置　245
積極的な輸出外貨の獲得は外貨第一ということ　322
絶対平均主義"一平二調"の風潮　302
設備管理およびメインテナンス制　336

設備管理・保守制度　314
設備更新・改造資金　350
1977年農・副産品買付価格が引き上げ　395
1951年ソ連で単独見本市　184
1951年4月18日『中華人民共和国暫行海関法』　60
1959年7月に開かれた党の廬山会議　288
1955年3月1日新人民元の発行　152
1955年の「中華人民共和国国家計画委員会暫行工作条例」　72,177
1953～58年の人民元の対ドル為替レート　152
1953～58年の人民元の対米ドル為替レート　279
1950年12月「対外貿易管理暫行条例」　43
1950年7月8日統一的な外国為替レート　149
1958年価格を基礎とした取引価格設定方式　127
1958年大部分の中央企業が地方管理に下放　261
1958年の党第8期全国代表大会第2回会議　182
1954年11月1日から人民元の統一正式レート　149
1954年9月に公布された「中華人民共和国憲法」　72
1954年から税関の活動に新たな性格づけが提起　186
1954年には広州で最初の輸出商品

交易会を開催　184
1956年国家経済委員会が創設　177
1956年の対外貿易部の内部機構　179
1953年国営対外貿易財務収支計画表格及編制説明　106
1970～79年の中ソ貿易累計額　129
1970年8月開かれた農業会議　305
1971年10月中国の国連における地位回復　315
1979年輸出商品の価格に対して対応策　395
1973年当時の対外貿易部の内部機構図　386
1972年に対外貿易部税関商検局と改められた　337
1970年第一類物資（国家統一分配物資）の数は調整　308
「1976-85年国民経済発展十ヵ年計画綱要（草案）」　370
1976年5月1日…一律に内部補填を取り止め　345
1949年1月18日先ず天津で外国為替に対するレートが公布　150
1949年から52年までの期間は、税関総署　184
1961年1月1日ソ連は貨幣改革　149
1969年度の国民経済計画の策定　303
1963～72年の国民経済長期計画　291

1967年と68年の両年の年度経済計画は編成されず　299
1962年7月全国供銷合作総社は商業部から独立　261
1960年から輸出商品に対して、先ず輸出用配分の優先手配を行い、輸出商品の生産優先、原材料および包装物資の優先供給、買付優先、輸送優先の方針　250
1962年4月商業部と供銷合作社の業務分担に関する決定　260
1960年11月15日、税関と商検局の体制が同時に改められ　191
1960年代に入ってからの国際情勢の変化　192
1968年からは技術導入も中断　323
専業外貿機関　119
専業公司系統の上下の領導関係　204
専業公司とステーションの関係　201
専業公司の設置と指導関係　258
専業公司の撤廃と直属企業の下放　307
専業総公司あるいは工貿総公司の統一計算　124
専業総公司が統一経営し、損益はすべて中央財政に組み込むというシステム　349
専業総公司系統組織　96
専業総公司と省・市・自治区商業庁（局）の分級指導　258
専業総公司の指導を主とする

453

258
専業総公司を主とする計画編成　96
専業部門と地域の両者を結合した計画管理制度　248
前近代的人間的生産性を基礎とする経済発展方式　371
先行する資本主義によって準備された条件　295
全国供銷合作社　267
全国供銷合作総社の3者は合併して商業部として編成替え　204
全国供銷合作総社は国営商業に組み入れ　307
全国国営貿易公司　42
全国国営貿易組織　46
全国国内市場物価　216
全国財政経済工作会議　150
全国主要生産市場　216
全国対外貿易計画　97
全国対外貿易計画工作程序弁法　74
全国的・統一的な「輸出輸入商品検験暫行条例」　88
全国的な商業企業管理の系統　199
全国的なバランスは、国家経済委員会と主管部門がこれを執り行うこと　173
全国的に単一の直接計画管理方式が実行　176
全国的貿易会計法規　41
全国統一の物資分配・流通部門を設けたこと　262
全国の国営商業　199

全国の国営対外貿易の財務は、中央人民政府政務院貿易部支配の完全な全人民所有制　102
全国の国営貿易、合作社貿易、私営貿易の国家的総領導機関　41
全国の財務管理制度の統一　106
全国の農・副産品買付価格…引き上げ　253
全国のバランス　247, 261
全国の物価の統一管理とバランス活動に責任　254
全国の輸出商品の平均外貨転換コスト（この時点では1ドル＝2.5元）　408
全国物価委員会　254, 309, 334
全国物価工作　216
全国物価の総水準　216
先進的技術の装備　383
先進的な社会主義制度と立ちおくれた社会的生産力との矛盾　170
漸進的な平和的変革の道　362
全人民所有制　85, 133, 304, 307, 313, 318, 319, 393
全人民所有制企業　135
全世界のプロレタリアートの解放　362
戦争遂行に適った完全な指令性計画経済　297
戦争でない革命　362
「戦争と革命」　287, 293, 294, 361, 362, 366
戦争と革命を直結させる形の従来の基本認識　364

索引

戦争に備え　291, 298, 311
戦争の危険　311, 363, 364, 372
戦争の備え　165
戦争の勃発を遅らせる　364
戦争の勃発を遅らせることが可能である　364, 372
戦争抑止と平和　366
戦争抑止力の有効な条件　364
全ソ対外経済合同体　119
全党大搞対外貿易収購和出口運動的緊急指示　250
全党の活動の重点を社会主義現代化の建設に移す　364, 372
専売輸出品　49
専売輸入品　48, 49
船舶代理業　92
全面的内戦状態　301
全面的に指令性計画管理を実行する形　406
専門家による工場支配　301
専門家派遣契約及び契約補充書343件の破棄　155
専門的分業と協業の原則　383
専門別運営　84
戦略的後方建設　311
戦略的後方をきずくという作業　292

そ

総括発注単位が輸入物資引取　268
双軌制　175, 181, 247
"双軌制"計画が復活　247
総経理が運営管理に責任　404
総経理の独断専行現象　404
総合減価償却法　228
総公司からの指令の下達　124
総公司の指導　199, 258
総公司を頂点とする系統的組織体制　388
総公司を頂点とする直属区公司、分公司、支公司　42
総合バランス　312, 315, 336, 382
倉庫運輸公司　258
相互に輸出入の配分割当や市場を争うといった行動　196
"走出去"戦略　400
"双線"管理の方法　274
"造反派"の武闘　332
総貿易額に占める協定計画貿易総額のウェイト　125
蔬菜公司　258
その他の流動資金　105
その他輸入商品　219
ソ連から供与された借款と協定貿易上の未履行部分ソ連から供与された借款と協定貿易上の未履行部分を、65年10月までにすべて清算　157
ソ連から供与されたプラント設備プロジェクトと借款援助額　156
ソ連からの借款と利息を、一年繰り上げすべて返済　157
ソ連側の…実際に行った中国向け借款額　153
ソ連側持分も中国に移譲　154
ソ連共産党第20回大会　241
ソ連対外経済銀行　119, 122

455

ソ連対外貿易銀行　119
ソ連、東欧諸国との鉄道輸送網の形成　193
ソ連・東欧諸国との貿易関係の縮小　244
ソ連・東欧諸国との貿易関係の変化　246
ソ連と大部分の東欧諸国が「鉄道貨物輸送条約」　93
ソ連と東欧諸国との貿易に大きく依存する状態　246
ソ連との間での合弁4公司　154
ソ連との経済・軍事協力　153
ソ連の貨幣改革　147, 278
ソ連の専門家の召還　155
ソ連の対中国企業建設援助　128
ソ連は貨幣改革　147
損益も地方財政に　306, 307
損傷・真偽の状況につき検査を要するもの　89
"存貸下放、計画包干、差額管理、統一調度"　236

## た

第1次5ヵ年計画期間中の輸出外国為替収入　139
第1次5ヵ年計画期末の計画管理体制　163
第一機械工業部は生産と販売を結合した機械設備出口公司を設立　342
第1次関税法税則　410
第1次5ヵ年計画　70, 82, 95, 96, 99, 104, 111, 128, 139, 164, 167, 169, 181, 193, 227
第1次5ヵ年計画の繰上げ達成　182
第1次5ヵ年計画の末期には中国の鋼材自給率　128
第一次産品価格、原材料価格が低く　394
第一次産品の輸出は資源の売り渡し　322
「第一次文化大革命」の終結宣言　378
第一商業部　202, 204
第一商業部と第二商業部、さらに全国供銷合作総社の3者は合併　204
第一段階…1980年までに独立した、比較的整った工業体系と国民経済体系を確立　317
第一類（計画買付農産品）　219
第一類、第二類物資の供給、販売ルート　215
第一類、第二類物資の計画申請、分配下達システム　214
第一類、第二類物資を必要とする企業・事業単位　214
第一類物資の販売を統一　264
第一類物資のバランスと分配　263
第一類物資の販売業務と販売機構　264
第1回全国対外貿易計画会議　74
対外運輸部　192
対外開放なるものの位置づけ　377

対外加工・組立業務に関する政策の制定を開始　389
対外経済貿易部に新たに編成替え　192
対外経済連絡総局　181
対外経済連絡部　192
対外投資による企業活動　400
外貿易運輸　90
対外貿易運輸　268, 356, 357
発注使用単位に委託代理　268
対外貿易運輸総公司　91
対外貿易営業活動に関連する流動資金の管理機構　108
対外貿易貸付制度が創設　109
対外貿易貨物の運輸計画管理機構　356
対外貿易管理局　39, 43, 44, 48, 49, 50, 52, 76, 81, 82, 86, 142
対外貿易管理暫行条例　44, 45, 46, 48
対外貿易管理暫行弁法および実施細則の廃止　48
対外貿易管理総局　44, 76, 81, 86
対外貿易管理地方機構　78
対外貿易管理地方機構―対外貿易局　184
対外貿易企業会計科目、報表及使用説明的通知　347
対外貿易企業会計工作規則　347
対外貿易企業会計制度　347
対外貿易企業財務計画制度（試行草案）　268
対外貿易企業財務計画制度（試行草案）（1963年）　107
対外貿易企業の経営管理改善　274
対外貿易機構を通さないで貿易活動が行われるといった事態　196
対外貿易業務系統と地域の財務を結合　268
対外貿易運輸　76, 78, 90, 91, 92, 94, 192, 193, 224, 236, 356, 387
対外貿易局　78, 79, 80, 81, 82, 87, 92, 177, 184, 187, 236, 342
対外貿易局の主要任務　386
対外貿易計画管理機構の調整　247
対外貿易計画管理体制の再集権化　247
対外貿易計画局　177
対外貿易計画作業　73
対外貿易計画の編成が、地方から上級に上げていくという編成方式　255
対外貿易計画を総合計画の中に取り纏める　248
対外貿易系統内部　100
対外貿易現業3公司　45
対外貿易公司の利潤留成　225, 226
対外貿易公司　103, 105, 109, 110, 112, 114, 131, 136
対外貿易公司系統に利潤留成制度　226, 275
対外貿易公司の経営利潤はすべて国庫に上納し、欠損が出た場合は、国が補填　186
対外貿易公司の固定資産資金　350
対外貿易公司を個々の行政管理の

対象から脱皮　225
対外貿易専業総公司及び関連公司　338
対外貿易専業総公司が独占的に取り扱っていた商品　403
対外貿易専業総公司系統　181
対外貿易専業総公司の整理、統合　255
対外貿易専業総公司も従来の対外貿易計画管理機構としての地位を復活　255
対外貿易通商港を増加し、その分業を調整　398
対外貿易統制　75
統一買付統一販売（統購統銷）の農産品および主要工業品　109
対外貿易にかかわる外国為替業務　135
対外貿易に属するものについて　138
対外貿易に対する税関の固有の経済面での監督・管理の役割が小さくなっていったこと　187
対外貿易の営業業務と直結しない部分の財務計画　106
対外貿易の貸付　274
対外貿易の基本法規の起草　385
対外貿易の行政系統組織　96
対外貿易の計画管理　342
対外貿易の航空運輸の発展　357
対外貿易の国内販売部分の利潤　226
対外貿易の財政収支　348
対外貿易専業総公司および各省、直轄市、自治区の分支公司の統一経営　348
対外貿易の財務　349
対外貿易の財務計画　107, 268, 347
対外貿易の財務収支計画の任務、原則、内容および編成と審定の手順　106
対外貿易の地方機構　386
対外貿易の発展に向けた人民元による積極的な金融的政策　352
対外貿易は63年から漸く上昇方向に反転　245
対外貿易は、すべて国家の計画管理の下に入れられること　183
対外貿易は漸次正常化　325
対外貿易は独立して経済計算　106
対外貿易…一つの調整器　330
対外貿易部　196
対外貿易部運輸局は、中国対外貿易運輸総公司と合併　192
対外貿易部が統一的に必要外貨を分配　388
対外貿易部が貿易部から独立　106
対外貿易部系統で輸出入統一経済計算　280
対外貿易部傘下の各地の企業もすべて地方に下放　338
対外貿易部商検総局　187, 190
対外貿易部所属の加工生産企業　277
対外貿易部創設当時の同部の内部機構　179
対外貿易部第四業務組　337
対外貿易部、中国人民銀行関于対

外貿易信貸工作的指示　233
対外貿易部特派員弁事処　78, 79, 80
対外貿易部には生産基地局が設立　391
対外貿易部の下達した積荷明細書あるいは通知　225, 402
対外貿易部の関連公司に下達　221
対外貿易部の計画管理上における地位の変化　181
対外貿易部の主要な任務　385
対外貿易部の任務　180
調整的役割を担う地位に質的に転換　180
対外貿易部の批准　133
対外貿易部は管理権は地方に下放　196
対外貿易部は財務計画表の大幅改正　106
対外貿易部は全国の対外貿易の関連運輸業務を統一管理する運輸局　91
対外貿易部面における利潤留成制度による公司の留成利潤　228
対外貿易部門全体に及ぶ資産目録が整理　229
対外貿易部門の輸出赤字　282
対外貿易を統制　150
対外貿易を含む総体経済計画策定の総元締　178
対外貿易計画　96, 163, 174, 177, 248
大規模な企業赤字の転換　273
大規模の採算単位の設定　288

大行政区　39, 42, 48, 54, 57
大行政区軍事委員会　199
大行政区公司、分公司、支公司　46
大行政区人民政府　45, 57
"大慶に学ぶ"　378
対抗する2大階級の生死をかけた闘争の継続　289
大国ショービニズムと民族エゴイズムの傾向　155
第5次5ヵ年計画期の後3年　369
政治的な労働点数制と平均主義的分配制　302
"大寨に学ぶ"　378
大衆の生活に関心を寄せる　320
大修理基金　103, 106
"大進大出"　184, 196, 239
対人民元ルーブル・レート　146
体制間の問題　293
体制転換にかかわる問題　365
大宗輸入商品を法定検査　355
対ソ関係の悪化　239
対ソ戦略　362
対ソ輸出商品構成　128
対ソ連、チェコスロバキア、ルーマニア、東ドイツとは正式レート　149
対ソ連輸出商品構成　128
対ソ連輸出商品構成における原料品輸出の相対的低下と工業品輸出の相対的増大　129
対中禁輸政策　324
対中国『禁輸』政策　128
大摘発、大批判から奪権闘争

301
第2次世界大戦後の二大陣営の対峙　246
第二商業部　202, 204
第二段階…今世紀内に農業・工業・国防および科学技術の現代化…世界の前列　317
第二類（統一買付農産品）農産品　219
第二類物資（中央主管部門分配物資）に　308
第二類物資の計画への編入　266
代表的通商港の8つの輸出公司　282
対ポーランド、ハンガリー、ブルガリアとは正式レート　149
対ポーランド、ハンガリー貿易の国内決済レートは統一対外レート　149
"大躍進"　176, 182, 189, 195, 228, 231, 237, 239, 241, 246, 250, 347, 370, 404
"大躍進"期に下放されたすべての権限は中央に戻され　274
インフレが高進　270
"大躍進"と人民公社化運動における「左」よりの誤りが正され　288
"大躍進"に奉仕する機械・設備や原材料の輸入が増加　241
第四機械工業部　380
第4次5ヵ年計画　310, 311, 314, 318, 319, 333
代理卸　375
代理販売　112, 213, 375

代理輸出入　348
代理輸入　282
大量の食糧の輸入　243
対ルーマニア、ベトナム、モンゴルの3国の貿易　345
第6次5ヵ年計画期　370
絶えざる闘争の必要性　287, 293
高い目標をめざして暴走　246
多種の仕入・販売方式　375
多種の輸出商品生産基地　243
奪権闘争　292, 293, 303, 323
達成義務の課せられた計画　174
縦型の貸付資金管理体制　110
縦系統（条）と基層部（块）の結合、しかも縦系統を主とする体制　274
単一商品生産基地　243
単一の計画価格決定制度が緩められ　376
短期外貨貸付　390
短期借入れ　106
単軌制　107
「短中期設備貸付」　390


## ち

地域価格差　219, 254
地域封鎖傾向　257
地域配分計画　99
地区あるいは部門間のバランス　97
地区移出入法　308
地区間の価格格差は縮小　310
畜産品　207, 208, 267
畜産品、茶葉、繭は対外貿易部が

経営　260
畜産品の買付　267
蓄積と消費のバランス　373
蓄積と消費の比例関係　336
蓄積率　313, 319, 370
"地区バランスをとり、差額分配する"という方法　309
チベットやその他国境地区で密輸が発生　187
地方請負　333
地方外貨と留成外貨を使って輸入　398
地方外貨による輸入　401
地方が外資利用によって当該都市の建設　400
地方各級銀行の貸付計画管理権限　351
地方が輸出経営　401
地方管理商品　401
地方企業の四半期貸付計画　351
地方機構を中軸とする組織原則によって組織された貿易計画管理・営業実務担当機構組織体系　177
地方経営主体や個別経営主体に独自の経営が許される　410
地方計画　95
地方権限の拡大　375
地方工業の発展　375
地方"五小"工業　305
地方財政は省・市・自治区が統一的に計画し、配分　375
地方財政予算　348
地方主管企業　204
地方商品あるいは特殊商品の輸出　397
地方商品の輸出入業務を行う　403
地方人民政府対外貿易局の組織機構　185
地方税関　87
地方税関は対外貿易部と省、市人民委員会の二重の領導かつ省、市対外貿易局の指導をうけるという体制　184
地方政府の管理を主とする"块块"を主とし、"条条"を輔とする"条块結合"の体制に編成替え　191
地方的・分区的組織機構　39
地方と企業に利潤が分けられる　204
地方と企業の自発性と積極性を発揮　226
地方特産品の生産の発展と輸出向け販売奨励策　388
地方と合弁企業を設立　400
地方と実務業務担当の直接の現場における即事的観察と対応　176
地方との分配は二八分配　226
地方に計画権限を大幅に下放　175
地方に貿易をすることを許し　375
地方の外貨　391
地方の外貿公司あるいは分公司　124
地方の計画管理上における地位の変化　181

461

地方の計画主管機構　184
地方の計画の基礎の上に、全国統一計画を策定　333
地方の権限　173, 248
外貨の一定の枠を分配　278
地方の商品検査機構は過度に簡略化　355
地方の積極性　166, 175
地方の対外貿易管理機構　184
地方の対外貿易局は各省、直轄市、自治区の革命委員会の組織部分　386
地方の独立採算、損益自己負担　397
地方のバーター貿易　117
地方の分支公司が地方に下放　348
地方の貿易　402
地方の貿易機構の管理権も地方に下放　183
地方の貿易計画権が拡大されること　174
地方の保有する外貨は地方で使用できる　375
地方の輸出計画　401
地方物価管理部門　221
地方への外貨留成　144
地方への外貨留成制度　227, 278
地方輸出経営商品の範囲を漸次拡大　401
地方輸出計画　401
地方輸出入計画の起草および価格審査　87
地方を主とした二重指導体制　306
地方を主とし、中央と地方を結びつける　312
地方を中心として輸出入大躍進　184
地方を中心とする物資の計画管理に転じる　309
チャータード銀行　134, 135
茶業総公司　45
茶葉　200, 220, 223, 245, 252, 267
中央各主管部門の管理する工業品販売価格　220
中央各主管部門の管理する農産品買付価格と販売価格　220
中央各主管部門の管理する農工業産品販売価格のうち小売価格規定のないもの　220
中央各部、各省・市・自治区の供給する輸出物資計画　233
中央が全体として収支に責任を負うという経済運営方式　72
中央が全面的に長期計画　175
中央合作事業管理局　200
中央からの命令系統を通ずる計画遂行方式（条条）　175
中央管理商品　220, 401
中央計画　95
中央工業の地方への下放、地方工業の創設・発展　182
中央工商行政管理総局　380
中央財政経済委員会物資分配局　249
中央主管企業　204
中央主管部門　221, 248
中央人民政府委員会　42
中央人民政府国家計画委員会

索引

71
中央人民政府税関総署　41
中央人民政府対外貿易部海関総署　86
中央人民政府貿易部から統一的に配分　102
中央人民政府貿易部経済計画司　73
中央宣伝部　379
中央総行と地方分行の資金貸付管理権限　236
中央、地方、企業、職員・労働者の積極性を発揮　373
中央直属企業の地方への下放　333
中央直属企業や事業単位が下放　308
中央直属市　41
中央で原材料配分増加が必要な場合（輸入加工貿易も含む）　399
中央と地方、生産単位に対しても一定の自主権　166
中央と地方との関係　165, 375
中央と地方の利潤分配　225
中央によって統制　71
中央の各商業部門の企業利潤　226
中央の計画権限を大部分地方に下放する　173
中央の統一計画、中央と省・市・自治区の分級管理を実施　353
中央の統一指導と地方各級の分級管理の原則　379
中央の物価管理権限が各省・市・自治区へ下放　251

中央文化革命小組　293
中央への集中統一　247, 255
中阿輪船公司（中国・アルバニア海運合弁公司）　154
中華人民共和国海関進出口税則　60
中華人民共和国海関進出口税則暫行実施条例　60
中華人民共和国供銷合作総社　318
中華人民共和国禁止国家貨幣出入国境弁法　131
中華人民共和国禁止国家貨幣、票据及証券出入国境暫行弁法　131
中華人民共和国国家計画委員会暫行工作条例　72, 177
中華人民共和国税関総署　408
中華人民共和国対外貿易部組織簡則　75
中華人民共和国中央人民政府組織法　40
中華全国合作社連合総社が設立　200
中華全国合作社連合総社章程（草案）　200
中期計画（5ヵ年計画）　382
的存款和企業専項存款的指示　270
中継倉庫の合理的総合化　266
中継転送通関業者　194
中継バーター貿易　117
中継貿易の展開　357
中国遠洋運輸公司　193, 356
中国海運公司　76

463

中国外輪代理公司　92
中国科学院　379, 380
中国革命の特殊性　169
中国糧油食品進出口総公司　388
中国粮食総公司　199
中国側差し向け船による輸出入貨物輸送総量　193
中国側差し向け船に占める自国船による輸送の割合　356
中国機械設備出口公司　342
中国共産党、国務院関于改進計画管理体制的規定　179
中国銀行条例　137
中国銀行を国家外国為替管理総局とし　407
中国銀行を中国人民銀行から分離　407
中国鉱産公司　78
中国国際貿易促進委員会は対外貿易部によって代理管理されることとなり、70年6月対外貿易部に併合　338
中国国民経済を世界の前列に立たせるという構想　291
中国蚕絲公司　46
中国社会科学院　330, 380
中国社会主義工業化　68
中国社会主義建設における対外貿易の地位と役割　330
中国食品出口公司　267
中国進出口（輸出入）公司　45
中国人民銀行　354
「中国人民銀行、財政部関于国営企業流動資金改由人民銀行統一管理和資金転帳中的幾個問題的通知」　232
中国人民銀行上海分行信託部　194
中国人民銀行綜合信貸計画編制弁法　110
中国人民銀行大行政区行の撤廃　110
中国人民銀行の分支機構は一律に各地の財政局に併合　352
中国人民銀行の領導下の外国為替専門銀行　137
中国人民銀行は軍事管制の下におかれる　351
中国人民銀行総行およびその分支機構は、財政部と各地の財政部門から分離　353
中国人民銀行総行の統一指導と集中管理の体制　110
中国人民銀行総行の垂直指導　272
中国人民銀行総行は財政部に併合　352
中国人民建設銀行が復活　352
中国人民航空公司　194
中国人民政治協商会議　40, 59, 64, 96
中国人民政治協商会議共同綱領　40, 59, 67, 70
「中国人民政治協商会議共同綱領」第39条　131
中国人民輪船公司　91
中国成套設備出口公司　341
中国租船公司（China National Chartering Co）　91, 92, 193
中国対外貿易運輸総公司　91, 92,

464

93, 194
中国畜産公司　267
中国畜産進出口公司系統　267
中国畜産出口公司　78
中国茶葉公司　267
中国茶葉出口公司　78
中国茶葉土産進出口公司系統　267
中国長春鉄道、旅順口及び大連に関する協定、中華人民共和国に対する借款協定　64
中国と社会主義国との貿易の発展　128
中国における社会主義工業化の進展を反映　129
中国の156の工業企業の新設と拡張　154
中国農業銀行の撤廃　110
中国の為替管理は集中管理、統一使用　406
中国の対外貿易の航空運輸事業　194
中国の通商港あるいは国境　100
中国の民用航空運輸事業　194
中国の労働資源を生かした輸出製品の拡大　398
中国は新しい外交関係を樹立　325
中国は国連の地位を回復　324
中国は支払方式を改め　140
中国は第三世界に属している　363
中国は鉄道輸送と世界の陸海空輸送とを結ぶ　357
中国花紗布（棉花、綿糸、綿布）総公司　199
中国紡織品進出口公司系統　267
中国紡織品進出口総公司　388
中国保険公司　94
中国土産畜産進出口総公司　388
中国民用航空公司　194, 195
中国薬材総公司　259
中国陸運公司　91
中国糧油食品進出口公司　267
中国旅行・遊覧事業管理局　380
仲裁　123
中小型企業の設備拡張や改造　406
中捷国際海運公司（中国・チェコスロバキア国際海運合弁公司）　154
中ソ貨物輸送協定　93
中ソ関係の悪化と対立　362
中ソ関係の悪化　241
中ソ間で正式レートが定められた非貿易項目以外の項目　148
中ソ間の貿易・支払協定　119
中ソ合弁新疆石油公司の投資問題　155
中ソ石油合弁公司　65
中ソ造船合弁公司　65
中ソ対立　155
中ソの決定的分裂契機事件　242
中ソの国際政治経済に対する認識と戦略スタンスに齟齬　116
中ソはイデオロギー論争　155
中ソ貿易協定の取り決め内容と履行　118
中ソ貿易決済もスイス・フランに改め　344

465

中ソ民用航空合弁公司　65
中ソ友好同盟相互援助条約　64
中ソ有色金属・レアメタル公司　65
中断されていた輸出振興への動きも再開　388
中長期計画及び年度計画の任務　178
中波輪船公司　65, 91, 154
注文生産の発注価格〔貨価〕　216
超過計画達成基金　350
長期計画　95
長期国民経済計画　72
長期総合財政計画草案　72
超計画経済発展戦略　163, 164, 168
"調整、改革、整頓、提高（向上）"　373
"調整、強化、充実、向上"　255, 268
朝鮮戦争の勃発　194
朝鮮戦争の勃発に絡むアメリカの対中国資産凍結　139
超定額部分　231
儲運司　90
"直供"単位　308
直接計画　163, 167
直接指令性計画　71
直接生産単位から買付　221
直接的な指令・下達による生産と分配システム　296
直接に発注使用単位が輸入物資引取　268
直接バーター　140
直接貿易清算口座に入れて処理　146
直接割り当て配分　266
直線的に社会主義革命に結びつける構想　366
陳雲　354
賃金支払用資金　230
賃金制度における労働に応じた分配　301
賃金用の資金　133
陳伯達　310, 333

つ

通貨増発　352
通関　224, 268
通関申請単位　268
通商港の輸出入計画の中央への批准上申及び計画実施の組織　86
通商港弁公室　383
通常の決済方式による貿易　117
通商港毎に定められた分業経営の規定　196
各通商港税関　87
通商港設立地区　398
通商港の分業　398
「造ったものは何でも買い付け、いくらでも買い付ける」　241

て

低価格による輸出乱売　196
定額負債　108, 110, 229
定額部分　231
定額流動資金　229, 232, 269

定期検査 98
帝国主義 40, 60, 64
帝国主義下の半植民地・半封建的条件下における外資利用 159
帝国主義支配下の世界体制 322, 352
帝国主義戦争 294, 362, 364
帝国主義段階 64, 287, 293
帝国主義に対する認識 292
帝国主義に奉仕するもの 322, 352
帝国主義の従属物 329
帝国主義の侵略政策と戦争政策 40
帝国主義の対外政策の遂行、拡大、発展 365
定収定支 311
適切な配分関係 165
鉄道による輸出入貨物輸送量の全輸出入貨物輸送量に占める割合 193
鉄道、郵便、民航等の部門に対する集中統一指導 369
鉄道輸送 120, 121, 124
天安門事件 371
転出入配分 101
天津、上海、広州で各々為替レート 150
天津の華北対外貿易公司内に儲運部 90
伝統的工芸技能者は転業 322
伝統的固定不変のルーブル建て価格を取り消し 344
伝統的輸出商品の輸出が減少 327

と

東亜銀行 134, 135
党委員会指導下の工場長責任制 301
党委員会指導下の職員・労働者代表大会制度 404
党委員会指導下の総経理責任制 404
「党委員会集団指導、職員・労働者民主管理、総経理経営管理指揮」の原則 405
党委員会書記が革命委員会書記を兼任し、総経理をトップとする運営管理上の統率・指揮体制は破壊 405
党委員会は企業の多くの運営管理を一手にやる 405
党委員会は復活 405
統一貨幣発行 380
統一為替レート 150
統一管理、統一経営 200
統一経営される食糧 268
"統一計画、差額分配、品種調整、上納保証"といった管理方法 308
ノルマ超過生産留用 306
二類商品 306
統一して中央政府の財政に対して統一決算 133
"統一指導、分級管理"の原則 251
統一全国国営貿易実施弁法 41, 45, 102, 199
統一対外の原則にしたがって貿易

467

をおこなっていくこと　197
統一対外貿易体制の再構築　195
統一的な各級物価管理機構　219
統一的な公私合営銀行が成立　110
統一的に集中　138
統一的に利子計算する　232, 269
"統一物価管理"の精神　251
統一分配物資の分配任務　248
統一割り振りされ、総合バランスをとる　274
糖煙酒総公司　259
東欧社会主義圏の貿易体制改革　127
当該地区で生産される輸出商品の輸出をし　398
党が管理運営を行う書記単独責任制　404
同級商業行政部門内部の専業局（処）に改組　202
東西対決という国際政治経済上の基本構造要因　115
投資資金が有償使用　374
投資、費用支出も、中央からの支給、貸出　72
統収統支、以収定支　138
鄧小平　302, 317, 320, 335, 353, 363, 366, 371, 372
鄧小平の指導者としての地位復帰　371
動植物及びその製品で検査を要するもの　89
統制供給均衡　332
統存統貸　110
党第8回全国代表大会での方針確認事項は無実体化　169
党第11期中央委員会第3回全体会議で新たな経済運営転換の方針が打ち出される直前の貿易体制　385
当地の主管領導部門の同意　100
当地の商業行政部門　199, 202, 259
当地の人民銀行から融資　104
党中央と中央軍事委員会に権力が集中　332
党に対する攻撃　288
導入国外技術設備組み込みプラント貸付　390
党の一元的指導が強調　405
党の一元的指導の伝統的観念　404
党の幹部・労働者・技術者に対する政策　334
党の基本方針　384
党の指導の取り消し　301
党の総路線を守り　289
党の第11期3中全会が提起した重点的問題　372
東北人民政府　70
東北税関管理局　57
東北大行政区の貿易公司　46
東北地区の対ソ貿易国内決済レート　148
当面の世界の主な傾向は革命　362
独自の輸出入を意図する申請　402
特定項目のバーター貿易　117
特定の数品目の商品・数量と金額を協定・履行を保証するという

形の協定貿易　118
特派員弁事処　79
独立経済計算の対外貿易企業単位　234
独立採算、損益自己負担の専業対外貿易公司　397
「独立自主、自力更生」の方針　159
年一回物価会議を招集して一年間の物価水準　219
年生産手段の社会主義的改造が完了　144
都市と農村を結ぶ農村の主要な商業形式　200
都市の商店　308
都市部においては企業の経営自主権拡大の試験的ケース　374
都市部の自由市場　375
特許輸出品　49
特許輸入品　49
取り次ぎ販売　210, 212
引取計画　99

## な

内部経済計算と計画編成に有利な為替レート　152
内部清算為替レート　408
内陸工業　164, 165
内陸部建設　304, 305
 7項目主要生産管理制度　336
72年9月日中国交正常化　315
72年2月米中上海共同声明発表と米中関係の新展開　315
70年代…中国を取り巻く世界政治経済環境　324
70年度国民経済計画草案　304
南光貿易公司　388
"南南協力"関係を背景として展開される協定　116

## に

二月提網　293
二級卸売ステーション　258, 306
ニクソン訪中　324, 362
西側諸国との貿易　116, 126
西側先進国のスタグフレーション　327
西側先進諸国との貿易　126
西側の資本主義諸国との貿易がだんだんと比重が高まっていく　193
二重指導　202
20世紀末までに最終目標を実現　370
20のプラント輸入　244
201項目の建設　242
日用消費財を中心とする軽工業・紡績・紡織工業発展に対する重点的支援　390
日用品、雑貨類などは市場調節　375
日中関係の進展　315
日中間には政府間協定　327
日中国交正常化への一歩　325
日中備忘録貿易　326
「日中平和友好条約」　365
日中貿易　326, 341
257件の科学技術協力協定を廃棄

469

242
257科学技術協力プロジェクトの廃棄　155
"二本立て（両本帳）"　174, 183, 247
人間解放と生産力解放の桎梏　298
人間疎外からの解放の課題　297
任務遂行単位　97

## ね

年度買付・買付外配分調整計画　100
年度計画、物資分配、物資備蓄にかんする任務　248
年度国民経済計画　72
年度毎の貿易・支払協定　118
年度差額請負　236
年度商品計画　234
年度総合財政計画案　72
年度地区別（省・市・自治区）流動資金計画　234
年度利潤計画を超過達成した企業　277
年度流通計画　107
年度流動資金計画　234

## の

「農業貸付」　390
農業基礎論　167
農業・軽工業・重工業3者の関係　167
農業、軽工業、重工業間の投資バランス調整の着手　374
農業、軽工業、重工業の順序で建設　291
農業、軽工業、重工業の順で国民経済計画を按配　318
農業生産の回復　244, 245
農業と軽工業の適切な発展　166
農業と工業の同時発展　167
農業における人民公社化　182
"農業は大寨に学べ"運動　370
農業を基礎とし工業を導き手とする国民経済発展の全般的方針　290
農・軽・重の比例関係　336
農工業産品の地域価格差　220
農工貿専業公司を設立　403
農産品買付・販売価格差　220
農産品採購部　223, 267
農産品の買付…強制的な命令的なやり方　260
納税計画　106
農村人民公社　290, 307, 317
「農村人民公社工作条例（修正草案）」　290, 317
農村人民公社の家庭副業が厳しく制限　240
農村政策の調整　373
農村では請負生産責任制が導入　374
農村における市場の自由化　395
農村における「左」の政策の是正　314
農村の基層商業の資金管理権、…管理権…人民公社に下放　260
農村の集市（定期市）　375

索引

農村の商業 308
農村の食用油供給停止の非常措置 240
農村向け貸付の管理強化 271
農・副産品加工品輸出 326, 392
農・副産品買付 271, 273
農・副産品価格の中に不合理なもの 252
農・副産品加工基地 243
農・副産品、食品、畜産品、生糸、絹織物等商品分級管理（1958年） 208
農・副産品の買付価格 252
地方特産品の買付価格を引き上げ 252
農・副産品の買付価格の大幅引き上げ 252
農・副産品の輸出向け買付 326
農・副産品輸出奨励政策 388
農・副産品輸出基地 325, 326, 352, 399
農・副産品を原料とする工業品の価格も引き上げ 395
農・副産物の生産を支えるための「輸出商品生産支援回転資金」 390
農・副・地方特産品の組織的輸出拡大 398
農貿結合輸出入公司 398
農民による土地所有制 40
農林部 334, 380

は

バーター貿易 139, 140, 141, 142, 146
バーター貿易を行わんとする私営及び公私合営輸出入商 142
煤建（石炭、建築材料）総公司 199
パキスタンとの間で綿花協定、石炭協定 116
覇権主義 365
覇権主義と強権政治に反対 363
派送処 136
「八字」方針 289, 290
8種の決済方式を定め 111
発着清算方式 140
発展段階に応じた主要な敵 169
発展段階を2段階に分け 291
発展途上国との経済協力 116
発展の動学的基礎 176
反植民地主義 365
半植民地・半封建経済 328
半植民地・半封建的社会 296
半封建的畸形性経済構造 166
反人種差別主義 365
反帝国主義 298, 365
反帝闘争 115
反帝民族解放闘争 63, 64
販売条件や品目毎の平均回転期間 108
「反覇権国際統一戦線」 364, 372
反覇権主義 365, 366
半無政府状態 307
反浪費・反保守主義運動 239

ひ

比較的整った工業体系の経済地域

471

174
東ドイツ等の国々との貿易の国内決済レート　149
非協定貿易　117
引き渡し期日　121, 122
引渡計画　99
批准された輸入用外貨計画　233
非商品資金　229
非商品資金と一部商品資金　110
非申請単位　214
「左」傾的高度経済発展路線の誤り　374
「左」への誤り　288
「左」よりの誤り　314, 374
「左」よりの思想　289, 290
必要最低限度の備蓄在庫量　108
必要資金も地方が審査・批准　307
必要な外国為替は国家が計画に応じて分配　138
非定額流動資金　232, 269
「批転商業部、糧食部、対外貿易部、衛生部、水産部、軽工業部関于商品分級管理弁法的報告的通知」　208
非伝統協定貿易品目バーター貿易　117
非統一買付・統一販売の一般工業商品については、大部分が商業部の一手販売　310
"批鄧、右からの巻き返しの風潮に反撃する運動"　336
非貿易外貨所得　152, 279
非貿易外国為替収支　138
非貿易為替　408

非貿易物資の輸出入許可証　76
169の物資専業公司と134の物資専業公司が相次いで物資部門の指導下に復活　318
156の工業企業の新設と拡充　154
百貨公司　258
百貨総公司　199, 259
標準規格に符合する商品買付け　216
評新編歴史劇〈海瑞罷官〉　292
平等・互恵の経済協力を積極的に発展　364
民族（被抑圧民族）解放闘争と民族独立　64
"批林批孔"運動　315, 316, 353
ビルマとの間に米と中国産品の貿易協定　116
広い範囲にわたる商品の価格管理については適度に集中　251
品質検査制度　314
品質向上　398
品種拡大　398


ふ

"封鎖・禁輸"といった中国封じ込め政策　115
封鎖的内向型経済建設方式　394
ブカレスト共産党会議　242
複線制計画体制　175
豚毛総公司　45
再び外貿企業の財務はすべて中央財政に組み込まれる　349
再び物資流通秩序は混乱　318

索引

二つのすべて　371
プチブル的な熱狂性　288
普通関税率　60
物価委員会　217, 251, 254
物価管理は"統一指導、分級管理"　254
物価工作　216
物価に関する最高決定機関　216
物価の管理権は中央に帰する　379
物資管理部　248, 255, 263, 267, 309
物資管理権の地方への下放　308
物資管理総局の任務　263
物資管理部の内部機構　264
物資企業　375
物資供給ステーションの拡大　266
物資供給総局　213, 249
物資庁（局）を撤廃　309
物質的刺激　301, 312, 320, 328, 329, 349
物質的奨励　334
物質利益至上主義　165
物資の計画と分配　308
物資の配置は国家経済委員会の責任　383
物資の分配　248, 262
物資の流通　308
物資の流通を合理的に組織する　262
物資配分権を下放する　174
物資配分制度が廃止　202
物資部門　318, 335
物資分配機構、各省にも物資局　249
物資分配計画活動　214, 249
物資分配計画局　214, 249
物資分配計画の編成　263
物資分配にかんする任務　248
物資分配の請負　311
物資分配の執行計画を組織　263
物資分配目録　262
物資分配・流通管理体制の改革と再編　255, 261
物資流通体制の整頓　315
物資流通の集中的統一管理のやり方を実施　262
不定期検査　98
武闘奪権過程の激化　301
部門産品・製品の輸出開拓への道　403
部門別、大行政区別、省・市・自治区別、外貿専業総公司別買付額　100
フランス・フラン建　146
プラント　325, 330, 341, 384, 392, 403
振り子勘定　119
ブルジョアジーの主導する国民経済形成　328
ブルジョアジーの動揺性　288
ブルジョア思想反対の反右派闘争　170
ブルジョア性　171
ブルジョア的性格　328
ブルジョア反動路線　301
ブルジョワ階級の権利　317
ブルジョワ独裁　301
プロレタリア階級とブルジョア階

473

級との矛盾　169
プロレタリア国際主義　363, 365, 366
プロレタリア国際主義に基づく相互援助関係　153
プロレタリアの連帯　366
プロレタリア文化大革命の時期の経済の指導思想　298
プロレタリア文化大革命の序幕　292
プロレタリア文化大革命の発動段階　293
プロレタリア文化大革命・"四人組"の時期には企業の指導体制　404
プロレタリア文化大革命・"四人組"期　328
文化革命五人小組　293
文化大革命は政治大革命　301
分級管理の範囲に調整　251
分業して物価の審査・批准活動を行うこと　217
分公司や支公司に銀行借入権　104
分散主義　291
分散主義、セクト主義、主観主義との闘いの中で団結　171
分散的な物資分配・流通の管理に…問題　262
文闘から武闘へ　301
分配計画　306, 307
分配された自留地　317

へ

米ソ両覇権主義国による戦争の危険性　364
米中共同コミュニケ　362, 365
米ドルを介してのルーブル対人民元の為替レート　146
平和の環境が前提　364
北京、天津、上海三市への貿易計画管理権の下放　401
ベトナムについては人民元で清算　345
辺境・山間地区、痩地帯などにおける農工産品の価格調整　252
編制国民経済年度計画暫行弁法　74
編制対外貿易計画暫行弁法　74

ほ

貿易外収支　101
貿易が独自の地方計画にもとづき遂行　402
貿易関連費用の支払　343
貿易機関荷渡共通条件議定書　142
貿易企業の指導体制　404
貿易企業の設立認可と管理　402
貿易企業のトップ　404
貿易協定　116, 117, 118, 123, 125
貿易協定の取り決め　118
貿易金庫　43, 200, 201
貿易金融　351, 354
貿易経営主体と輸出入商品の種別区分との関係　401

## 索引

貿易計画　67, 73, 79, 80, 92, 95, 96, 97, 98, 99, 101, 115, 174, 176, 178, 185, 247, 248, 255, 322, 338, 385, 401, 402, 409
貿易計画の編成　181, 183, 184
貿易計画管理機構の整備・改変　176
貿易計画管理・業務実務担当機構の機能と組織関係の変化　176
貿易計画管理体制　247
貿易計画管理体制も中央集中化の形　255
貿易計画にかかわる計画項目　176
貿易計画の財務的基礎　101
貿易計画の種別と階層構造　95
貿易計画の全体構成　95
貿易計画の編成権　176
貿易決済　142, 145, 149
貿易公司の分公司（支店）をそのままの形で地方の輸出入業務　397
貿易の国家独占制の確立　86
貿易財務の地方財政への編入　348
貿易収支　101
貿易上発生した赤字は国が補填　138
貿易商品検査事業　354
貿易人民元　343, 344, 345
価格計算による清算　343
貿易信用と借款援助　115
貿易清算貨幣の貨幣価値も変動相場　345
貿易清算貨幣も建値の方法　345

貿易清算口座に入れ処理　146
貿易清算人民元口座に直接記入する方式　343
貿易清算スイス・フラン口座に直接記入する方式　343
貿易通商港は、その業務における直接商談、成約、貨物授受　398
貿易トゥグリクによる価格計算清算方式に改め　345
貿易と非貿易の外貨留成　399
貿易内部清算為替レート　408
貿易内部清算レートで計算　395
貿易に対する財政・金融措置　354
貿易の計画管理は、当然ながら直接輸出入委員会の下に置かれる　384
貿易の国家独占制　67, 85, 95, 127
貿易の国家独占制下の少数の輸出入専業公司の創設と管理のあり方の改革　403
貿易の財務を地方財政に組み込む　348
貿易の振興　403
貿易の…積極的役割が重視　325
貿易部国外貿易司の中に商検処　88
貿易関連費用の国内決済に際しても、補填を取り止め　345
貿易方式　139
国内決済レートには補填レートが適用　282
傍観者的客観主義　170
封建・半封建的な土地所有制　40

475

紡織工業部　380
紡織品総公司　259
暴進主義を蔓延　175
暴進反対　169, 173, 182
羅瑞卿、陸定一、楊尚昆　292
暴進論　172
包装の改善　398
包装・標示　121, 123
法定検査商品品目表　89
彭徳懐　288, 289
保護貿易政策　53, 59, 69, 75
補償貿易　389, 390, 399
渤海開拓区生産基地　391
香港上海銀行　134, 135
香港代理商　388
香港中国旅行社　194
香港での荷卸、貨物引渡業務　194
香港とマカオとの貿易　346
香港・マカオ往復直通急行列車輸送が開設　194, 357
香港、マカオ、台湾問題　366
香港、マカオ地域との鉄道輸送系統の形成　194
香港、マカオを通ずる中継貿易　139

## ま

毎年全国物価会議　220
マカオ代理商　388
巻き返しの風潮　318
先ず地方が批准し、然る後に中央の関連部門に報告　174
マルクス主義グローバリズム　64
マルクス主義的認識の客観的条件に基づく社会主義建設の総路線に沿う（従う）こと　170

## み

"右からの巻き返しに反撃"する運動　320, 353
右からの巻き返しに反対する　316
「三つの世界」（米ソ超大国―第一世界、アジア・アフリカ・ラテンアメリカの発展途上国―第三世界、両者の間にある先進国―第二世界）論　363
土産総公司　199
土産輸出総公司　45
民間団体との間で結ばれた"貿易取り決め"も貿易協定と呼ばれ　117
民族解放闘争　362
民族国家に対する覇権主義反対　366
民族国家（その階級性を別にして）の独立性　366
民族的立場を重視する傾向に傾斜　363
民族独立、民族自主問題　365
民族独立、民族自主の性格にかかわる問題　365
民族の裏切り行為である　327
民族貿易局　259
民族貿易公司　258

## む

無原則な右傾　322
無政府主義と極左思潮の批判　314
無秩序と搾取の資本主義経済　294
無秩序な資本主義経済と搾取のシステム　298
無秩序な貿易の状態　250
6つの指標を完遂…3.5％の企業奨励金　276

## も

毛沢東　288, 289, 290, 292, 303, 305, 319, 320, 332
毛沢東の「五・二〇声明」　362
盲目的価格つり上げ防止　271
盲目的な買付　196, 246
盲目的な輸入の拡大と国力をこえた輸出の拡大　196
盲目的に輸出　246
木材は林業部経営　261
目下（1960年当時と思われる）の利潤留成のやり方　275
専ら国内の民用航空運輸事業の経営　195
元の中央が総合バランスをとり、統一的に分配するという方式（統籌統支）　262
元の物価管理制度が地方によっては執行が停止　251

## や

冶金工業部　213, 222, 267
冶金産品分配計画局　214, 249
冶金、精密機械、電子工業など100余りの項目　244
薬品価格の大幅引き下げ　310
8つの主要経済技術指標　336

## ゆ

優遇税制　399
中国人民銀行　51, 103, 109, 110, 111, 112, 113, 114, 131, 132, 135, 136, 137, 138, 142, 143, 406
"唯生産力論"労働に応じた分配は"ブルショア分子を生む基礎"　320
優勢にある社会主義の対決　328
油脂総公司　45
輸出赤字が大きくなり　394
輸出赤字問題　151
輸出外貨獲得の可能性　196
輸出外貨清算法と公定兌換為替レートの設定を改める方針　407
輸出外貨清算法と兌換為替レートを改める　399
輸出外貨の一定比率の額を外貨留成　145
輸出外国為替収入も売却　132
輸出価格　343
輸出拡大すればするほど赤字が拡大する　394
輸出拡大の前提条件　324

477

輸出貨源　84, 196, 222, 233, 240, 241, 244, 246, 247, 327, 388, 397, 401
輸出貨源局　386
輸出関税率　60
輸出許可証　49
輸出許可品　49
輸出局　76, 386
輸出禁止品　49
輸出計画　98, 99, 100, 101, 240, 247, 250
輸出計画の達成　145
輸出計画未達成　145
輸出契約履行率　241
輸出工業品生産向け貸付　390
輸出工業品　325, 352, 394
輸出工業品専門工場　325, 352, 399
輸出国貨幣価格計算　343
輸出国内商品の国際価格　280
輸出"五先"（輸出用配分の優先、輸出用生産優先、輸出用原料・材料および包装物資供給優先、輸出用買付優先、輸出用輸送配備優先）の原則　240
輸出商品構造　245, 398
輸出商品検査の活動　188
輸出商品買付計画　99, 221
輸出商品買付資金の供給と清算　274
輸出商品価格　44
輸出商品科学研究費　391, 393
輸出商品基地　245, 250
輸出商品供給単位　99
輸出商品国内価格平均　282
輸出商品国内調達体制　221

輸出商品資金の定額　231
輸出商品生産基地　243, 245, 322, 330, 386, 392
輸出商品生産基地、輸出商品専門工場支援外貨　391
輸出商品生産綜合基地　325, 326, 352
輸出商品生産単位　100
輸出商品生産発展の柱　399
輸出商品生産を発展させるために銀行から借り入れ　390
輸出商品専門工場（工場内輸出商品生産部門）　243
輸出商品のうち工業製品の比重が上昇　245
輸出商品の価格　394
輸出商品の品柄数も減り、品質も下がっていった　322
輸出商品の種類を増やし、規格・品質を高める　250
輸出商品の生産、買付、備蓄の積極的支援のための金融　351
輸出商品の品質　189
輸出商品の理論上の比価　151
輸出商品配分計画　100
輸出商品包装材料生産基地　243
輸出商品を買い付けることができにくくなる　395
輸出新商品の発展　398
輸出信用供与貿易　117
輸出推進のための外貨留成　144
輸出すれば輸出するほど赤字が出るという仕組　395
輸出製品生産措置投資　391, 392
輸出製品の分業　375

索引

輸出専門鉱業所　243
輸出専門工場および工場内部門の建設　250
輸出専門工場も転業　322
輸出専門製品　400
輸出・対外援助の保証　309
輸出畜産品およびその他野生動物製品の検疫　191
輸出特区　400
輸出と輸入のバランス　97
輸出において契約を重視して、信用保持に努めるよう注意　189
輸出入管理委員会　378, 382, 384, 402
輸出入貨物出入主要地点、貨物集散地、重点産地などに商品検験局　89
輸出入貨物の多くは鉄道によって輸送　192
輸出入貨物の輸送も海運が主　356
輸出入管理制度　44
輸出入業者　134, 135, 136
輸出入業者に対する営業許可証　39
輸出入業務を営むこの国の公私営商社および輸出業務を営む工場　48
輸出入許可過程　55
輸出入許可証　44, 76, 81, 86, 402
輸出入許可証管理の役割　224
輸出入許可証の申請と発給…簡略化　225
輸出入許可証は輸出入管理の役割を失　225

輸出入許可制度　76, 86
輸出入契約　119, 123, 133
輸出入商品計画管理体制の確立　199
輸出入商品検査活動の重要性　355
輸出入商品検査管理業務はブルジョア階級の"管理、締め付け"　354
輸出入商品検査機構　62
輸出入商品検査暫行標準　89, 90
輸出入商品国内流通体制　256, 266
輸出入商品国内流通体制の改革　256
輸出入商品国内流通体制の再編　266
輸出入商品に対する許可証管理制度も再構築　401, 402
輸出入商品の内外の比価は隔絶　280
輸出入商品の販売収入、販売費用、各種費用項目の計算方法　348
輸出入商品の品質保証は乱れ　355
輸出入商品の分類経営の組織化の課題　401
輸出入商品を系統別に再編、統合化　255
輸出入植物およびその製品の検疫　191
輸出入動物および輸入動物製品の検疫　191
輸出入と損益・交通運輸・倉庫・

479

包装・基本建設・人員配置のバランス　97
輸出入における通貨の選択とリスク回避　346
輸出入に対する行政管理を減　225
輸出入の各取引に関する許可証　39
輸出入の重点…転換　244
輸出入の大躍進政策は是正　197
輸出入の理論上のレート　278
輸出入は基本的には国家輸出入計画として指令、下達　224
輸出入はほとんどが指令性計画による行政管理手段によって実行　409
輸出入物資の許可証発給業務　76
輸出入貿易額と協定項目　118
輸出入貿易計画　75
輸出の赤字を輸入利益などを以って補填　280
輸出農・副産品の奨励が取り消された第二段階　388
輸出の増大につれて、人民元による赤字が増大するという構造　282
輸出の大躍進　196
輸出の建値は輸出国通貨　346
輸出延払方式の信用　158
輸出販路を拡大　398
輸出向け鉱工業品の買付　221
輸出向け商品の買付計画　221
輸出向け増産販売奨励策　388
輸出向けに商品を供給したがらなくなる　395
輸出向け農・副産品の買付　221
輸出向けの軽・重工業品総額　323
輸出輸入商品検験暫行条例　88
輸出輸入商品検査　88, 89
輸出…輸入の前提であり基礎でもある　330
輸出用貨源の買付　109
"輸出を基礎として輸入を計画し、輸入によって輸出の促進をはかり、輸出入のバランスをとる"という原則　247
輸出を奨励し、輸入を押え　150
"輸出を奨励し、輸入に意を配り、在外華僑からの送金に配慮する"　278
輸送計画　99
油田の権利の拡大　155
輸入価格は上昇　327
輸入加工貿易（進料加工）　399
輸入貨物の品質問題にかまうことなく輸入　196
輸入為替割当制度　53
輸入関税率　60
輸入業者としての僑批業者　136
輸入許可証　52
輸入許可品　48
輸入局　76
輸入禁止品　48
輸入計画　96, 98, 101, 247
輸入計画が下達される凡そ半年前　97
輸入計画が定められ、輸出はこれに合わせる形で計画　69

輸入契約者　268
輸入原材料を使用する部門は為替差益　282
輸入商　82, 90
輸入消費財価格自体が低く抑えられる　281
輸入商品検査活動　188
輸入商品国内価格平均　282
輸入商品国内販売収入　348
輸入商品引取・国内流通体制　267
輸入商品の価格は国内市場では統一的に国が定め　186
輸入商品の理論上の比価　151
輸入商品・物資の発注使用単位への引渡　268
輸入食糧　268
輸入信用　405
輸入設備および原材料価格が低く抑えられ　281
輸入先行の原則　140
輸入総公司　45
輸入に頼らない、自己の主体性をもつ自力更生論　329
輸入に頼り、輸出によって輸入に置き換える　329
輸入に要した外貨の人民元代価　348
輸入によって輸出の赤字を埋め合わせ　280
輸入によって輸出をのばすという"以進養出"　245
輸入によって輸出をはかる　322, 389
輸入品発注計画　99

輸入物資検査活動の重要性　355
輸入物資の検査活動に関する指示　355
輸入物資の使用単位あるいは販売総括単位から発注をうけて、対外貿易専業公司が代理輸入　267

よ

傭船による方式から自国船による輸送の割合がだんだんと増えていき　356
傭船による輸出入貨物輸送量　193
予約買付（商業企業と工業企業の間での注文契約による買付）　375
"洋躍進"　370, 405
予算外投資完成額　315
四つの現代化は"資本主義化"　320
予約　97
予約買付　310
より完全な指令性計画経済　294
弱いブルジョアジー　328
四旧　299, 300
"四項費用"　227, 234, 275
「四清」運動　291
四人組　287, 293, 316, 317, 319, 320, 327, 329, 330, 350, 356, 361, 368, 369, 376, 378, 385

ら

"乱"と"散"にあり　335

り

利潤一点ばり　301
利潤計画　105, 106, 107
利潤とリンクする形で利潤の分前　226
利潤の配分　106
利潤は全額上納するといった方式　260
利潤分配方式の変更　275
企業利潤留成　227
利潤留成　226, 227, 229, 276
利潤・流動資金・公共積立金・公益金横領　301
李先念　355
"理想的な"社会主義（商品経済の制限と排除、自然経済と物財経済を結合した閉鎖型経済）経済の建設　298
留成外貨　391
留成比率　226, 227, 233, 276
留成比率が高すぎるということ　275
留成利潤　228, 229, 233, 275, 350
留成利潤資金　276
流通計画　107
流通費及び税金　348
流通費用計画　99
流通領域においても改革　374
流通網組織計画　99
貿易流動資金　231

流動資金の源泉　228
流動資金運用点検システム　235
流動資金計画　106, 232, 235
流動資金定額　108
流動資金に銀行借入　108
流動資金の管理は定額を設定　109
流動資金の定額　108
流動資金の不足額の補充　109
流動資金余剰額　109
流動資金　103, 104, 105, 106, 108, 109, 111, 112, 113, 132, 133, 204, 228, 229, 230, 231, 232, 233, 234, 235, 275, 276
両下一上　96, 333
両結合の計画編成手順　247
両省に対して特殊政策と機動的な活動ができるようにな別途措置　401
両省の対外貿易企業の審査・批准権限が拡大　403
糧食部　202, 208, 216, 260, 266
両陣営の間の闘争　293
利用、制限、改造政策　201
両党の対立　155
両放　204
両放、三統、一包　236
リンク・バーター　140
リンク・バーター取引の場合には、清算の記帳単位　141
隣接地区の価格　220
林彪　287, 293, 299, 310, 312, 332, 333
林彪によるクーデター事件　314
林彪反革命集団に対する批判

316
林彪や"四人組" 287

## る

ルーブル価格計算清算からスイス・フラン価格計算清算に改め 344
ルーブル価格計算清算から貿易人民元 345
ルーブル換算貿易清算口座に入れ処理される 146
ルーブル計算価格清算方式 343
ルーブル対各国貨幣正式レート 343
ルーブル対人民元正式レート（1ルーブル＝2.222人民元 343
ルーブル対人民元の価値関係 146
ルーブル対人民幣のレート 147
ルーブル建 146, 148
ルーブル中心の価格計算と決済システム 343
ルーブルと人民元との間では正式レート 147
ルーブルと人民元の為替レート設定 278
ルーブルとの正式比価によってルーブルに換算 146
ルーブルに対して人民元価値 155
ルーブルによる価格計算清算 343
ルーブルの金平価 146
ルーブル表示のバーター記帳決済方式 127
ルーマニアとモンゴルについてはスイス・フランで清算 345

## れ

零細な小土産・特産品の価格の審査 87
冷戦構造 246
歴史的に死滅しつつある全地球的 296

## ろ

老・中・青の三結合 336
労働者、農民、小ブルジョアジーの経済的利益とその私有財産 40
労働・賃金計画 99
労働に応じた分配 305, 314, 328, 368
労働に応じた分配と等価交換の原則をも否定 239
労働の成果と分配の間の関係を労働者主体に直接的に体感できる社会システム 172
労働保護特需用品局 259
労働保護用品公司 258
労働力が大量動員 240
労務輸出 400, 403
64の単独工場装備契約 154
6種の油料作物の買付価格…引き上げ 253

わ

わずかに残された許可証は輸入に
　かんする許可証　225

**著者紹介**

片岡　幸雄（かたおか　さちお）

広島経済大学教授
大阪市立大学博士（創造都市）

1943年　中国で生まれる
1972年　大阪市立大学大学院経済学研究科博士課程単位取得退学
1972年　㈶九州経済調査協会研究員
1977年　第一経済大学助教授兼任
1981年　広島経済大学助教授
1986年　同教授
1987年　北京大学、復旦大学において在外研究
1994年　日本学術振興会派遣・中国国家教育委員会招聘による北京大学、対外経済貿易大学、南開大学、復旦大学における在外研究

【主要著作・論文】
『中国における対外貿易論の新展開』（広島経済大学モノグラフⅠ）、1984年
『現代世界経済論』（共編著）、税務経理協会、1985年
『世界経済への挑戦―中国対外経済開放政策の理論的基礎―』（編訳）、東京出版、1986年
『現代経済学の展開』（共著）、春秋社、1987年
『新亜洲』（共著）、上海三聯書店、1989年
『東アジアの経済発展』（共著）、渓水社、1990年
『世界経済与中国』（共著）、経済科学出版社、1996年
『中国対外経済論』（共著）、渓水社、2004年
『中国の対外経済論と戦略政策』、渓水社、2006年
　その他論文、翻訳多数

【専攻・担当科目】
国際経済論、中国対外経済貿易論

住所　広島市安佐南区毘沙門台3-10-29
電話・FAX（082）877-7403
E-mail: sc-kata@hue.ac.jp

広島経済大学研究双書　第40冊
# 中国対外経済貿易体制史（上）

平成25年3月29日　発 行

著 者　片 岡　幸 雄
発行所　株式会社　溪水社
　　　　広島市中区小町1-4（〒730-0041）
　　　　電話（082）246-7909／FAX（082）246-7876
　　　　E-mail: info@keisui.co.jp
　　　　URL: http://www.keisui.co.jp

ISBN978-4-86327-215-6 C3033